KB050652

한국연구재단 학술명저번역총서
서양편 803

피렌체사 ❷

Istorie Fiorentine

Niccolò Machiavelli 저 | 김경희·신철희 역

박영사

차 례

제 5 권

제 6 권

제 7 권

제 8 권

제 5 권

제 5 권[1)]

1.[2)]

일반적으로 나라들은 거의 항상 질서에서 무질서로, 그리고 다시 무질서에서 질서로 변화하는 경향이 있다. 세상사는 본성상 고정되어 있도록 용납되지 않기 때문이다. 궁극의 완성에 도달하여 더 이상 오를 곳이 없으면 하강해야만 한다.[3)] 또 하강하여 그 무질서로 인해 더 이상 내려갈 곳 없는 심연에 도달하게 되면 필연적으로 상승해야 한다. 세상사는 이런 식으로 항상 선에서 악으로 하강하고, 악에서 선으로 상승한다.[4)] 역량(virtù)은 평온(quiete)을, 평온은 나태(ozio)를, 나태는 무질서를, 무질서는 몰락을 가져온다. 비슷하게 몰락에서 질서가, 질서에서 역량이, 역량에서 영광과 행운이 태동한다.[5)] 현자들이 관찰

---

1) **앙기아리 전투까지의 코지모 정권 1434~1440.**

2) **인간사의 순환, 이탈리아의 나약한 지도자, 군인, 인민들.**

3) 마키아벨리는 『로마사 논고』 2권 서문에서도 인간사는 항상 유동적이어서 부침을 거듭한다고 적고 있다.

4) 마키아벨리는 그의 풍자시 「황금당나귀(Asino)」 103－105행에서도 비슷한 이야기를 하고 있다. “항상 그랬고, 그러할 것이다/악에서 선으로 이어지고, 선은 악으로 이어진다/하나는 항상 다른 것의 원인이었다.” 이어지는 구절에서 제시되는 역량－평온－나태－몰락의 관계에 대한 재언급을 이해하기 위해서는 73－105행 전체를 봐야 한다.

해 왔듯이 문학(lettere)이 군대 다음에 오고, 지역과 도시에서 철학자는 장군 다음에 나타난다.[6] 훌륭하고 잘 훈련된 군대가 승리를 거두고 승리가 평온을 가져오면, 이렇게 꿋꿋해진 상무적 기상을 가장 타락시키는 것은 고상한 여가활동 중 무엇보다 문학이나 학문적 활동이며, 여가 즉 한가로움이 제대로 질서 잡힌 나라에 잠입해 들어올 수 있는 것은 이 가장 위험한 사기(詐欺)의 힘을 빌려서이다. 아테네의 사절로 디오게네스와 카르네아데스[7]가 원로원에 파견되어 로마로 왔을 때, 카토는 이것을 가장 잘 이해하게 됐다. 로마의 젊은이들이 존경심을 가지고 그들을 어떻게 추종하는지를 보았을 때, 이 허울 좋은 태만이 조국에 일으킬 악을 인식했기에 그는 로마에서는 어떤 철학자도 받아들여서는 안 된다는 법을 만들게 했다. 나라가 망하는 것은 이러한 원인들 때문이다. 나라들이 파멸에 도달하고, 사람들이 재난으로부터 지혜를 배울 때, 힘에 질식되지 않는 한 그들은 질서로 회귀한다.[8] 이것들이 처음에는 고대 토스카나인들 아래에서, 이후에는 로마

---

5) 일반적이기는 하지만, 『로마사논고』 1권 2장에서 마키아벨리가 채택한 폴리비오스의 정체순환론에 대한 언급과 관련된다. 만약 그것이 성장과 퇴폐의 양극 사이에서 정치체제의 끊임없는 움직임이라는 이념에 기초하지 않는다면.

6) 고대 시기의 일반적인 주제이나 무엇보다 15세기와 16세기 사이에 예술에 대한 많은 논쟁을 상기시킨다. 거기서 일반적으로 문학은 군대보다 우선시 되었다(이것은 특히 대학에서 군인과 선생의 존엄성에 대한 논쟁에서 그러했다.). 군대와 문학 사이의 논쟁의 열쇠 중에는 페트라르카의 『명성의 승리』(Trionfo della Fama)에서 나오는 문학가와 용병의 대립도 읽을 수 있다. 문학보다 군대가 우선한다는 것에 대해서는 적어도 피렌체 맥락에서 1433년 레오나르도 브루니(Leonardo Bruni)의 니콜로 다 토렌티노(Niccolo da Tolentino)에게 하는 연설을 참조하시오. 군대가 문학보다 우위라는 주제는 16세기에 일반화되었다. 이 문장은 15세기 후반 이탈리아의 군사적 쇠퇴에 대한 논쟁적인 의미로 읽혀야 한다.

7) 스토아학파였던 바빌론의 디오게네스(기원전 240~152)와 플라톤학파였으며 아테네의 아카데미아 교장이었던 카르네아데(기원전 214~129)는 기원전 155년에 로마에 사절로 파견되었다. 마키아벨리가 여기에서 언급한 것의 출처는 플루타르크의 『카토의 삶』 22~23일 것이다.

8) 예외적으로 강력한 적의 침략이 정치적 독립을 완전히 없애지 않고, 따라서

인들 아래에서 이탈리아를 때로는 행복하게 때로는 비참하게 만든 원인이었다. 그 후 로마의 폐허 위에 이탈리아를 다시 일으킬 수 있는 아무 일도 일어나지 않아서 역량 있는 한 군주국 아래 영광스럽게 통치될 수 있었겠지만, 그럼에도 수많은 역량이 로마의 폐허에서 자라난 몇몇 새로운 도시와 국가들(imperii)[9]에서 나타났다. 다른 나라들을 지배할 패권을 가지는 한 나라가 나타나지는 못했지만, 그들은 조화롭고 질서가 잡혀 이탈리아를 해방시키고 야만인들로부터 방어할 수 있었다. 이 나라들 사이에서 피렌체는 비록 영토는 작았지만 권위나 힘에서 절대 밀리지 않았다. 실로 이탈리아 중부라는 위치와 막대한 부와 공격 대응력을 잘 갖추었었기에 그들은 전쟁을 성공적으로 막아내거나 그들과 같은 편에 승리를 가져다주었다. 이 새로운 군주국들 덕에 평화가 지속되는 고요한 시대가 나타나지 않았다면, 전쟁의 괴로움으로 인해 위험한 시대 역시 오지 않았을 것이다. 국가들이 무기를 가지고 끝없이 서로를 공격하는 것을 평화라고 부를 수 없는 것처럼, 사람이 죽지 않고 도시가 약탈당하지 않으며 국가가 붕괴되지 않는데도 전쟁이라 부를 수 없다. 이 전쟁들은 두려움 없이 시작되고, 위험 없이 수행되며, 손해 없이 끝날 정도로 약했기 때문이다.[10] 그리하여 다른 지역에서는 긴 평화 끝에 사라지곤 했던 역량이 이탈리아에서는 비열함에 의해 소멸되었다. 앞으로 1434년에서 1494년까지 기술될 것들 속에서, 결국 야만인들에게 문이 어떻게 다시 열리게 되는지, 그리고 이탈리아가 어떻게 다시 그들의 노예가 되었는지를 보

사회가 다시 "역량"을 보여주고, "영광"을 낳을 가능성을 없애지 않는 한.

9) 'stati'. 마키아벨리는 이러한 국가들 사이에 피렌체를 넣고 있다. 이 용어는 14세기에서 15세기 사이에 이탈리아에서 나타난 영토 확장의 정치적 현실을 반영하며, 그것은 도시 국가적 한계의 극복을 나타낸다.

10) "이 새로운 군주국들 ~ 때문이다." 효과적인 병렬들로 구성된 이 유명한 구절은 1400년대 이탈리아의 전쟁들 전체에 해당하는 것으로 『피렌체사』 5권과 6권의 주요 주제들이다.

게 될 것이다. 국내외의 우리 지도자들이 행한 일들이 고대인들의 업적과 같이 그 역량과 위대함을 존경하며 읽을 수 없다면, 아마도 그 고귀한 사람들이 그토록 허약하고 체계 없는 군대[11]에 의해 제약된 것을 볼 때, 그다지 놀랄 일은 아닐 것이다. 이 황폐한 시대에 일어난 일들에 대한 기술에서 군인들의 용맹이나 지휘관의 역량, 혹은 시민들의 나라 사랑에 대한 기록이 하나도 없다면, 군주들, 장군들, 통치자들이 자신들에게 합당하지 않은 명성을 지키기 위해 어떤 기만과 술수와 교활한 장치들을 사용했는지는 적어도 알 수 있다. 이러한 것들을 아는 것이 고대의 것들을 아는 것보다 덜 유용하지는 않을 것이다. 후자는 자유로운 영혼이 그것을 따르도록 추동한다면, 전자는 그러한 영혼이 그것을 피하고 근절하도록 자극할 것이기 때문이다.

2.[12]

이탈리아는 군주들의 합의에 따라 평화가 도래할 때마다 다른 무장세력들이 나타나 즉시 평화가 깨지곤 했다. 이탈리아를 지배하던 사람들[13]은 전쟁에서 영광도, 평화 시에 안정도 얻지 못했다. 1433년 밀라노 공작과 동맹 사이의 평화가 이루어졌을 때,[14] 전쟁에 얹혀살

---

11) (귀족 출신) 인민과 군대의 구분이 지배계급의 책임에 대한 고발을 기술한다면(이미 언급된 『군주론』 24장 참조), 무장한 인민–역량–자유 간의 연결에서는 마키아벨리 사상의 몇 가지 초석이 언급되고 있다.

12) **스포르차와 브라초의 추종자들, 에우제니오 교황 1434.**

13) 용병대장들. 이탈리아 상황의 구조적 악을 바로 비난하고 있다. 독자세력이 된 무력은 정치권력의 통제를 벗어났다.

14) 그것은 한편으로는 필리포 마리아 비스콘티와 다른 한편으로는 피렌체와 베네치아 사이에 1431년에 시작된 갈등을 종결짓는 페라라의 두 번째 평화

기를 바라는 군인들은 교회에 반기를 들었다. 그 시절 이탈리아의 군대에는 브라초(Braccio)파와 스포르차(Sforza)파라는 두 분파[15]가 있었다. 후자의 우두머리는 프란체스코(Francesco) 백작으로 스포르차의 아들[16]이고, 전자의 수장은 니콜로 피치니노(Niccolo Piccinino)와 니콜로 포르테브라초(Niccolo Fortebraccio)였으며,[17] 이 분파들에 거의 모든 이탈리아의 군대들이 연결되어 있었다. 둘 중 스포르차의 군대가 큰 명성을 누리고 있었는데, 그의 지휘관으로서의 역량도 뛰어났지만, 밀라노 공작의 친딸 비앙카(Bianca)[18]와의 약혼으로 맺은 관계가 그 위대한 명성의 기반이 되었다. 롬바르디아의 평화 이후, 군대의 이 두 파는 서로 다른 이유로 에우제니오(Eugenio) 교황을 공격했다.[19] 니콜로 포르테브라초는 브라초가 항상 교회에 품어왔던 오래된 적개심에 의해 움직였고, 프란체스코 백작은 야망을 따랐다. 그렇게 니콜로는 로마를 공격했고,[20] 백작은 마르케(Marca)의 영주가 되었다.[21] 전쟁을 원치 않았던 로마인들은 에우제니오를 로마에서 몰아냈고,[22] 교황은

(1433년 4월)다.

15) 용병대의 그룹화.

16) 스포르차는 무치오 아텐돌로(Muzio Attandolo, 1369~1424)의 별명이었고, 프란체스코는 친아들이었다. 『군주론』 12장 참조("스포르차는 항상 브라초파와 경쟁했고, 두 파는 서로 견제했다.").

17) 니콜로 델라 스텔라. 그에 대해서는 4권 18장 참조.

18) 비앙카 마리아. 필리포 마리아 비스콘티의 유일한 딸이다. 프란체스코 스포르차는 1441년에야(그러나 결혼 약속은 이미 몇 년 전에 이루어졌었다) 그녀와 결혼하여 지참금으로 크레모나(Cremona) 영지를 받았다.

19) 교황 에우제니오 4세를 말한다. 1431년 3월 3일 선출되었다.

20) 1433년 1월.

21) 안코나의 마르케. 스포르차는 1433년 12월에 이에지(Iesi)를 점령한 후 몇 주 안에 나머지 마르케 지역을 점령했다. 용병대장은 또한 움브리아(Umbria)와 라치오(Lazio)에 침투하여 교황이 동의하도록 강요했다. 그는 교회의 곤팔로니에레라는 칭호를 부여받았고, 안코나의 마르케(Marca di Ancona)의 후작으로 임명되었다(1434년 3월).

22) 로마인들은 5월 29일에 봉기했다(도시의 성문까지 다다랐던 니콜로 델라 스텔라의 습격에 격분해서). 에우제니오 4세는 6일 후 몰래 로마를 떠났고, 피

난관을 무릅쓰고 탈출하여 피렌체로 왔다. 거기서 교황은 자신이 처한 위험에 대해 생각하는 동안, 군주들은 힘들게 내려놓은 무기를 교황 때문에 다시 잡고 싶지 않아서 교황을 외면했다. 교황은 프란체스코 백작이 자신을 사로잡는 모욕을 더했음에도 그와 합의를 보았고, 그의 마르케 영주자격을 인정했다.[23] 교황은 그의 대리인들에게 자신이 있는 장소를 알려주는 편지를 쓰면서 당시 이탈리아 관습에 따라 라틴어로 다음과 같이 말했다. "Ex Girfalco nostro Firmano, invito Petro et Paulo".[24] 이 영토 양보에 만족하지 않았던 프란체스코 백작은 교회의 곤팔로니에레로 임명되기를 원했고, 치욕스런 평화보다 위험한 전쟁을 더 두려워했던 교황은 그에게 모든 것을 주었다. 교황의 친구가 된 프란체스코 백작은 니콜로 포르테브라초를 뒤쫓았다. 수개월에 걸쳐 교회령의 도시들에서 그들 사이에 예기치 않은 사건들이 일어났고, 그 모든 것이 교전 당사자들[25]보다는 교황과 그 신민들에게 더 많은 손해를 안겼다. 밀라노 공작의 중재로 휴전을 통해 그들 사이의 합의가 이루어졌고, 이로써 둘은 교황령의 도시들에서 군주로 남게 되었다.

렌체에서 피난처를 찾았다(그는 9년 동안 유배 생활을 보냈다).

23) 그러나 이것은 로마에서 급하게 도망가기 전이었다.

24) "페르모에 있는 우리의 지르팔코에서 베드로와 바울의 의지에 반하여." 마치 다음과 같이 말하는 듯하다. '교황의 뜻에도 불구하고 (내가 있는 곳) 페르모에서 온 (서신)'. 지르팔코는 페르모가 내려다 보이는 요새의 이름이다.

25) 용병대, 군인들.

3.[26]

이 전쟁이 로마에서는 중단됐지만 바티스타 다 카네토(Batista da Canneto)[27]에 의해 로마냐에서 재점화되었다. 그는 볼로냐에서 그리포니(Grifoni)[28] 가문의 몇몇을 죽였고, 교황 총독(governatore)[29]을 그의 적들과 함께 도시에서 몰아냈으며, 무력으로 도시를 장악하기 위해 필리포(Filippo)[30]에 지원을 요청했다. 교황은 이 피해에 보복하고자 베네치아와 피렌체에 도움을 구했다. 양쪽에서 각각 요청한 지원을 받아,[31] 바로 두 대군이 로마냐로 진입했다. 필리포 측의 장군은 니콜로 피치니노였다. 베네치아와 피렌체 군대들은 각각 가타멜라타(Gattamelata)와 니콜로 다 톨렌티노(Niccolò da Tolentino)가 지휘했다.[32]

---

26) **밀라노 공작 대(對) 동맹, 용병대에 의한 전쟁 지속, 볼로냐의 참주 바티스타 다 카네토 1434.**

27) 카네톨리(Canetoli) 가문 출신으로 1420년대와 1445년 사이에 볼로냐 정치 사건의 주인공 중 한 명이었다. 그 때 그는 아니발레 벤티볼리오 가문 사람들의 목숨을 앗아간 음모로 살해당했다(마키아벨리는 6권 9장에서 이 사건을 회상한다).

28) 그리포니 가문은 카네톨리와 잠베카리(Zambeccari) 가문의 동맹자로 1430년대 초 교황의 볼로냐 총독과 대립해 볼로냐를 지배했다.

29) 1434년 6월. 교황청 총독은 마르코 콘둘메르(Marco Condulmer)였으며, 그는 불과 몇 달 전인 1433년 1월 바티스타 카네톨리가 볼로냐에서 쫓아낸 그의 전임자 판티노 단돌로(Fantino Dandolo)를 대신했다.

30) 필리포 마리아 비스콘티. 그러나 (1434년 2월에 이몰라를 점령한) 밀라노와의 협정은 교황 총독의 추방에 앞서 이루어졌다.

31) 피렌체와 베네치아는 비스콘티의 영향력이 확대되는 것을 막기 위해 로마냐에 개입할 준비가 되어 있었다.

32) 가타멜라타로 알려진 에라스모 다 나르니(Erasmo da Narni, 1370~1443)는 니콜로 피치니노(Niccolo Piccinino) 아래에서 피렌체를 위해 싸웠다; 그는 베네치아가 아니라 교황을 섬기고 있었다. 비록 비스콘티의 위험에 직면한 베네치아인들이 교황이 감당할 수 없는 가타멜라타의 체납금을 지불하는 부담을 떠맡았을지라도 말이다. 니콜로 다 톨렌티노(1350경~1435)는 1431년부터 피렌체 군대의 대장이었다.

전투는 이몰라 근처에서 벌어졌다. 베네치아인들과 피렌체인들이 패배했고,[33] 니콜로 다 톨렌티노는 포로가 되어 밀라노로 보내졌다가, 며칠 후 공작의 속임수 때문인지 아니면 패배에 대한 비탄 때문인지 죽고 말았다.[34] 이 승리 후 필리포는 전쟁으로 인해 약해진 것인지 아니면 이 승리로 동맹[35]이 휴식을 취해도 좋다고 생각한 것인지, 자신의 행운을 더 추구하지 않아서[36] 교황과 그 동맹국들에게 재결합할 시간을 주었다. 교황을 위해 시작한 이 전쟁을 끝낼 수 있음을 보이기 위해 그들은 프란체스코 백작을 지휘관으로 택했고,[37] 니콜로 포르테브라초를 교황령의 도시들에서 쫓아내기 위한 원정을 감행했다. 로마인들은 교황이 전장에서 무척 활기찬[38] 것을 보자 그와 협약을 맺고자 했고, 협약을 체결한 후 교황의 대리인[39]을 받아들였다. 니콜로 포르테브라초가 소유한 다른 도시들에는 티볼리(Tiboli), 몬테피아스코니(Montefiasconi), 치타 디 카스텔로(Città di Castello), 아씨시(Assisi)가 있었는데, 평원에 머물 수 없게 된 그는 아씨시에 피신 중이었다. 그곳을 프란체스코 백작이 포위했지만, 니콜로가 단호하게 방어하자 포위가 오래 지속 되었다. 밀라노 공작은 이제 동맹의 승리를 막거나 혹은 최후에는 자신의 영토를 방어할 준비를 해야 할 것으로 보였다. 따라서 프란체스코 백작이 포위로부터 주의를 딴 데로 돌리도록 밀라노 공작은 니콜로 피치니노에게 로마냐를 지나 토스카나로

---

33) 카스텔볼로녜제(Castelbolognese) 전투로 알려진 이 사건은 1434년 8월 29일로 거슬러 올라간다.

34) 니콜로 다 톨렌티노에 관한 이야기이나, 정확하지 않은 언급이다. 이 용병대장은 몇 달 후 파르마(Parma) 인근의 보르고타로(Borgotaro)에서 사망했다.

35) 베네치아, 피렌체, 교황 사이의 동맹.

36) '그는 유리한 순간을 이용하지 않았다.' 로마냐에서 밀라노와 반(反) 비스콘티 동맹이 휴전할 때까지 중요한 군사 행동이 없었다(1435년 8월, 아래를 보라).

37) 프란체스코 스포르차는 1435년 6월 동맹으로 가기 위해 비스콘티를 떠났다.

38) 군사적으로 강한.

39) 조반니 비텔레스키 추기경. 그는 1434년 10월 로마인들에게 환영을 받았다.

가도록 명령했고, 동맹은 아씨시를 취하는 것보다 토스카나를 지키는 것이 더 우선이라고 판단하여 프란체스코 백작에게 이미 군대와 함께 포를리에 있는 니콜로가 관통해 가는 것을 막으라고 명령했다.[40] 프란체스코 백작은 마르케에서의 전쟁과 자신의 영토를 동생 레오네(Leone)[41]에게 맡긴 채 자신의 군대와 함께 체세나로 진군했다. 피치니노는 관통하려 하고 프란체스코 백작은 그를 막으려고 할 때, 니콜로 포르테브라초는 레오네를 공격하여 사로잡은 다음 레오네의 군대를 약탈했는데, 이것은 그에게 큰 영예로 남았다. 그 다음 마르케의 많은 도시들을 정복했다. 이러한 반전으로 모든 것을 잃었다고 생각하여 괴로워한 프란체스코 백작은 피치니노에 대항하기 위해 군대 일부를 남겨둔 채 나머지를 모두 이끌고 포르테브라초를 향해 진군하여 싸워서 승리했다.[42] 이 전투에서 포르테브라초는 부상을 입고 포로가 되었으며, 부상으로 결국 사망했다. 이 승리로 그는 니콜로 포르테브라초에게 빼앗긴 모든 도시를 교황에게 회복시켜 주었다. 또한 이 승리는 밀라노 공작으로 하여금 평화를 구하게 했으며, 결국 페라라의 후작인 니콜로 다 에스티(Niccolò da Esti)의 중재로 마무리됐다.[43] 밀라노 공작이 정복한 로마냐의 도시들은 다시 교회에 복속되었고, 그의 군대는 롬바르디아로 돌아갔다. 타인의 군대와 힘으로 국가를 유지한 모든 이의 운명이 그러하듯이[44] 밀라노 공작의 군대가 로마냐를 떠났을 때, 바티스타 다 카네토는 도망쳤다.[45] 그 자신의 군대와 역량

40) 스포르차에게 피치니노가 토스카나에 들어오는 것을 막도록 명령했다.

41) 레오네 스포르차(1406~1440).

42) 카메리노(Camerino)에서 승리했다.

43) 1435년 8월 10일. 페라라 평화협정을 재개한 새로운 협정으로 인해 비스콘티는 이몰라를 교황에게 반환해야 했다.

44) 『군주론』 7장의 유명한 주장인 "그들을 군주로 만든 이들의 의지와 호의(운)에 단지 달려있는" 사람들의 힘의 불안정성에 관한 것이다.

45) 카네톨리는 교황 사절이 도시에 들어온 지 며칠 후(1435년 10월 14일) 코레

으로는 볼로냐에서 스스로를 지킬 수 없었기 때문이다. 반대당의 수장인 안토니오 벤티볼리오(Antonio Bentivoglio)가 그곳으로 복귀했다.[46)]

4.[47)]

이 모든 일은 코지모의 추방 중에 일어났다.[48)] 그가 돌아온 후 그를 복귀시킨 사람들과[49)] 많은 피해를 당했던 시민들은 주저함 없이 어떻게 하면 자신들을 위해 국가를 확보할 것인지를[50)] 생각했다. 11월과 12월에 업무를 맡은 시뇨리아[51)]는 그들 당파를 위해 전임자들이 한 일에 만족하지 못했다. 그들은 망명자들의 추방을 연장했고, 망명지를 변경했으며, 아직 추방되지 않은 많은 사람들을 추방했다. 시민들은 당파들의 분란(umore)[52)]보다는 재산, 친족관계, 사적 증오에 의해 피해를 입었다. 이런 추방은 유혈사태를 동반했다면 옥타비아누스(Octavianus)와 술라(Sulla)의 경우에 비견되었을 것이며,[53)] 어느 정도

조(Correggio)로 도피했다.

46) 교황 사절은 망명자들의 귀환을 허락했다. 안토니오 벤티볼리오는 1435년 12월에 도시로 돌아왔지만 돌아온 지 몇 주 후에 암살당했다.

47) **코지모 당파가 피렌체에서 가혹한 수단을 사용 1434.**

48) 코지모는 1433년 9월부터 1434년 9월까지 망명 생활을 했다. [영역주] 『피렌체사』 4권 28－9장 참조.

49) 그의 귀환은 1434년 9월～10월 두 달 동안 재임 중인 시뇨리아(Signoria)에 의해 설립된 발리아(balià)에서 투표로 결정됐다.

50) 어떤 수단을 써서라도 그들의 권력을 공고히 하기 위해.

51) 1434년 11월～12월의 시뇨리아는 (피렌체에서 요구되는 절차인) 제비뽑기로 선출되지 않고, 코지모의 고국으로의 귀환을 결정한 메디치파 과반수와 함께 이전 시뇨리아의 포고에 의해 임명되었다. 조반니 디 안드레아 미네르베티(Giovanni di Andrea Minerbetti)가 곤팔로니에레(Gonfaloniere)였다.

52) 파벌의 실제 구성원들. 다시 말해, 많은 사람들이 순전히 사적인 이유로 감금되었는데, 이는 코지모를 추방한 전년도 과두정과의 실제 타협을 넘어선 것이다.

피로 얼룩진 면도 있었다. 안토니오 디 베르나르도 과다니(Antonio di Bernardo Guadagni)가 효수되었고, 자노비 데 벨프라텔리(Zanobi de Belfrategli)와 코지모 바르바도리(Cosimo Barbadori)를 포함하여 4명의 시민들은 그들의 망명지를 떠나 베네치아에서 발견되었다. 그들은 코지모와의 우정을 자신들의 영예보다 더 가치 있게 여긴 베네치아인들에게 포박당하여 코지모에게 보내져서 처참하게 처형당했다. 이 일은 당파에게는 거대한 명성을, 적에게는 거대한 두려움을 선사했다. 그렇게 강한 공화국이 피렌체에 자유를 팔았다고 사람들이 생각했기 때문이다. 이것은 코지모를 위해서가 아니라, 피렌체에 파당들 사이의 싸움에 불을 붙이고, 유혈사태를 통해 이 나라의 분열을 더 맹렬하게 만들기 위한 것으로 사람들은 생각했다.[54] 베네치아인들은 피렌체의 통합보다 자신들의 위대함에 더 큰 장애물은 없다고 봤기 때문이다. 피렌체는 이제 통치자에게 적대적이거나 그렇다는 의심을 사는 사람들을 모두 제거하고, 자신의 당파를 강화하기 위해 은혜와 호의를 베풀며 새로운 사람들을 충원하기 시작했다. 그들은 알베르티 가문과 반역자라고 생각되어 왔던 사람들을 조국으로 다시 불러들였고, 거의 예외 없이 귀족을 평민 계급으로 낮추었으며,[55] 반역자들의 재산을 낮은 가격에 분배했다. 이 외에도 그들은 법과 새 제도로 자신들을 강화했다. 그들은 추첨을 위한 새로운 명부를 만들었고, 주머니(borse)에서 반대자들의 이름을 제거한 후 자신들의 친구들의 이름을 채워

53) 술라와 옥타비아누스 아우구스투스의 유명한 추방자 목록(사형을 선고받은 반대파 목록)은 각각 기원전 82년과 43년으로 거슬러 올라간다.

54) 마키아벨리가 말한 동시대인의 가설(믿음)은 피렌체인들을 인도한 것을 베네치아인들의 사악한 성향으로 해석하는 카발칸티(Cavalcanti)의 의견에서 영감을 얻은 것이다. 한편 베네치아와 피렌체 사이의 관계를 합리적으로 이해하기 위한 해석적 틀, 즉 한편으로는 베네치아와 코지모 사이의 특권적 관계, 그리고 다른 한편으로는 분열을 유도함으로써 피렌체 내부 정치를 불안정하게 만들려는 베네치아의 욕망에 대한 관점은 모두 마키아벨리의 것이다.

55) 길드의 회원이면 공직에 뽑힐 수 있는 자격을 부여했다.

넣었다.[56] 적들이 어떻게 몰락했는지를 보며 그들이 선택한 명부로는 국가를 자신들의 것으로 확고히 만들기에 충분치 않다는 경고를 받았기 때문에 형을 집행할 관리들[57]을 항상 자파의 지도자들 속에서 나오도록 결정했다. 따라서 그들은 추첨명부를 채우는 권한이 있는 사람들이 전임 시뇨리아와 함께 새로운 명부를 만들 권한을 가지도록 정했다.[58] 그들은 8인 감찰위원회(Otto di guardia)[59]에 처형 권한을 주었고, 추방 기간이 만료된 망명자는 37명의 시뇨리(Signori)와 콜레기(Collegi)[60] 중 34명 이상이 동의해야만 귀환이 허가되도록 하는 법을 통과시켰다. 그들은 추방자들과 서신을 주고받는 것을 금했고, 어떤 식으로든 통치자들을 언짢게 할 수 있는 단어나 표징이나 표현은 엄하게 처벌했다. 이 조치들에 해당되지 않는 의심스러운 자가 피렌체에 있다면 그는 새로운 명령으로 부과된 세금에 짓눌려야 했다.[61] 단기간에 적대 세력을 추방하거나 재산을 빼앗아 궁핍하게 만든 그들(메디치 파)은 자신들을 위한 국가를 안전하게 확보할 수 있었다. 외부

---

56) '그들은 새로운 명부를 만들었다' 등. 그들은 공화국의 고위 관료들을 채우기 위해 추첨으로 뽑힐 수 있는 사람들의 목록(특수 자루에 들어 있음)을 새로 작성했다. 이미 1434년 10월에 발리아(국가 개혁을 위한 모든 권한을 위임받은 시뇨리아가 임명한 평의회)는 새로운 전체 투표를 실시하기로 결정했다. 12월 15일에는 그 완료 시한이 연장되었는데, 이는 새 정권이 메디치당을 지지하는 사람만 선출하도록 보장했을 것이다.

57) 사형선고를 내릴 수 있는 관리.

58) 명부를 만드는 작업이 완료되기를 기다리는 동안 시뇨리아의 구성원이 새 정권의 반대자로 선출되는 것을 피하기 위해 전임자와 명부를 만드는 이들에 의해 단순히 임명되어야 했다.

59) [역자주] 범죄 및 경찰 업무를 담당한 관직.

60) 12명의 선인(Buonuomini)과 16명의 군대의 곤팔로니에레(Gonfalonieri di compagnia). 시뇨리아의 9명(곤팔로니에레와 8명의 프리오리)을 더하면, 이 행정관(공화국의 3대 행정관)의 총원 수는 마키아벨리가 지적한 대로 37명에 달했다.

61) 도입된 새로운 세금은 타격을 주었다. 정권의 반대자 또는 용의자를 공격하기 위한 과세 사용에 관해서는 4권 14장 참조.

로부터 지원을 확보하고, 그들을 공격하고자 하는 사람들이 도움받을 가능성을 차단하기 위해 교황, 베네치아, 밀라노 공작과 방어동맹을 맺었다.[62]

5.[63]

피렌체의 일들이 이렇게 진행되는 동안, 나폴리의 여왕 조반나(Giovanna)[64]가 죽고, 그녀의 의지에 따라 앙주의 르네(Rene d'Anjou)가 왕국을 계승했다. 그때 시칠리아에 있던 아라곤 왕 알폰소(Alfonso)는 수많은 제후들과의 친분을 바탕으로 왕국을 장악할 준비를 했다. 나폴리 사람들과 다른 많은 제후들은 르네를 좋아했고, 교황은 르네나 알폰소가 아니라 자신이 지명하는 총독이 나폴리 왕국을 통치하기를 바랐다.[65] 그러나 알폰소는 왕국으로 왔고, 세사(Sessa)의 공작[66]에 의해 환대받았다. 그는 나폴리인들을(타란토의 군주[67]가 소유하고 있었던 카푸아를 그가 이미 확보했기에) 그의 의지대로 움직이도록 강제하고자 돈을 주고 몇몇 지도자들을 고용한 다음, 나폴리를 지지하고 있는 가에타

62) 1435년 8월의 일이다.

63) **앙주의 르네와 아라곤의 알폰소 사이의 나폴리 왕좌를 놓고 벌인 싸움, 밀라노 공작은 처음에는 전자를 돕다가 나중에는 후자를 도왔다 1435**

64) 앙주의 조반나 2세, 나폴리의 여왕은 1435년 2월 11일 사망했다. 아라곤의 알폰소를 나폴리 왕위 계승자로 인정한 후 그는 앙주의 루이 2세를 선호했고, 후자가 죽자(1434년 11월) 그의 형제 르네를 선호했다. 1434년에 르네는 부르고뉴 공작의 포로였다(그는 1437년에서야 풀려날 것이다).

65) 조반나와 함께 나폴리의 통치하는 가문이 소멸되면서 교회는 노르만 시대(1053) 이후로 왕국에 속해 있던 지역에 대한 봉건적 권리를 재확인할 수 있었다. 교황은 물론 에우제니오 4세였다.

66) 조반니 안토니오 마르차노(Giovanni Antonio Marzano).

67) 잔 안토니오 오르시니(Gian Antonio Orsini).

(Gaeta)를 공격하도록 자신의 함대에 명령했다. 이에 나폴리 사람들은 필리포[68]에 도움을 요청했고, 필리포는 제노바 사람들을 설득하여 원정을 떠났다. 제노바인들은 자신들의 군주인 밀라노 공작을 만족시키려는 것뿐만 아니라, 나폴리와 가에타에 있는 그들의 상품들을 보호하기 위해 강력한 함대[69]를 구성했다. 알폰소는 이 소식을 듣자 자신의 함대를 확대한 후 몸소 제노바인들과 맞붙었다. 폰차(Ponza) 섬 부근에서 벌어진 전투에서 아라곤의 함대가 패했고, 알폰소는 많은 제후들과 함께 제노바인들에게 사로잡혀 필리포의 수중에 보내졌다. 이 승리로 필리포의 힘을 두려워하던 이탈리아의 모든 군주들은 겁을 먹었다. 그가 이탈리아 전체의 군주가 될 수 있는 굉장히 큰 기회를 잡았다고 생각했기 때문이다. 그러나 (인간들의 의견은 그렇게 서로 다르기에) 그는 이 의견과는 정반대의 길을 선택했다. 매우 현명한 알폰소는 필리포와 이야기할 수 있게 되자마자 그에게 르네를 지지하고 자신을 옹호하지 않는 것이 얼마나 큰 실수인지를 보여주었다. 르네가 나폴리의 왕이 된다면 그는 모든 노력을 기울여 밀라노를 프랑스 왕의 소유가 되도록 해서 가까운 곳에 원조자를 두고 필요할 때 먼 곳에서 올 구조자를 위해 길을 여는 노력도 필요 없게 될 터인데,[70] 롬바르디아를 프랑스의 속주로 만들고 필리포의 몰락을 피하는 것 외에는 이 예외적 상황에서 자신을 안전하게 할 수 없기 때문이라는 것이다.

---

68) 밀라노 공작 필리포 마리아 비스콘티(Filippo Maria Visconti)를 말한다.

69) 제노바에서 보낸 배들은 1434년 8월 초에 가에타를 구하기 위해 왔다. 비아조 아세레토(Biagio Assereto)가 그들을 이끌었다. 제노바는 무엇보다도 밀라노 공작의 노골적인 선동에 이끌린 것이 아니라, 카탈루냐인들과의 오래된 상업 경쟁에 개입하기를 원했고, 앙주의 르네 왕조 주장을 지지하기를 꺼렸다(우연히 비스콘티의 적대자들인 피렌체, 베네치아와 교황에 의해 지원된 것은 아니다). 여기에 마키아벨리의 출처로 여겨지는 비온도(Biondo, *Decades*, III 7)는 필리포 마리아 비스콘티의 의지에 중요한 역할을 돌린다.

70) 그래서 그는 필요한 경우 (프랑스에서 온) 원군이 밀라노 공국을 통과할 수 있도록 힘겹게 투쟁하지 않았다.

알폰소가 군주가 되었다면 정반대의 것이 일어났을 터인데, 프랑스 외에는 두려워하는 적이 없는 그는 적들에 대항하기 위해 길을 여는 권력이라면 누구든 사랑하고 포옹하고 복종하게 될 것이기 때문이다. 그래서 왕국의 칭호는 알폰소의 것이, 권력과 힘은 필리포의 것이 될 것이었다. 알폰소가 진실로 자신의 국가를 확보하는 것 이상의 야망을 좇지 않겠다고 한다면,[71] 필리포 자신은 한쪽의 위험과 한쪽의 이점에 대해 고려해볼 만하다고 보았다. 한편으로는 그가 군주가 되고 독립할 수도 있지만, 다른 한편 두 강력한 군주들[72] 사이에서 국가를 잃거나 영원히 의심 속에서 살고 노예로서 두 군주에게 복종해야 할 수도 있었다. 알폰소의 말은 밀라노 공작의 마음에 큰 힘을 발휘하여 계획을 바꾸게 했고, 알폰소는 풀려나[73] 명예롭게 제노바로 돌려보내졌다가, 거기서 다시 나폴리 왕국으로 보내졌다. 알폰소는 그의 석방 소식이 들리자마자 같은 편의 영주들이 장악한 가에타로 이동했다.

6.[74]

제노바 사람들은 밀라노 공작이 그들에 대한 고려 없이 알폰소를 풀어주고, 그들의 위험과 비용으로 그를 영예롭게 하고, 석방의 감사는 자신이 받으면서[75] 그들에게는 포로와 패배의 피해가 전가되도록

---

71) 그가 자신의 권력을 더 안전하게 만드는 것보다 즉각적인 이점을 찾고 싶지 않다면.

72) 나폴리의 앙주가의 왕과 프랑스 왕.

73) 밀라노 공작과 알폰소 사이의 상호 지원 조약은 1435년 10월 8일에 체결되었으며, 이 조약은 7년 후에 갱신된다.

74) **제노바의 파당들, 프란체스코 스피놀라 1435.**

75) 즉, 밀라노 공작은 그들의 노력으로 혜택을 받고 명예를 얻었다. 아라곤의 알폰소와 비스콘티 사이의 협정은 카탈루냐 경쟁자들이 통제하는 사르데냐 항

하는 것을 보게 되자, 모두 밀라노 공작에 격분했다. 제노바는 도시가 자유를 누리며 살 때 자유선거에 의해 도제(doge)라 불리는 한 명의 지도자를 선출했다. 그는 절대군주나 홀로 결정하는 존재는 아니었으나, 지도자로서 행정관들과 그 위원회들이 결정해야 하는 것들을 제안했다. 제노바에는 행정관의 통치에 복종하지 않는 많은 귀족 가문들이 있었고, 그들 중에서 프레고사(Fregosa)와 아도르노(Adorno) 가문이 가장 강했다.[76] 이 가문들로부터 제노바의 분열이 기원하며, 이 분열로 인해 법질서가 파괴된다.[77] 그들이 합법적으로가 아니라 무기를 들고 군주제를 위해 싸울 때,[78] 한 파당은 곤경에 처하고[79] 다른 파당은 권력을 장악하게 됐다. 때로는 품위를 잃고 외세에 의존하기도 하고, 자신들이 통치할 수 없는 조국을 외세에 내맡기기도 한다. 롬바르디아를 지배하는 자들이 대부분의 시간 동안 제노바를 지배해 왔고, 여전히 통치하고 있다.[80] 이것이 아라곤의 알폰소가 포로가 되었을 때의 상황이다. 필리포에게 제노바를 내어준 제노바인들 중 가

구와 시칠리아 항구에서 오랫동안 축출된 제노바의 이익에 깊은 영향을 미쳤다.

76) 아도르노(13세기에 살았던 조상의 이름에서 따옴)는 시몬 보카네그라(Simon Boccanegra)의 도제(1339) 당시 가장 강력한 제노바 가문 중 하나로 두각을 나타냈다. 그들은 가브리엘레(Gabriele, 1363년부터 도제)와 함께 도제에 올랐다. 프레코조는 발 폴체베라(Val Polcevera)의 지역에서 이름을 따왔다. 그들은 도메니코(Domenico, 1370년에 선출됨)와 함께 처음으로 도제에 올랐다. 대중적 기원과 상업적 기원을 가진 두 가문은 고대의 경쟁에 의해 분열되었으며, 마키아벨리 시대에도 여전히 살아 있었다.

77) '법적 형식을 통하지 않음'. 즉 협의회 및 제도적 장치를 통하지 않음. 마키아벨리의 정치 사전과 『피렌체사』의 핵심 개념.

78) 도제의 지위라는 우월한 위치를 두고 싸울 때.

79) '다양한 종류의 폭력과 괴롭힘에 굴복'. 제노바 정치투쟁의 특징을 설명하는 곳들에서 마키아벨리가 피렌체 정치투쟁과 관련하여 부정적인 요소로 낙인찍은 것들을 쉽게 알아볼 수 있다(특히 3권 1장에서 고대 로마의 긍정적 투쟁과 '망명과 많은 시민의 죽음으로 끝난' 피렌체의 부정적인 투쟁의 구분).

80) 비스콘티의 지배는 1421년부터 지속되었다. 이 도시는 1396년과 1409년 사이에 프랑스의 지배를 받았다.

장 중요한 사람은 프란체스코 스피눌라(Francesco Spinula)였는데,[81] 그는 조국을 노예로 만들고 얼마 지나지 않아, 비슷한 경우 항상 그러하듯이, 밀라노 공작의 불신을 받게 됐다. 그는 이에 분개하여 가에타로 자발적인 망명을 떠났다. 알폰소와의 해전이 있었을 때[82] 그는 거기에 있었고, 그 원정에서 매우 훌륭하게 처신했기에 그 보상으로 제노바에서 안전히 체류할 수 있는 충분한 자격을 갖춘 것으로 생각했다. 그러나 밀라노 공작이 여전히 그를 의심하고 있다는 것을 알았을 때(공작은 자신의 조국의 자유를 사랑하지 않는 자가 그를 사랑한다는 것을 믿을 수 없었다), 그는 자신의 운을 다시 한번 시험하기로 마음먹고 단번에 조국의 자유를 회복해서 자신의 명성과 안전을 가져오기로 결정했다. 그는 상처를 주었던 그 손으로 치료제를 주고 치유하지 않는 한 동료 시민들과 화해할 다른 방법은 없다고 판단했기 때문이다.[83] 밀라노 공작이 왕을 석방한 후 자신을 향한 인민의 분노를 보았을 때, 그는 계획을 실행에 옮길 적기라고 보고 방책을 자신과 같은 의견을 가지고 있다고 생각하는 사람들과 나눈 다음 자신을 따르도록 촉구했다.

---

81) 필리포 마리아 비스콘티가 1421년에 제노바를 정복했을 때이다. 카르마뇰라가 지휘한 군사 작전은 도제 토마소 캄포프레고조(Tommaso Campofregoso)의 많은 적의 지원을 받았다. 그들 중에는 도리아(Doria)가문 외에, 아도르노, 피에스키, 스피놀라가 있었다. 해군 사령관인 프란체스코 스피놀라는 알폰소에 의해 포위된 가에타에 두 척의 갤리선을 가져왔고, 폰차에서 승리한 비아조 아세레토의 함대가 도착할 때까지 저항할 수 있었다(5권 5장 참조).

82) 1434년 8월.

83) 그가 도시를 비스콘티에게 넘겨줌으로써 동료 시민들의 증오를 얻은 것처럼, 그는 자유를 회복함으로써 그들의 호의를 얻었을 것이다. 상처를 입히고 동시에 치유하는 아킬레스의 창에 대한 잘 알려진 이미지가 여기에서 회상된다.

7.[84)]

세례자 요한 성인의 축일에 밀라노 공작이 보낸 새 통치자인 아리스미노(Arismino)[85)]가 제노바에 입성했다.[86)] 그가 전임자인 오피치노(Opicino)[87)]와 많은 제노바인들을 대동하고 이미 도시 안으로 들어갔을 때, 프란체스코 스피눌라는 더 이상 지체하면 안 된다고 보았다. 그는 자신의 결정을 인지한 사람들과 함께 무장을 하고 집을 나섰다. 집 앞의 광장에 들어서자 그는 자유(libertà)를 외쳤다. 인민들과 시민들이 이 단어에 얼마나 격하게 반응하는지를 보는 것은 멋진 일이었다. 사적 이익이나 다른 어떤 이유로 밀라노 공작의 정부 편에 섰던 사람들은 무기를 잡을 시간이 없었을 뿐만 아니라 어디로 도망쳐야 할지 생각할 시간도 거의 없었다.[88)] 아리스미노는 몇몇 제노바인들과 함께 밀라노 공작을 보호하기 위해 사용되던 요새로 피신했다.[89)] 오피치노는 그가 지휘할 수 있는 2천명의 군인들이 있는 성으로 피신하면 자신을 구할 수 있거나 그의 친구들을 통해 방어할 수 있을 것이라고 생각하여 그 방향으로 움직였으나, 광장에 도착하기도 전에 살해됐다. 그의 시신은 조각나서 제노바 전체로 끌려다녔다. 이렇게 해

---

84) **제노바가 필리포로부터 해방됨 1435.**

85) 에라스모 트리불지오(Erasmo Trivulzio).

86) 스피눌라가 이끄는 제노바의 반란은 세례자가 아니라 복음사가 성 요한의 날인 1435년 12월 27일로 거슬러 올라간다.

87) 오피치노 달지아테(Opizziono d'Algiate).

88) 그들은 안전한 곳으로 탈출할 시간이 없었다.

89) 트리불지오(Trivulzio)는 공작 정부의 다른 수장들(루이지 크로티[Luigi Crotti]와 비아조 아세레토[Biagio Assereto])과 함께 카스텔레토(Castellettto)로 피신했다. 그들은 1436년 1월 말에 반군에게 항복했다. 비스콘티가 지원하기 위해 보낸 (니콜로 피치니노가 이끄는) 군대가 발 폴체베라에서 제노바에 의해 저지된 후 제노바 공격을 포기해야 했다.

서 제노바는 자유 행정관들[90]에 의해 통치되는 도시로 다시 회복됐고, 며칠 만에 밀라노 공작 소유의 성채와 다른 근거지들을 장악하여 필리포 공작의 멍에를 완전히 떨쳐냈다.

8.[91]

이런 일들이 벌어지는 동안 처음에는 공작이 너무 강력해질 것을 두려워했던 이탈리아의 군주들은 결과를 보자 그를 견제할 수 있을 것이라는 희망을 품게 되었다. 동맹[92]이 새롭게 결성됐지만, 피렌체인들과 베네치아인들은 다시 제노바인들과 조약을 체결했다.[93] 리날도 델리 알비치(Rinaldo degli Albizzi)와 추방된 피렌체의 지도자들은 사태가 뒤바뀌었고 세상이 변했다고 보고 공작이 피렌체와의 공개적인 전쟁을 선포하도록 유도할 수 있다는 희망을 품었다. 밀라노에 가서 리날도는 공작에게 다음과 같이 말했다. "한때 적이었던 우리가 지금 확신을 가지고서 당신에게 우리의 조국으로 돌아갈 수 있도록 도와달라고 해야 한다는 사실이, 인간사가 얼마나 변덕스러운지 운명이 얼마나 유동적인지 알고 있는 당신이나 누구든 놀라게 하지 않을 것입

---

90) 제노바는 이미 12월 27일에 8명(자유의 수장 또는 수호자라고 불린)으로 구성된 임시 정부를 만들었다. 3월에 새로운 도제 이스나르도 과르코(Isnardo Guarco)가 선출되었다.

91) **피렌체가 필리포 공작에 대항하는 동맹에 가담함, 리날도 델리 알비치가 코지모 정부에 대항하는 데 그의 도움을 얻고자 함 1435.**

92) 1435년 8월 밀라노, 베네치아, 피렌체 사이에 체결된 동맹으로 1433년의 협정을 재확인했다.

93) 1436년 5월 제노바, 피렌체, 베네치아 사이에서 비스콘티의 목표에 대항하는 방어적 기능으로 10년 계약이 체결되었다. 그 사이에 피렌체인들은 제노바를 돕기 위해 발다초 당기아리(Baldaccio d'Anghiari)에게 식량과 보병을 보내서 그가 피치니노(Piccinino)에 의해 포위된 알벤가(Albenga) 방어에 참여할 수 있도록 했다.

니다. 우리의 과거와 현재의 행위들에 관하여, 우리는 당신에게 우리가 이미 한 행동들[94]과 지금 하고 있는 것[95]에 대해서는 조국을 위하여 명확하고 합리적으로 변론할 수 있습니다. 선한 사람은 무슨 수를 써서라도 조국을 방어하고자 하는 이를 비난할 수 없습니다. 당신을 해치는 것이 아니라, 조국을 해치려는 당신으로부터 조국을 보호하는 것이 우리의 목적이었습니다. 우리 동맹[96]이 위대한 승리를 거두는 중 당신이 진정한 평화를 원한다는 것을 깨달았을 때, 우리가 그것을 달성하는 데 당신보다 더 열심이었다는 것이 바로 그 증거입니다. 따라서 우리는 당신으로부터 어떤 호의를 얻을 수 있을지 의심하게 만드는 일을 우리가 한 것에 두려워하지 않습니다. 우리의 조국이 우리가 그렇게 피하고자 했던 당신의 무기를 들고 조국을 공격하도록 부추긴다고 해도 조국은 우리를 비난할 수 없습니다. 우리 조국은 모든 시민에 의해 사랑받을 자격이 있는데, 조국이 시민 모두를 똑같이 사랑하기 때문입니다. 나머지 모두를 배제하고 소수만을 존중하는[97] 그런 조국이 아닙니다. 어느 누구도 조국을 상대로 이런 식으로 무력을 사용하는 것을 비난할 수는 없을 것입니다. 도시들은 복합체(corpi misti)이긴 하지만 단순체(corpi simplici)와 비슷합니다.[98] 후자

94) 리날도 델리 알비치는 (다음 줄에서 더 잘 설명되지만) 과거에 그가 피렌체 정치를 이끌었을 때 비스콘티 정치의 쓰라린 적(敵)이었다는 사실을 암시한다.

95) 즉, 비스콘티가 고국에 전쟁을 선포하도록 설득하려는 것.

96) 1424~1428년과 1431~1433년에 밀라노와 대립했던 피렌체와 베네치아 사이의 동맹. 리날도는 친(親) 베네치아와 반(反) 비스콘티 동맹의 주요 지지자 중 한 명이었다.

97) '소수의 시민에게만 모든 권리와 권위를 인정한다.' 분명히 그것은 메디치 가문과 그 지지자 집단을 암시한다. 또한 이 경우 마키아벨리는 피렌체 정치 현실의 문제나 근본적인 한계에 대한 고발을 체제 반대자가 하는 연설에 맡긴다. 이 구절은 마키아벨리의 일부 이전 페이지에서 표현된 보다 일반적인 판단과 비교되어야 한다(특히 3권 1장 및 7권 1장 참조).

98) 마키아벨리는 "혼합된" 복합체(즉, 국가처럼 다수의 개인으로 구성됨)와 개인으로 구성된 "단순한" 신체 사이의 자연주의적 유추와 같은 몇 가지 전형적

는 많은 경우 불이나 쇠로만 고칠 수 있는 질병들이 발생하고, 전자도 마찬가지로 쇠로 치료하느니 내버려 둠으로써 경건하고 선한 시민들이 죄를 짓는 심각한 문제가 종종 일어납니다.[99] 공화국에서 예속보다 더 큰 병은 무엇이겠습니까? 이 병을 치료하는 것 외에 필요한 다른 것이 있겠습니까? 그 필연적인 전쟁들은 정의로우며,[100] 그 외에 다른 희망이 없는 곳에서 무기는 성스러운 것입니다. 저는 우리의 필연성보다 더 위대한 것이 있을지, 노예 상태로부터 조국을 구하는 것보다 더 신성한(pietà)[101] 의무가 있을지 모르겠습니다. 우리의 대의는 경건하고 정의롭다는 것이 정말 확실합니다. 평화가 그토록 성스러움으로 체결된 후, 당신에게 반기를 든 제노바인들과의 연합을 부끄러워하지 않는 피렌체인들을 보면, 당신의 정의도 우리의 편에 함께 있습니다.[102] 우리들의 대의가 그대를 움직이지 않는다면 분노가 그대를 움직이게 하십시오. 그리고 당신이 그 일의 용이함을 본다면 더 움직일 것입니다. 과거에 피렌체인들의 힘과 그들이 완고하게 조

인 사유를 알비치(Albizzi)에게 돌린다. 이 유기체 둘 다 다소 과감한 치료의 개입이 필요한 질병에 종속되어 있다. 출생/성장/죽음의 과정의 차원에서 "단순한" 신체(인간 또는 동물 유기체와 같은)와 "혼합된" 신체 사이의 유비는 『로마사 논고』 3권 1장의 이론적 기초가 된다. 마키아벨리는 이 장에서 이러한 개념을 사용하는데, 이는 의학용어에서 파생된 것이지만 오래전부터 피렌체 문화에서 보편화 되었다.

99) 연설은 암시적으로 『군주론』의 유명한 페이지에서 다루는 몇 가지 주제에 의문을 제기한다. 좋은 것(buono)과 나쁜 것(non buono)의 대조에 관해서는 『군주론』 15장 참조. 죄(peccato 또는 peccare)라는 용어의 도덕적 가치에서 정치적 가치로의 이동에 대해서는 『군주론』 12장 참조.

100) 이 문장은 『군주론』 26장 및 『로마사 논고』 3권 12장에서 인용된 리비우스의 구절을 번역한 것이다. 질병과 의학의 이미지(=정치적 무질서 및 그 치료법)는 이미 플라톤까지 거슬러 올라가는 것으로서 마키아벨리 책에서 매우 일반적인 것이다.

101) (라틴어 *pietas*에서 유래한) '조국에 대한 헌신'이라는 의미에서. 그리고 그것은 방금 언급한 '경건한' 무기가 유발하는 뉘앙스이다.

102) 당신이 피렌체를 공격할 정당한 이유가 부족하지 않다.

국을 방어해 낸 것을 그대가 보았는데, 그들이 여전히 예전과 같다면 그대는 두렵겠지만, 지금은 전혀 다른 것을 발견할 것입니다. 최근에 부와 근면의 많은 부분을 도려낸 도시에서 어떤 힘을 기대하겠습니까?[103] 그렇게 바뀌고 새로운 적대감들로 분열된 인민들 사이에서 어떤 끈기를 기대할 수 있겠습니까? 이 분열로 그곳에 남겨진 재물조차 예전의 방식으로 사용할 수 없게 되었습니다. 사람들은 자신의 영광과 명예 그리고 조국을 위해 사용할 수 있을 때에야 자신의 유산을 기꺼이 사용하고자 하기 때문입니다. 그들은 전쟁이 그들에게서 빼앗아간 것들을 평화가 되찾아 주기를 희망합니다. 그러나 전쟁 시에나 평화 시에나 똑같이 자신들이 억압되는 것을 볼 때, 전쟁에서는 그 적들의 분노를, 평화에서는 통치자들의[104] 오만을 감당해야 합니다. 동포들의 탐욕이 적들의 강탈보다 훨씬 인민들에게 해롭습니다. 후자는 언젠가 끝날 것을 바랄 수 있지만, 전자는 전혀 그렇지 않기 때문입니다. 과거의 전쟁들에서 당신은 한 도시 전체를 향해 무기를 들었을 테지만, 이번에는 오직 도시의 가장 작은 부분에 대항하여 무기를 들면 됩니다. 당신은 이전에 많은 선량한 시민들로부터 국가를 빼앗기 위해 갔지만, 지금은 사악한 소수로부터 그것을 빼앗기 위해 갈 것입니다. 당신은 이전에 도시로부터 자유를 빼앗기 위해 갔지만, 지금은 자유를 되찾아주기 위해 갈 것입니다. 원인이 크게 다른데[105] 같은 결과가 나온다면 합리적이지 않을 것입니다. 실제로 확실한 승리를 기대할 근거가 있습니다. 이 승리가 당신의 나라에 얼마나 힘이 될지는 쉽게 판단할 수 있을 것입니다. 토스카나가 당신의 친구가 될

103) '최근' 등은 2년 전에 코지모의 귀환으로 메디치의 정치적 반대자들을 강타한 망명들을 암시한다.

104) '권력을 장악한 파벌의'. 알비치는 소수의 권력 파벌에 속하지 않은 사람들에게 부당한 과세를 부과하는 경향을 지적하고 있다.

105) 그렇게 근본적으로 변한 상황에서.

뿐더러 당신에게 매우 큰 의무감을 갖게 될텐데, 그로부터 밀라노에서의 작전보다 더 많은 이익을 얻을 수 있을 것이기 때문입니다. 예전에는 야욕 있고 폭력적인 것으로 판단되었을 그러한 권력획득이 이제는 정의롭고 경건한 것으로 인식될 것입니다. 이 기회를 지나치지 마십시오. 도시를 향한 당신의 다른 원정이 당신에게 난관, 비용, 오명을 가져왔다면, 이번에는 쉽게 매우 큰 이익과 영광스런 명예를 가져다 줄 것임을 명심하십시오."

9.[106]

피렌체를 향한 전쟁을 시작하도록 밀라노 공작을 설득하는 데는 많은 말이 필요하지 않았다. 그는 물려받은 증오와 맹목적인 야심에 의해 움직이는 사람이었고, 제노바인들과 맺은 협약이 낳은 새로운 해악들이 그를 추동했다. 그럼에도 과거에 그가 치렀던 대가와 위험, 최근의 손실에 대한 기억과 망명자들이 제시하는 헛된 희망[107]이 그를 주저하게 했다. 제노바에서의 반란 소식을 듣자마자 공작은 시민들이 마음을 정하고[108] 새로운 정부를 구성하기 전에 니콜로 피치니노를 소환하고 모든 기병대와 그가 교외에서 모을 수 있는 보병을 소집하여 도시를 되찾기 위해 보냈다. 그는 제노바에 자신을 위해 건설한 요새를 믿고 있었던 것이다.[109] 니콜로가 제노바인들을 산 정상에서

106) **밀라노 공작이 제노바와 루카에 대항해 움직임 1436.**

107) '망명자들의 전형적인 헛된 희망'. 『로마사논고』 2권 31장 참고. 그곳에서 '추방된 사람들'은 거의 인류학적-정치적 범주의 특성을 취한다. "조국으로 돌아가려는 그들의 욕망은 매우 강렬하기 때문에 당연히 그들은 많은 거짓된 것들을 믿게 되고 또 그러한 것들에 많은 다른 것들을 교묘하게 보태는 경향이 있다."

108) 저항하기로 결의를 다짐.

내쫓고, 그들이 요새화했던 포제베라(Pozevera)[110] 협곡을 되찾고, 그들을 성벽 안으로 몰아넣었지만, 더 나아가는 데는 많은 난관을 겪었다. 스스로를 지키려는 시민들의 결연한 정신에 결국 그는 물러나고 말았다.[111] 이에 공작은 피렌체 망명자들의 설득으로 동부해안 쪽을 공격하라고 명령했고, 피사 부근에서 제노바 인근에서 했던 수준의 강력한 전쟁을 수행하도록 했다. 그는 여기서 어떤 길을 가야 하는지는 시간이 지남에 따라 스스로 알게 될 것이라고 생각했다. 니콜로는 사르자나(Sarzana)[112]를 공격하여 정복해서 큰 피해를 입힌 뒤 루카로 진격했는데,[113] 피렌체인들의 의심을 자극하기 위해 아라곤 왕[114]을 도우려고 나폴리 왕국으로 가는 중이라고 공표했다. 이 새로운 사건들의 결과로 에우제니오 교황은 피렌체를 떠나 볼로냐로 가서[115] 공작과 동맹 사이에 새로운 협약이 체결되도록 중재하고자 했다. 교황은 공작에게 그가 협약에 동의하지 않으면 프란체스코 백작을 어쩔 수 없이 동

---

109) '아직 그의 손에 있었다.' 그러나 카스텔레토는 제노바 반란이 발발한 지 한 달 후인 1월 말에 항복했다.

110) 제노바에서 조비(Giovi) 고개를 향해 북쪽으로 이어지는 계곡이다. 사실, (2만 명의 보병과 4천 명의 기병을 마음대로 사용할 수 있는 군대를 거느린) 피치니노는 토마소 디 캄포프레고조가 지휘하는 제노바의 봉쇄를 깨뜨릴 수 없었다.

111) 피치니노는 알벤가 시를 포위했다.

112) 사르자나는 도시에서 새로 선출된 이스나르도 과르코(Isnardo Guarco)를 축출한 후 4월 3일에 제노바의 도제(doge)가 된 토마소 캄포프레고조의 소유였다(이전에는 카스트루초 카스트라카니([Castruccio Castracani], 말라스피나[Malaspina] 및 비스콘티[Visconti]의 지배를 받았다). 나중에 그것은 피렌체로 넘어가고 1494년 피에로 데 메디치가 프랑스 왕 샤를 8세에게 할양하게 된다. 사르자나는 12월에 포위되었다. 이전 몇 달 동안 피치니노는 루카, 비코 피사노(Vico Pisano), 루니잔나(Lunigiana)를 공격했다.

113) 1436년 10월의 일이다.

114) 아라곤의 알폰소 5세.

115) 이미 1436년 4월에 갔다. 이 도시(볼로냐)는 최근 안톤갈레아초 벤티볼리(Antongaleazzo Bentivogli)가 살해된 후(1435년 12월) 교황의 통제 밑으로 돌아왔다.

맹에게 양보할 상황이라고 말했다. 프란체스코 백작은 그때 교황과 연합하여 보수를 받으면서 싸우고 있었다. 교황은 이 일에 애를 많이 썼지만 그 모든 수고가 헛것이 되었다. 공작은 제노바를 얻지 못하면 협약을 맺지 않으려 했고, 동맹은 제노바가 자유롭게 남아있기를 바랐기 때문이다. 그래서 양측은 평화를 믿지 않고 전쟁을 준비했다.

10.[116]

니콜로 피치니노가 루카에 왔을 때, 피렌체인들은 새로운 움직임을 두려워했다. 그들은 네리 디 지노(Neri di Gino)[117]로 하여금 군대를 이끌고 피사 부근을 순찰하도록 보냈다. 교황으로부터 프란체스코 백작이 그들에게 합류해도 좋다는 허락을 받고, 연합군은 산타 곤다(Santa Gonda)[118]에 머물렀다. 피치니노는 루카에서 나폴리 왕국으로 가는 통로를 열어달라고 요청했고,[119] 그것이 거절되자 그는 무력으로 통과하겠다고 위협했다. 양쪽은 위세와 장군들에 있어 동등했고, 어느 편도 행운을 실험해 볼 생각을 하지 못한 채 12월이 되어 추위로 인해 공격의 위험을 감수하고 싶지 않아 머뭇거리고 있었다.[120] 결국

---

116) **피치니노는 바르가 근처에서 패했다, 피렌체인들이 루카 공격을 결정하다 1436.**

117) 네리 디 지노 카포니(Neri di Gino Capponi, 1388~1457). 성격에 관하여 4권 2장 참조. 당시 카포니는 루니잔나에 주둔하고 있던 피렌체 군대의 사령관이었다.

118) 산 미니아토(San Miniato)에서 멀지 않은 낮은 아르노(Arno) 계곡에 위치하고 있다.

119) 그는 나폴리 왕국으로 가기 위해 피렌체 영토를 횡단할 수 있는 허가를 요청했다.

120) 두 군대는 10월 중순부터 12월 22일까지 서로 공격하지 않고 대치했으며, 이때 피치니노는 비코 피사노(Vico Pisano)를 공격하기 위해 이동했다.

먼저 움직인 쪽은 니콜로 피치니노였는데, 그는 비코 피사노(Vico Pisano)를 밤에 공격하면 쉽게 점령할 것이라고 생각했다. 니콜로는 비코를 얻지는 못했지만 그 주변의 교외를 약탈하고, 산 조반니 알라 베나(San Giovanni alla Vena)의 마을을 노략질하고 불태웠다.[121] 공작과 네리가 움직이지 않는 것을 보자 이 시도가 대략적으로 헛수고로 판명 났음에도 그는 더 나가기로 하고, 카스텔로의 산타 마리아와 필레토(Filetto)[122]를 공격하여 그것들을 얻었다. 그러나 이것마저도 피렌체 군대를 움직이게 하지 못했는데, 공작을 두려워해서가 아니라[123] 피렌체에서는 평화교섭을 하고 있는 교황에 대한 존경[124]으로 인해 전쟁이 아직 결정되지 않았기 때문이었다. 피렌체인들이 지혜롭게 한 것은 적들로 하여금 그들이 두려워하고 있다고 믿게 한 것이었다. 그들은 적에게 새로운 일을 시도할 마음을 불어넣었다. 니콜로는 바르가(Barga)를 급습하기로 결정하고 모든 군대를 데리고 그곳에 나타났다. 이 새로운 공격은 피렌체인들로 하여금 두려움을 제쳐놓고 바르가를 구할 뿐 아니라 루카 부근의 영토를 공격하기로 결의하도록 만들었다. 공작은 니콜로를 대적하러 가서 바르가 성벽 아래에서 그를 격파하고[125] 거의 괴멸시킨 후 포위했다. 베네치아인들은 공작이 평화를 깼다고 간주하고 그들의 지휘관 조반 프란체스코 곤자가(Giovan

121) 자료에 의하면 산 조반니 알라 베나(비코와 매우 가까운 마을)의 일부 주민들이 그가 밤에 비코를 점령하도록 설득했다고 한다. 시도가 실패하자 피치니노는 부티(Buti) 계곡을 약탈했다.

122) 두 곳 다 피사의 북쪽에 있는 세르키오 계곡에 위치해 있다. 필레토는 필레톨레(Filettole)를 말한다.

123) '스포르차가 피치니노를 두려워해서가 아니다'. 이 구절은 스포르차와 그의 용병 대장으로서의 능력의 이상화에 대한 전반적인 설계의 일부인 것으로 보인다.

124) 1436년 8월부터 9월까지 볼로냐에서 교황 에우제니오 4세가 진행한 양측 간의 휴전 협상은 결실 없이 지속되었다.

125) 1437년 2월 15일. 피치니노는 먼저 사르자나로 후퇴한 다음 롬바르디아로 퇴각해야 했다(새로운 필요에 의해 비스콘티에 의해 재소환되었다).

Francesco Gonzaga)를 기아라다다(Ghiaradadda)로 보냈다. 그는 공작의 영토에 큰 해를 끼쳤고, 니콜로 피치니노는 토스카나에 소환될 수 밖에 없었다. 이 소환은 니콜로에게서 거둔 승리와 더불어 피렌체인들로 하여금 루카로 원정을 진행하여 정복할 수 있다는 희망을 품도록 이끌었다. 그들은 두려움도 주저함도 없었다. 그들이 유일하게 두려워했던 공작이 베네치아에 의해 격파된 것을 보았고, 또한 피렌체의 적들을 자신들의 영토로 불러들여서 피렌체를 공격하도록 허용한 루카인들은 어떠한 불평도 할 수 없었기 때문이다.

11.[126]

1437년 4월 프란체스코 백작은 그의 군대를 움직였다. 피렌체인들이 다른 지역을 공격하기 전에 자신들의 소유였던 것을 되찾고자 했다. 그들은 카스텔로의 산타 마리아와 피치니노가 취했던 다른 모든 곳을 되찾았다. 그런 다음 루카 부근의 영토로 진입하여 카마이오레(Camaiore)를 공격했다. 그곳의 주민들은 자신들의 영주에 충성했지만 항복하고 말았다. 멀리 있는 친구에 대한 믿음보다 가까이 있는 더 힘센 적에 대한 두려움이 더 컸기 때문이다. 비슷한 상황으로,[127] 마사(Massa)와 사르자나도 굴복했다. 그 후 5월 말경 군대는 루카로 진격하여 모든 농촌 수확물과 곡물을 파괴하고, 집들을 불태우고, 포도나무와 나무들을 베어 버리고, 가축들을 훔쳤다. 적들을 공격하기 위해 일반적으로 하는 모든 것이 빠짐없이 행해졌다. 공작에 의해 버림받았다고 생각한 루카인들은 도시 주변 지역을 방어할 수 없다는 절

126) **피렌체가 반 루카 원정을 시작하다, 루카인들은 저항을 결정하다 1437.**
127) 무기를 사용할 필요 없이, 공격받는 자들에게 일어나는 단순한 두려움으로.

망에 사로잡혀서 그것들을 포기했으며, 성곽들과 다른 가능한 해결책을 가지고 도시를 강화했다. 그들은 수많은 수비병을 보유하고 있어서 방어하는 데 두려움이 없이 오랜 시간 버텨냈다. 피렌체인들이 그들에게 가했던 다른 공격들의 경험을 통해 알게 된 것을 바탕으로 희망을 품었다. 그들의 유일한 두려움은 포위에 지쳤을 때 조국의 자유보다 자신의 위험을 더 소중하게 여기고,[128] 수치스럽고 해로운 협약을 강요할지 모를 평민들(plebe)의 불안정한 정신이었다. 루카인들을 방어에 참여하도록 선동하기 위해서 사람들을 광장에 모았고, 거기서 가장 나이 많고 지혜로운 한 사람이 다음과 같이 말했다. "어쩔 수 없이 행해진 것들은 칭송하거나 비난해서도 안되고 그렇게 할 수도 없다는 것을 당신들은 항상 이해하고 있었을 것입니다.[129] 우리가 공작의 사람들을 여기에 받아들이고 피렌체인들을 공격하도록 허락했다고 해서, 피렌체인들이 여기서 벌이는 전쟁이 결국 우리의 자업자득이라고 생각하고 우리 스스로를 책망한다면 큰 착각을 하고 있는 것입니다. 피렌체인들이 당신들에게 가지고 있는 오래된 적대감을 당신들은 이미 잘 알고 있습니다. 전쟁을 일으킨 원인은 당신의 잘못이나 그들의 정당한 두려움이 아니라, 당신의 나약함과 그들의 야망입니다. 나약함은 그들이 당신을 억압해도 된다는 희망을 주었고, 야망은 그들이 전쟁을 일으키도록 부추겼습니다. 당신들의 어떤 공적(merito)[130]이 그들의 그러한 욕망을 제거할 수 있다고 믿거나 당신들의 공격이 그들의 더 큰 보복으로 돌아올 것이라고 믿어서는 안 됩니다. 그들은

128) 타인의 자유(권력을 가진 엘리트의 자유)보다 자신의 위험을 더 고려하여.

129) '필연(necessità)'이라는 주제에 관해서는 『로마사 논고』 1권 2장 참조. 여기에서 '필연적으로 또는 선택에 의한' 운영을 구별하고 있다. 일반 원칙의 확인은 『피렌체사』에 나타난 연설들에서 일반적이지 않은 시작을 구성한다.

130) 피렌체인들이 감사해야 하는 행동. 따라서 담론을 여는 '필연성'은 기초적이고 근본적인 법칙, 즉 피렌체와 루카 사이의 객관적인 힘의 불균형과 피렌체인의 권력 의지에 있다.

당신들로부터 자유를 빼앗을 생각을 하고 있습니다. 여러분은 그것을 지킬 생각을 해야 합니다. 그들과 우리가 각자의 목적을 위해 하는 것들에 대해 모두가 한탄할 수는 있어도 경탄하지는 않을 것입니다. 그들이 우리를 공격하는 것, 우리 도시를 접수하는 것, 우리의 집들을 불태우고 우리 영토를 빼앗는 것을 한탄합시다. 우리 중 누가 이런 일에 놀랄 만큼 바보일까요? 우리는 할 수 있다면, 그들과 같은 것을 행하거나 더 나쁜 것도 해야 합니다. 그들이 니콜로가 오는 것[131]으로 인해 이 전쟁을 시작했다고 가정해 보십시다. 그가 오지 않더라도 그들은 다른 이유로 전쟁을 시작했을 것입니다. 이 악이 연기되었다면 아마도 더 거대해졌을 것입니다.[132] 비난받아야 하는 것은 그가 온 것이 아니라, 차라리 우리의 불운과 그들의 야심찬 본성입니다. 게다가 우리는 공작의 군대[133]를 거부할 수 없었고, 그들이 와서 전쟁하는 것을 막을 수 없었습니다. 우리는 강자의 도움 없이 우리 자신을 구할 수 없다는 것과 공작보다 더 믿을 만하고 강한 세력이 없다는 것을 알고 있습니다. 그는 우리에게 자유를 돌려주었습니다.[134] 그가 우리를 위해 자유를 지켜주길 기대하는 것은 합당한 생각입니다. 그는 항상 우리의 영원한 적들에게 완고했었습니다. 피렌체인들을 자극하지 않기 위해 우리가 공작을 화나게 했다면 우리는 친구를 잃었을 것이며, 우리의 적을 더 강하게 만들고 우리를 더 잘 공격할

---

131) 토스카나에서 피치니노의 군사 정벌을 우리가 지원했기 때문에.

132) 이 말은 마키아벨리가 반복적으로 되풀이하는 정치 법칙을 암시한다. 한 국가가 다른 국가에 의해 공격을 받을 수 있는 조건이 있을 때 갈등을 지연시키는 것은 무용지물일 뿐만 아니라 해롭다. 『군주론』 3장과 비교("전쟁은 피할 수 있는 것이 아니라 단지 적에게 유리하도록 지연되는 것에 불과하다").

133) 피치니노의 군인들.

134) 1430년 파올로 귀니지(Paolo Guinigi)가 끝났을 때의 사건들을 가리킨다. 이때는 프란체스코 스포르차가 필리포 마리아 비스콘티를 섬기면서 폭군을 몰아내려는 루카 시민들의 모반을 지원했고, 동시에 루카의 공격을 준비하던 피렌체가 그것을 정복하는 것을 막아냈던 시기였다.

준비를 도와주었을 것입니다. 그 결과 공작의 증오를 사면서 평화를 맺는 것보다는[135] 공작 편에 서서 전쟁을 수행하는 것이 훨씬 낫습니다. 우리가 우리를 포기하지 않을 때 그분이 우리를 얽매고 있던 그 위험들에서 구해줄 것이라고 믿을 수 있습니다. 당신은 피렌체인들이 우리를 얼마나 맹렬히 그렇게 많이 공격했는지, 그리고 우리는 거기에 얼마나 영광스럽게 방어했는지 알고 있습니다. 우리는 하느님과 시간[136] 외에는 의지할 데가 없었고, 둘 다 우리를 구해주었습니다. 그 때[137] 우리가 방어했다면, 지금 방어하지 말아야 할 이유가 무엇이겠습니까? 그때는 모든 이탈리아가 우리를 먹이로 그들에게 내버렸습니다.[138] 지금 우리에게는 공작이 있고, 베네치아인들이 피렌체의 힘이 커지는 것을 원치 않기에 우리를 공격하는 데 굉장히 주저할 것입니다. 과거에는 피렌체인들은 더 자유로웠고, 외부의 도움을 더 바랄 수 있었고, 스스로 더 강해졌습니다. 반면 우리는 매사에 더 약했는데, 그때 우리는 한 폭군[139]을 방어했기 때문입니다. 지금은 우리가 우리 자신을 방어하고 있습니다. 그때는 방어의 영광이 남의 것이었지만, 지금은 우리의 것입니다. 그때는 우리의 적들이 일제히 우리를 공격했지만, 지금은 망명자들로 분열된 채[140] 공격하고 있습니다. 이탈리아 전체가 그들에 대항하는 반역자들[141]로 가득 차 있습니다.

---

135) 비스콘티와의 동맹을 희생시킨 평화를 누리는 것보다.

136) 『군주론』 3장에서 마키아벨리가 논한 피렌체의 '현인'의 유명한 격언을 상기시킨다("시간의 혜택을 즐기라").

137) '그 상황에서'. 그러나 그것은 (나중에 설명되듯이) 1429년에 피렌체가 루카와 벌인 전쟁으로 더 정확하게 이어진다.

138) 그것은 1428년의 일로 파올로 귀니지의 친 비스콘티 행위로 인해 페라라와의 평화 이후 루카가 당면했던 외교적 고립을 가리킨다.

139) 파올로 귀니지.

140) 같은 주제가 리날도 델리 알비치가 밀라노 공작에게 하는 연설에서도 나타나 있다.

141) 추방자들, 유배자들.

그러나 우리를 격려할 이러한 이유들이 없다 해도 궁극의 필연은 우리를 완고하게 방어에 매달리게 할 것입니다. 우리는 모든 원수를 두려워 해야 합니다. 모두가 자신의 영광과 당신의 몰락을 바라기 때문입니다. 그러나 무엇보다도 우리는 피렌체인들을 두려워해야만 합니다. 우리의 복종이나 조공도 이 도시에 대한 그들의 주권도 그들을 만족시키지 못하기 때문입니다. 그들은 그들의 잔인함을 우리의 피로, 그들의 탐욕을 우리의 재산으로 채우기 위해 우리의 생명과 우리의 물질을 원하고 있습니다. 무엇이 되었건 우리는 그들을 두려워해야 합니다. 황폐한 들판, 불타버린 집, 점령된 마을을 보고 마음이 흔들리지 마십시오.[142] 우리가 이 도시를 구하면 그것들은 필연적으로 구원받을 것이기 때문입니다. 우리가 도시를 잃으면 그것들을 구하는 것은 어떤 의미도 없을 것입니다. 우리가 자유를 유지하면 우리의 적은 무척 힘들게 그것들을 소유할 것이고, 우리가 자유를 잃으면 우리가 그것들을 소유하는 것은 허사가 될 것이기 때문입니다. 따라서 무기를 잡읍시다. 당신이 싸울 때, 승리의 보상은 당신 조국의 구원뿐 아니라 당신의 집과 아이들의 구원도 될 것임을 명심하십시오." 이 연사의 맺는말은 인민들을 매우 열정적으로 타오르게 하여, 그들은 한마음으로 죽기를 각오했으며, 방어를 포기하거나 협약을 고려하는 것은 어떤 식으로든 자유에 오점을 남기는 것이라는 데 동의했다. 그들은 도시의 방어에 필요한 모든 것을 준비했다.

---

142) 적으로 인해 파괴된 당신의 들판을 보고 평화를 추구하지 마십시오.

12.[143)]

한편 피렌체 군대는 시간을 지체하지 않고 교외 지역을 황폐하게 한 후 몬테 카를로(Monte Carlo)[144)]의 항복을 받았다. 전리품을 취한 후 군대는 노차노(Nozzano)[145)]를 포위하여 루카인들이 모든 방면에서 압박을 받아 원조의 희망을 품을 수 없고, 기근에 쫓겨 항복하도록 하고자 했다. 그러나 노차노의 요새는 매우 강력했고, 수비가 철옹성이어서 다른 곳에서와 같이 쉽게 무너지지 않았다.[146)] 루카인들은 사방에서 압박이 오자[147)] 예상대로 밀라노 공작에게로 가서 모든 표현을 동원하여 그의 호의를 구하고, 자신들의 공헌과 피렌체인들의 공격을 지적했다. 공작이 그들을 보호해 주면 자신들이 그의 다른 친구들에게 얼마나 많은 힘이 될 것인지, 그리고 그가 자신들을 방어해 주지 않고 버려두면 얼마나 많은 공포가 살아날 것인지를 강조했다. 그들이 자유와 생명을 잃는다면 그가 그의 친구들 사이에서 명예를 잃을 것이며, 그에 대한 사랑으로 어떤 위험도 감수하려 했던 모든 사람들의 신의도 잃을 것이라고 말했다. 눈물로 호소했기에 의무감이 아니었더라도 연민이 그를 움직였을 것이다. 공작은 피렌체에 대한 오래된 증오에 루카인들에 대한 새로운 의무를 더하여, 피렌체인들이 거대한 전리품을 통해 성장하지 못하도록 하기 위해 많은 군대를 토스카나에 보내거나 혹은 베네치아를 격렬히 공격하기로 했다. 후자의

143) **루카인들이 밀라노 공작에게 도움 요청 1437.**

144) 도시에서 몇 킬로미터 떨어진 루카의 동쪽 언덕에 있다.

145) 비아레조(Viareggio) 방향으로 루카와도 가까운 마을.

146) 스포르차는 노차노를 처음에는 포위했지만, 이 작전에 오랜 시간이 걸리는 것을 보고 몬테카를로로 가서 항복을 받았다. 그는 다시 노차노로 돌아와 정복했다. 이 사실은 1437년 8월~9월로 거슬러 올라간다.

147) 포위를 통해 압박하자.

경우는 베네치아인들을 돕기 위해 피렌체인들이 자신들의 원정을 포기하도록 하는 전술이다.

13.[148]

이 결정이 내려지자, 공작이 군대를 토스카나로 보낼 준비를 시작했다는 소식이 피렌체에 빠르게 퍼졌다. 이에 피렌체인들은 루카 원정에 대한 기대를 상실하기 시작했다. 공작을 롬바르디아의 일로 정신없게 하기 위해 그들은 베네치아인들로 하여금 온 힘을 다해 공작을 압박하도록 재촉했다. 그러나 베네치아인들은 너무 두려워했다. 만토바의 후작이 베네치아인들을 버리고 공작에게 고용되었던 것이다.[149] 자신들이 무장해제된 상태라는 것을 발견한 베네치아인들은 다음과 같이 답했다. 자신들은 확전할 수 없는 상태일 뿐 아니라, 프란체스코 백작이 직접 포강을 넘어 온다는 조건 하에 자신들의 군대를 지휘하기 위해 베네치아로 오지 않는다면 전쟁을 지속할 수도 없는 상태라고 말이다. 그들은 옛 협약을 지키려고 하지 않았는데, 장군 없이 전쟁하기를 원치 않았고, 백작 외에 다른 이에게 희망을 품을 수도 없었기 때문이다. 백작이 모든 곳에서 전쟁을 수행하도록 의무지우지 않는 한 그들은 그를 이용할 수 없었다. 피렌체인들은 롬바르디아에서 전쟁이 강력하게 추진되어야 한다고 보았는데, 한편으로 백

148) **피렌체는 베네치아로부터 도움을 요청받다, 양국은 프란체스코 스포르차를 장군으로 원함, 피렌체가 베네치아를 속이려 함 1437.**

149) 1433년부터 만토바의 후작인 잔프란코 곤자가(Gianfranco Gonzaga)가 1437년 가을에 베네치아와의 계약을 갱신하지 않고 비스콘티와 계약을 맺었다(다음 해에 그는 공개적으로 밀라노를 섬긴다. 베네치아가 진정한 배신으로 해석한 행위).

작 없이 그들만 남겨지면 루카에서의 원정 계획은 포기해야 하는 상황임을 잘 이해하고 있었다. 그들은 이 요구가 베네치아에서 백작이 꼭 필요하다는 긴급성 때문이 아니라, 피렌체의 루카 획득을 막고자 하는 의도로 이루어진 요청임을 알고 있었다. 백작은 동맹이 원하면 언제든 롬바르디아로 들어갈 준비가 되어 있었으나, 밀라노 공작이 약속한 결혼에 대한 희망이 사라지는 것을 원치 않았기 때문에 자신의 의무를 따르기를 주저했다.150) 따라서 피렌체인들은 두 가지 다른 격정으로 혼란스러워 했다. 하나는 루카를 지배하고자 하는 바람이고, 다른 하나는 밀라노 공작과의 전쟁에 대한 두려움이었다. 항상 그러하듯이 두려움이 이겼다. 그들은 백작이 노차노(Nozzano)를 정복하고 롬바르디아로 가야 한다는 데 동의했다. 여전히 어려움이 남아있었는데, 그것은 피렌체인들의 신중함으로는 해결할 수 없어서 첫 번째보다 더 걱정스러운 것이었다. 백작은 포강을 건너기를 원치 않았고, 베네치아인들은 그렇지 않으면 그를 장군으로 수용하려 하지 않았다. 한쪽이 다른 쪽에 양보하지 않으면 결코 해결될 방법을 찾을 수 없었기에, 피렌체인들은 백작에게 피렌체의 시뇨리아에 편지를 써서 강을 넘도록 하는 명령을 내려 달라고 요청하도록 설득했다. 더불어 그들은 사적 약속이 공적 협약에 영향을 주는 것은 아니며, 그가 강을 건너지 않고도 임무를 수행할 수 있음을 강조했다. 이러한 조치로 얻는 유익은 전쟁을 추동했던 베네치아인들이 그것을 계속하도록 강제하는 것이었으며, 이로써 그들이 두려워했던 기질(umore)의 전환이 일어날 것이라고 했다.151) 다른 한편, 베네치아인들에게는 사적인 편지로도 백작 자신에게 의무를 지게 하는데 충분하기에 그들은 그것

150) 요컨대, 스포르차는 이미 1430년에 외동딸 비앙카 마리아와의 결혼을 약속한 밀라노 공작에 대해 지나치게 적대적인 태도를 피한다.

151) 전쟁에 대한 헌신은 그들의 태도를 바꾸도록 강요했을 것이다(즉, 그들은 비스콘티와의 전쟁에 완전히 헌신해야 했을 것이다).

에 만족해야 함을 지적했다. 그들은 그의 장인에 대한 그의 고려를 어떤 식으로든 인정해주는 것이 좋기 때문이다.[152] 명백한 이유 없이 그의 의무를 드러내는 것[153]은 그와 그들 모두에게 유익하지 않다는 것이었다. 이런 식으로 백작의 롬바르디아로의 길은 결정되었다. 그는 그때 노차노를 취하고, 루카 근처에 몇 개의 보루를 쌓아 루카인들을 제약한 다음 그 전쟁을 위원회 수중에 맡기고, 산맥을 넘어 레조(Reggio)로 떠났다.[154] 거기서 베네치아인들은 그의 행로를 의심했고, 그의 계획을 알기 위해 그에게 포강을 건너서 그들의 다른 군대와 합류할 것을 요구했다. 백작은 그 요구를 거부했고, 그와 베네치아 사신 안드레아 모로시니(Andrea Morosini) 사이에 언쟁이 있었다.[155] 서로가 상대방을 거만하고 신뢰할 수 없다고 비난했다. 많은 충돌 끝에, 한쪽은 일하기로 한 의무를, 다른 쪽은 지불하기로 한 의무를 거부했다. 백작은 토스카나로 복귀했고, 다른 쪽은 베네치아로 돌아갔다. 백작은 피사 지역에 주둔했고, 피렌체인들은 루카와의 전쟁을 새롭게 시작하도록 촉구했다. 그러나 그들은 원하는 대로 할 수 없었다. 밀라노 공작이 자신에 대한 경외심으로 백작이 포강을 넘지 않으려 했다는 사실을 알고서, 백작을 통해 루카인들을 아직 구할 수 있다고 생각했던 것이다. 밀라노 공작은 백작에게 루카인들과 피렌체인들 사이에서 협약을 체결할 수 있도록 해달라고 부탁했다.[156] 그리고 할 수 있다면 밀라노 공작도 거기에 참여할 수 있기를 바랐다. 그 사이 밀

152) 신부의 아버지가 스포르차에게 약속한 대로 스포르차가 비스콘티(장인어른)에 대해 조심스럽게 만든 이유.

153) 자신을 밀라노 공작의 적으로 선언하도록 강요하는 것.

154) 1437년 10월. 산맥은 물론 아펜니노 산맥이다.

155) [역자주] 원문은 마우로체노(Mauroceno)이나 '모로시니'가 맞기에 본문에 반영했다.

156) 1438년 2월과 3월에 비스콘티는 프란체스코 다 란드리아노(Francesco da Landriano)를 스포르차에게 보내 평화 협상에 찬성하도록 설득했다.

라노 공작은 백작에게 그가 원할 때[157] 자신의 딸과 결혼할 수 있다는 희망을 주었다. 이 결혼은 백작에게 강한 유인책이었는데, 밀라노 공작에게는 아들이 없어서 결혼을 통해 밀라노의 군주가 될 수 있다는 희망을 품었던 것이다. 그런 식으로 그는 항상 피렌체를 위한 전쟁의 추진을 중지시켰고,[158] 베네치아인들이 계약 건을 지키지 않고 합당한 급여를 지불하지 않으면[159] 나갈 수 없다고 주장했다.[160] 그러나 지불만으로 충분하지 않았는데, 만약 자신의 소유를 안전하게 누리기를 원한다면 피렌체말고도 다른 지원도 필요했기 때문이다. 그래서 베네치아인들과 결별한다면, 자신의 사업을 찾아야 했는데, 그는 영리하게도[161] 밀라노 공작과 협약을 맺겠다고 위협했다.

14.[162]

이런 책략과 술수들은 피렌체인들을 매우 불쾌하게 했다. 그들은 루카 원정이 실패했다고 보았고, 그 외에도 백작과 밀라노 공작이 함께 할 때마다 나라의 안위를 두려워해야 했다. 따라서 베네치아인들로 하여금 백작과의 계약을 지키도록 하기 위해 코지모 데 메디치는 자신의 명성의 영향력을 믿고 베네치아로 갔다.[163] 그는 베네치아의

---

157) 결혼은 최근에야 이뤄질 수 있었다. 1425년에 태어난 비앙카 마리아는 1438년에 13살이 되었다.

158) 전쟁을 고려하여 시작된 협상을 중단했다.

159) 용병대장으로서 그들에게 복무하는 계약을 준수하지 않으면.

160) 그는 (루카에 대한) 전쟁을 계속할 의도가 없었다.

161) 교활하게.

162) **코지모는 베네치아인들이 프란체스코 백작에게 지불하도록 하는 데 실패했다, 루카와의 평화 1438.**

163) 1438년 봄, 스포르차와 밀라노 공작 사이의 협상이 진전된 단계에 있었다.

원로원에서 그 문제를 장황하게 주장했다. 이탈리아가 어떤 위협에 놓여있고, 밀라노 공작의 힘은 얼마나 큰지, 군대의 명성과 힘이 어디에 있는지를 설명하고, 백작이 밀라노 공작과 연합하면 베네치아인들은 바다로 다시 밀려나고 피렌체인들은 자유를 위해 다시 싸워야 할 것이라고 결론을 맺었다.[164] 이에 베네치아인들은 그들이 자신의 힘과 이탈리아인들의 힘들을 알고 있다고 말했다. 그들은 어떤 식으로든 자신들을 방어할 수 있다고 믿고 있었고, 다른 사람 밑에서 복무하는 군대에 급여를 지불하는 것은 그들의 관습이 아니라고 주장했으며, 백작에게 복무를 지시한 쪽은 피렌체인들이므로, 피렌체가 백작에게 지불해야 한다고 했다.[165] 베네치아인들은 자신의 도시의 안전을 위해 백작에게 급여를 지불하는 것보다 그의 자존심을 낮추는 것이 더 필요하다고 판단했는데, 사람은 그 야망에 한계가 없음을 알았기 때문이었다. 그들은 지금 그가 복무한 것 없이 돈부터 받는다면, 곧 더 부적절하고 위험한 어떤 것을 요구할 것이라고 생각했고, 적당한 때에 그의 오만함을 제어하여[166] 구제불능이 될 정도로 자라지 않도록 할 필요가 있다고 판단했다. 그들은 피렌체인들이 두려움이나 다른 어떤 바람에서 그를 친구로 두고 싶어 한다면, 그에게 지불해야 하는 쪽은 피렌체인들이라고 했다. 이에 코지모는 어떤 성과도 없이 귀환했다. 그럼에도 피렌체인들은 백작에게 동맹으로부터 이탈하지 말도록 압력을 가했고 그 역시 원하지 않는 일이었다. 하지만 밀라노 공작의 딸과 결혼을 확정하려는 열망으로 그는 초조해졌고,[167] 예전

164) 베네치아인들은 이탈리아 본토의 모든 지배권을 잃었을 것이고, 피렌체인들은 독립조차 잃을 위험에 처할 것이다.

165) (루카와의 전쟁에서) 스포르차를 고용한 것은 피렌체인들이었다.

166) 베네치아인들의 이러한 주장은 용병의 무력이 지닌 위험에 대한 저자의 논쟁을 뒷받침한다.

167) 결정을 할 수 없게 했다.

에 그랬던 것처럼 조그만 사건이라도 그가 결정하도록 만들 수 있었을 것이다.[168] 백작이 휘하의 가장 뛰어난 용병대장 중 한 명인 프리우라노(Friulano)를 보내 마르케에 있는 그의 도시들을 살피게 했는데, 밀라노 공작에 의해 선동되어 백작에게 지불을 거부하고 밀라노 공작에게로 갔던 것이다. 이에 백작은 모든 망설임을 제쳐놓고 밀라노 공작에 대한 두려움으로 그와 협약을 맺었다.[169] 그는 협약기간 동안 로마냐와 토스카나의 일에는 개입하지 않기로 약속했다. 이 협약을 체결한 후 백작은 끈질기게 피렌체인들에게 루카인들과 협약을 맺도록 설득했고, 그 압력으로 인해 다른 방책이 없다고 생각한 피렌체인들은 1438년 4월 결국 협약을 맺었다. 이로 인해 루카인들은 자유를 유지할 수 있게 되었고, 피렌체인들은 몬테카를로와 다른 몇몇 성곽도시들[170]을 갖게 되었다. 이 후 그들은 하느님과 사람들이 루카인들을 그들의 지배하에 두기를 원하지 않았기에 평화협약이 맺어졌다는 불만이 담긴 편지로 이탈리아 전역[171]을 채웠다. 자신의 것을 잃어 불만인 어느 누구도 남의 것을 빼앗는 데 실패한 피렌체인들만큼 분노할 수는 없었을 것이다.

---

168) 그것은 밀라노 편을 들 것인지 또는 베네치아-피렌체 동맹의 편을 들 것인지를 결정하는 것이다.

169) 비스콘티와 스포르차는 1438년 3월 28일에 합의에 이르렀다. 밀라노 공작은 딸을 스포르차와 결혼시켰다.

170) 전쟁 동안 정복했던 루카의 모든 도시들. 몬테 카를로 외에 우차노(Uzzano)와 모트로네(Motrone).

171) 마키아벨리의 과장(그리고 챕터를 마무리하는 비꼬는 말. '드물게 발생한다' 등)은 '야심찬 게으름'이 특징이며, 실제 군사력의 뒷받침 없이 지배하기를 바라는 피렌체의 외교 정책에 대한 작가의 지칠 줄 모르는 논쟁을 재개한다.

15.[172]

피렌체인들은 이 시기 큰 원정 때문에 분주했음에도 주변 도시들을 생각하고 그들을 배려하기를 잊지 않았다. 우리가 앞서 보았듯이[173] 니콜로 포르테브라초는 사망했다. 그는 포피(Poppi)의 백작의 딸과 결혼했는데,[174] 니콜로가 살아있을 때, 백작은 사위의 이름으로 보르고 산 세폴크로(Borgo San Sepolcro)와 그 요새를 장악하고 통치했다. 니콜로 사망 후에도 그는 그곳을 딸의 재산으로 소유하고서,[175] 교회의 재산으로 이양을 요구한 교황에 양도하기를 거부했다. 이에 교황은 교회의 소유물을 되찾기 위해 군대와 함께 대주교[176]를 보냈다. 백작이 이 공격에 저항할 수 없음을 알았을 때, 그는 도시를 피렌체인들에게 넘겼지만, 그들은 그것을 받아들이지 않았다.[177] 교황이 피렌체로 왔을 때,[178] 그들은 교황과 백작 사이에 협약이 맺어지도록 개입했다. 그러나 협약 과정에서 문제가 발생하여 대주교는 카센티노

---

172) **보르코 산 세폴크로에 대한 분란, 산타 레파라타의 봉헌 1436.**

173) 『피렌체사』 5권 3장.

174) 포피 백작인 프란체스코 귀디(Francesco Guidi)는 1434년 10월에 니콜로 포르테브라초인 니콜로 델라 스텔라(Niccolò della Stella)와 그의 딸 루도비카(Ludovica)를 결혼시켰다. 니콜로 델라 스텔라는 1435년 8월에 사망했다.

175) 즉, 그는 딸의 지참금 반환을 보장하기 위해 그것을 통제했다.

176) 조반니 비텔레스키. 레카나티(Recanati)와 마체라타(Macerata)의 주교인 '알렉산드리아의 총대주교'로 알려져 있다. 1437년 추기경. 그는 4권 32장에서 이름과 별명(조반니 비텔레스키 총대주교)으로 기억된다.

177) 당시(1435년 말) 여전히 도시에 거주하고 있던 교황을 적대시할까봐 두려워서였다.

178) 에우제니오 4세는 1432년과 1436년 사이에 피렌체에 머물렀다. 1439년 1월 16일에 1년 전(5권 16장 참조) 페라라에서 열렸던 공의회가 피렌체로 옮겨졌다. 그러나 정보가 정확하지 않다. 마키아벨리가 이야기하고 있는 사실은 니콜로 델라 스텔라가 사망한 후(1435년 8월) 몇 달을 언급한다. 따라서 이것은 에우제니오가 피렌체에 처음 머물렀던 것과 관련이 있다.

(Casentino)를 공격하여 프라토 베키오(Prato Vecchio)와 로메나(Romena)를 취했고, 똑같이 그것들을 피렌체인들에게 제공했다. 그들이 백작에게 그것들을 인도할 수 있다는 조건에 교황이 동의하지 않는 한[179] 피렌체인들은 여전히 받고 싶지 않았다. 많은 논의끝에 교황은 포피의 백작이 보르고를 교회에 다시 돌려주도록 하겠다는 피렌체인들의 약속에 동의했다. 교황의 마음이 이런 방향으로 진정되었을 때, 피렌체인들은 오래전부터 건축이 시작되었던 산타 레파라타(Santa Reparata)라고 불리는 도시의 대성당[180]이 성무일과를 행할 수 있는 때가 되자, 교황에게 대성당을 직접 축성해달라고 요청했다.[181] 교황은 기꺼이 동의했고, 도시와 교회에 더 큰 영광을 부여하고 교황에게 더 높은 영예를 돌리기 위해 교황이 머무는 산타 마리아 노벨라(Santa Maria Novella) 성당에서 봉헌되는 교회까지 4브라차[182] 너비에 2브라차 높이의 단을 만들었다. 이 단은 값비싼 휘장들로 덮고 둘러쳐졌으며, 오로지 교황과 그의 가신들, 그리고 도시의 행정관들과 교황을 수행하는 시민들만이 그 위를 걸을 수 있었다. 다른 시민들과 인민들은 모두 장엄한 광경을 목격하기 위해 거리와 집과 교회에 모여 대기했다. 그러한 봉헌식에서 일반적으로 행해지는 의식들이 치러졌는데, 교황은 특별한 호의의 표시로 줄리아노 다반차티(Giuliano Davanzati)[183]

179) 그러나 성은 불과 2년 후에 귀디 백작에게 반환되었다.

180) 도시의 주교좌 성당.

181) 산타 마리아 델 피오레(이전에는 산타 레파라타라고 불림)는 1436년 3월 25일(피렌체 달력에 따르면 성모 영보 대축일이자 새해 첫날)에 축성되었다. 브루넬레스키의 웅장한 돔은 14년의 작업 끝에 1434년 8월 30일에 완성되었다.

182) 브라차(Braccia). [역자주] 영어 번역에서는 큐빗(cubit)으로 옮기고 있다. 큐빗은 고대에 사용되던 길이의 단위로 손가락 끝에서 팔꿈치까지의 길이를 의미했다. 약 45cm. 따라서 4브라차는 약 1.8미터, 2브라차는 약 0.9미터를 의미한다.

183) 줄리아노 다반차티(1390~1446)는 1436년 3월과 4월에 정의의 곤팔로니에레였다.

에게 기사 작위를 내렸다. 그는 정의의 곤팔로니에레(gonfaloniere di giustizia)였으며, 항상 최고의 명성을 누리고 있었다. 이때 시뇨리아는 교황보다 그를 덜 사랑하는 것으로 보이지 않으려고, 그에게 일 년간의 피사 통치권을 주었다.

16.[184]

같은 시기에 로마 교회와 그리스 정교회는 종교의식에 관하여 거의 모든 부분에서 일치하지 않았다. 서로마 교회의 고위 성직자들이 이 문제에 대해 많은 토론을 거친 후 바젤 공의회[185]에서 황제와 동로마 교회의 고위 성직자들이 참여하는 공의회를 바젤에서 개최할 수 있도록 설득하는 일에 경주할 것을 결의했다.[186] 비록 이 결정은 제국의 위엄에 반하고, 로마 교황에게 양보하는 것은 정교회의 성직자들에게 기분 나쁜 일이었음에도, 그들은 오스만 압박을 받고 있었고,[187] 혼자서는 방어할 수 없었기에 더 확실한 도움을 요청하기 위해 양보하기로 결정했다. 황제는 대주교[188]와 그리스 정교회의 고위 성직자들,

184) **동로마교회와 서로마교회 사이의 통합노력 1439.**

185) 바젤 공의회는 1431년 여름에 열렸지만 이미 12월에 에우제니오 4세(교황보다 공의회가 우월하다는 주장을 걱정하여)가 해산되었다고 선언했다. 그러나 공의회는 계속되었다. 이것이 이른바 '소 분열' 또는 '바젤 분열'이었다.

186) 서방 교회와 그리스 교회의 편차극복은 바젤 공의회 초기부터 바라던 바였다. 황제는 요안니스 8세 팔레올로고스(1425~1448)였다. 공의회의 성직자들은 그리스 교회의 대표자들이 아비뇽에서 서방 고위 성직자들을 만나기를 원했다. 그리스인들은 회의 장소로 이탈리아 도시를 제안했다. 1437년 9월 에우제니오 4세는 공의회 장소를 바젤에서 페라라로 옮겼다.

187) 비잔틴 제국에 대한 터키의 공격은 점점 더 절박해졌다. 콘스탄티노폴리스는 몇 년 후에 정복될 것이었다.

188) 콘스탄티노폴리스의 총대주교 요제프 2세. 그는 가톨릭 교회와 그리스 교회의 연합 선언이 선포되기 며칠 전인 1439년에 사망했다.

그리고 영주들과 함께 공의회의 개최 예정에 따라 바젤에 가기 위해 베네치아로 갔다가, 역병에 놀라 피렌체에서 공의회를 열기로 결정했다.[189] 로마와 비잔티움의 고위 성직자들은 함께 며칠 동안 대성당에서 회합했고, 긴 논쟁 끝에 비잔티움 사람들은 로마 교회와 교황에게 양보하여 협약을 맺었다.[190]

17.[191]

루카인들과 피렌체인들, 그리고 밀라노 공작과 백작 사이[192]에 평화 협약이 체결됐을 때, 사람들은 이탈리아, 특히 롬바르디아와 토스카나에 들끓었던 무기가 손에서 놓여날 것이라고 믿었다. 나폴리 왕국에서 앙주의 르네와 아라곤의 알폰소 사이의 경쟁은 둘 중 하나의 몰락으로 끝날 수밖에 없었다.[193] 교황이 수많은 도시들을 잃은 것을 불만스럽게 생각하고, 밀라노 공작과 베네치아인들이 얼마나 야심이 큰지 알려졌음에도 불구하고, 교황은 어쩔 수 없이, 다른 사람들은 피로 때문에 그만둘 수밖에 없었다. 그러나 문제는 다른 방향으로 진행됐는데, 밀라노 공작도 베네치아인들도 만족하지 못해 무기를 들고 롬바르디아와 토스카나를 다시 전쟁으로 몰아넣었던 것이다.[194] 밀라

189) 그러나 공의회의 첫 장소는 이미 말했듯이 베네치아가 아니라 페라라(1438년)였다.

190) 1439년 봄. 그러나 두 교회 간의 연합은 일시적일 것이었다(분열은 공식적으로 1472년에 다시 시작된다).

191) **이탈리아의 분란 지속, 니콜로 피치니노는 교황을 속이면서 라벤나와 다른 도시들을 점령함 1438.**

192) 비스콘티와 프란체스코 스포르차 사이.

193) 필연적으로 그들은 두 경쟁자 중 한 명이 승리해야만 진정되었을 것이다.

194) 밀라노에 대한 두 번째 베네치아-피렌체 전쟁(1438~1441)이다. 이미 1437년 봄(스포르차가 루카에서 교전하고 있는 동안, 5권 12-13장 참조) 베네치아

노 공작의 거만한 정신은 베네치아인들이 베르가모와 브레샤를 소유한 것을 참을 수 없었다. 그들이 무장하고 매일 곳곳에서 그의 영토를 약탈하고[195] 괴롭히는 것을 보았을 때는 더욱 그러했다. 그는 자신이 그들을 저지할 수 있을 만큼 강하기도 하고, 교황, 피렌체, 그리고 백작이 언제라도 베네치아를 포기하면 자신의 잃어버린 도시들을 되찾을 수 있다고 생각했다. 그는 먼저 교황으로부터 로마냐를 빼앗을 책략을 꾸몄다. 그가 로마냐를 가지면 교황이 그를 공격할 수 없을 것이라는 생각에서였다. 피렌체인들은 가까이서 일어난 화재를 바라보며[196] 두려움 때문에[197] 움직이기를 기피할 테고, 움직인다 해도 자신을 향해 쉽게 공격할 수 없을 것이라고 생각했다. 루카에서 일어난 일들[198]과 베네치아인들에 대한 피렌체인들의 분노를 밀라노 공작은 잘 알고 있었다. 그는 그들이 베네치아를 위해 무기를 들지 않을 가능성이 높다고 판단했다. 프란체스코 백작에 대해서는, 그들의 새로운 우정, 즉 결혼의 희망이 충분히 그를 굳게 붙들고[199] 있다고 믿었다. 밀라노 공작은 비난을 피하고 경계할 기회를 줄이고, 특히 백작과 맺은 협약[200]으로 로마냐를 직접 공격할 수 없었기에 니콜로 피치

군의 대장 곤자가는 밀라노를 목표로 아다(Adda)를 건넜다. 베네치아는 비스콘티를 방어하기 위해 사보이 공작이 개입한 후 9월에 아다 강 동쪽으로 철수했다.

195) 이것은 1437년 봄~여름의 사태를 가리키는 것이다.

196) 그들의 국경 근처에서 일어난 전쟁을 보고.

197) 베네치아 공화국이 통합된 이해관계를 가진 지역과 관련된 피렌체 개입에 대해 그들이 어떻게 반응할지 두려워했기 때문이다.

198) 루카 정복 실패. 베네치아인들은 연합군의 계획에 호의적이지 않았을 뿐만 아니라 롬바르디아에서 스포르차의 개입을 요청하면서 이를 어느 정도 방해했다.

199) '그를 상대로 무기를 들지 않을 충분한 이유'. '혼인'은 당연히 스포르차와 약속한 비앙카 마리아 비스콘티와의 결혼이다.

200) 1438년 3월 28일 필리포 마리아 비스콘티와 프란체스코 스포르차 사이의 조약에 따라 정해진 협약.

니노에게 그 자신의 개인적 야망 때문에 도발하는 것처럼 원정을 시작하라고 명령했다. 밀라노 공작과 백작 사이에 협약이 맺어졌을 때, 니콜로는 로마냐에 있었고,[201] 밀라노 공작이 그의 영원한 적이었던 백작과 맺은 우정 때문에 격분한 것처럼 말했다. 그는 군대를 이끌고 포를리와 라벤나 사이에 있는 카무라타(Camurata)[202]로 회군하여 그곳에서 새로운 계약을 맺을 때[203]까지 긴 시간 머물 것처럼 요새를 쌓았다. 그의 분노에 대한 소문이 모든 곳으로 퍼지는 사이 니콜로는 교황에게 자신이 밀라노 공작으로부터 얼마나 당했는지, 공작이 얼마나 배은망덕했는지를 이해시켰다. 그리고 이탈리아의 거의 모든 군대를 마음대로 사용할 수 있는 최고의 두 장군을 자신의 아래에 두고 밀라노 공작이 이탈리아 전체를 장악하려 한다고도[204] 했다. 그러나 교황이 원한다면, 니콜로는 밀라노 공작이 가졌다고 생각하는 두 장군들 중 한 명은 적대적으로, 다른 한 명은 그에게 무용지물이 되게 만들 수 있을 것이라고 장담했다. 니콜로는 교황이 자신에게 돈을 주고 군대 지휘를 계속 맡긴다면 백작이 교회로부터 빼앗은 영토들을 공격할 것이고, 자신의 앞가림하기 바쁜 백작은 필리포의 야망을 도와줄 수 없을 것이라고 설명했다. 교황은 자신에게 합리적으로 보였던 이 말들을 믿었다. 그는 5천 두캇을 니콜로에게 보내면서 영토를 그와 그의 자녀들에게 주겠다고 약속했다. 많은 사람들이 교황에게 속임수의 가능성을 경고했지만, 그는 믿지 않았고 반대하는 누구에게도 귀기울이지 않았다. 당시 라벤나 시는 오스타시오 다 폴렌타

201) 1438년 3월. 피치니노는 스포르차와 밀라노 공작 사이의 협상이 막 끝날 무렵 그곳에 도착했다.

202) 오늘날의 카제무라테(Casemurate).

203) 피치니노는 비스콘티와 결별한 후 계약에서 자유로운 것처럼 행동했다.

204) (피치니노는 교황에게 말했다) 비스콘티는 그의 밑의 두 명의 이탈리아의 용병대장들(피치니노 자신과 3월의 협약 하에 스포르차)을 통해 그가 이탈리아 전체를 차지할 수 있다는 환상에 사로잡혀 있었다고.

(Ostasio da Polenta)[205]가 교회를 위해 통치했다. 니콜로는 원정을 늦출 시간이 없었는데, 그의 아들 프란체스코가 스폴레토를 약탈하여 교황을 모욕했기 때문이다. 그는 라벤나를 공격하기로 결정했는데, 라벤나 정복이 더 쉽다고 판단했거나 오스타시오와 모종의 맹약이 있었기 때문이다. 공격한 지 며칠 만에 그는 협약을 체결하고 라벤나를 취했으며,[206] 이후 볼로냐, 이몰라, 포를리를 정복했다. 가장 놀라운 것은 교황을 대신하여 그 지역들을 지키고 있었던 20개 요새 중 니콜로의 수중에 들어가지 않은 것이 하나도 없었다는 사실이다. 그는 이 상처로 교황을 기분 상하게 만든 것으로 만족하지 않고, 행동만큼 말로도 교황을 조롱하고 싶어 했다. 그는 교황이 밀라노 공작과 자신 사이의 오래된 우정을 뻔뻔스럽게 단절시키려 했으며, 자신이 밀라노 공작을 떠나 베네치아인들과 한편이 되었다는 편지를 이탈리아 전역으로 퍼나르기를 부끄러워하지 않아서, 도시들을 마땅히[207] 취했다는 내용의 편지를 교황에게 보냈다.

---

205) 그는 베네치아 정치의 세력권에 들어온 지 오래된 라벤나를 통치한 다 폴렌타 가문의 마지막 사람이었다. 비스콘티로 넘어간 후(나중에 마키아벨리가 말하는 '협정'으로 인해), 오스타시오는 베네치아인들에 의해 투옥되었고 (1431년) 다시는 석방되지 않았다. (크레타에서) 포로로 잡혀 있던 오스타시오의 죽음과 가족의 멸족은 6권 3장에 언급되어 있다.

206) 1438년 4월의 일.

207) 정당한 사유로, 정의에 따라 행동하여.

18.[208]

로마냐를 점령하고 니콜로는 그의 아들 프란체스코에게 방위를 맡긴 후, 그의 군대 대부분을 대동하고 롬바르디아로 들어갔다. 거기서 그는 밀라노 공작의 군대와 합류했고,[209] 브레샤의 외곽지역을 공격하여 단기간에 브레샤를 점령한 다음 도시를 포위했다.[210] 밀라노 공작은 베네치아인들이 자신의 먹이로 남겨지기를 바랬고,[211] 교황, 피렌체인들, 그리고 백작에게 로마냐에서 니콜로가 한 일들이 조약과 다르게 자신의 의지에 반하는 것임을 선언하면서 양해를 구했다. 비밀전령을 통해 때와 기회가 있다면 니콜로의 이 불복종은 분명히 징벌을 받을 것이라고 이해시켰다. 피렌체인들과 백작은 그를 신뢰하지 않았고, 니콜로의 무력이 그들을 자제시키는 데 쓰이는 동안 공작은 베네치아인들을 길들일 것이라고 믿었다. 베네치아인들은 자신감에 가득 차서 그들이 스스로 밀라노 공작의 군대에 맞설 수 있다고 믿었기에 어느 누구의 도움도 청하지 않고 지휘관 가타멜라타(Gattamelata)[212]와 함께 전쟁을 수행했다. 프란체스코 백작은 로마냐와 롬바르디아에서 일어난 예상치 못한 사건들이 그를 방해하지 않았다면 피렌체인들의 지원을 받아 르네 왕[213]을 구하러 가려고 했다. 피렌체인들

208) **밀라노의 필리포 공작이 베네치아를 공격, 프란체스코 스포르차 백작과 필리포 공작의 딸과의 결혼이 연기됨 1438.**

209) 피치니노는 1438년 6월에 공식적으로 비스콘티로 넘어간 잔 프란체스코 곤자가의 군대와 합류했다.

210) 1438년 10월. 도시는 밀라노 군대에 점령당하지 않고 몇 달 동안 저항할 것이다.

211) '베네치아인들을 위해 개입하는 사람 없이 자유롭게 베네치아인들을 공격하기를 원했던'. 이 표현은 루카의 현명한 장로가 5권 11장에서 한 말에서도 반복된다("모든 이탈리아가 우리를 먹이로 놔두었다.").

212) 그는 1437년 12월 베네치아인들에 의해 지휘관으로 고용되었다.

또한 도시와 프랑스 왕가의 오래된 우정으로 인해 기꺼이 그렇게 하고자 했다. 그러나 밀라노 공작은 그가 감금되었을 때 맺은 우정으로 인해 알폰소에게 호의[214]를 보냈다. 하지만 모두가 가까이서 벌어지는 전쟁으로 바빴기에 멀리 있는 사람들을 위한 그 기획들을 실행할 수 없었다. 로마냐가 밀라노 공작의 군대에 점령당하고 베네치아인들이 패배하는 것을 목격한 피렌체인들은 타인의 몰락을 보고 자신의 몰락을 두려워하는 사람들처럼 백작에게 토스카나로 와주기를 요청했다.[215] 그곳에서 과거 그 어느 때보다 강해진 밀라노 공작의 힘에 맞서 무엇을 할 수 있을지를 판단해 주기를 바랐다. 그들은 그의 오만이 어떤 식으로든 제어되지 않는다면 이탈리아에서 영토를 가지고 있는 모두가 짧은 시간 내에 고통받게 될 것이라고 주장했다. 백작은 피렌체인들의 두려움이 합리적이라고 생각했지만, 밀라노 공작이 약속한 결혼에 대한 소망은 그를 초조하게 했고, 그의 소망을 알고 있던 밀라노 공작은 그가 자신에 대항해 무기를 들지 않는다면 그가 가장 바라는 것을 유지하려 했다. 어린 소녀는 이제 혼인할 나이가 되었기에,[216] 밀라노 공작은 그동안 결혼을 위한 모든 준비를 여러 차례 했다가 여러 술책을 써서 취소했다. 이번에는 백작이 더 잘 믿게 만들기 위해서 그는 약속에 행동을 더했고, 결혼 계약에 따라 지불해야 할 3만 플로린을 보냈다.

---

213) 앙주의 르네. 1435년부터 1437년까지 부르고뉴 공작의 포로였던 르네는 아라곤의 알폰소 5세와 논쟁 중 왕위에 대한 권리를 주장하기 위해 1438년 5월에야 나폴리에 상륙할 수 있었다.

214) 알폰소가 투옥되어 있는 동안 1435년 9월 필리포 마리아 비스콘티와 아라곤의 알폰소 사이에 체결된 협정.

215) 스포르차는 피치니노의 군대에 대항하여 마르케의 영토를 방어하기 위해 움브리아에 있었다.

216) '그녀는 이미 결혼 적령기였다'. 비앙카 마리아는 13세였다(그녀는 1425년에 태어났다).

19.[217)]

롬바르디아에서 전쟁은 점점 커져 갔다. 매일 베네치아인들은 새 도시들[218)]을 잃어갔다. 그들이 강들에 띄운 무장선들은 모두 밀라노 공작의 군대에 의해 제압되었다.[219)] 굉장히 압박을 받아 짧은 시간밖에 버틸 수 없을 것으로 생각되던 두 도시 베로나와 브레샤 부근 지역은 곧 완전히 점령되었다. 만토바의 후작은 오랜 기간 베네치아 공화국의 용병대장이었지만 베네치아인들의 믿음을 저버리고 밀라노 공작 편이 되었다. 전쟁이 시작될 때에는 그들의 자존심이 허락지 않았던 일을 시간이 지나면서 두려움에 의해 하게 되었다. 그들은 피렌체인들과 백작과의 우정 외에는 다른 기댈 데가 없다는 것을 깨달았다. 그들은 피렌체인들이 루카의 원정과 백작의 일에 대하여 자신들에게서 들었던 대답을 그대로 돌려줄까 두려워하면서,[220)] 수치심과 의심을 가지고 도움을 청하기 시작했다. 그들은 바라던 것과 자신들의 행위의 합당한 대가에 비해 더한 친절로 응답받았다. 오랜 우정에 대한 분노보다 오래된 적에 대한 증오가 피렌체인들에게 훨씬 강했던 것이다.[221)] 피렌체인들은 베네치아인들이 위급함[222)]을 마주하기 오래전에

217) **반 베네치아 전쟁이 수행됨, 그들은 피렌체의 도움을 청함, 피렌체인들은 프란체스코 백작이 그들과 함께하길 설득함 1439년.**

218) 아래에 나오듯이 브레샤와 베로나이다. 1438년 7월과 8월 사이에 피치니노는 브레샤 지역의 대부분을 점령하고 10월에 수도를 포위했다. 그 사이에 잔프란체스코 곤자가와 달 베르메가 이끄는 또 다른 공작의 군대가 베로나를 포위하고 있었다.

219) 공작의 군대는 발레조(Valeggio)에서 민치오(Mincio)로 올라가서 가르다(Garda) 저지대를 모두 통제하게 되었다.

220) 마키아벨리는 『피렌체사』의 수많은 반 베네치아 사상에 따라 베네치아인의 두려움과 당혹감에 대한 자신의 관찰을 덧붙인다.

221) '친하고 오랜 친구의 행동에 대한 분노보다 도시의 오랜 적인 비스콘티에 대한 증오'.

이미 그것을 예견하고 있었기에 백작에게 베네치아인들의 몰락은 그의 몰락이 될 것이며, 그가 필리포 공작이 곤경에 처했을 때보다 번창할 때 그를 더 생각할 것이라고 믿는다면 그것은 착각이며, 공작은 백작에 대한 두려움에서 그의 딸을 주겠다고 약속해두었을 뿐이라고 강조했다. 그들은 필요해서 어쩔 수 없이 한 약속이라도 필연은 준수하도록 하기에, 밀라노 공작은 베네치아인들의 위대함을 통해서만 이루어질 그 필연[223]을 따라야 했다고 했다. 그는 베네치아인들이 본토를 포기해야 한다면 그들로부터 얻을 수 있는 이점뿐 아니라 베네치아에 대한 두려움으로 인해 다른 사람들에게서 얻을 수 있는 모든 이익까지 잃을 수도 있다는 것을 명심해야 한다는 충고를 들었다. 피렌체인들은 계속해서 이탈리아 국가들의 상태를 잘 이해한다면 누가 더 열세이고, 누가 그의 적들인지를 봐야한다고 하며, 그 자신이 여러 차례 말했듯이 피렌체인들만으로는 그를 유지할 수가 없다면, 베네치아인들을 육지에서 강한 세력으로 남겨두는 것이 모든 면에서 그에게 이득임을 보아야 한다고 설득했다. 이 주장들과 결혼동맹으로 공작이 자신을 바보로 만든 것으로 보였기에 백작이 밀라노 공작에게 품은 증오는 협약에 동의하도록 그를 북돋웠다. 그는 아직 포강을 넘어가겠다고 서약하지는 않았다.[224] 1438년 2월 서명된 이 협약[225]에 따르면 베네치아인들은 비용의 3분의 2를, 피렌체인들은 3분의 1을 담당

---

222) 즉, 피렌체와 스포르차에 동의하는 것.

223) 필요하다면 베네치아의 세력에 대항하기 위해 스포르차의 군대를 의지할 수 있어야 한다. 본문 서술의 전제에 설정된 일반 격언에서 강점 요인과 이해관계의 게임에 대한 검토(다음 줄에서)에 이르기까지 전체 구절은 마키아벨리 스타일의 작은 압축이다.

224) 실제로 계약의 조항은 정반대였다. 스포르차는 포강 북쪽에서도 밀라노 공작과 싸울 것을 명시적으로 약속했다.

225) 그들은 1439년 2월 19일에 확정하였다(1438년, 피렌체 스타일에 따름). 교황 에우제니오 4세, 제노바, 에스테 가문도 베네치아—피렌체 동맹에 합류했다.

했으며, 각각이 비용을 들여서 백작이 마르케에서 얻은 영토를 방어하기로 했다. 동맹은 자신들의 군대에 만족하지 않고, 파엔차의 영주 리미니의 판돌포 말라테스타(Pandolfo Malatesta)의 아들들과 피에트로 잔파올로 오르시니(Pietro Gianpaolo Orsini)를 합류시켰다. 그들은 만토바의 후작을 큰 약속으로 유혹했지만 밀라노 공작과의 우정과 계약으로부터 그를 떼어낼 수 없었다. 파엔차의 영주는 동맹과 계약을 맺은 후[226] 다시 밀라노 공작에게 돌아가서 더 나은 조건을 얻어 그의 편으로 넘어갔다. 이것은 동맹이 로마냐를 빨리 안정시킬 수 있다는 희망을 빼앗아간 변심이었다.

20.[227]

이 시기에 롬바르디아도 갖은 위험들로 곤란을 겪고 있었다. 브레샤는 공작의 병력들로 포위되어 있었고, 언제든지 기아에 굴복할 수 있다는 두려움에 시달렸다. 베로나는 여전히 강력한 압박에 굴복하여 똑같은 결말을 맞을까 두려워하고 있었다. 두 도시 중 하나가 함락되면 전쟁에 대한 다른 준비들이 허사가 되고, 그때까지의 비용은 손실이 될 것이었다. 프란체스코 백작이 롬바르디아로 들어가는 것 외에는 다른 구제책이 없어 보였다. 그러나 여기에 세 가지 어려움이 있었다. 첫째는 백작이 포강을 건너가도록 설득한 다음 모든 곳에서 전쟁을 벌이는 것이며, 둘째는, 백작이 없으면 피렌체인들은 자신들이 공작의 손아귀에 놓인 것으로 생각했다. 공작이 쉽게 자신의 요새로

---

226) 파엔차의 영주인 귀단토니오 만프레디는 전년에 니콜로 피치니노가 점령했던 이몰라의 영주권을 비스콘티로부터 받았다.

227) **베네치아를 돕는데 동맹의 어려움들 1439.**

들어가서 그의 병력으로 백작을 저지하고, 나머지 군대를 데리고 피렌체 지배자들이 가장 두려워하고 있는 피렌체의 추방자들[228]과 함께 토스카나로 들어올 수 있기 때문이었다. 마지막은, 백작과 그의 병력이 나머지 베네치아 군대가 있는[229] 파도바 지역으로 안전하게 도착하기 위해 가야 할 경로의 문제였다. 피렌체인들에게는 두 번째가 가장 두려운 것이었다.[230] 그럼에도 사태의 긴급성을 인식하고, 백작의 존재를 집요하게 요구하는 베네치아의 완고함에 지쳤던 피렌체인들은 자신들의 공포보다 타인들의 필요를 택했다. 그 후에도 여전히 안전하게 이동할 통로의 문제가 남아있었다. 이것은 베네치아인들이 확보하는 것으로 결정되었다. 이에 네리 디 지노 카포니(Neri di Gino Capponi)는 백작과 이 협정을 논의하고 그를 롬바르디아로 가도록 설득하기 위해 파견되었고, 시뇨리아는 베네치아 원로원 측에서 더 많은 양보를 받아들일 수 있도록 하기 위해 네리에게 베네치아로 가서 백작이 어떤 경로를 택해야 할지 결정하고 그의 안전한 통로를 마련하라는 지시를 내렸다.

21.[231]

네리는 체세나(Cesena)를 떠나[232] 배를 타고 베네치아로 갔다. 그는 시뇨리아에 의해 군주도 받지 못할 환대를 받았다. 그들은 제국의 구

228) 1434년의 추방자들. 바로 아래에서 이야기하고 있는 국가는 물론 메디치 정권이다.

229) 가타멜라타가 지휘하는 베네치아 군대는 파도바의 성곽 안에 있었다.

230) 피렌체인들과 관련해서 가장 불확실한 것이었다.

231) **네리 카포니가 베네치아 원로원에게 피렌체가 그들을 돕기 위해 스포르차 백작을 보낼 것이라고 말함 1439.**

232) 체세나티코에서 바다로 베네치아에 도착.

원[233])이 그의 도착과 그가 결정하고 세우는 질서에 달려 있다고 판단했다. 그때 원로원에 소개된 네리는 다음과 같이 말했다. "가장 평화로운 지배자여,[234]) 저의 시뇨리들은 항상 공작의 위대함은 이 나라와 자신들의 공화국의 파멸이며, 이 두 나라의 구원은 당신과 우리의 위대함이 될 것이라는 의견을 가지고 있었습니다. 여러분도 같은 의견이라면 우리는 더 나은 상태에 있는 것이고, 여러분의 국가는 지금 겪고 있는 위험들로부터 안전해질 것입니다. 그러나 지금 당신들은 우리에게 도움도 신뢰도 주지 않고 있기에 우리는 이 도시의 병을 치유할 방책을 빨리 사용할 수 없었습니다. 당신들은 우리에게 그것들을 요구할 준비가 되어있지 않았습니다. 여러분은 번영이나 역경 속에서 우리를 거의 이해하지 못하여,[235]) 한번 사랑한 이는 계속 사랑하고 한번 증오한 이는 계속 증오하는 우리의 본성을 알지 못했습니다. 당신을 돕기 위해 우리의 돈과 군대로 가득 채운 롬바르디아를 여러 번 경험했던 당신은 가장 거룩한 시뇨리아에 대해 우리가 품은 사랑을 알고 있을 것입니다. 우리가 필리포와 그의 가문에 품어왔던 증오를 온 세계가 알고 있습니다. 오래된 사랑이나 오래된 증오는 새로운 부상이나 새로운 혜택으로 쉽게 없어질 수 없습니다.[236]) 우리는 이 전쟁에서 공작이 아주 만족해 하고 우리에게는 큰 위험이 없을 중립을 유지할 수 있을 것이라고[237]) 확신해 왔고 확신하고 있습니다.

---

233) 그들의 지배영토 및 지배권의 구원.

234) 카포니의 말은 1423년부터 도제(총독)였던 프란체스코 포스카리(Francesco Foscari)에게 한 것이다(그는 1457년에 사망한다).

235) 당신은 우리의 우정을 완전히 경험한 적이 없었다.

236) '위대한 인물'의 심리학에 적용한 것으로, 비슷한 구절을 『군주론』 7장("새로운 이익으로 옛 손해를 잊게 잊을 수 있게 할 수 있다고 믿는 이는 자기기만에 빠지는 것이다.")과 『로마사 논고』 3권 4장 참조.

237) '중립을 유지하여 (밀라노의) 공작으로부터 큰 감사를 받는다.' 얽혀있는 분쟁들로부터 '거리를 취하기'에 대해서는 『발디키아나 인민의 봉기를 다루는 방식에 대하여』, 『로마사 논고』 2권 23장, 『군주론』 3장 등 참조.

당신들이 몰락하여 그가 롬바르디아의 군주가 된다 해도, 이탈리아에는 많은 활력이 잔존하기에[238] 우리의 안정에 대하여 절망할 필요는 없습니다. 권력과 영토가 증대하면 적대와 질시도 커져서 전쟁과 피해가 뒤따르게 되어 있습니다. 우리는 이 전쟁을 피함으로써 얼마나 많은 지출을 줄일 수 있는지, 얼마나 많은 임박한 위험들을 피할 수 있는지 알고 있습니다. 우리가 움직인다면 이 전쟁이 지금 롬바르디아에서 토스카나로 옮겨질 것도 알고 있습니다. 그러나 이 모든 고려사항은 당신의 공화국에 대한 우리의 오랜 애정으로 인해 파기되었고, 우리는 우리가 위험에 처했을 때 자신을 구하는 것과 같은 속도로 당신들의 나라를 구하기로 결정했습니다. 그것이 우리 시뇨리아가 베로나와 브레샤를 구하는 일이 가장 우선한다고 판단한 이유입니다. 그리고 이 일은 백작 없이 불가능하다고 생각하여, 그를 롬바르디아로 들어가 도처에서 전쟁을 벌이도록 설득하기 위해 저를 그에게 먼저 보낸 이유입니다. 여러분이 알다시피 그는 포강을 건널 이유가 없었습니다. 저는 우리를 움직이게 했던 같은 이유로 그를 움직여서 이 일을 하도록 만들었습니다. 그는 전쟁에서 무적으로 보이지만 예의에 있어서도 지고 싶어 하지 않기에, 자신이 떠나면 토스카나가 어떤 위험에 처할지를 잘 알면서도 우리가 당신에게 사용한 관대함을 넘어서기로 결심했습니다. 우리가 우리의 위험보다 당신들의 안전을 먼저 생각했듯이, 그는 사적인 양심의 가책보다 당신들의 안전[239]을 우선하기로 한 것입니다. 저는 여러분에게 어디서든 적과 싸울 수 있는 7천명의 기병과 2천 명의 보병을 백작과 함께 제공하고자 여기에 왔습니다. 진실로 저와 저의 시뇨리아와 백작은 당신들에게 탄원합니다.

---

238) 다른 세력들이 이탈리아에 남아있었다(동맹들, 즉 베네치아에 기대지 않고 의존할 수 있는).

239) 필리포 마리아 비스콘티에 대한 예방 조치.

그가 이끌기로 한 군대의 수가 그가 감당하기로 한 규모를 훨씬 초과합니다. 그가 당신들을 섬기기로 한 것과 우리가 그에게 용기를 준 것을 후회하지 않도록 여러분의 후의로 그에게 보상해 주십시오." 네리의 연설을 원로원은 신탁을 받을 때처럼 주의 깊게 경청했다. 그의 말에 청중은 크게 감동받았다. 관례대로 지도자가 답할 때까지 기다리지 않고 손을 들고 일어났는데, 그들 대부분은 울고 있었고, 도움을 준 피렌체인들과 신속하고 근면하게 일을 수행하는 네리에게 감사를 표했다. 그들은 그들의 마음과 그 후손들의 마음에서도 이 일을 절대 잊지 않겠다고 약속하며, 그들의 조국은 언제나 자신의 것만큼이나 피렌체의 것이라고 말했다.[240]

22.[241]

이 열기가 잦아든 후,[242] 그들은 다리, 평지, 그 밖의 것들과 관련하여 백작이 택해야 할 길들에 대해 논했다. 네 개의 길이 있었다. 하나는 해안을 따라 라벤나를 거쳐 가는 길인데, 대부분 해안과 늪지[243]로 이루어져 있어서 채택되지 않았다. 두 번째 길은 직행로인데, 이 길은 우첼리노(Uccellino)[244]라 불리는 탑으로 가로막혀 있었고 공

240) 베네치아 원로원의 열광적인 반응은 비스콘티가 공격한 베네치아의 상황을 극적으로 표현한 것이며, 또한 마키아벨리가 베네치아의 탓으로 돌리는 고대 동맹에 대한 죄책감을 표현한 것이다.

241) **파두아로 가는 길들, 프란체스코 스포르차 백작이 베로나를 구함 1439.**

242) 열정과 애정 표현이 가라앉자.

243) 코마키오(Comacchio) 계곡에 있다.

244) 페라라에서 남서쪽으로 몇 킬로미터 떨어진 볼로냐 영토의 북쪽 경계에 있다. 여기서 말하는 '직행로'는 물론 남북 축을 따라 가는 길로 볼로냐에서 페라라까지 최단 경로로 도달한다.

작을 위해 요새화되어 있었기에 그 길을 지나기 위해서는 그곳을 점령해야 했다. 구조의 기회를 잃지 않기 위해 신속성과 기민성이 필요하여 단시간에 점령하기 힘든 경로를 채택할 수는 없었다.[245] 세 번째로, 루고(Lugo)의 숲[246]을 통과하는 길은 포강이 그 둑을 넘어 범람했기에 통과해 가는 길을 만들기가 거의 불가능했다. 네 번째는 볼로냐의 평원을 통과하여 풀레드라노(Puledrano)[247] 다리를 건너 첸토(Cento)와 피에베(Pieve)[248]를 거쳐 피날레와 본데노 사이의 페라라(Ferrara)로 인도하는 길로, 수로와 육로를 거쳐 파도바 영토에 도착하여 베네치아 군대에 합류하는 경로였다. 이 길에도 많은 어려움이 있었고 어디서든 적과 맞닥뜨릴 수 있었지만, 가장 덜 나쁜 것으로 여겨져 선택되었다.[249] 백작은 지시된 경로로 굉장히 빠른 속도로 출발하여 6월 20일[250] 파도바 영토에 도착했다. 그들의 장군이 롬바르디아에 도착하자, 베네치아와 모든 영토는 큰 희망으로 가득찼다. 자신들의 안전에 절망했던 베네치아인들은 이제 새로운 정복의 희망을 품기 시작했다. 백작은 먼저 베로나를 구하러 갔다. 그를 방어하기 위해 니콜로는 군대를 이끌고 비첸차와 베로나 사이에 자리한 요새 소아베(Soave)로 갔다. 그는 소아베에서 아디제의 늪지까지 이어지는 수로로

245) '속도와 신속함이 요구되는 구조를 무효화하지 않도록 짧은 시간에'. 대상은 우첼리노의 탑이다. 충돌의 군사 상황은 베네치아에게 매우 어려웠다. 브레샤는 10개월 동안 포위 공격에 저항했지만 절망적인 상황이었다. 전체 베로나 지역은 공작령 군대에 의해 통제되었다(도시 포위는 1439년 6월 20일에 시작되었다). 피치니노의 군대는 이미 비첸차 지역도 침투했다. 베네치아의 지휘관 가타멜라타는 파도바로 후퇴할 수밖에 없었다.

246) 로마냐의 루고 시의 영토를 차지한 숲.

247) 볼로냐에서 북쪽으로 20km 떨어진 벤티볼리오의 도시.

248) 피에베 디 첸토(Pieve di Cento). 첸토 앞 리노 강 오른쪽 제방에 있다. 따라서 '네 번째' 방법은 서쪽에서 페라라에 도착하는 우첼리노 탑을 우회하여 처음에는 레노, 그 다음에는 포강의 선을 따라가는 것이었다.

249) 난이도가 낮은 것으로 선택했다.

250) 물론 1439년. 피치니노의 군대가 베로나를 포위하던 바로 그날.

둘러싸고 방어했다. 백작은 평원을 통해 가는 길이 막혀 있는 것을 보고, 산을 넘어 베로나로 들어가기로 했다. 니콜로는 백작이 바위투성이의 산길을 택하지 않을 것이며, 그가 그 길을 시도하더라도 자신을 막기에는 시간이 부족할 것으로 생각했다. 그는 8일치의 식량을 가지고 그의 군대와 함께 산을 넘어 소아베 근처의 평원에 도착했다.[251] 니콜로는 백작을 막기 위해 요새를 건설했지만, 그것들로는 충분하지 않았다. 그는 자신의 예상과 달리 적이 접근해 오는 것을 보고, 불리한 상황에서의 전투를 피하기로 하고 아디제[252] 너머로 후퇴했다. 이에 백작은 방해 없이 베로나에 입성했다.

23.[253]

백작은 베로나를 포위로부터 해방하는 첫 번째 과제를 성공적으로 완수한 후 브레샤를 구하고자 했다. 이 도시는 가르다(Garda) 호수에 가까이 위치해 있어 육지 쪽에서 포위하더라도 물자가 호수를 통해 항상 공급될 수 있었다. 이를 방지하기 위해 공작은 정복 초기에 호수에서 병력을 강화하고 부근에 브레샤에 도움을 가져다 줄 모든 요새들[254]을 점령했다. 베네치아인들도 갤리선을 가지고 있었지만 공작의 군대들과 싸우기에는 충분한 수는 아니었다. 백작은 브레샤의 보급품을 차단하고 있는 요새들을 차지하여 지상군으로 베네치아 군선

251) 스포르차는 산 마르티노 부온알베르고를 지나 비첸차 산맥을 통과했다. 그는 이런 식으로 베로나 방향으로 소아베의 서쪽으로 나왔다.

252) 그 순간까지 위치했던 아디제의 동쪽 제방을 기준으로 '저 너머'. 피치니노는 아디제를 건너 강의 서쪽 기슭에 있는 체레아(Cerea)에 멈췄다.

253) **브레샤를 구하려고 노력했지만 실패, 피치니노의 도망 1439.**

254) 호수를 항해하면서 브레샤에 보급품을 얻을 수 있었던 도시들. 이미 1438년 여름에 피치니노는 살로와 가르다 호수의 브레샤 해안 전체를 점령했다.

을 지원해야 한다고 생각했다. 그는 강변에 위치한 요새 도시 바르돌리노를 포위하고 캠프를 만들어 다른 요새들도 항복하기를 바랐다. 그러나 이 정벌에서 행운은 백작의 편이 아니었다. 그의 군대 대부분이 병에 걸렸던 것이다. 그는 원정을 중단하고, 물자 공급이 잘 되고 환경이 좋은 베로나 지역의 요새인 제비오(Zevio)[255]로 갔다. 백작이 물러나는 것을 본 니콜로는 기회를 놓치지 않고 호수의 주도권을 잡기 위해 베가시오[256] 캠프를 떠나 소수의 엘리트 군대를 데리고 호수로 가서, 거대한 추동력과 맹렬한 기세로 베네치아 함대를 공격했고, 거의 모두를 취했다.[257] 이에 호수에 면한 요새들 중 니콜로에 항복하지 않은 곳은 거의 없었다. 베네치아인들은 이러한 손실에 경악하고 브레샤인들이 포기할 것을 두려워하여 전령과 편지들을 통해 백작이 브레샤를 구해 주기를 촉구했다. 백작은 호수를 통해 도시를 구할 기회가 사라졌고, 참호, 요새, 니콜로가 세운 다른 방해물들로 인해 평원으로 침투하는 것은 불가능하다고 보았다. 또한 그에게 적대적인 군대를 데리고 간다면 명백한 패배로 귀결될 것이라고 보고, 베로나를 구하기 위해 산을 가로질렀던 전략이 이번에도 브레샤를 구할 것이라고 보았다. 백작은 제비오를 떠나 발 다크리(Val d'Acri)를 통해 산토 안드레아(Santo Andrea) 호수를 지나 가르다 호수의 토르볼리(Torboli)[258]와 페네다(Peneda)에 도착했다가, 텐나(Tenna)[259]로 가서 캠프를 차렸다. 브레샤로 넘어가려면 이 요새화된 곳을 취해야만 했다. 백작의 계획을 알아차린 니콜로는 그의 군대를 페스키아라(Peschiara)

255) 베로나 남동쪽 아디제 강변에 있었다.

256) 수도 남쪽의 베로나 평야에 있는 비가시오(Vigasio). 비가시오에 남아있는 군대는 곤자가의 명령 하에 있었다.

257) 1439년 9월 26일.

258) 오늘날의 토르볼레(Torbole).

259) 텐노(Tenno). 가르다 강변 바로 북쪽에 있다.

로 보냈고,[260] 만토바 후작과 협력하여 그의 정예 병사들과 함께 백작을 대적하기 위해 진격했다. 그들은 전투에서 패했고,[261] 니콜로의 군대는 뿔뿔이 흩어졌다. 그들 중 일부는 잡혔고, 일부는 군대로, 일부는 함대로 도망쳤다. 니콜로는 텐나로 후퇴했고, 밤이 되었다. 날이 밝을 때까지 그곳에 있다가는 적의 손에 붙잡힐 것을 피할 수 없다고 생각하고, 이 확실한 위험을 피하기 위하여 과감한 일을 시도했다. 그는 그의 많은 시종들 중 독일인으로서 건장한 체격을 가졌고 그에게 항상 아주 충실했던 한 시종을 두고 있었는데, 이 시종을 설득시켜 자신을 부대자루에 넣어 어깨에 메고 짐을 나르는 것처럼 꾸며 안전한 장소로 이동하도록 했다. 군대[262]가 텐나를 포위하고 있었으나 그날의 승리로 인해 보초도 질서도 없었다. 그리하여 그 독일인 시종은 그의 주인을 쉽게 구할 수 있었다. 그가 짐꾼으로 변장하고 주인을 어깨에 둘러멨을 때, 어떠한 제지도 없이 전 병영을 뚫고 나가 주인을 안전하게 군대로 데려다 주었다.[263]

24.[264]

이 승리가 가져다준 성공을 잘 사용했다면 브레샤에는 더 큰 안도를, 베네치아인들에게는 굉장한 성공을 가져다주었을 것이다. 그러나 대수롭지 않게 여겨지면서 승리의 기쁨은 곧 사라져 버렸고, 브레샤

260) 호수의 남쪽 해안에서(피치니노의 군대는 비가시오에서 모인 것으로 기억된다) 공작 함대에 의해 북쪽 해안으로 수송된다.

261) 11월 9일.

262) 스포르차의 진영.

263) 텐노에서 피치니노는 인근 리바 델 가르다(Riva del Garda)에 도달할 수 있었다.

264) **피치니노가 예고 없이 베로나를 취함, 산 펠리체는 예외 1439.**

는 같은 난관에 놓이게 됐다. 니콜로는 그의 군대로 돌아와, 새로운 승리를 통해 자신의 손실을 만회하고[265] 베네치아인들로부터 브레샤를 회복할 기회를 빼앗아야 한다고 생각했다. 그는 베로나의 거점 위치[266]를 알고 있었고, 그 전쟁의 포로들로부터 그 지역이 잘 방어되고 있지 않다는 것을 알아냈으며, 자신이 쉽게 회복할 수 있을 것이라고 생각했다. 그는 운명의 여신이 자신의 명예를 회복시키기로 하고, 그의 적들이 최근의 승리로 얻은 기쁨을 이어질 반전의 패배를 통해 고통으로 바꿀 기회[267]를 자신에게 주었다고 보았다. 베로나는 롬바르디아에 자리잡고 있고 이탈리아와 독일을 분리하는 산맥의 아래에 위치하고 있어서 산들과 평원을 포함하고 있다. 트렌토 계곡에서 발원한 아디제(Adige)강은 이탈리아로 유입되면서 즉시 평원으로 퍼지지 않고 산맥을 통해 왼쪽으로 돌면서 평지로 흘러, 산지보다는 평원 쪽에 훨씬 더 큰 도시를 형성하게 했다. 산맥 쪽에 두 개의 요새, 산 피에트로(San Pietro)와 산 펠리체(San Felice)가 있다. 이들은 그 건축보다는 입지에서 더 강력했는데, 도시 전체가 높은 위치에서 호령하고 있었기 때문이다.[268] 여기에서 아디제까지의 평원에는 도시의 성벽 양쪽으로 두 개의 성채가 붙어 있었고, 둘은 천보의 거리를 두고 떨어져 있었다. 하나는 구 요새라는 이름으로, 다른 하나는 신 요

265) 패배의 부정적인 결과를 무효화하다.

266) 그는 그 장소의 형태학적 특성을 알고 있었다.

267) 원어로는 materia. 아리스토텔레스-스콜라적 어원을 가진 이 용어는 인간 지능과 활동의 개입이 (그 *형태*로) 접목될 수 있는 객관적인 조건의 집합을 나타낸다. 『군주론』 6장 ("질료[materia]를 자신들이 생각한 최선의 형태로 빚어낼 기회를 가진 것 이외에는 그들이 행운에 의존한 바가 없다는 점을 알 수 있습니다.") 참조.

268) 도시와 지형의 묘사적 정확성은 아마도 저자의 개인적인 기억에서 비롯된 것 같다. 마키아벨리는 1509년 막시밀리안 황제와 사절단이 있을 때 베로나에 머물렀다. 도시와 위치에 대한 자세한 설명은 1512년 12월 12일 10인 위원회에 보낸 편지에 나와 있다.

새라는 이름으로 불리었다. 두 요새가 연결되는 성벽이 있었는데, 한 요새의 내부에서 시작하여 다른 요새로 확장되는 벽이 양쪽 모두를 포용하는 도시 성벽이 거의 호형[269]을 이루고 있었다. 두 성벽 사이의 전체 공간에는 보르고 디 산 제노(Borgo di San Zeno)라 불리는 도시의 주민들로 북적였다. 니콜로 피치니노는 이 요새들과 보르고를 정복할 계획이었는데, 쉬울 것으로 생각했다. 원래 방어가 허술한데다 최근의 승리로 더욱 허술해졌을 것이며, 전쟁에서 적이 할 수 없을 것이라고 생각하는 시도가 항상 성공할 것[270]이라는 믿음 때문이었다. 그는 모험에 적합한 병력 일부를 데리고 만토바의 후작과 함께[271] 밤을 틈타 베로나로 갔고, 들키지 않고 성벽을 기어올라 신 요새를 접수했다. 거기서부터 그의 군대는 마을로 내려가 산 안토니오(San Antonio)의 성문을 부수고 들어가 기병들을 받아들였다.[272] 구 요새에서 베네치아인들을 위해 보초를 서고 있던 사람들은 신 요새의 보초병들이 죽어가는 소리를 듣고, 이어서 성문이 부서졌을 때 적이 거기 있다는 것을 인지하고, 고함을 치며 인민들에게 무장할 것을 호소했다. 그때 잠에서 깨어난 시민들은 혼란스러워했지만, 더 용기 있는 사람들은 무기를 들고 시청광장으로 달려 나왔다. 그 사이 니콜로의 군대는 보르고 디 산 제노를 약탈한 후 전진할 때 시민들은 공작의 군대가 요새 안에 있고, 저항할 방법이 없는 것을 확인하고, 베네치아의 총독들에게 요새로 피신하여 자신과 자신들의 식솔들과 도시를 구원할 것을 종용했다. 그들은 현재의 운명을 피하고자 스스로 죽

269) 원주의 두 점을 직선으로 연결한('일반' 벽에 의해 형성됨).

270) 이 용어는 7권 33장 및 8권 4장과 마찬가지로 『만드라골라』 1권 3장 및 『전쟁론』 4권 7장에도 나온다.

271) 비가시오에 주둔한 곤자가의 군대는 페스키에라에서 리바 호수를 향해하던 피치니노의 군대와 만났다.

272) 이 사건은 1439년 11월 17일로 거슬러 올라간다. 따라서 텐노의 패배는 일주일 만에 이어진다.

기를 바라고 도시를 파국으로 몰고 가는 것보다 생명을 연장하고 부유한 도시를 보존하여 더 좋은 행운을 얻는 것이 훨씬 낫다고 설득했다. 이에 베네치아 이름을 가지고 있는 모든 사람들과 지배자들은 산 펠리체의 요새로 피신했다. 이후 시민지도자들 중 일부가 니콜로와 만토바의 후작을 만나기 위해 나왔고, 수치스럽게 폐허가 된 도시를 소유하는 것보다 영광되게 부유한 도시를 취하는 것이 낫다고 간청했다. 특히 베로나인들은 스스로를 방어함으로써 그들의 이전 지도자들의 마음을 사려고 한 적도, 그들을 쫓아낸 사람들의 분노를 불러일으키는 일도 한 적이 없었기 때문이었다. 니콜로와 후작은 이들을 위로하고 그러한 군사적 무질서에서 할 수 있는 약탈로부터 도시를 보호했다.[273] 그러나 백작이 그 도시를 구하기 위해 올 것이 거의 확실시되자, 그들은 요새를 수중에 가지고 있으려고 전력을 다했고, 그들이 가질 수 없었던 요새들은 참호와 방벽으로 도시로부터 차단하여 적들이 진입하지 못하게 했다.

25.[274]

이 소식이 전해졌을 때 텐노에서 그의 군대와 함께 있던 프란체스코 백작은 처음에는 믿지 않았지만 더 확실한 정보에 의해 사실임이 확인되자, 곧바로 그가 범한 부주의[275]를 만회하고자 열망했다. 브레샤와 베로나의 원정을 멈췄을 때, 그의 군대의 모든 지휘관[276]이 그에

273) 그들은 그러한 군대에 전형적인 규율이 없는 상태에서 도시를 가능한 한 약탈로부터 보존했다.

274) **프란체스코 백작이 신속하게 베로나를 재수복함 1439.**

275) 이전에 베로나를 효과적으로 방어하지 못한 것으로 입증되었던 것.

276) 가타멜라타와 베네치아 감독관 쟈코모 안토니오 마르첼로.

게 적에게 포위당하지 않도록 비첸차로 가야 한다고 조언했지만, 그는 거부하고 도시를 재정복하여 운을 시험하고자 했다. 베네치아 감독관과 피렌체를 대표하는 고문관 베르나르데토 데 메디치(Bernardetto de' Medici)가 그들의 불안을 드러냈을 때,[277] 그는 요새들 중 하나라도 버텨주고 있으면[278] 도시를 확실히 재수복하겠다고 약속했다. 니콜로는 백작이 자신의 측근들의 조언에 따라 비첸차로 갈 것으로 예측했으나, 그가 군대를 도시로 돌려 산 펠리체의 요새로 진군시키는 것을 보고 방어 태세를 갖추려 했다. 그러나 요새들을 보호하는 방책들이 아직 만들어지지 않았고, 전리품과 배상금에 눈이 멀어 흩어진 병사들[279]은 제때에 집결하지 못해 백작의 군대가 요새로 접근하여 그곳에서 도시로 내려오는 것을 막지 못했다. 그들은 도시를 성공적으로 재탈환했고, 니콜로에게는 수치를, 그의 군사들에게는 손실을 안겼다. 만토바의 후작과 니콜로는 처음에는 요새로, 그 다음에는 평원을 통해 만토바로 피신했다. 거기서 목숨을 구한 그의 패잔병들을 모아서 브레샤의 포위에 배치됐던 다른 군대에 합류했다. 그렇게 4일 안에 베로나는 공작의 군대에 의해 정복당했다가 재탈환되었다. 이 승리 후 백작은 이미 겨울이 되었고 추위가 혹독하여 아주 어렵게 브레샤로 물자를 공급한 후 베로나의 진영으로 갔다.[280] 그는 겨울 동안 토르볼리(Torboli)에서 갤리선을 건조할 것을 명령했다. 이를 통해 봄에는 브레샤를 완전히 해방할 수 있을 정도로 강한 육해군을 얻고자 했다.[281]

277) 무엇을 해야할 지 결정하지 않은 동안.

278) '두 요새 중 적어도 하나가 그가 도착할 때까지 저항할 수 있다면'.

279) 그들은 약탈에 대한 탐욕에 이끌려 도시 전역에 흩어졌다. 스포르차는 피치니노가 도시를 정복한 지 3일 후인 11월 20일에 베로나에 도착했다.

280) 겨울을 나기 위해 자리를 잡았다.

281) 마키아벨리는 겨울을 보내기 위해 물러나기 전에 스포르차와 피치니노가 가르다 상류로 돌아왔고, 아르코에서 서로 대결하여 피치니노가 승리했다는

26.[282)]

전쟁이 소강 상태에 있고, 베로나와 브레샤를 얻고자 하는 희망이 꺾였을 때, 필리포 공작은 이 모든 것의 원인이 피렌체인들의 금전과 조언이라고 보았다. 베네치아가 피렌체에 입힌 피해로도, 그 자신이 한 공정한 약속으로도 피렌체인들의 베네치아에 대한 우정은 꺾이지 않았다. 그는 그들이 뿌린 씨앗의 결과가 임박해 있음을 느낄 수 있도록 토스카나를 공격하기로 결정했다. 이 계획은 피렌체 추방자들과 니콜로가 부추긴 것이기도 했다. 니콜로를 움직인 것은 브라초 영토[283)]를 얻고 백작을 마르케에서 몰아내려는 욕망이었다. 다른 사람들은 조국으로 돌아가고자 하는 욕망으로 추동되었다. 그들은 각자 그 상황에서 가장 적합하면서도 자신들의 목적에 유리한 주장들로 공작을 움직였다. 니콜로는 자신이 토스카나로 갈 수 있고 브레샤 포위도 유지할 수 있음을 그에게 보여주었다. 그는 호수의 지배자[284)]이고, 잘 방어된 육지에 요새를 가지고 있으며, 만약 백작이 또 다른 원정을 하고 싶어 한다면 그를 저지할 수 있는 장군들과 군대가 남아 있기 때문이다(그러나 백작이 브레샤를 해방시키지 않고 이것을 하는 것은 합리적이지 않고, 브레샤를 해방시키는 것은 불가능하다). 그래서 그는 토스카나에서 전쟁을 하러 왔으나, 롬바르디아에서의 작전은 그만두지 않을 것이다. 그는 또한 피렌체인들이 토스카나에서 자신을 보자마자 백작을

소식을 생략한다.

282) **필리포 공작이 토스카나 공격을 생각함, 피렌체 추방자들이 쉬운 승리를 예견함 1440.**

283) 페루자에 있음.

284) 밀라노 군대가 가르다 호수를 통제했기 때문이다. 브레샤를 방어하는 전략적 중요성에 대해서는 5권 23장 참조.

불러들여야 할 것이며, 그렇지 않으면 패배할 것임을 보여주었다.[285] 둘 중 어느 쪽이든 승리는 공작의 것이라고 말했다. 망명자들은 니콜로가 군대와 함께 피렌체에 접근해 온다면 세금과 권력자들의 오만에 싫증난 인민들이 자신들의 지배자들에 대항하여 무기를 들지 않을 수 없을 것이라고 확언했다. 그들은 공작에게 피렌체에 접근하기 쉽다고 말했으며, 리날도와 포피의 백작[286]과의 우정으로 카센티노를 통과할 길이 확보되어 있다고 약속했다. 공작은 이미 그 길로 향하고 있었지만, 그들의 주장으로 원정은 더 확고해졌다. 베네치아인들은 겨울이 혹독하더라도 모든 병력을 동원하여 브레샤를 구해 달라고 백작에게 계속해서 부탁하고 있었다. 백작은 그런 기후에서는 불가능하다고 거절했다. 그들은 새 계절을 기다려야 하고, 그 사이에 육로와 해로로 구조를 시도하기 위해 함대를 정비해야 했다. 베네치아인들은 불만을 품었고, 병사들의 임금이 체납되어 결국 군대가 줄어들었다.[287]

27.[288]

이 모든 것이 확실해지자[289] 피렌체인들은 전쟁이 다가오는 것과 롬바르디아에서 그렇게 진전이 없는 것에 경악했다. 그들이 교회의 군대에 대해서는 걱정을 덜어주기보다 불신을 더해 주었다. 교황이 그들에게 적대적이라고 생각했던 것은 아니고, 군대가 교황보다는 대

285) 피치니노로부터 자신을 방어하기 위해 스포르차를 토스카나로 불러내야지, 그렇게 하지 않으면 패배해서 지배하고 있는 영토를 잃는 위험에 빠지게 된다.

286) 프란체스코 귀디 다 바티폴레(Francesco Guidi da Battifolle).

287) 많은 병사들이 탈영했다.

288) **피렌체에서의 공포, 그들의 스파이들, 조반니 비텔레스키 체포됨 1440.**

289) 알려졌을 때.

주교에 더 복종하는 것을 보았던 것이다. 대주교는 그들에게 매우 적대적이었다. 코르네토의 조반니 비텔레스키(Giovanni Vitelleschi)는 처음에는 교황청의 공증인이었다가, 다음에는 레카나티(Recanati)의 주교, 그 다음에는 알렉산드리아의 대주교가 되었고, 결국 추기경이 되어 피렌체의 추기경으로 불리었다.[290] 그는 대담하고 영악하여 일을 어떻게 해야 하는지를 알고 있었기에 교황의 큰 신뢰를 받아, 토스카나, 로마냐, 나폴리, 로마에서 행한 모든 원정에서 교회군의 지휘를 맡는 책임자가 되었다. 그는 군대를 통솔하며[291] 매우 큰 권력을 가지게 되었고, 교황은 이제 그에게 명령하는 것을 두려워할 정도가 되었다. 군대는 오직 그에게만 복종했던 것이다. 추기경이 로마에 있을 때 니콜로가 토스카나로 넘어오려고 한다는 소식이 전해졌고, 피렌체인들의 두려움은 배가되었다. 리날도가 추방된 이후 추기경은 이 나라에[292] 항상 적대적이었다. 그의 중재로 당파들 간에 맺어진 협약들이 지켜지지 않았지만, 리날도에 대한 편견으로 유지되고 있었다. 그 협약들이 리날도로 하여금 무기를 내려놓고 그 적들로 하여금 그를 추방하여 영원한 공화국의 적으로 만든 수단이 되었던 일을 그가 기억하고 있었다.[293] 피렌체 정부의 지도자들에게는 니콜로가 토스카나로 왔을 때, 추기경이 니콜로 편에 선다면 리날도가 그의 패배를 만회할 때를 만난 것으로 보였다.[294] 더 두려워할 수밖에 없었던 것은 니콜로가 롬바르디아에서 떠난 것이 시기상조[295]로 보였기 때문이다. 그

290) 비텔레스키에 대해서는 5권 15장 참조. 그러나 비텔레스키는 에우제니오 4세에 의해 추기경(1437)으로 승격되기 전에 피렌체의 주교로 임명되었다.

291) 교황을 섬기는 군인들 사이에서.

292) 메디치 정권에 (리날도 알비치의 친구로서).

293) 오히려 중재자로서의 그의 역할은 알비치에게 해를 끼치도록 이용되었다. 4권 32장과 33장 참조.

294) 메디치파의 주요 지지자들은 이것이 알비치가 겪은 패배를 만회할 기회가 될 것으로 이해했다.

가 거의 이긴 원정을 불확실해 보이는 원정 때문에 그만둔 것은, 새로운 이해나 모사 없이는 할 이유가 없다고 생각했기 때문이다. 그들은 교황에게 그들이 품은 의심을 경고했으나, 그는 이미 너무 많은 권력을 준 자신의 실수를 깨닫고 있었다. 피렌체인들이 혼란에 사로잡혀 있는 동안, 운명은 피렌체에게 대주교에게 대항하여 자신을 보호할 방법[296]을 보여주었다. 공화국은 국가에 해가 되는 것을 꾸미고 있는 사람이 있는지 알아보기 위해 서신을 전달하는 사람들을 주의 깊게 수색했다. 추기경이 교황의 허락 없이 니콜로 피치니노에게 보낸 편지들이 몬테풀치아노에서 압수되는 일이 일어났다. 전쟁을 담당하는 행정관은 즉각 교황에게 보고했다. 서신들은 일상적이지 않은 글자들로[297] 적혀져 있었다. 내용이 복잡하여 어떤 특별한 의미를 읽어낼 수 없었지만,[298] 모호한 표현과 적과의 거래[299]는 교황에게 의구심을 불러일으켜서 교황은 일을 안전하게 처리하기 위해 추기경에 대항하는 조치를 내리기로 했다. 그는 이 일을 로마의 성[300]의 수비를 담당하고 있던 파도바(Padova) 출신의 안토니아 리다(Antonio Rida)에게 맡겼다. 그는 임무를 받고서 그가 기다리는 기회가 올 때 교황의 뜻을 이행할 준비를 하고 있었다. 대주교는 토스카나로 오기로 결정했고, 다음날[301] 로마로 출발하기 전에 성주에게 논의할 중요한 의제가 있으니 아침에 성의 다리에서 기다리라고 알렸다. 안토니오는 기회가 온 것으로 보고, 그의 수하들에게 해야 할 일을 명령했다. 약속한 시간에 그는 대주교가 성의 다리에 나타나기를 기다렸다. 다리

---

295) 전략적으로 설명할 수 없는(따라서 -아래에 설명된 대로- 의심하게 만드는).
296) 대주교의 목적으로부터 자신을 보호할 수 있는 방법.
297) 암호화된 문자로.
298) 어떤 명확한 의미도 도출할 수 없을 정도로 복잡하고 혼란스러웠다.
299) (그러나) 비텔레스키가 적과 관계를 가졌다는 사실과 함께.
300) 산탄젤로 성.
301) 1440년 3월 19일.

는 성 가까이에 있어서 방어를 위해 필요에 따라 높이를 높이거나 낮출 수 있었다. 추기경이 나타나자 그와 대화를 나누다가 그의 수하들에게 다리를 올리라는 신호를 보냈고, 대주교는 단번에 군대의 지휘관에서 성주의 포로가 되었다. 그와 같이 있던 군대는 처음에는 소란을 피웠으나, 후에 교황의 뜻임을 알자 조용해졌다. 성주는 대주교에게 그가 괜찮을 것이라는 희망을 주면서 정중한 말로 그를 다독였지만, 대주교는 위대한 인물은 그냥 놓아주기 위해 결박하지는 않으며, 감옥에 갇힐 만한 사람은 풀려나지 않는다고 답했다. 얼마 후[302] 그는 감옥에서 죽었고, 교황은 아퀼레이아(Aquileia)의 주교인 로도비코(Lodovico)[303]를 그 자리에 앉혔다. 교황은 그때까지 동맹과 공작 사이의 전쟁에 개입하기를 늘 거부했지만, 이제는 개입에 동의하면서 4천명의 기병과 2천명의 보병으로 토스카나를 방어할 준비를 하겠다고 약속했다.

28.[304]

공포로부터 해방된 피렌체인들은 니콜로에 대한 두려움과 베네치아인들과 백작 간의 불화로[305] 인해 롬바르디아에서 일어난 혼란으로 여전히 불안해 했다. 롬바르디아의 분쟁을 화해시키기 위해서 그들은 네리 디 지노 카포니(Neri di Gino Capponi)와 줄리아노 다반차티(Giuliano

302) 4월 2일. 잡힌 지 2주 후에.

303) 루도비코 스카람피(Ludovico Scarampi). 교황 사절로 임명된 뒤(1440년 7월) 추기경이라는 칭호가 붙었다.

304) **베네치아인들의 브레샤 공격 1440.**

305) (5권 26장의 결론에서 설명된 바와 같이) 포위된 브레샤를 지지하는 개입에 관한 베네치아 원로원과 스포르차 사이의 견해차이.

Davanzati)를 베네치아로 보냈고, 이듬해 전쟁이 어떻게 될 것인지 알아보라는 임무를 부여했다.[306] 네리는 베네치아인들의 의견을 알아본 후 백작에게 가서 그의 의견을 듣고 동맹의 안전을 위해 필요한 것들을 하도록 그를 설득하라는 지시를 받았다. 이 사절들은 페라라에 도착하기 전에 니콜로 피치니노가 6천 명의 기병들을 이끌고 포강을 넘었다는 소식을 듣고,[307] 서둘러 이동했다. 베네치아에 도착했을 때 그들은 베네치아의 시뇨리아가 더 좋은 계절이 오길 기다리지 않고 브레샤가 당장 해방되기를 원하고 있는 것을 발견했다. 이 도시는 다음 계절[308]이나 함대[309]가 건설될 때까지 구원을 기다릴 역량이 없다는 것이었다. 다른 도움이 없다면 적에게 항복할 것인데, 이것은 공작에게 전적인 승리를 의미하고 베네치아인들의 본토에 대한 지배력 전체를 잃게 만들 것이었다. 네리는 베로나로 가서 백작에게서는 완전히 반대되는 주장을 들었다.[310] 백작은 이 날씨에 브레샤로 행군하는 것이 왜 지금 무용하고 미래의 원정에 치명적인지를 설명했다. 기후와 위치를 고려했을 때, 성과보다는 오로지 군대의 무질서와 손실만을 가져올 것이기에, 움직이기 좋은[311] 계절이 왔을 때 군대를 이끌고 베로나로 복귀하여 겨울 동안 소비된 것과 다음 계절을 위해 필요한 것들을 공급받아야 하기 때문이다. 그렇게 전쟁에 적합한 모든 시간이 오고가는 데 소진되는 것이다. 이 문제를 협의하기 위해 파견되

---

306) '따라야 할 군사 전략에 동의함' 등. '내년'은 초봄을 가리킨다(피렌체 연도는 3월 25일에 시작됨). 카포니와 다반자티 대사 업무는 1440년 2월 1일로 거슬러 올라간다.

307) 카포니와 다반차티는 2월 9일 페라라에 있었다. 피치니노는 이틀 전에 6천 명의 기병과 함께 포강을 건넜다.

308) 봄.

309) 베네치아인들이 가르다를 통제하고 브레샤에 식량을 공급하기 위해 편성한 소함대(5권 26장 참조).

310) 브레샤를 돕기 위해 즉시 개입하지 않은 이유.

311) 군사활동에 적합한.

었던 오르사토 주스티냐니(Orsatto Giustiniani)와 조반니 피사니(Giovanni Pisani)는 베로나에서 백작과 함께 오랜 토론을 거친 후, 베네치아인들이 새해에 백작에게 8만 두캇, 그의 군대에는 기병 당 40두캇씩 지불하기로 합의했다. 그리고 가능한 한 빠르게 백작이 모든 군대를 이끌고 공작을 공격하여 그가 자신의 이익을 염려하여 니콜로를 롬바르디아로 귀환시키도록 만들기로 했다. 이렇게 결론을 내린 후 그들은 베네치아로 귀환했다. 지불해야 할 액수가 너무 커서 베네치아인들은 모든 것을 느리게 공급했다.

29.[312)]

행군을 계속한 니콜로 피치니노는 로마냐에 도착하자 판돌포 말라테스타(Pandolfo Malatesta)의 아들들과 협력했다.[313)] 그래서 그들은 베네치아인들을 떠나 공작의 편에 섰다. 그들의 이탈은 베네치아를 불편하게, 피렌체는 더욱 불편하게 했다. 이들이 보기에 그들은 니콜로에 대항하여 그를 묶어둘 수 있다고[314)] 생각했기 때문이다. 말라테스타 형제들이 그들을 버리는 것을 보고 그들은 낙담했는데, 특히 말라테스타 형제들의 도시에 있던 그들의 장군인 피에트로 잠파올로 오르시니(Pietro giampaolo Orsini)가 붙잡혀 그들이 무장해제될까[315)] 두려워했다. 백작도 니콜로가 토스카나로 쳐들어오면 마르케를 잃을까 두려워했다. 그는 자신의 가문을 구하고자 베네치아로 갔고, 도제[316)] 앞

---

312) **프란체스코 백작이 피치니노를 쫓기를 원함, 베네치아인들은 반대함 1440.**
313) 『피렌체사』 5권 19장 참조.
314) 로마냐에서 토스카나로 내려가는 계곡에 대한 피치니노의 접근을 차단하는 것.
315) '군대를 빼앗다'. 오르시니는 4백 명의 기사와 2백 명의 보병의 지휘로 말라테스타를 방어하기 위해 로마냐에 있었다.

으로 가서 자신이 토스카나로 가는 것이 동맹에 유용할 것이라고 주장했다. 그는 전쟁은 도시와 요새가 있는 곳[317]이 아니라, 적군과 적장이 있는 곳에서 하는 것이고 군대를 정복해야 전쟁에서 이기는 것이며, 도시를 점령해도 군대가 온전히 남아있으면 후에 전쟁이 더 격해지는 경우가 많다고 하며, 마르카와 토스카나는 니콜로에 대한 격렬한 저항이 없다면 잃을 것이라고 주장했다. 그는 이 도시들이 상실되면 롬바르디아를 구제할 방법이 없을 것이며, 방법이 있으니, 자신의 신민들과 친구들을 포기할 수는 없다고 하며, 그는 롬바르디아에 올 때는 영주로 왔는데, 떠날 때는 그저 한 명의 용병대장으로 남지는 않겠다고 말했다. 도제는 이에 백작이 롬바르디아를 떠나는 것이 아니라 포강 너머로 군대를 철수시킨다면, 베네치아는 육지에 있는 그들의 영토 전체를 잃게 될 것임이 자명해 보인다고 답했다. 그는 그럴 것이라면 그들이 본토 방어를 위해 그렇게 많은 비용을 지불하지도 않을 것이라며, 어떤 식으로든 잃을 수밖에 없는 것을 지키려고 노력할 정도로 바보였다고, 영토와 돈을 잃는 것보다 영토만 잃는 것이 불명예도 손실도 덜하다고 말했다. 그는 그들의 파멸이 불가피하다면,[318] 토스카나와 로마냐의 안전[319]이 베네치아인들의 명성[320]에 얼마나 의존했던 것인지도 드러날 것이라고 주장했다. 따라서 베네치아인들은 백작과 의견이 전적으로 반대되었는데, 롬바르디아에서 누가 이기든 다른 곳에서도 이길 것이라고 믿었기 때문이다. 그들은 니콜로가 떠나면 공작의 국가는 매우 약해져서 공작이 니콜로를 다시 부르거나 다른 해결책이 도입되기도 전에 그는 패할 것이기에 승리는

---

316) 프렌체스코 포스카리(Francesco Foscari).
317) 잘 방어된 요새 도시가 있는 곳.
318) 이탈리아 내륙 본토의 지배영역을 상실한 경우.
319) 비스콘티의 팽창주의적 목표에 대항하여 그것들을 독립적으로 보존하기 위해.
320) '정치−군사적 힘에 대한 의견', 따라서 그것이 불러일으키는 공포.

쉬울 것이고, 각 사항을 현명하게 판단하는 자라면 누구나 공작이 니콜로를 토스카나로 보내지 않을 것을 알 것이라고 주장했다. 상황을 신중하게 고려하는 사람이라면 공작이 백작을 이 원정들에서 격리하거나 롬바르디아에서 벌인 전쟁을 다른 곳으로 옮기는 것 외에 다른 뜻이 있지 않음을 알 것이며, 그들은 그렇게 긴급한 필요가 있지 않은 때에 백작이 니콜로를 좇는다면 단지 공작의 계획을 완수시켜주고 그의 성공만 보게 될 것이라고 했다. 그러나 군대가 롬바르디아에 주둔하면서 토스카나를 위해 할 수 있는 준비를 한다면 공작은 자신이 얼마나 치명적인 선택을 했는지, 그리하여 롬바르디아에서 패하고 토스카나에서 아무 것도 얻지 못했음을 너무 늦은 때에야 알게 될 것이라고 주장했다.[321] 양측은 이렇게 의견을 교환했고, 며칠을 기다리면서 피렌체에서 말라테스타 형제들과 니콜로 사이의 협약 결과와 피렌체인들이 피에트로 잠파올로(Pietro giampaolo)를 믿을 수 있는지, 교황이 약속대로 동맹과 보조를 맞추는지[322] 지켜봐야 한다는 데 동의했다. 이 결론에 도달하고 며칠 후, 그들은 말라테스타 형제들이 악의보다는 두려움으로 그와 협약을 체결했음을 확인했다. 잠파올로는 그의 군대를 이끌고 토스카나로 향했으며, 교황은 전보다 동맹을 더 도우려 하고 있음도 확인됐다.[323] 이 정보가 백작의 마음을 진정시켜서 그는 롬바르디아에 머무르기로 했다. 네리 카포니는 백작의 기병 천 명과 베네치아의 기병 5백 명을 이끌고 피렌체로 돌아왔다. 토스카나에서의 사태가 전환되어 백작이 필요해 보인다면, 피렌체에서 그를 요청하는 편지를 쓸 것이고 백작은 즉시 토스카나로 출발하기로 했다. 네리와 군대는 4월[324]에 피렌체에 도착했고, 같은 날 잠파올로가

321) 그는 (너무 늦었을 때) 자신이 잘못된 선택을 했다는 것을 깨닫게 될 것이다.
322) di buone gambe. 기꺼이(『만드라골라』 1막에도 같은 표현이 있다.)
323) 5권 27장 참조. 비텔레스키의 죽음은 스포르차의 베네치아 진입과 베네치아, 피렌체, 스포르차가 합의한 전략 사이에 있었다.

그에게 합류했다.

30.[325)]

니콜로 피치니노는 로마냐에서 일들을 해결한 후 토스카나로 내려갈 계획을 세웠다. 산 베네베토(San Benedetto) 산을 넘어 몬토네(Montone) 계곡[326)]을 통해 가고자 했지만, 이 지역이 니콜로 다 피사(Noccolò da Pisa)[327)]의 노련함으로 잘 방어되고 있었기에 그의 어떠한 시도도 소용없을 것이라고 판단됐다. 다른 통로를 방어하느라 병력이 빠져 있는 상태에서 피렌체인들은 갑작스러운 공격에 대처할 군대와 장군들이 제대로 마련되어 있지 않았다. 그들은 급조된 보병들과 함께 많은 시민들을 보내 산맥의 이 통로들을 방어하게 했다. 이들 중 바르톨로메오 오르란디니(Bartolomeo Orlandini)는 마라디(Marradi) 성과 산맥의 통로를 방어할 책임을 맡은 기사였다. 니콜로 피치니노가 산 베네데토의 통로를 포기했을 때, 마라디의 통로는 돌파할 수 있을 것으로 판단했는데, 그곳을 지키는 자가 비겁(viltà)[328)]했기 때문이었다. 마라디는 토스카나와 롬바르디아를 가르는 산맥 아래에 위치한 요새였다. 로마냐를 바라보는 쪽에서 발 디 라모나(Val di Lamona)가 시작된다. 성벽은 없지만 강과, 산과 주민들이 강력하게 방어하고 있었다.

---

324) 1440년 4월 20일경. 피에트로 지암파올로 오르시니는 카포니가 도시에 도착한 다음 날 6백명의 기병과 함께 도시에 진입했다.

325) **바르톨로메오 오르란디니의 두려움이 피치니노가 토스카나에 들어오게 허락함 1440.**

326) 몬토네 계곡은 포를리 근처의 평원으로 흘러 들어간다(피치니노는 무랄리노 통행로에서 아펜니노 산맥을 건넜을 것이다).

327) 그는 스포르차 군의 장교였다.

328) 군사적 능력(용기)이 부족한.

사람들은 호전적이고 충성스러웠으며, 강줄기가 대지를 깎아 제방이 높이 형성되어 강을 건너는 조그만 다리만 방어하면 계곡을 건너 요새로 접근하기는 거의 불가능했다. 산맥 쪽에서는 절벽이 매우 가팔라서 입지가 매우 안전했다. 이 모든 이점에도 바르톨로메오의 비열함이 사람들을 감염시켰고, 강한 입지를 매우 취약한 입지로 만들었다. 그는 적군이 오는 소리를 듣자마자 모든 것을 포기하고 그의 수하들과 도망갔으며, 보르고 산 로렌초(Borgo San Lorenzo)에 도달할 때까지 멈추지 않았다. 니콜로가 내버려진 곳에 도착했을 때, 그곳들이 방어되지 않았다는 데 무척 놀라면서 매우 기쁘게 그것들을 취했다. 그리고 무젤로(Mugello)로 내려가서 몇몇 요새화된 장소들을 정복했다. 그는 군대를 풀리차노(Pulicciano)[329]에 주둔시키고, 거기서부터 피에솔레(Fiesole)의 산들에까지 이르는 전 지역을 습격했다. 그는 대담하게도 아르노강을 건너 피렌체부터 3마일에 이르는 모든 것을 약탈하고 파괴했다.

31.[330]

한편 피렌체인들은 놀라지 않았고, 모든 것보다 먼저 정부를 안정되게 유지하는 데 집중하고 있었다. 사람들은 정부를 신뢰했는데 이

329) 거의 모든 주석에서 말하는 "몬테풀차노(Montepulciano)"라는 지적은 터무니없다(분명한 지리적 이유로, 무젤로에 있는 피치니노가 어떻게 몬테풀차노에 정착할 수 있었는지 그리고 그곳에서 피에솔레까지 "출발"할 수 있었는지는 분명하지 않다). 토스카나에 널리 퍼져 있는 지명은 무젤로(그리고 피치니노가 선택한 토스카나에 도착하는 방향으로 마라디에서 내려오는 계곡을 따라)에 정확히 위치한 우발디니의 고대 거점인 발 디 시에베(Val di Sieve)에 있는 풀리차노와 동일시되어야 한다.

330) **피치니노는 카센티노에서 시간을 허비함, 페루자 정복이란 헛된 노력 수행 1440.**

는 코지모가 인민들 사이에서 인기가 있었기 때문이며, 또한 주요 행정관직이 소수의 유력한 사람들에게 국한되어 새로운 것을 원하는 사람들[331]을 엄중히 대처했기 때문이다. 시민들은 또한 롬바르디아에서 체결한 합의에 따라 네리가 어떤 군대를 이끌고 돌아오는지[332] 알고 있었으며, 교황의 군대가 도착하기를 기대하고 있었다. 이러한 희망은 네리가 도착할 때까지 그들을 지탱해 주었지만, 이제는 도시에 무질서와 공포가 퍼지기 시작했음을 발견하고, 네리는 야전으로 나가 니콜로가 마음대로 약탈하고 있던 교외지역의 피해를 확인하기로 결정했다. 그는 인민으로부터 더 많은 보병을 구성하고 기병과 함께 전진하여 적이 점령하고 있던 레몰레(Remole)[333]를 수복했다. 그곳에 진을 치고 네리는 니콜로의 침입을 막아냈고, 포위를 해제할 수 있다는 희망을 시민들에게 안겨주었다. 니콜로는 피렌체인들이 많은 숙련된 군대를 잃었을 때 미동도 하지 않는 것과 그 도시에서 어떤 확신을 가지고 살고 있는지를 이해하자, 자신이 있는 곳에서 더 오래 머무르는 것은 시간 낭비라고 판단하고, 다른 원정에 뛰어들기로 결심했다. 그는 피렌체인들이 그를 좇아 군대를 보내게 하여 전투를 벌여서 자신이 이기면 다른 모든 것도 따라올 것이라고 생각했다. 니콜로의 군대에는 포피의 백작인 프란체스코[334]가 있었는데, 그는 적이 무젤로에 있을 때 자신과 동맹을 맺은 피렌체인들에게 반란을 일으켰던 인

331) 정권교체를 염원하는 사람들.

332) 네리 카포니는 프란체스코 스포르차가 제공한 천 명의 파견병을 롬바르디아에서 데려왔다.

333) 피렌체에서 동쪽으로 약 10km 떨어진 아르노 계곡에 있다.

334) 프란체스코 디 로베르토 귀디(Francesco di Roberto Guidi), 바티폴레(Battifolle)의 백작(1385경~1450경). 몇 달 전 −피치니노의 토스카나 원정을 고려하여− 그는 피렌체에 의해 카센티노의 사령관으로 임명되었고 공화국에서 군대와 돈을 공급받았다(따라서 백작과 밀라노 군대의 두려운 동맹을 방지하기를 원했다).

물이었다. 처음에 피렌체인들은 그를 의심했지만, 그를 친구로 만들기 위해 지원금을 늘리고 그의 도시와 경계를 이루고 있는 모든 도시들에 대한 감독관의 지위를 주었다. 그러나 그러한 혜택이나 공포는 당파에 대한 애정이 너무도 컸던 그가 리날도와 이전 정부의 통치자들에게 품었던 애정을 잊도록 만들지 못했다. 그는 니콜로가 근처에 있다는 소식을 듣자마자 그의 편에 합류했고, 교외의 강점과 거기서 적을 얼마나 안전하게 제어할 수 있는 지를 지적하면서 니콜로에게 도시를 벗어나 카센티노로 갈 것을 부추겼다. 그의 조언에 따라 니콜로는 카센티노로 이동하여 로메나(Romena)와 비비에나(Bibbiena)를 점령한 다음, 카스텔 산 니콜로(Castel San Niccolò)[335]를 포위했다. 이 요새는 카센티노와 발다르노를 가르는 산기슭의 매우 높은 곳에 위치해 있으며 안으로부터 수비가 잘 갖추어져 있었다. 니콜로가 투석기와 대포로 계속해서 공격했지만 정복하기가 어려워서 포위는 20일 넘게 지속되었으며, 이 시간 동안 피렌체인들은 군대를 모았다. 피에트로 잠파올로(Pietrogiampaolo)[336]가 지휘관으로, 네리 카포니와 베르나르도 데 메디치(Bernardo de' Medici)가 감독관으로 임명되었고, 용병대장들의 지휘하에 3천 명의 기병이 피리네(Figline)에 모였다. 그때 카스텔 산 니콜로 사람 4명이 그들에게 와서 도움을 요청했다. 감독관들은 입지를 살펴보고 발다르노를 넘어 산맥을 통과해 가는 것 외에 다른 방법은 없다고 보았다.[337] 그 산맥의 정상은 그들보다 적들이 더 빨리 장악할 수 있었는데, 적들의 루트가 더 짧았고 피렌체인들은 들키지 않

335) 카스텔 산 니콜로는 로메나와 포피 사이, 카센티노의 발다르노(Valdarno casentinese) 옆 계곡에 위치하고 있다.

336) 오르시니. 피렌체의 용병 사령관으로 반복해서 언급됨(5권 19장 참조).

337) 즉, 비비에나와 포피 모두 피치니노의 군대에 의해 점령되었기 때문에 아르노 계곡을 올라갈 수 없었지만, 프라토마뇨(Pratomagno)의 힘든 산맥을 넘어 카스텔 산 니콜로에 도달해야 했을 것이다.

고 은밀하게 접근하기가 불가능했던 것이다. 따라서 그것은 성공할 수 없으며 군대의 몰락을 가져올 수도 있는 작전이었다. 감독관들은 이 사람들의 충성심[338]을 칭송하고 그들이 자신들을 더 이상 방어할 수 없게 될 때에는 항복해도 된다고 허가해 주었다. 니콜로는 그곳에 진지를 구축하고 나서 32일 만에 카스텔 산 니콜로를 정복했다. 작은 것을 얻기 위해 그렇게 많은 시간을 소비하여 토스카나에서의 그의 원정은 대부분 허탕으로 돌아가게 되었다. 그와 그의 군대가 피렌체 근처에 머물렀다면 누가 피렌체를 지배하든 시민들에게 더 많은 돈을 내도록 강요하지 못했을 것이고, 그리하여 병력을 모으고 다른 모든 준비를 하기 훨씬 어렵게 됐을 것이다.[339] 아울러 전쟁이 지속되는 것처럼 보였다면 많은 사람들이 니콜로에게 조건을 제안하며 평화를 얻고자 했을 것이다. 그러나 포피 백작은 오랫동안 자신의 적이었던[340] 카스텔 산 니콜로의 인민에게 복수하려는 마음으로 니콜로에게 그러한 조언을 했고, 니콜로는 그의 조언을 따라 그곳을 취함으로써 두 사람 모두의 몰락을 불러들였다. 사적인 욕망이 공동의 이익에 해가 되지 않는 일은 거의 없다. 니콜로는 이 승리 후에 라시나(Rassina)와 키우시(Chiusi)를 취했고, 포피 백작은 그에게 이 지역에 머물라고 촉구했다. 그가 자신의 사람들을 키우시, 카프레제(Caprese), 피에베(Pieve)로 보내 산맥 지역의 지배자가 되면 그 힘으로 카센티노, 발다르노, 발디키아나(Valdichiana), 발 디 테베레(Val di Tevere)에 진출하여 그의 적들이 어떤 움직임을 보이더라도 대비할 수[341] 있을 것이기 때

---

338) 카스텔 산 니콜로 주민들의 충성심.

339) 정권의 지도자들은 전쟁에 맞서기 위해 시민들에게 세금을 부과하는 데 매우 신중할 수밖에 없었다. 마키아벨리의 고려는 피렌체 시스템의 구조적 약점을 비판하고 있다.

340) 1340년 카스텔 산 니콜로 주민들은 갈레오토 귀디(Galeotto Guidi) 백작에 대항하여 반란을 일으켰고, 피렌체와 동맹을 맺었었다.

341) 즉시 개입할 수.

문이라는 것이다. 그러나 니콜로는 지대가 거친 것을 고려하여 말들이 돌을 먹을 수는 없다고 말하고, 보르고 산 세폴크로(Borgo San Sepolcro)로 이동하여 거기서 환대를 받았다. 그곳에서 그는 피렌체의 친구이기에 그에게 우호적이지 않았던[342] 치타 디 카스텔로(Città di Castello) 주민들의 마음을 떠보았다. 그리고 페루자인들을 자신의 지지자로 만들기 위해 페루자로 40명의 기병을 이끌고 가서, 페루자의 시민으로서[343] 환대를 받았다. 그러나 며칠 지나지 않아 그는 의심을 받았고, 교황 사절단과 페루자인들의 마음을 돌리기 위해 많은 일들을 시도했지만 성공하지 못했다. 그는 8천 두캇을 그들로부터 수령한 후 군대로 돌아왔다. 그리고 피렌체에서 코르토나(Cortona)를 빼앗기 위해 계획을 모의했으나, 이 계획이 미리[344] 발각되어 수포로 돌아갔다. 이 도시의 지도층들 가운데 바르톨로메오 디 센소(Bartolomeo di Senso)가 어느 날 저녁 대장(capitano)의 명령으로 성문을 지키러 가고 있었는데, 교외에 사는 한 친구로부터 목숨을 구하려면 그곳에 가지 말라는 경고를 들었다. 바르톨로메오는 일의 전모를 알고자 했고, 곧 니콜로와 관련된 모반 계획을 알아냈다. 그는 이것을 즉시 대장에게 보고했고, 대장은 모반의 수뇌부를 체포하고 성문의 방어를 배가하고서 계획에 따라 니콜로가 오기를 기다렸다. 니콜로는 계획된 시간에 와서 모의가 탄로 난 것을 발견하고 주둔지로 돌아갔다.

---

342) 그들은 그의 제안을 듣지 않았다(즉, 그들은 피렌체에 충실했다).
343) 피치니노는 페루자 근처의 칼리시아나(Callisciana)에서 태어났다.
344) 음모의 시간이 오기 전에.

32.[345)]

토스카나에서 이런 식으로 공작의 군대가 별로 얻은 것이 없이 지리멸렬하는 동안, 롬바르디아의 상황은 공작에게 손실과 해를 가져왔다. 날씨가 좋아지자 프란체스코 백작은 그의 군대를 이끌고 전장으로 갔다. 베네치아인들이 호수에 함대를 배치했고,[346)] 백작은 무엇보다도 해상에 대한 지배권을 확보하고 호수에서 공작의 군대를 몰아내고자 했다. 그는 이 일을 완수하면 다른 것도 쉽게 될 것이라고 판단했다. 백작은 베네치아의 함대로 공작의 함대를 공격하여 무찌른 다음[347)] 육지에서 자신의 군대로 공작의 요새들을 장악했다. 육로로 브레샤를 그때까지 압박했던 공작의 군대는 이 참사를 듣자 급하게 철수했고, 브레샤는 드디어 3년 동안의 포위 끝에 해방되었다.[348)] 이 승리 후 백작은 올리오(Oglio) 강가에 위치한 요새 손치노(Soncino)로 후퇴한 적에 맞서기 위해 진군하여 그들을 몰아내서 크레모나(Cremona)까지 후퇴시켰다. 거기서 공작은 멈췄고 그의 영토를 방어했다. 그러나 백작이 그를 나날이 더 세게 압박해오자 공작은 자신의 영토의 전부 혹은 많은 부분을 잃을 것을 두려워했고, 니콜로를 토스카나에 보냈던 일이 치명적인 실수였음을 깨달았다. 이를 만회하기 위해 그는 니콜로에게 편지를 써서 자신의 상황과 자신이 행한 일련의 과정들을 설명하고, 가능한 한 빨리 토스카나를 떠나 롬바르디아로 귀환하라

345) **프란체스코 백작이 브레샤를 수복하다, 공작은 피치니노를 소환해서 전투하기로 결정함 1440.**

346) 베네치아인들은 6척의 갤리선을 가르다 호수로 가져왔는데, 스포르차가 그 전 해에 갔던 길을 이용했다. 그들은 아디제를 올라 모리에서 토르볼레까지 육로로 그것들을 끌고 갔다.

347) 1440년 4월에.

348) 브레샤는 6월 초에 포위 공격에서 해방되었다.

고[349] 명령했다. 그동안 피렌체인들은 감독관들의 지휘 하에 군대를 모았으며, 교황의 군대를 통합했다. 그들은 요새 앙기아리에 주둔했는데, 그곳은 발 디 테베레와 발 디 키아나를 가르는 산맥의 아래에 자리하고 있으며 보르고 산 세폴크로에서 4마일 떨어져 있었다. 이곳은 평탄한 도로와 평원이 있어 기병과 기동이 전쟁에 적합한[350] 지역이었다. 피렌체인들은 백작의 승리와 니콜로의 회군 소식을 듣고서, 칼을 칼집에서 뽑아 보지도 않고 평원에서 먼지 한 번 일으켜보지도 않고 이 전쟁을 이겼다고 생각했다. 그들은 니콜로가 토스카나에서 많은 날을 머무를 수 없게 되자, 전투를 삼가겠다고 감독관들에게 편지를 썼다.[351] 니콜로는 이 소식을 듣고 명령에 따라 복귀해야 했지만, 아무것도 시도하지 않고 떠날 수는 없다고 생각했다. 그는 적이 보급을 받지 못했고 전투할 생각도 없는 상태이므로, 전투를 해 보기로 결심했다. 리날도, 포피 백작, 다른 피렌체 망명자들이 그를 부추겼는데, 이들은 니콜로가 떠나면 자신들이 화를 입을 것이 불 보듯 분명해 보였기 때문이다.[352] 그들은 전투를 하면 원정에서 승리하거나 명예롭게 패배할 것이라고 믿었다. 이 결정을 한 후 니콜로는 치타 디 카스텔로와 보르고 산 세폴크로 사이의 지역에 진을 쳤던 군대를 이동시켜 적의 눈에 띠지 않게 보르고로 가서, 그의 능력과 약속을 믿고 약탈을 원하는 추종자 2천 명을 차출했다.

---

349) 피치니노는 이미 6월에 필리포 마리아 비스콘티에 의해 소환되었다.

350) 야전에서 군대를 배치하기에 적당한.

351) '대결을 피했다'. 두 명의 감독관들(네리 카포니와 베르나르도 데 메디치)은 피렌체 군대가 피치니노를 통제하는 것에 머물도록 멀리서 확인해야 했다.

352) 그들은 롬바르디아에서 피치니노의 퇴각이 그들의 결정적인 패배를 나타낼 것임을 깨달았다.

33.[353)]

니콜로는 자신의 군대를 이끌고 앙기아리로 진군했고,[354)] 미켈레토 아텐둘로(Micheletto Attendulo)가 거대한 먼지구름을 보았을 때 이미 요새에서 2마일 앞까지 도달해 있었다. 그는 그것이 적인 것을 알아채자 무장하라고 소리쳤다. 피렌체 진영은 굉장한 혼란이 있었는데, 일반적인 이탈리아 군대들이 그러하듯이 규율이 없었을 뿐 아니라 여기에 태만이 더해졌다. 그들은 적이 멀리 떨어져 있어서 싸우기보다는 도망가려고 한다고 생각했던 것이다. 따라서 모든 사람이 무장을 하지 않은 채 있었고, 병영으로부터 멀리 벗어나 어디서든 엄청난 무더위를 피하거나 자신들의 즐거움을 추구하고 있었다. 그러나 감독관들과 장군들은 성실히 임하여 적이 도착하기 전에 말에 올라타 침입에 저항하고자 대열을 갖췄다. 적을 처음 발견했던 미켈레토가 무장을 하고 적을 제일 처음 맞이했다. 그는 군대를 이끌고 앙기아리로부터 멀지 않은 강 건너의 길과 연결되는 다리로 갔다. 피에트로잠파올로는 적이 오기 전에 다리와 앙기아리 사이의 길 가장자리 수로를 메우게 했다. 미켈레토가 다리 앞에 섰을 때, 교황 측의 용병대장 시몬치노(Simoncino)는 오른쪽에, 피렌체 감독관들과 장군 잠파올로는 왼쪽에, 보병들은 강의 제방을 따라 양쪽 편에 배치되어 있었다. 적에게는 다리를 건너오는 직선로 외에는 상대편을 공격하기 위해 열린 길이 없었다. 피렌체인들은 다리를 빼고는 싸울 곳이 없었다. 기병들이 보병들에게 적군이 병력[355)]의 측면에 가려고 길에서 벗어나면 석궁을

353) **피렌체인들이 앙기아리에서 피흘리지 않고 이김 1440.**

354) 피치니노는 1440년 6월 29일 연맹의 진영을 공격하기 위해 앙기아리로 향했다.

355) 다리를 방어하는 임무를 맡은 중기병.

가지고 대응해야 하며, 적이 다리를 건너려는 피렌체 기병의 측면을 공격하지 못하도록 해야 한다는 지시를 내렸다. 미켈레토는 처음 나타난 적군에 격렬히 방어하여 그들을 뒤로 물리쳤다. 그러나 아스토레(Astorre)와 프란체스코 피치니노가 그들의 정예군대와 와서 미켈레토를 거세게 공격하여 다리를 빼앗았고, 앙기아리 마을로 올라가는 길이 시작되는 지점까지 밀어붙였다. 그러다가 측면을 공격하는 피렌체군들에 의해 격퇴당해 다리로 밀려났다. 이 전투는 2시간 동안 지속되었고, 처음에는 니콜로가, 그 다음에는 피렌체군이 다리를 장악했다. 다리 위에서의 전투는 결판이 나지 않았지만, 다리의 양쪽 끝에서 벌어지는 전투는 니콜로에게 아주 불리했다. 그의 부하들이 왔을 때 니콜로는 적군이 큰 힘을 가지고 있음을 발견했다. 그들은 이미 평평하게 만든 길 위에서 작전을 수행하면서,[356] 피곤해진 군인들을 들여 보내고 새로운 군인들을 불러올 수 있었다. 그러나 피렌체군이 다리를 건넜을 때, 니콜로는 그의 군대를 쉽게 구할 수 없었는데, 길에 접해 있는 수로와 제방이 그를 제약했던 것이다. 니콜로의 군대는 여러 차례 다리를 취했지만, 적군의 새로운 병사들에 의해 계속 격퇴당했다. 그러나 피렌체군이 다리를 점령했을 때 군대는 너머의 길까지 획득했고, 니콜로는 피렌체군의 기세와 입지의 어려움으로 인해 그의 군대를 구할 시간이 부족했다. 앞의 군사는 뒤의 군사와 얽혔고, 그런 식으로 한쪽은 다른 쪽을 엉망으로 만들었고, 전체 군대는 규율을 잃고 퇴각하여 모두 주저 없이 보르고 산 세폴크로 쪽으로 도망쳤다. 피렌체군은 약탈에 빠져서 수많은 포로와 무기, 말을 수확했는데, 니콜로의 기병들 중 그와 함께 도주한 수가 천 명 정도밖에 안 됐기 때문이다. 약탈을 위해 니콜로를 따라온 보르고의 주민들[357]은 약탈

---

356) 이전에 도로를 둘러싸고 있던 도랑을 평평하게 했기 때문에 도로 측면으로 이동하는 데 어려움이 없었기 때문이다.

자 대신 약탈을 당하는 신세가 되었다. 그들은 모든 것을 잃었으며, 몸값을 지불해야 했고,[358] 깃발과 짐마차마저 빼앗겼다. 이 승리는 공작에게 해가 되었다기보다 토스카나에 더욱 유용했다. 피렌체가 패배했다면 토스카나는 공작의 지배 하에 있었을 테지만, 그는 전투에서 졌다. 그러나 그는 군대와 군대의 말을 잃었을 뿐이며, 그것은 큰 비용 없이도 대체할 수 있는 것들이다.[359] 우리가 보고 있는 이 전쟁에서와 같이 타인의 영토에서 벌이는 전쟁이 그토록 위험하지 않은 경우는 다시 없었다. 막대한 패배와 20~24시간이 걸린 이 지루한 전투에서 오직 한 사람만 죽었는데, 그는 부상이나 타격에 의해서가 아니라 낙마해서 자신의 말에 밟혀 죽었다.[360] 그때는 사람들이 그렇게 안전하게 싸웠다. 그들은 모두 갑옷을 입고 말안장 위에서 자신을 지켰으며, 지더라도 죽음으로부터 안전했기에 죽을 이유가 없었다. 그들은 무기로 보호받으면서 싸웠고, 더 이상 싸울 수 없을 때는 항복했다.

34.[361]

이 전투는 싸우는 동안과 그 이후[362] 일어난 일들로 인해 전쟁의 단점을 보여주는 대표적 사례이다. 적이 패주하고 니콜로가 보르고로

---

357) 피치니노의 군대에 합류한 보르고 산 세폴크로의 주민들.

358) 자유를 찾기 위해서 몸값을 지불해야 했다.

359) 그 이유는 6권 2장의 15세기 용병 군대에 대한 명백한 논쟁의 맥락에서 재개될 것이다.

360) 이것은 매우 유명한 논쟁적 과장이다.

361) **전투 후의 무질서, 리날도 델리 알비치의 늦은 경력과 죽음 1440.**

362) 또한 전투 직후에 일어난 사건에 대해서도 적용된다. 마키아벨리는 이어지는 문장들에서 논쟁적으로 묘사된 사건들을 가리킨다.

후퇴했을 때, 감독관들은 완전한 승리를 위해 그를 좇아가서 포위하기를 원했다. 그러나 한 명의 용병대장과 군인도 그들에게 복종하려 하지 않았다. 그들은 전리품을 안전한 곳에 보관하고 부상을 치료해야 한다고 말했다. 더 주목할 만한 것은 다음 날 정오에 감독관이나 장군의 허가 없이 그들이 아레초로 가서 그곳에 전리품을 남겨놓고 앙기아리로 되돌아온 것이다. 이것은 군사적 규율의 모든 건전한 규칙을 무시하는 것으로서, 소수의 잘 훈련된 군대가 있다면[363] 그들이 부당하게 얻은 승리를 쉽고 합당하게 빼앗을 수 있을 정도였다. 이외에도 감독관들이 적이 재충전할 기회를 빼앗기 위해 포로들[364]을 잡아두기 원했지만, 병사들은 감독관의 의지와 반대로 포로들을 풀어주었다. 이러한 군대에 승리할 수 있는 역량이, 적에게는 그토록 무질서한 군대에 패배할 정도의 비겁함이 있었다는 것이 놀라운 일이었다. 피렌체 군대가 아레초로 오고가는 사이 니콜로는 그의 군대와 함께 보르고를 떠나 로마냐를 향해 갔다. 피렌체의 반란자들도 그와 동행했다. 피렌체로 복귀하고자 하는 모든 희망이 사라져 가는 것을 보고 그들은 이탈리아 내부와 외부로 흩어졌다. 그중에서 리날도는 안코나에 거주하기로 결정했다가, 세속의 조국을 잃었기에 천상의 조국을 얻기 위해[365] 성묘교회(Sepulchro di Cristo)로 순례를 떠났다. 그는 딸 중 한 명의 결혼을 축하하기 위해 돌아와[366] 식탁에 앉아 있다가 갑자기 세상을 떠났다.[367] 운명이 그에게 호의를 베풀어 그의 망명 기간 중 가장 덜 불행한 날에 그를 죽게 했다. 그는 참으로 모든 운명

363) 잘 조직된 군대의 일부일지라도(즉, 방어자가 거의 없이 진영을 떠날 정도로 무모했던 승자를 물리치는 데 많은 병력이 필요하지 않음)

364) 포로가 된 기사들.

365) 몹시 모순적인 생각.

366) 1441년 말경

367) 1441년 2월 2일. 딸은 조반니 디 안드레아 델리 알리(Giovanni di Andrea degli Agli)와 결혼한 니콜레타(Nicoletta)였다.

의 변화 속에서 항상 명예로운 사람이었고, 통일된 도시에서 태어났다면 더욱 존경받았을 것이다. 통일된 도시라면 그에게 큰 보상을 주었을 그의 많은 재능들이 분열된 도시에서 그에게 해가 됐기 때문이다. 피렌체의 군대가 아레초에서 돌아오고 니콜로가 떠났을 때, 감독관들은 보르고에 도달했다. 보르고의 주민들은 피렌체인들에게 항복하기를 원했지만 피렌체인들은 항복을 수용하지 않았다. 이 협상이 진행되는 동안 교황의 특사는 감독관들이 이 도시를 교회를 위해 장악하는 것을 꺼려한다고 의심했다.[368] 그들은 서로 비난의 말들을 주고받았다.[369] 협상이 더 오래 지속되었다면, 피렌체와 교황군 사이에 무질서가 있었을 것이나, 특사가 원하는대로 끝나면서 모든 것이 평화롭게 해결됐다.

35.[370]

보르고에서의 일들이 지지부진한 사이 니콜로 피치니노는 로마로 가는 길이라는 소문이 있었으며, 다른 정보는 마르케로 향한다고 했다.[371] 교황의 특사와 프란체스코 백작의 군대는 니콜로가 어디로 가든지 베르나르도 데 메디치가 동행하여 마르케나 로마를 구하기 위해 페루자로 가는 것이 바람직하다고 판단했다. 그동안 네리는 피렌체군을 이끌고 카센티노를 정복하기로 했다. 이 결정이 이루어지자 네리

368) 그는 피렌체 위원들이 교회에서 보르고 산 세폴크로("그 땅")를 훔치고 싶어했다고 의심했다.

369) 매우 생생하게 에피소드를 설명하는 네리 카포니(『비망록(Comentarii)』, 1196절)는 사절의 '무례한 말'에 대해 이야기한다.

370) **포피 백작이 쫓겨남, 피렌체에서 환영받은 감독관들 1440.**

371) 네리 디 지노 카포니는 여전히 이 장의 주요 소재이며 마키아벨리가 충실하게 따르고 있다. 자세한 내용은 『비망록』 1196절 참조.

는 라시나(Rassina)를 포위하여 그곳을 차지했고, 서둘러 몰아붙여 비비에나, 프라토 베키오, 로메나를 취했다. 그 다음 그는 포피에 진영을 세우고 체르토몬도 평원과 프론촐리로 가는 길의 언덕 양쪽에서 공격했다. 포피의 백작은 신과 인간에게 버림받은 자신을 보고 포피에 틀어박힌 채 구조받을 희망 같은 것은 없이, 가능한 한 덜 불리한 조건으로 항복할 수 있기를 바랐다. 네리가 그를 몰아붙이자 백작은 조건을 물었다.[372] 곧바로 자신이 바랄 수 있는 가장 많은 것 즉, 자신의 아내와 아이들 그리고 취할 수 있는 소유물들을 가능한 한 많이 가져갈 수 있는 조건으로 도시[373]를 피렌체인들에게 양도하기로 했다. 양측의 조건들이 정해졌을 때, 그는 도시의 아래로 흐르는 아르노강의 다리를 넘어 내려와서 큰 슬픔과 비통함을 안고 네리에게 말했다. "내가 나의 행운과 당신들의 힘을 제대로 측량했다면, 내 몰락을 덜 비참하게 해달라고 당신에게 부탁하는 적으로서가 아니라 당신의 승리를 같이 기뻐하는 친구로 여기에 왔을 것이오. 지금의 결과는 당신에게 영광스럽고 행복한 것이고, 나에게는 아프고 비참한 것이오. 내게는 말들과 무기와 신민과 영토와 재산이 있었는데, 지금 내가 마지못해 그것들을 두고 가는 것은 얼마나 기이한 일인가? 그러나 토스카나 전역을 접수하는 것이 당신들의 바람이라면, 우리는 필히 당신들에 복종해야 하오. 내가 이런 실수를 범하지 않았다면 내 운명을 몰랐을 것이고, 당신의 관대함도 알 수 없었을 것이오. 당신이 나를 살려준다면[374] 당신은 세계에 당신의 관대함의 영원한 모범을 보여줄 수 있소. 따라서 당신의 긍휼이 나의 잘못된 행동을 눈감아주어 당신

372) 그는 매우 힘든 계약만을 기대할 수 있었다.

373) 포피의 도시.

374) 살아남게 해준다면. 포피 백작이 연설에 직접 나타난 것은 백작과 카포니 사이의 더 짧고 더 긴장된 말의 교환을 마키아벨리가 온전히 자신의 수사학적 증폭으로 표현한 것이다.

의 선조들에게 수많은 은혜를 베풀었던 사람들의 후손에게 최소한 이 집 하나라도 남겨주길 부탁하오.” 네리는 백작이 거의 아무것도 할 수 없는 사람들에게 너무 많은 것을 바랐기에 피렌체 공화국에 대항하여 죄를 지은 것이며, 현재의 상황을 고려할 때 그는 피렌체의 친구로서가 아니라 적으로서 자신의 모든 것을 양도해야 하고, 모든 영토를 포기해야 한다고 답했다. 그는 운명의 변화 속에서 공화국에 해가 될지 모를 곳에서 자양분을 얻을 수 없다는 모범을 스스로 만들었기 때문이라는 것이다. 두려움의 대상은 백작이 아니라 백작의 영토였다. 네리는 그가 독일에서 군주가 된다면 피렌체는 만족해 하며, 그가 언급했던 그의 선조들의 사랑에 대하여 할 수 있는 모든 것을 했을 것이라고 말했다. 매우 분개한 백작은 피렌체인들을 되도록 보고 싶지 않다고 말했다. 더 이상의 우호적인 대화를 중단하고 백작은 다른 해결책 없이 도시와 그의 모든 권리를 피렌체인들에게 내주었다. 그의 모든 재산을 가지고 부인과 아이들과 함께 자신의 영토를 떠나면서, 조상들이 9백 년[375] 동안 소유했던 영토의 손실을 눈물로 한탄했다. 이 모든 승리가 피렌체에 알려지자마자 정부의 통치자들과 인민들은 매우 기뻐했다. 베르나르데토 데 메디치는 니콜로가 마르케나 로마로 갔다는 것이 잘못된 정보라는 것을 알고서 그의 군대를 이끌고 네리가 있는 곳으로 갔다. 그들이 함께 피렌체로 귀환했을 때 도시의 법령에 따라 승리한 시민들에게 수여될 수 있는 모든 최고의 영예들이 결정되었으며, 승자를 응대하는 관습에 따라 시뇨리와 구엘프 당의 수장들, 그리고 온 도시로부터 크게 환영받았다.

---

375) 이 수치는 카센티노에 있는 귀디 백작의 영지에 대한 전설적인 랑고바르드 기원을 기반으로 계산되었다(실제로 이 가문은 10세기에 제후로 봉해졌다.).

제 6 권

제 6 권[1)]

1.[2)]

전쟁을 시작한 이들의 목표는 항상 스스로를 부요하게 하고 적을 피폐하게 하는 것이었다. 그래야 합리적이다. 나를 강하게 하고 적을 약하게 하는 것 외에 다른 이유로 승리를 추구하고 정복을 바라지는 않는다. 승리가 당신을 곤궁하게 하거나 정복이 당신을 약하게 만든다면, 당신은 전쟁이 목표로 한 결과를 초과했거나 도달하지 못한 것이다. 적들을 분쇄하고 전리품과 몸값을 취하는[3)] 군주국이나 공화국은 전쟁의 승리로 부유해진다. 승리하고도 적들을 완전히 무너뜨릴 수 없으며, 전리품과 몸값을 자신이 아니라 자신의 군인들에게 양도해야 하는 이는 승리로 인해 오히려 피폐해진다. 그러한 권세자는 패배할 때 불행하지만 승리할 때 더욱 불행하다. 패배하면 적들이 가하는 고통이지만, 승리하면 친구가 주는 고통을 감수해야 하기 때문이

1) **코지모 데 메디치의 권력, 필리포 공작의 평화를 위한 노력부터 앙주가에 의한 나폴리의 포기 1440~1463.**
2) **이탈리아 전쟁은 용병을 부유하게 하고, 군주들과 인민들은 가난하게 만든다.**
3) 자유롭게 처분할 수 있는. 4권 6장, 5권 1장 등에 수록된 용병에 대한 논란을 재개하고 있다.

다. 친구들에 의해 받는 고통은 더 예상치 못한 것이고[4] 더 참을 수 없는 것이며, 세금과 새로운 부담으로 신민들을 괴롭게 할 수밖에 없는 자신을 발견할 때에는 더욱 그러하다. 그가 어떤 인간성을 지니고 있다면 그의 모든 신민이 해를 입을 수밖에 없는 승리에 크게 기뻐할 수는 없다. 고대의 질서정연한 공화국들은 승리로부터 얻은 금과 은으로 국고를 채우고, 인민들에게 선물을 분배하고, 그들이 바쳐야 할 공물을 삭감해주고,[5] 놀이(경기)와 성스러운 축제를 즐기는 데 익숙했다. 그러나 우리가 지금 살펴보고 있는 시대의 승리들은 국고를 고갈시켰고, 다음에는 인민들을 피폐하게 했으며, 여전히 적으로부터 완벽히 안전하게 하지도 못했다. 이 모든 것은 이 전쟁들이 작동되는 방식의 무질서로부터 나온 것이다. 정복된 적들은 약탈은 당했지만, 포로로 붙잡혀 있지도[6] 죽임을 당하지도 않았기에, 그들의 공격 재개는 누구든 그들에게 무기와 말을 다시 제공할 때까지 유예됐을 뿐이었다.[7] 몸값과 전리품이 군인들에게 속했기에 승리한 군주는 새로운 군대의 확충을 위해 사용할 자원이 없었고, 자신의 인민들의 생계에서 그 비용을 뜯어내었다.[8] 승리는 인민에게 어떤 이득도 가져다주지 않았고, 군주로 하여금 인민에게 세금을 부과하는 데 더 열중하고 덜 주저하도록 만들었을 뿐이었다. 이 군인들은 전쟁을 승자든 패자든 자신의 군대를 부리려면 똑같이 새로운 자금이 필요할 정도가 되는 지경까지 만들었다. 패배한 자는 새로운 무장을 위해 돈이 필요했고,

---

4) 불합리한 메커니즘의 결과이다.

5) '신민에 대한 세금의 일부를 감소'. 공화정 로마의 긍정적인 모델에 대한 암시로 이해된다(『로마사논고』 2권 6장 참조).

6) 그들을 포로로 가두지 않고.

7) 고용한 사람들이 무기와 말을 제공하는 데 얼마나 오래 걸렸는지(피렌체에서 시간으로 고통받는다는 것은 노력이나 수고의 의미 없이 단순히 '시간을 보내는 것'을 뜻한다).

8) 그들은 국가의 자원을 짜내서 (신규 고용을 위해) 필요한 돈을 얻어냈다.

승리한 자는 보상을 누리기 위해 돈이 필요했다. 패자들이 새로운 말 없이 싸울 수 없듯이, 승자들은 새로운 보상 없이 싸우려 하지 않았던 것이다. 결국 승자는 승리를 누릴 수 없고 패자는 패배의 고통을 거의 겪지 않았는데, 패자는 회복할 시간이 있었고 승자는 승리를 성취할 시간이 없었기 때문이다.

2.[9)]

이러한 비뚤어지고 전도된 전쟁의 방식 덕에 니콜로 피치니노는 그의 몰락[10)]이 이탈리아 전역에 알려지기 전에 다시 말에 올라타 패배 이후 전보다 더 활기차게 많은 전쟁을 수행할 수 있었다. 그리하여[11)] 그는 텐나(Tenna)[12)]에서의 패배 이후 베로나를 기습할 수 있었고,[13)] 베로나에서 군대를 거의 다 잃었다가[14)] 많은 군대를 이끌고 토스카나로 올 수 있게 되었으며, 앙기아리에서의 패배 이후 어느 때보다 강한 힘을 가지고 로마냐에 도달할 수 있었다. 이것은 또한 니콜로의 부재로 인해 롬바르디아를 거의 포기했던 밀라노 공작에게 그곳을 방

9) **당시 전투 습관이 피치니노가 빨리 회복가능하게 함, 밀라노 공작의 평화 협상 1440.**

10) '그의 패배 소식은 아직 퍼지지 않았고 그는 이미 전투를 재개할 수 있었다'. 그가 말하는 '파멸'과 1440년 6월 29일 앙기아리에서 겪은 패배(5권 33장−34장 참조).

11) 즉, 무질서와 민병대의 그릇된 방식.

12) 텐노(Tenno).

13) 피치니노는 1439년 11월 9일 텐노(트렌토 지방)에서 패배했다(5권 23장 참조). 같은 달 17일 베로나를 점령했다. 이 사건들에 대하여 5권 23장−24장 참조.

14) 도시를 점령한 지 4일 후, 피치니노는 프란체스코 스포르차에 의해 강제로 도시를 버리게 되었다(5권 25장 참조).

어할 수 있을 것이라는 희망을 주었다. 니콜로가 토스카나를 혼란으로 몰아넣는 사이 공작은 자신의 영토를 모두 잃을 것이라는 두려움으로 궁지에 빠진 듯 했는데, 귀환을 명령받은 니콜로 피치니노가 오기 전에 몰락이 자신을 덮칠 것이라고 생각했던 것이다. 그는 백작[15]의 공격을 방어하고 힘으로는 제어할 수 없는 운명을 책략으로 지연시켜 보고자,[16] 비슷한 곤경에서 종종 도움이 됐던 방책을 다시 한번 사용하기로 했다. 그는 페라라 군주 니콜로 다 에스티(Niccolò da Esti)[17]를 백작이 있던 페스키에라로 보냈다. 페라라 군주는 백작에게 평화를 촉구했고, 이 전쟁은 그에게 이득이 아니라고 말했다. 공작이 약해져 그의 명성을 유지할 수 없다면 백작은 가장 먼저 고통받는 인물이 될 것인데, 베네치아인들과 피렌체인들이 그를 더 이상 존중하지 않을 것이기 때문이다.[18] 공작은 평화를 원한다는 증거로 백작의 결혼 서약 이행을[19] 약속했다. 공작은 그의 딸을 페라라로 보냈고, 평화가 확실해지면 그녀를 백작의 손에 넘겨주기로 약속했다. 백작은 공작이 진실로 평화를 원한다면 그것은 피렌체인들과 베네치아인들이 모두 원하는 것이기에 쉽게 구할 수 있을 것이라고 대답했다. 그러나 사실 공작은 필연이 강요하는 경우가 아니라면 평화를 구하지 않고, 필연이 사라지면 전쟁에 대한 열망이 살아났음이 이미 잘 알려

15) 베네치아를 위해 일하는 프란체스코 스포르차.

16) '교활함을 사용하여 그 결과("그의 실패")를 지연시키는 것.' '힘'과 반대되는 '책략'은 외교 업무를 말한다.

17) 니콜로 3세(1383~1441).

18) 용병대장으로서 그는 동맹의 변화하는 게임에 효과적으로 적응하지 못했을 것이다. 마키아벨리가 페라라의 영주에게 적용시킨 논의는 15세기 용병 전쟁의 "시스템"에 완전히 근본적인 것으로 보이며, 용병의 사용이 정치적, 외교적 수준에서 수반하는 왜곡된 결과를 보여주고 있다. 에스텐제 프란체스코 스포르차가 사용한 주장에서 사실 그는 밀라노 공작의 손에 있는 "도구"로 보이지 않지만 당시 이탈리아의 정치판에서 사실상 정치적인 문제에 결정적인 무게와 권위를 가지고 있는 주체였다.

19) 스포르차와 비앙카 마리아와의 결혼 서약.

져 있어서, 백작은 공작을 믿을 수 없었다. 백작은 그렇게 여러 번 바보가 되었기에[20] 그의 결혼에 대한 약속 또한 믿을 수 없었다. 그럼에도 평화만 도래한다면, 그는 그의 친구들이 결혼에 대해 조언한 무엇이든 따를 것이었다.

3.[21]

합리적인 이유도 없이 군인들[22]을 의심했던 베네치아인들은 이 협상을 강하게 의심할 이유가 생겼다. 백작은 의혹을 떨치기 위해 전쟁을 열심히 지속했다.[23] 그럼에도 야망에서 나온 그의 마음과 의심에서 생긴 베네치아인들의 마음이 식어서 여름[24]의 나머지 기간 동안에는 별 원정이 없었다. 니콜로 피치니노가 롬바르디아로 돌아왔을 때 겨울이 이미 시작되었고, 모든 군대는 그들의 숙영지로 갔다. 백작은 베로나로, 공작은 크레모나로, 피렌체 군대는 토스카나로, 교황의 군대는 로마냐로 갔다. 교황의 군대는 앙기아리에서 승리한 후 포를리와 볼로냐를 공격해서 프란체스코 피치니노가 그의 아버지의 이름으로 지배하고 있던 이 도시들을 빼앗고자 했다. 그러나 이 공격은 프란체스코가 잘 방어해서 성공하지 못했다. 그럼에도 그들이 온 것이 라벤나의 주민들에게는 다시 교회 권력 하에 들어갈지 모른다는 두려움을 주었고, 그들은 주군 오스타시오 다 폴렌타(Ostasio da Polenta)의 동의하

20) 스포르차와 밀라노 공작의 딸인 비앙카 마리아 사이의 결혼에 대한 이야기는 어떤 합의도 이루어지지 않은 채 몇 년 동안 거론되었다.
21) **평화의 사고가 거부됨, 피치니노가 롬바르디아에서 겨울원정 수행 1441년.**
22) [영역주] 그들이 고용한 군대.
23) 그는 힘차게 군사작전을 수행했다.
24) 1440년의 여름.

에 베네치아인들의 휘하로 들어가기로 했다.[25] 베네치아인들은 그들이 거저 받은 도시에 대한 보상으로,[26] 오스타시오가 그렇게 부주의하게 내주었던 것을 힘으로 빼앗을 수 없도록 그와 그의 아들을 칸디아(Candia)에서 죽게 했다.[27] 앙기아리에서의 승리에도 불구하고 이 원정들을 위한 자금이 부족했던 교황은 보르고 산 세폴크로의 성을 피렌체인들에게 2만 5천 두캇에 팔았다. 상황이 이런 식으로 유지되고 겨울이 지속되는 한[28] 공격으로부터 자신이 안전할 것이라고 생각하는 사람들은 모두 평화에 대해 더 이상 생각하지 않았고, 특히 공작은 더욱 그러했다. 그는 니콜로의 복귀와 계절에 의한 전쟁 지연으로 다시 안정을 찾았다. 그는 백작과의 협약에 대한 모든 논의를 중단하고, 니콜로를 다시 지휘관으로 삼아[29] 미래의 전쟁에 필요할 물자들을 준비했다. 이 소식을 듣게 된 백작은 베네치아로 가서 다음 해에 일을 어떻게 처리할지 원로원과 상의했다. 니콜로는 자신의 군대는 질서가 있는 반면 적의 군대는 혼란스러운 것을 발견하고, 다가올 봄까지 기다리지 않았다. 겨울 중 가장 추울 때 그는 아다(Adda) 강을 건너 브레샤에 들어갔고,[30] 아솔라(Asola)와 오르치(Orci)[31]를 제외한 전 영토를

25) 실제로 다 폴렌타의 영주는 이미 수십 년 동안 베네치아 정치의 궤도에 진입했었다. 1438년 －피치니노의 군대에 의해 공격을 받은－ 오스타시오 3세 다 폴렌타는 비스콘티의 편에 서서 베네치아 정부 대표들을 도시 밖으로 몰아냈다. 그러나 2년 후 그는 이미 베네치아의 보호 아래 강제로 귀국했다.

26) '받은 도시에 대한 보상'. 당연히 그것은 오스타시오의 '신중함 부족'에 대해 아이러니하게 말해진다. 문장의 나머지 부분에서 설명된 바와 같이.

27) 오스타시오는 1447년에 망명 중에 사망했다(그가 그의 아내와 아들 제롤라모[Gerolamo]와 함께 있었던 곳). 오스타시오는 처음에 트레비소에 갇혀 있었지만 탈출을 시도한 후 크레타(칸디아)로 이송되었다.

28) 겨울 덕분에.

29) 그는 새롭게 군대를 지휘했다.

30) 기아라다다(Ghiaradadda)의 점령과 브레샤 침투(1441년 2월)로 인해 군사적으로는 스포르차 군대와 관련 없는 소규모 접전이 벌어졌다.

31) 오르치누오비(Orzinuovi).

차지했다. 그는 그 지역을 약탈했고, 공격을 예상치 못한 프란체스코 스포르차의 기병 2천 명 이상을 포로로 잡았다.[32] 백작을 더 화나게 만들고 베네치아인들을 더 겁먹게 만든 것은 백작의 주요 지휘관 중 하나인 차르펠로네(Ciarpellone)가 적에게 넘어갔다는 것이었다.[33] 이 소식을 듣고 백작은 즉시 베네치아를 떠나 브레샤에 도착했지만, 니콜로가 온갖 손해를 입히고 자신의 진영으로 돌아간 후였다. 백작은 소강상태에 들어간 전쟁을 지금 재점화할 필요는 없다고 보았다. 대신 날씨와 적이 자신에게 준 재점검의 기회를 활용하여 새 계절이 오면 치르게 될 구원(舊怨)에 대한 복수를 위해 군대를 재편성하기로 결심했다. 그는 베네치아인들에게 토스카나에서 피렌체인들을 도왔던[34] 그들의 군대를 소환하게 하고, 사망한 가타멜라타[35]의 자리에 미켈레토 아텐둘로[36]를 임명하여 군대를 이끌게 했다.

32) 무장을 해제하고 포로로 잡다.

33) 차르펠로네 디 산세베리노(Ciarpellone di Sanseverino)라고 불리는 안토니오 아탄돌로(Antonio Attandolo)이다.

34) 그들은 피치니노가 1440년에 공격한 피렌체 사람들을 돕기 위해 파견된 기병 부대였다.

35) 실제로 그는 2년 후인 1443년 파도바에서 죽게 된다. 1440년 1월에 뇌출혈로 고통을 받고 그는 실제 복무에서 은퇴했다.

36) (1390경~1451경). 1441년에 그는 베네치아군 최고 지휘관의 직을 받았다. 미켈레토 아탄돌로는 1년 전 앙기아리에서 당시 복무 중이었던 피렌체군의 승리를 이끈 주요 지휘관들 중 한 명이었다.

4.[37)]

봄이 왔을 때, 니콜로 피치니노는 먼저 전장에 나와 브레샤에서 12마일 떨어진 요새 치냐노(Cignano)를 포위했다. 백작이 응하러 왔고, 전쟁은 관습에 따라 이 두 장군 사이에서 이루어졌다.[38)] 백작은 베르가모를 염려하여 마르티닝고(Martiningo)[39)]에 진영을 세웠는데, 요새화된 도시인 그 지역을 취하면 베르가모를 쉽게 구할 수 있었다. 니콜로는 베르가모를 심하게 공격했고, 마르티닝고가 적을 좌절시킬 수 있는 유일한 지점임을 예견하여 모든 종류의 방어로 도시를 강화했으며, 백작은 모든 힘을 집중하여 그곳을 포위했다. 그때 니콜로는 적의 보급품을 차단하기 위해 모든 군대를 배치하고 참호와 성채로 스스로를 요새화하여 백작이 명백한 위험 부담을 지지 않고는 그를 공격할 수 없도록 했다. 사태가 이렇게 진행되자 포위하는 쪽이 포위되어 있는 쪽보다 더 큰 곤경에 빠지게 되었다. 백작은 기아 때문에 공성전을 계속할 수 없었고 위험 없이는 철수할 수도 없었다.[40)] 승리는 공작의 편이고, 백작과 베네치아인들은 완전한 패배가 기다리는 것으로 보였다. 그러나 친구를 돕고 적을 불리하게 할 수단이 결코 부족하지 않은 운명[41)]은 니콜로 피치니노에게서 승리의 희망을 통해 야망과

---

37) **피치니노가 프란체스코 백작을 심각한 상황에 빠트리지만 그의 요구가 밀라노 공작을 화나게 함, 동맹과 공작 사이의 평화 1441.**

38) 즉, 서로를 통제하고, 소규모의 성공적이지 못한 전투에서 서로 마주하는 것이다. 스포르차는 1441년 6월에야 움직였다.

39) 마르티넨고(Martinengo)로, 베르가모에서 남쪽으로 약 15km 떨어진 크레모나로 가는 길에 있다. 중심부는 1428년부터 베네치아 국가의 일부가 되었다. 스포르차는 1441년 7월 말에 그곳에 도착했다.

40) 그는 중대한 위험이 없는 한 포위 공격을 포기할 수 없었다.

41) 친구에게는 도움이 되고, 반대하는 사람에게는 불리하게 작용하는 운명의 이미지는 마키아벨리의 사고의 기저에서 나온 것이다.

오만이 자라게 했다. 그는 공작이나 자신에 대한 고려 없이 공작에게 편지를 보내, 공작의 깃발 아래서 오랫동안 싸워왔는데 자신을 묻을 만한 땅조차 아직 없는 자신의 곤궁함에 어떤 보상을 내릴지 알고 싶다고 물었다. 공작을 롬바르디아의 군주로 만들어 주고[42] 모든 적을 그의 발아래 둔 것은 자신의 힘이었기 때문이었다. 그는 자신이 확실한 승리에 맞는 확실한 보상을 받을 만하다고 생각했고, 공작이 그에게 도시 피아첸차를 주기를 바랐다.[43] 긴 원정으로 쌓인 피로를 그곳에서 휴식으로 회복하고자 했던 것이다. 결국 그는 자신의 요구에 응하지 않으면 원정을 그만두겠다고 태연하게 공작을 위협했다. 이런 오만하고 공격적인 요구방식은 공작을 분노로 몰아넣었고, 그는 니콜로에게 굴복하느니[44] 차라리 원정에서 지는 것이 낫다고 판단했다. 그렇게 많은 위험과 적들의 위협에 굴복하지 않았던 공작은 친구의 오만한 방식에 굴복하여 백작과 타협하기로 결정했다. 그는 안토니오 귀도부오노 다 토르토나(Antonio Guidobuono da Tortona)[45]를 백작에게 보내 그의 딸과 평화 조건을 제공했다. 백작과 그 동맹들은 기꺼이 그것을 받아들였다. 그들 사이에 비밀리에 맺어진 협약에 따라 공작은 니콜로에게 명령을 보내 백작과 일 년 동안 휴전을 맺으라고 하고,[46] 지출에 큰 문제가 있어서 의심스러운 승리를 위해 확실한 평화

42) 그 덕분에 비스콘티는 모든 롬바르디아의 주인이 되었을 것이다.

43) 피치니노의 것은 비스콘티가 주요 지도자들로부터 받은 엄청난 요청 중 하나였다. 루도비코 다 산세베리노는 사실 노바라와 달 베르메 토르토나를 요청했다.

44) 피치니노의 협박에 복종하는 것보다. 마키아벨리는 또 다른 중요한 이유를 생략한다. 비스콘티는 이미 많은 체납 채권자였던 용병대장들의 급여를 지불하는 데 어려움을 겪었다.

45) 당시 비스콘티 궁정의 젊지만 신뢰할 수 있는 관리였다. 귀도보니는 1451년에 그를 비밀 위원회의 장관으로 임명할 프란체스코 스포르차 밑에서 화려한 경력을 시작할 것이다.

46) '계약 조건을 결정했다'. 비앙카 마리아의 손 외에도 비스콘티는 스포르차에게 크레모나와 다른 작은 마을의 소유권을 제안했다.

를 포기할 수 없다고 말했다. 니콜로는 이 결정에 깜작 놀랐지만, 공작이 그토록 영광스러운 승리를 포기하는 이유를 헤아리지 못했으며, 공작이 친구인 자신에게 보상하지 않기 위해 그의 적들을 구할 준비를 하고 있을 것이라고는 상상도 하지 못했다. 그는 공작의 결심을 돌리기 위해 할 수 있는 모든 것을 했다. 공작은 그를 침묵시키기 위해 계속해서 자신의 뜻에 반대한다면 그와 그의 군대를 적에게 먹이로 던져주겠다고 협박했다. 그렇게 니콜로는 친구와 조국을 포기하는 심정으로 복종했다. 자신의 불운을 통감한 그는 한때는 운명이 지금은 공작이 자신에게서 승리를 앗아갔다고 한탄했다. 휴전이 맺어지고, 비앙카와 백작의 결혼식이 거행됐으며,[47] 공작은 도시 크레모나를 딸의 지참금으로 백작에게 하사했다. 이후 1441년 11월[48]에 평화조약이 맺어졌다. 조약은 프란체스코 바르바디코(Francesco Barbadico)와 파올로 트로노(Paolo Trono)가 베네치아를 대표하고, 아뇰로 아차이우올리(Agnolo Acciaiuoli)가 피렌체를 대표하여 서명했다. 그 결과 베네치아인들은 만토바 후작의 요새들인 페스키에라(Peschiera), 아솔라(Asola), 로나토(Lonato)[49]를 얻었다.

---

47) 1441년 10월 24일. 휴전은 8월 3일에 체결되었다.

48) 20일 (계약은 12월 10일에 발표될 예정이었다). 평화는 크레모나에서 체결되었지만, '디 카브리아나(di Cavriana)'로 명명되었다(스포르차가 진을 치고 있는 곳의 이름에서 따온 것으로 밀라노와 베네치아 간의 협상에서 중요한 부분이 행해진 곳이다).

49) 이 외에도 발레조(Valeggio)도 있다. 비스콘티에 의해 버려진 곤자가는 베네치아에 유리하게 가르다(Garda) 호수의 모든 진출로를 잃었고, 그것은 그 순간부터 완전히 베네치아의 것이 되었다.

5.[50)]

롬바르디아에서는 전쟁이 중단됐지만, 나폴리 왕국의 군대가 남아 있었다.[51)] 그들은 평화로울 수 없었기에 롬바르디아에서 다시 전쟁이 벌어지는 이유가 되었다. 롬바르디아에서의 전쟁이 벌어지는 동안 르네 왕은 나폴리를 제외한 그의 모든 영토를 아라곤의 알폰소에게 빼앗겼다.[52)] 알폰소가 승리를 수중에 쥐었을 때, 그는 나폴리를 포위하는 대신[53)] 백작[54)]의 영토 베네벤토와 주변의 다른 영토들을 빼앗기로 결심했다. 백작이 롬바르디아에서 전쟁에 몰두하는 사이 위험 없이 이 일을 할 수 있을 것으로 생각했던 것이다. 알폰소는 별 노력 없이 거의 모든 영토를 손에 넣었다. 그러나 롬바르디아에 평화가 회복됐다는 소식이 도달했을 때[55)] 알폰소는 백작이 자신의 도시들을 되찾기 위해 돌아와 르네 왕을 도울지 모른다고 두려워했다. 르네 역시 같은 생각을 하며 백작에게 희망을 품었고, 백작에게 친구를 구하고 적에게 복수하기 위해 와 줄 것을 요청했다. 한편, 알폰소는 필리포에게 오랜 우정을 호소하며,[56)] 백작을 바쁘게 하여 더 큰 과업들에 정

---

50) **르네와 알폰소 사이의 이탈리아 남부에서의 전쟁, 그것의 북부에의 영향 1441~1443.**

51) '전쟁은 나폴리 왕국에서 계속되었다'. 나폴리 왕국을 차지하기 위한 프로방스 왕 앙주의 르네와 아라곤의 알폰소 사이의 전쟁이 1438년 5월에 재개되었고, 르네가 나폴리에 도착했다(5권 5장 참조).

52) 아라곤의 우세한 군대에 대해 르네는 효과적인 저항을 할 수 없었다. 또한 그의 사촌인 프랑스의 샤를 8세는 여전히 영국과의 백년 전쟁에 참여하고 있었기 때문에 지원을 보내지 않았다.

53) 도시는 1441년 11월에 포위되었다. 1442년 6월에 아라곤에 의해 정복되었다.

54) 당연히 프란체스코 스포르차.

55) 1441년 12월.

56) 비스콘티와 아라곤의 알폰소 사이에 1435년 9월에 체결된 조약이 발효되었다(5권 5장 참조).

신을 팔도록 함으로써 이 일[57]에 신경 쓸 여력이 없도록 해달라고 간청했다. 필리포는 자신에게 그렇게 큰 불이익을 끼치며 얼마 전 맺었던 평화를 깨고 있다는 생각은 하지 않고 이 요청을 수락했다. 그는 에우제니오 교황에게 지금이 백작이 가져갔던 교회의 도시들[58]을 되찾을 기회라고 알렸다. 이를 위해 그는 교황에게 전쟁이 지속되는 동안[59] 니콜로 피치니노를 지휘관으로 추천하고 급여를 대신 지불하겠다고 제안했다. 니콜로는 평화가 맺어지고 나서 그의 군대와 함께 로마냐에 머물고 있었다. 에우제니오는 백작에 대한 분노와 자신의 도시들을 되찾겠다는 열망으로 이 조언을 열정적으로 수락했다. 이전에 그가 같은 희망으로 니콜로에게 속았지만, 지금은 공작이 관련되어 있으니 속임수의 여지는 없다고 생각했다. 교황은 니콜로 군대에 자신의 군대를 합류시켜 마르케를 공격하게 했다. 예상치 못한 공격에 놀란 백작은 그의 군대를 모아 적에 대항하러 갔고, 그 사이 알폰소 왕은 나폴리를 점령하여[60] 카스텔누오보(Castelnuovo)를 제외한 전 왕국을 그의 지배하에 두게 되었다. 르네는 강력한 수비대를 남겨두고 카스텔누오보를 떠나 피렌체에 왔을 때[61] 크게 환대받았다. 그는 거기서 며칠 머물다가 전쟁을 더 이상 할 수 없다는 말을 듣고 마르세유로 떠났다. 그 사이 알폰소는 카스텔누오보를 점령했다. 백작은 자신이 마르케에서 교황과 니콜로보다 약한 상태에 있다고 보고,[62] 베

---

57) 나폴리 왕국의 전쟁.

58) 안코나의 마르카와 스포르차가 점령했지만 교회에 속한 움브리아(Umbria)의 땅을 암시한다.

59) '전쟁 기간 동안'. 피치니노는 교회의 곤팔로니에레(gonfaloniere) 직함을 얻었다.

60) 1442년 6월 2일. 알폰소의 군대는 고대 지하 수로를 통해 밤에 도시에 진입할 수 있었다. 앙주의 르네는 제노바 배를 타고 나폴리를 떠났고, 살아남은 그의 군대는 누오보 성으로 후퇴했다(며칠 후 항복함).

61) 1442년 10월.

62) 특히 피치니노는 토디(Todi)와 아시시(Assisi)를 점령했다. 한편, 1442년 8월

네치아인들과 피렌체인들에게 돈과 사람을 더 보내달라고 요구했다. 그는 목숨이 남아 있는 지금 교황과 왕을 제어하는 데 주의를 기울이지 않는다면, 그들은 곧 자신들의 안전을 염려해야 할 것이라고 지적했다. 교황과 왕이 필리포 공작과 연합하여 이탈리아를 그들끼리 분열시키고 있기 때문이었다. 피렌체인들과 베네치아인들은 당분간 결정을 못하고 있었는데, 교황과 왕을 적으로 만드는 것이 자신들에게 이익일지를 판단하고 있었거나 또는 이 시기에 볼로냐인들과의 일에 전념하고 있었기 때문이다. 안니발레 벤티볼리오(Annibale Bentivoglio)는 프란체스코 피치니노를 그 도시에서 몰아냈고,[63] 프란체스코를 지지하는 공작으로부터 스스로를 지키기 위해 베네치아인들과 피렌체인들에게 도움을 그들은 거절하지 못했다. 이 일에 전념했기에 그들은 백작을 도와야 할지를 결정할 수 없었다. 그러나 안니발레가 프란체스코 피치니노를 물리치고[64] 사태가 안정되었을 때, 피렌체인들은 백작을 지원하기로 했다. 그러나 그들은 먼저 공작과의 관계를 확인해 두기 위해 그와의 동맹을 갱신했다.[65] 공작은 르네 왕이 무장했을

3일, 스포르차는 교황 에우제니오에 의해 교회 땅의 반역자이자 찬탈자로 선언되었다. 1443년 첫 달에 −스포르차가 파노에 접근하는 동안(그는 바다로 탈출할 수 있었다)− 톨렌티노, 마세라타 및 파브리아노도 피치니노와 아라곤의 군대에 의해 점령되었다.

63) 아버지로부터 볼로냐의 통치를 위임받은 니콜로의 아들 프란체스코 피치니노는 1443년 6월 6일에 도시에서 추방되었다. 볼로냐는 교황 에우제니오 4세가 떠난 직후인 1438년에 비스콘티의 영향 아래 있게 되었다. 프란체스코 피치니노의 반대자 안니발레 벤티볼리오는 1442년 10월 볼로냐에서 추방되어 파르마 지역의 한 성에 수감되었다. 그가 모험적인 탈출 이후 도시로 돌아온 것은 비스콘티 사절에 대한 볼로냐인들의 반란에 신호를 준 것이었다.

64) 1443년 8월 14일 볼로냐에서 북쪽으로 몇 킬로미터 떨어진 산 조르조 디 피아노 근처. 아니발레에게 패배한 비스콘티 군대는 달 베르메가 지휘했다. 당시 프란체스코 피치니노는 볼로냐 성벽 북쪽에 있는 갈리에라 요새에서 포위당하고 있었다.

65) 비스콘티와의 협정은 1443년 9월 24일에 피렌체와 베네치아에 의해 서명되었다. 베네치아와 피렌체의 원조를 보내는 것은 스포르차의 운명에 필수적이었다.

때[66] 백작에 대한 전쟁에 동의한 사람이 바로 자신이었기 때문에 반대하지 않았다. 그러나 르네가 힘을 잃고 왕국 전체를 잃었을 때는 백작이 나라를 빼앗기는 것이 마음에 들지 않았다. 공작은 백작을 돕는 데 동의했을 뿐만 아니라, 알폰소에게 편지를 보내 그가 왕국으로 귀환하는데 만족해야 하며 백작과의 어떤 전쟁도 더 이상 해서는 안 된다고 말했다. 알폰소는 마지못해 따르는 것이었지만, 공작에게 진 의무를 저버리지 않고 그를 만족시키기로 결정하고 자신의 군대를 이끌고 트론토[67]의 남쪽으로 철수했다.

6.[68]

로마냐에서 사태가 이렇게 흘러갈 때, 피렌체는 조용하지 못했다. 피렌체 정부의 명성 있는 시민들 중 네리 디 지노 카포니(Neri di Gino Capponi)[69]가 있었다. 코지모 데 메디치는 그 누구보다도 그의 명성을 두려워했다. 네리가 도시에서 가진 커다란 신뢰에 군대에 있을 때 얻은 신뢰가 더해졌기 때문이다. 그는 여러 차례 피렌체군을 지휘할 때 능력(virtù)과 전공(meriti)으로 신뢰를 얻었었다.[70] 이 외에도 그와 그의 아버지 지노[71] (지노는 피사를 정복했고, 네리는 니콜로 피치니노를 앙기아

---

66) 그가 적들과 싸울 수 있었을 때.

67) 나폴리 왕국과 교회 영토 사이의 경계를 표시하는 강. 알폰소는 1443년 10월 퇴각했다.

68) **네리 카포니의 명성, 그의 친구 발다초 1441~1444.**

69) 4권 2장 참조.

70) 네리 카포니는 1429년에서 1434년 사이에 10인 전쟁 위원회의 일원이자 육군 사령관으로 여러 번 복무했다. 그는 또한 1437~1441년의 전쟁 당시 거의 지속적으로 10인 위원회의 일원이었다. 카포니는 앙기아리의 위대한 승리(1440년 6월) 당시 피렌체 군대의 총사령관이었고, 일반적으로 이 도시의 주요 설계자로 간주되었다.

리에서 패배시켰다)에게서 기인한 승리의 기억들이 그를 많은 사람들에게서 사랑받게 만들었고, 그를 동료로 원하지 않는 정부의 권력자들은 두려워했다. 피렌체 군대의 많은 다른 지휘관 중에서 앙기아리의 발다초(Baldaccio)[72]는 전쟁에서 매우 뛰어난 재능을 가진 인물이었다. 이 시기 이탈리아에서 육체적으로나 정신력에서 그를 압도할 사람은 아무도 없었다. 그는 보병들 사이에서 매우 큰 명성을 지니고 있었다. 그는 언제나 보병들의 맨 앞에 있었고, 모든 사람이 자신을 따르고 자신의 명령이라면 수행할 준비가 되어 있다고 생각했다.[73] 네리는 자신이 항상 목격했던 능력 때문에 그를 사랑했고, 발다초는 네리의 절친한 친구였다. 두 사람의 우정은 다른 시민들 사이에서 굉장히 큰 의심을 불러일으키는 원인이었다. 발다초를 떠나보내는 것은 위험하고, 그대로 두는 것은 더 위험하다고 판단한 그들은 그를 제거하기로 했다.[74] 운명도 그들의 생각에 우호적이었다. 그때 정의의 곤팔로니에레인 바르톨로메오 아르란디니(Bartolomeo Orlandini)[75]는, 위에서 보았듯이, 니콜로 피치니노가 토스카나로 왔을 때 마라디를 수호하기

---

71) 1350경~1421경, 피렌체의 카포니 가문의 정치적 행운의 창시자로서 14세기 말에서 15세기 초 사이의 수십 년 동안 이 도시에서 주도적인 역할을 했다. 특히 그는(당시 피렌체 군대 사령관으로 마소 델리 알비치와 함께) 1406년 피사 정복을 책임졌다(마키아벨리는 바로 아래에서 회상한다).

72) 그는 1400년경에 태어났다. 먼저 1440년에서 1441년 사이에 여러 지휘관에게 복무하면서 자신의 민병대를 조직하고 여러 위험한 군사 행동을 취하여 움브리아와 아레초 지역의 일부 작은 마을을 스스로 통제하게 되었다. 망명자와 실직 군인을 끌어들인 그의 군대의 성장은 그를 억압하는 해결책에 의존했던 피렌체 정부를 점점 더 걱정하게 만들었으며, 이에 대해서는 이 장과 다음 장에서 논의된다.

73) 그는 그들이 모든 일에 그의 뜻을 따를 것이라고 믿었다.

74) 주어는 앞 문장의 일반적인 "다른 시민"이지만, 이 장의 심오한 논리는 발다초에 대한 "의심"이 다른 누구보다 명성이 높은 카포니에 대한 우정과 연결된다. 그의 명성은 "코지모 데 메디치가 다른 누구보다도 두려워한 것이었다."

75) 그는 1441년 9월 1일에 취임했다.

위해 파견된 사람이었다. 그는 거기서 비열하게 도망쳤고,[76] 지형지물에 의해 거의 방어되고 있던 통로를 포기했다.[77] 발다초는 그러한 비열함에 혐오감을 느꼈고, 악담과 글로써 그의 비열함을 알렸다.[78] 바르톨로메오는 이를 수치스럽게 여기면서도 매우 불쾌해했다. 그는 자신을 고발한 자가 죽으면 자신의 오명을 씻을 수 있다고 생각하여 복수를 열망했다.

7.[79]

바르톨로메오의 이러한 바람은 다른 시민들도 알고 있었다. 그래서 그들은 바르톨로메오에게 발다초를 제거하는 것이, 그로서는 자신이 입은 피해를 한 번에 복수하고 국가로서는 붙잡아 두기에는 위험하고 해고하는 것도 위험한[80] 한 사람으로부터 해방되는 일이라고 어렵지 않게 설득할 수 있었다. 바르톨로메오는 그를 죽일 생각[81]을 하고 자신의 방에 많은 젊은 병사들을 숨겨 놓았다. 발다초가 매일 행정관들과 함께 자신이 관여하는 일들을 논의하는 광장으로 들어왔을 때 정

---

76) 거의 전적으로 오를란디니의 '비겁함'의 에피소드에 전념한 5권 30장 참조. 피치니노의 군사 원정은 1440년 여름의 일이었다.

77) 『피렌체사』 5권 30장.

78) 비열함을 공개적으로 비난했다.

79) **발다초의 모살, 새로운 발리아 1444.**

80) 통제하고 안내하기 어려운 인물의 위험에 직면하면서 공화국을 위해 그를 고용하고. 1441년 8월 발다초는 피사와 루카 지역을 습격하지 말라는 경고를 반복적으로 받았다. 그러나 무엇보다도 시뇨리아는 발다초가 우르비노 공작과 같은 강하고 위험한 이웃을 섬기게 되었다는 소식을 듣고(9월 초) 그를 의심하게 되었다.

81) 9월 5일 저녁에 결정이 내려졌다. 10인 위원회에 의해 소환된 발다초는 하루 동안 피렌체에 있었다(그는 다음날 살해되었다).

의의 곤팔로니에레는 그에게 전갈을 보냈고,[82] 발다초는 아무 의심 없이 복종했다. 정의의 곤팔로니에레는 그를 만나 함께 일에 대해 이야기하면서 시뇨리의 방들 옆의 길을 따라 이리저리 걸었다. 알맞은 때가 왔다고 생각한 그는 무장한 이들을 숨긴 방 쪽으로 발다초를 이끌어 숨은 병사들에게 신호를 주었다. 그들은 달려나와 발다초가 비무장상태로 홀로 있는 것을 발견하고 죽였다. 그 다음 그들은 도가나(Dogana) 궁[83]을 마주하고 있는 창문 밖으로 그의 시체를 던졌다. 거기서부터 그를 광장으로 끌고 가서 머리를 베고, 하루 종일 인민들에게 보여주었다. 발다초에게는 몇 년 전에 아내 안나레나(Annalena)[84]가 낳은 외아들이 있었는데, 그도 오래지 않아 죽었다. 아들과 남편을 잃은 안나레나는 재혼하길 원치 않아, 집을 수녀원으로 만들고 그곳에서 많은 귀족 가문의 숙녀들과 은둔생활을 했다. 그녀는 성스럽게 살다가 최후를 맞이했다. 그녀가 만들고 이름 지은 수녀원을 통해 그녀에 대한 기억은 지금도 살아있고 영원히 지속될 것이다.[85] 이 일로 네리의 권력은 일부 손상됐고, 영향력과 지지자들이 이탈했다.[86] 그러나 정권을 쥔 시민들에게는 이것으로 충분하지 않았다. 그들의 정권이 시작[87]된 지 이미 10년이 지났고, 발리아의 권력이 끝났던[88] 것이다. 많은 이들이 필요 이상으로 호기있게 말하고 행동했기 때문에,

---

82) 그를 궁으로 불렀다.

83) [영역주] 세관건물이었다.

84) 안나레나 말라테스타는 1438년 2월에 결혼했다.

85) 수도원은 19세기 초에도 여전히 존재했다.

86) 1440년대에 네리 카포니는 확실히 코지모의 정치와 관련이 있었다(그는 1444년 메디치 권력을 재확인한 발리아의 한 구성원이었다). 그러나 우리는 카포니와 코지모 사이에 노골적인 적대감이 있었다고 생각해서는 안 된다

87) 1434년.

88) 1434년의 공직선출 후 다른 하나가 1439년에 이루어졌으며, 5년 유효 기간은 1444년에 만료되었다. 새로운 발리아(마키아벨리가 아래에 설명하는 조항 포함)는 1444년 5월에 설립되었다.

국가의 지도자들은 권력을 유지하기 위해 자신들의 지지자들에게 더 많은 권한을 주고 적은 억누름으로써 재집권하고자 했다. 이 때문에 1444년 그들은 평의회를 통해 새로운 발리아를 만들었고,[89] 이 발리아는 공직을 재건하고 소수에게 시뇨리아를 구성할 권한을 주었다. 개혁을 위한 부서를 혁신하면서 필리포 페루치(Filippo Peruzzi)[90]를 해임하고 권력자들의 뜻에 순응하는 사람으로 교체했다. 발리아는 망명자들의 추방 기간을 연장했고, 조반니 디 시모네 베스푸치(Giovanni di Simone Vespucci)를 감옥에 가두었으며, 적국의 협력자들에게서 공직을 빼앗았다.[91] 그들 중에는 피에로 바론첼리(Piero Baroncelli)의 아들들, 모든 세랄리(Serragli) 가문 사람들, 바르톨로메오 포르티니(Bartolomeo Fortini), 프란체스코 카스텔라니(Francesco Castellani), 그 외의 많은 다른 사람들이 있었다. 이런 식으로 그들은 권력과 영향력을 행사했으며, 적들과 그들이 불신하는 자들의 자신감을 제압했다.

8.[92]

그렇게 다시 권력을 장악한 정부는 국외의 일들로 관심을 돌렸다. 니콜로 피치니노는 위에서 보았듯이 알폰소 왕에게 버림받았고,[93] 백작은 피렌체인들의 도움으로 힘을 회복했다. 백작은 페르모(Fermo) 근

89) 콜레기와 정권에 충성하는 250인 평의회로 구성됨. 선거 문제에 개입하는 것 외에도 발리아는 재정 분야에서 개혁의 임무를 받았다.

90) 필리포 디 우골리노 페루치. 비록 『피렌체사』에서는 여기에서만 언급되고 있지만, 인본주의자인 그는 특히 1429년의 개혁 공증인으로서 중요한 인물이었다.

91) [영역주] 5권 4장 참조.

92) **필리포가 니콜로 피치니노를 속임, 피치니노의 죽음 1445.**

93) 1443년 10월의 일. 6권 5장 참조.

처에서 니콜로를 공격하고 몰아붙여 패퇴시켰다.[94] 니콜로는 군대를 거의 다 잃고 일부 패잔병과 함께 몬테키오(Montecchio)로 피신했다. 그는 거기서 요새를 쌓고 잘 방어하여 짧은 시간 안에 그의 모든 군대가 돌아와 백작으로부터 자신을 충분히 방어할 수 있는 정도의 규모가 되었다. 특히 겨울이 이미 다가와서 양 진영의 장군들은 부하들을 병영으로 보낼 수밖에 없었다. 니콜로는 겨우내[95] 교황과 알폰소 왕의 도움으로 병력을 확대하는 데 열중했다. 봄이 와서 두 장군이 전장에 나섰을 때, 처음에는 니콜로가 우세하여 백작을 극단으로까지 몰고 갔다.[96] 공작이 니콜로의 계획을 망치지 않았다면 백작은 패배했을 것이다. 필리포는 니콜로에게 전갈을 보내 빨리 그에게 오기를 청하며,[97] 매우 중요한 문제들에 대해 직접 그와 이야기해야 한다고 했다. 니콜로는 그의 이야기를 무척 듣고 싶어 했기에 불확실한 이익을 좇아 확실한 승리를 포기했다. 그는 아들 프란체스코를 군대의 맨 앞에 남겨두고 밀라노로 떠났다. 백작은 이를 듣고 니콜로가 부재할 때 싸울 기회를 놓치지 않았다. 전투가 요새 도시인 몬테 로로(Monte Loro) 부근에서 벌어졌을 때, 그는 니콜로의 군대를 패퇴시키고[98] 프란체스코를 사로잡았다. 밀라노에 도착했을 때, 니콜로는 필리포에게 속았음을 알게 됐다. 아들이 패하여 포로로 잡혔다는 소식을 듣고 그는 비탄에 빠져 1445년 64세의 나이로 죽었다.[99] 그는 운이 좋은 장

---

94) 피치니노가 거주했던 페사로 서쪽의 몬테로로(Monteloro). 스포르차는 그를 공격하여 1443년 11월 8일 승리했다.

95) 1443년에서 1444년의 겨울을 다 보냈다.

96) '경계까지 몰렸다'. 실제로 1444년 첫 몇 달 동안 스포르차의 전반적인 상태는 개선되었고, 피치니노(몬테 밀로네에서 실제로 스포르차의 지도자 차펠로네[Ciarpellone]에게 패배한)의 공격은 거의 도움이 되지 않았다.

97) 필리포 마리아 비스콘티는 피치니노를 밀라노로 1444년 8월에 불러들였다.

98) 전투는 1444년 8월 16일 몬톨모(Montolmo) (현재의 코리도니아[Corridonia], 마체라타[Macerata] 근처)에서 벌어졌다. 그가 1년 전에 싸웠던 몬테로로는 아니다.

군이라기보다는 능력이 뛰어난 장군이었다. 그의 아들들인 프란체스코와 야코포는 아버지보다 능력은 덜하고 불운은 더했다. 브라초 파당의 군대는 거의 전멸하여 빛이 바랬고 스포르차의 군대는 항상 행운의 도움을 받아 더 밝게 빛났다. 교황은 니콜로의 군대가 패하고 그의 죽음을 보자, 아라곤[100]에 큰 도움을 기대하지 않고 백작과의 평화[101]를 추구했다. 이는 피렌체인들의 개입으로 성사되었고,[102] 마르케의 도시들 중 오시모(Osimo), 파브리노(Fabrino), 리카나티(Ricanati)는 다시 교황의 차지가 되었고, 나머지는 모두 백작의 지배하에 남았다.

9.[103]

마르케에 평화가 찾아왔을 때, 볼로냐인들에 의해 방해받지 않았다면 모든 이탈리아는 평화로웠을 것이다. 볼로냐에는 매우 강한 두 가문인 칸네스키(Canneschi)[104] 가문과 벤티볼리 (Bentivogli)가문이 있었다. 벤티볼리 가문의 수장은 안니발레(Annibale),[105] 칸네스키 가문의 수장은 바티스타(Batista)[106]였다. 서로 더 나은 관계를 유지하기 위해

---

99) 실제로는 1444년 10월 15일(혹은 16일).

100) 아라곤의 알폰소.

101) 그러나 교황 에우제니오 4세와 스포르차 사이의 첫 번째 평화 협상은 1444년 초에 이미 시작되었다.

102) 페루자에서 9월 30일에 일어남.

103) **볼로냐의 내전 1445.**

104) 카네톨리(Canetoli). 카네톨리와 벤티볼리의 경쟁은 우여곡절이 있었지만 30년 동안 지속되었다.

105) 안니발레(1413~1445)는 1443년 도시로 돌아와 프란체스코 피치니노를 추방한 후 볼로냐에서 중요한 역할을 맡게 되었다.

106) 바티스타(1390이전~1445)는 안니발레 벤티볼리가 추진한 정당 간의 평화 정책 덕분에 1443년 망명에서 도시로 돌아왔다. 카네톨리는 볼로냐에서 벤티볼리와의 힘의 균형을 원하는 밀라노 공작의 지원을 즐겼다.

그들은 결혼동맹을 맺었다.[107] 같은 위대함을 바라는 이들 사이는 우정보다는 결혼을 맺기가 더 쉽다. 볼로냐는 피렌체인들 및 베네치아인들과 동맹을 맺고 있었는데, 이는 볼로냐인들이 프란체스코 피치니노를 몰아내고 나서 안니발레 벤티볼리오가 추진한 일이었다. 공작이 볼로냐를 자신의 편으로 만들기를 얼마나 바라는지를 알게 된 바티스타는 그에게 안니발레를 죽이고 도시를 공작의 지배하에 둘 것을 제안했다. 1445년 6월 24일 계획을 실행하기로 합의한 바티스타는 자신의 사람들을 이끌고 가서 안니발레를 공격하여 죽였다.[108] 그 후 그는 공작의 이름을 외치며 도시를 행진했다.[109] 베네치아와 피렌체 대표들은 볼로냐에 있었는데, 소란을 듣자 그들의 집으로 물러났다가 인민들이 이 살해자들에 호의를 가지고 있지 않고 대신 무기를 든 수많은 사람들이 광장에 모여 안니발레의 죽음을 애통해하는 것을 보고, 용기를 내어 자신의 사람들과 함께[110] 합류했다. 그들은 전열을 갖추어 칸네스키 가문의 사람들을 공격했고, 단시간에 그들을 제압했다. 몇몇은 죽였고 몇몇은 도시 밖으로 내몰았다. 도망칠 시간이 없었던 바티스타는 자신의 집 안에 있는 곡물 저장고 안으로 숨어들었다. 사람들이 하루종일 그를 찾다가 도시를 떠나지 않았다는 것을 알고서, 그의 하인들에게 그가 어디 있는지 말하도록 위협했다. 그중 한 명이 두려움에 그가 어디 있는지를 말했고, 바티스타는 여전히 무장한 채로 숨어 있던 곳에서 끌려 나와 죽임을 당했다. 그리고 시체가 도시 안에서 끌려다니다가 불태워졌다. 공작의 권위는 바티스타로 하

---

107) 안니발레 벤티볼리는 가스파레 카네톨리(가문의 가장 중 한 명)와 여동생 코스탄자(Costanza)의 결혼을 약속했다.

108) 안니발레는 종교 의식이 끝난 후 살해당했다. 음모는 발다사레(Baldassarre) 또는 베토초(Bettozzo)와 루도비코 카네톨리(Ludovico Canetoli)에 의해 조직되었다.

109) 그는 시민들에게 비스콘티에 찬성하여 움직이라고 외치며 도시를 누볐다.

110) 그들 수하의 소수의 병사들과 함께.

여금 그러한 시도를 하도록 하기에는 충분했지만, 공작의 힘으로 그를 구하기에는 시간이 모자랐다.[111]

10.[112]

바티스타의 죽음과 칸네스키 가문의 도주로 소동이 가라앉았지만 볼로냐는 여전히 혼란에 빠져 있었다. 안니발레가 조반니라는 6살의 독자[113]만 남겼기에 도시를 지배할 만한 벤티볼리 가문의 인물이 없었던 것이다. 벤티볼리의 지지자들 사이에서 분열이 발생하여 칸네스키 가문의 복귀를 허용하여 조국과 그들 파당[114]의 몰락으로 이어질 수 있다는 우려가 팽배했다. 그들의 마음에 불확실성이 있을 때, 포피의 백작이었지만 볼로냐에 머물고 있었던 프란체스코[115]가 도시의 지도자들에게 안니발레의 혈연 중 한 명이 볼로냐를 지배해야 한다면, 그들에게 소개할 사람이 있다고 알렸다. 그는 약 20년 전에 안니발레의 사촌 중 한 명인 에르쿨레(Ercule)[116]가 포피에 있었는데, 그가 그

111) 탈리아노 푸르라노(Taliano Furlano)와 루이지 디 산 세베리노(Luigi di San Severino)가 지휘하는 공작의 군대가 개입했지만, 너무 늦게 볼로냐 지역에 개입하여 페르시체토(Persiceto)의 카스텔프랑코(Castelfranco)와 산 조반니(San Giovanni)를 점령하는 것에 머물렀다. 따라서 마키아벨리는 밀라노 공작이 음모의 공동 책임자임을 지적한다.

112) **볼로냐인들이 피렌체에서 벤티볼리오 가문의 서자를 발견함 1445.**

113) 그는 1443년 2월 15일에 태어나 두 살이었다. 그는 1466년부터 1506년까지 볼로냐의 영주가 될 것이다. 『군주론』 19장에서 인민의 호의가 중요함을 이야기하는 에피소드에서 조반니는 갓난아이로 이야기 된다.

114) '벤티볼리 파당'. 특히 마레스코티(Marescotti), 말베치(Malvezzi) 및 페폴리(Pepoli) 가문.

115) 이전 책에서 여러 번 언급된 프란체스코 귀디 다 바티폴레(Francesco Guidi da Battifolle)(특히 5권 31장 참조). 귀디 백작은 1440년 피렌체에 의해 그의 영지에서 추방되었다.

116) 에르콜레 벤티볼리(Ercole Bentivogli)로 그는 1420년대 초 용병 직업을 택

도시의 한 소녀[117]와 교제했고, 그녀가 산티(Santi)라는 이름의 한 아이를 낳았으며, 에르쿨레가 여러 차례 그 아이가 자신의 아들임을 인정했다고 말했다. 그도 이를 부정할 수 없을 것 같았는데, 에르쿨레를 아는 사람이 젊은이를 보면 누구나 둘이 아주 닮았다고 말했기 때문이다. 시민들은 이 이야기를 믿었고, 지체하지 않고 피렌체에 사람을 보내 소년을 확인하고 코지모와 네리[118]의 동의를 얻어 데려갔다. 산티의 아버지라고 하는 사람은 죽었고, 젊은이는 안토니오 다 카세제(Antonio da Cascese)라는 삼촌과 함께 살고 있었는데, 그는 부자였고 자식이 없었으며 네리의 친구였다. 이 일에 대해 제안받았을 때, 네리는 산티에게 서둘러 수락하거나 거절하지 말고 코지모와 함께 볼로냐의 사신들과 이야기해 보라고 조언했다. 그들은 함께 만났고, 산티는 볼로냐인들에 의해 예우를 받았을 뿐만 아니라 거의 존경을 받았다. 그들의 정신 속에는 그토록 벤티볼리에 대한 사랑이 강했다. 코지모가 산티를 옆으로 불러 그에게 다음과 같이 이야기할 때만 해도 아직 아무것도 결정되지 않았다. "이 경우 아무도 너에게 조언할 수 없고, 너는 너의 영혼이 이끌고 가는 길로 가야 한다. 네가 에르쿨레 벤티볼리의 아들이라면 너는 가문과 네 아버지의 훌륭한 사업을 맡아야 할 것이다. 네가 아뇰로 다 카세제의 아들이라면 너는 피렌체에 남아 너의 삶을 양모무역[119]으로 초라하게 소비해야 할 것이다." 이 말이 젊은이의 마음을 움직였다. 처음에는 거의 그러한 결정을 거절하려고

하여 피렌체에서 복무했다. 자고나라(Zagonara) 전투에서 전사했다(1424년).

117) 그녀는 안젤로 다 카세제(Angelo da Cascese)의 아내였다. 산테(Sante)는 1424년에 태어났다.

118) 네리 카포니. 산테를 그의 보호 아래 둔 카포니는 어린 벤티볼리를 볼로냐로 데려오는 작전을 조직하는 데 중요한 역할을 했다. 피렌체 정치인은 볼로냐를 피렌체와 반 밀라노 동맹의 궤도에 더 확고하게 끌어들일 기회로 보았다.

119) 어린 산테는 피렌체 상인 누치오 솔로메이(Nuccio Solosmei) 옆에서 양모 길드의 수습부터 시작했다.

했지만, 그는 코지모와 네리가 결정하는 모든 것을 따르기로 했다고 말했다. 볼로냐의 사신들과 합의에 이르러 산티는 의복과 말들과 하인들에 의해 치장되었고, 그 후 곧 많은 사람들의 호위를 받으며 볼로냐로 갔다. 거기서 그는 안니발레 아들의 보호자가 되고 도시의 지배자가 되었다.[120] 그는 매우 사려 깊게 행동하여 그의 조상들이 적들에 의해 죽임당해 왔던 그곳에서 평화로운 삶을 살았고, 죽고 나서 굉장히 영광스럽게 추앙받았다.[121]

11.[122]

니콜로 피치니노가 죽고 마르케에 평화가 찾아 온 후에 필리포[123]는 자신의 군대를 지휘할 장군을 가지길 원했고, 프란체스코 백작의 지휘관 중 하나인 차르펠로네(Ciarpellone)와[124] 은밀하게 협상했다. 그들 사이에 협약이 이루어지자, 차르펠로네는 백작에게 최근의 전쟁에서 필리포가 자신에게 넘겨준 몇몇 요새들을 소유할 수 있도록 밀라노행을 허락해달라고 요청했다. 무엇이 진실[125]인지 의심한 백작은 공작이 자신을 공격할 도구로 차르펠로네를 이용하는 것을 막기 위해 차르펠로네를 우선 체포했고, 조금 후에 자신에 대한 음모를 꾸미고

120) '작은 조반니의 후견인으로 임명되었다'. 산테는 1446년 11월 13일 볼로냐에 도착했다.

121) 산테는 대단한 정치적 기량을 보였다. 그는 완전히 평화로운 도시를 남겨놓고 세상을 떠났다(1463년 10월 1일).

122) **롬바르디아에서 계속된 전쟁들 1446.**

123) 밀라노 공작.

124) 안토니오 아텐돌로 다 산세베리노(Antonio Attaendolo Sanseverino). 스포르차의 "주요 지휘관들 중의 1명"이며, 6권 3장에 이야기되었고 6권 8장에도 보인다.

125) 차르펠로네의 진짜 의도.

있다는 이유를 들어[126] 그를 죽였다.[127] 필리포는 이에 매우 실망하고 분노했다. 이 사건은 피렌체인들과 베네치아인들에게는 기쁜 소식이었는데, 그들은 백작과 필리포의 무기가 합쳐지는 것을 두려워했기 때문이다. 필리포의 분노는 마르케에서 새로운 전쟁이 일어나는 원인이 되었다. 리미니(Rimini)의 군주 지스몬도 말라테스티(Gismondo Malatesti)[128]는 백작의 사위였는데 페자로(Pesaro)의 군주가 되길 원했다. 그러나 백작이 그곳을 점령하고 동생 알레산드로(Alessandro)에게 주었다.[129] 이에 지스몬도는 매우 분개했다. 이 분노에 그의 적이었던 페데리코 다 몬테펠트로(Federico da Montefeltro)가 백작의 도움으로 우르비노(Urbino)의 군주가 된 사실이 더해졌다.[130] 결국 지스몬도는 공작 편으로 넘어가서 교황과 나폴리 왕[131]에게 백작에 대한 전쟁을 벌이도록 촉구했다. 지스몬도가 바라는 전쟁의 첫 과실을 느끼도록 하기 위해 백작은 그를 제압하기로 하고 일거에 공격했다. 로마냐와 마르케는 급속히 다시 혼돈으로 가득 차게 되었다. 필리포, 나폴리 왕, 교황은 지스몬도를 지원하기 위해 대군을 보냈고, 피렌체와 베네치아는 백작에게 군대는 아니더라도 자금을 제공했기 때문이다.[132] 크레모나(Cremona)와 폰트레몰리(Pontremoli)[133]를 백작으로부터 빼앗

126) 그는 차르펠로네가 그를 지연시키려고 한다는 것을 발견했다고 말했다.

127) 차르펠로네는 1444년 11월 29일 페르모에서 교수형을 당했다.

128) 1429년부터 리미니, 파노, 세니갈리아의 영주인 시지스몬도 말라테스타(Sigismondo Malatesta). 1441년과 1449년 사이에 그는 프란체스코 스포르차의 딸인 폴리세나(Polissena)와 결혼했다.

129) 스포르차는 시지스몬도의 사촌인 갈레아초 말라테스타로부터 페사로를 구입했다.

130) 1444년 동생 오단토니오의 뒤를 이어.

131) 아라곤의 알폰소 5세.

132) 사실은 1445년 여름으로 거슬러 올라간다.

133) 두 도시는 1441년의 지참금 계약에 따라 스포르차에 속했다. 프란체스코 피치니노와 루이지 달 베르케가 지휘하는 비스콘티의 군대는 1446년 4월에 공격을 받았다.

으려 했던 필리포에게 로마냐에서의 전쟁으로는 충분치 않았다. 그러나 폰트레몰리는 피렌체가 크레모나는 베네치아가 방어하고 있었기에, 전쟁은 다시 롬바르디아에서 일어났다. 크레모나 지역에서 몇몇 소요가 벌어진 후 공작의 장군이었던 프란체스코 피치니노가 미켈레토가 이끄는 베네치아 군에 의해 카살레(Casale)에서 패배했다.[134] 이 승리를 통해 베네치아는 공작의 영토를 빼앗을 희망을 품었고, 대리인들(Commissari)을 크레모나에 보냈다. 그들은 기아라다다(Ghiaradadda)[135]를 공격하여 크레마(Crema)를 제외한 전 지역을 정복했고, 이후 아다(Adda)를 건너 밀라노까지 급습했다. 공작은 알폰소에 기대어 도움을 요청하며, 롬바르디아가 베네치아의 손에 들어가면 나폴리 영토도 위험에 빠진다고 지적했다. 알폰소는 그를 돕겠다고 약속했지만, 백작의 허가 없이는 매우 힘들게 진행할 수밖에 없는 일이었다.

12.[136]

필리포는 백작에게 이미 늙고 눈먼 그의 장인[137]을 버리지 말라고 부탁했다. 백작은 한편으로 공작이 자신을 상대로 전쟁을 시작한 것에 대해 여전히 분노했고, 또 한편으로 베네치아의 강성함이 그를 불편하게 했다. 이미 그는 자금이 부족했고 동맹의 자금 공급도 부족했는데, 피렌체가 더 이상 백작을 가치 있게 만들었던 공작을 두려워하지 않았기 때문이다.[138] 베네치아도 백작의 몰락을 바랐는데, 백작

---

134) 1446년 9월 카살마조레 근처. 미켈레 아탄돌로에 대해서는 4권 25장 참조.

135) 세리오(Serio)와 아다(Adda) 사이의 지역.

136) **프란체스코 백작이 배신자 취급을 받고 공작을 위해 베네치아를 버리다 1446.**

137) 비스콘티는 54세였다.

외에는 아무도 롬바르디아의 영토를 자신들로부터 빼앗을 수 없다고 보았기 때문이다. 그럼에도 필리포는 백작과 계약을 맺으려고 시도하면서, 그가 베네치아인들을 떠나고 마르케를 교황에게 돌려준다는 조건으로 자신의 군대의 지휘권을[139] 주겠다고 제한했다. 베네치아도 그에게 사절을 보내 만약 받고자 한다면 밀라노를 주겠다고 약속하면서, 그가 마르케에서 전쟁을 계속하여 롬바르디아로 오는 알폰소의 원조를 막아준다면 베네치아 군대의 영원한 지휘권[140]을 주겠다고 말했다. 베네치아의 약속들은 컸고, 대가는 훨씬 컸다. 그들은 백작을 위해 크레모나를 보호하기 위한 전쟁을 시작했다. 반면에 공작이 저지른 잘못들은 최근의 것이었고, 그의 약속들은 미약하고 신뢰할 수 없었다. 그럼에도 백작은 어느 편을 택해야 할지 확신이 서지 않았다. 한편으로 동맹에 대한 의무, 자신이 한 서약,[141] 최근의 보상들, 미래에 대한 약속이 그를 움직였다. 다른 한편 사위를 향한 장인의 탄원, 그리고 무엇보다 베네치아의 거대한 약속 뒤에 숨어있을지 모를 독소들에 대한 두려움이 있었다. 그는 약속들에 관하여, 베네치아가 정복하자마자 자신이 그들의 손아귀에 놓일 것이라고 보았다.[142] 그리고 어떤 현명한 군주도 부득이한 경우를 제외하고는 그러한 상황에 놓이고자 하지를 않을 것이었다. 백작이 쉽게 결정하지 못하는 어려움을 베네치아의 야망이 해결해 주었다. 그들은 크레모나에 있는 일부 사람들과 비밀리에 어떤 합의[143]에 도달하여 그 도시를 장악하기를 희

---

138) 피렌체 사람들이 스포르차와 우정을 추구하게 만들었던 비스콘티에 대한 두려움이 사라졌다.

139) 모든 밀라노 군대의 단일 명령권.

140) '지휘관의 평생 직위'. 베네치아는 파스콸레 말피에로를 스포르차의 대사로 보냈다.

141) 베네치아에 용병으로 봉사하기로 한 약속.

142) 우유부단한 마음으로 스포르차는 1446~1447년 겨우내 비스콘티 및 베네치아와 협상을 계속했다.

망하고 그들의 군대를 그 도시에 접근시킬 구실을 찾고 있었다. 그러나 이 음모가 백작의 호위군에 의해 발견되었고, 베네치아의 계획이 헛되이 끝나[144] 크레모나를 얻을 수 없었을 뿐 아니라, 백작을 잃었다.[145] 그는 망설이지 않고 공작의 편에 섰다.[146]

13.[147]

에우제니오 교황이 별세하고,[148] 그 자리를 니콜라오 5세[149]가 계승했다. 백작이 이미 코티뇰라(Cotignola)[150]에 있는 그의 전 군대를 롬바르디아로 움직일 준비를 할 때, 필리포가 사망했다는 소식이 도착했다. 1447년 8월 말의 일이다.[151] 이 소식으로 백작은 불안에 휩싸였다. 그의 군대에 급여가 체납되고 있어서 질서가 무너질 것 같았던

143) 베네치아에 문을 열려는 크레모나 시민들과의 협정. 베네치아의 행정관인 게라르도 단돌로(Gerardo Dandolo)는 크레모나의 교황당의 지도자들과 협정을 맺었다.

144) 크레모나를 기습으로 점령하려는 베네치아의 시도는 1447년 3월 3일로 거슬러 올라간다. 크레모나 시장인 폴키노 아텐돌로(Folchino Attendolo)가 미켈레 아텐돌로가 지휘하는 베네치아 군대를 격퇴함으로써 이를 저지했다.

145) 베네치아의 외교 정책에 대한 일반적인 마키아벨리의 부정적인 판단은 여기 교차대구법에 응축된 아이러니에서 효과적으로 표현되고 있다.

146) '어떤 망설임도 없었다.' 스포르차의 중대한 결정은 마키아벨리(역사에서 항상 인과 관계의 즉각성을 강조함)가 나타내는 것처럼 신속하지 않았다. 비스콘티와의 협상은 앞으로 몇 달 동안 계속되었다.

147) **필리포 공작의 죽음, 프란체스코 백작이 밀라노의 사령관이 됨 1447.**

148) 1447년 2월에.

149) 세속명은 토마소 파렌투첼리(Tommaso Parentucelli). 그는 1447년 3월에 교황으로 선출되었다.

150) 파엔자(Faenza) 북쪽의 라벤나(Ravenna) 근처 도시. 스포르차는 8월 18일에 그곳에 도착했다. 9일에 그는 롬바르디아에 군사적으로 개입하기 위해 페사로를 떠났다.

151) 비스콘티는 8월 13일 죽었다.

것이다. 그는 또한 베네치아를 두려워했다. 그들은 무장[152]한 그의 적이었고, 최근에는 백작이 그들을 떠나 공작과 동맹을 맺기도 했기 때문이다. 그는 또한 자신의 영원한 적인 알폰소를 두려워했다. 교황이나 피렌체에도 희망을 갖지 않았는데, 피렌체인들은 베네치아와 동맹을 맺었기 때문이고, 교황에 대해서는 백작이 교회의 몇몇 도시들[153]을 정복했기 때문이다. 그럼에도 그는 운명과 대면하고[154] 일의 추이에 따라 계획을 세우기로 결심했다.[155] 흔히 사람이 행동할 때 그 계획들이 드러나지만,[156] 가만히 있을 때는 그것은 항상 숨겨져[157] 있기 때문이다. 그가 믿었던 무기는 밀라노인들이 베네치아인들의 야망으로부터 스스로를 보호하려면 그들이 의지할 유일한 인물이 자신이라는 것이었다. 그렇게 용기를 가지고 그는 볼로냐의 영토로 진격하여 모데나(Modena)와 레조(Reggio)를 지나 엔차(Enza) 강[158]에 머무르면서 밀라노에 자신의 봉사를 제안했다.[159] 공작이 죽자 밀라노인들의 일부는 자유롭게 살기를 원했고, 일부는 군주제 아래서 살기를 바랐다. 군주제를 원하는 사람들 중에 백작을 선호하는 사람들도 있었고, 알폰소 왕을 원하는 사람들도 있었다. 자유를 사랑하는 이들이 더 통일되었기에 그들은 우위를 유지하다가 자신들에게 맞는 공화국[160]을 세웠다. 밀라노 공작이 다스리던 많은 도시들은 공화국을

152) '그들은 이미 시골에 군대를 가지고 있었기 때문에.'
153) 3년 전 페루자의 평화를 통해 인정된 마르카의 영토들.
154) '운명을 마주하다'. 4권 7장과 6권 26장에서 볼 수 있듯이 마키아벨리에게서 자주 등장하는 동일한 이미지이다(『로마사 논고』 3권 31장, 『만드라골라』 4막 1장 등).
155) 그때그때 발생하는 사건에 따라 적당한 결정을 내린다.
156) 그 정치적인 의도가 드러난다.
157) 행동을 피하는.
158) 레조와 파르마 사이에 있는 강.
159) 그는 밀라노에 대사를 파견하여 용병대장으로서의 가능성을 제공했다.
160) 8월 14일 비스콘티가 사망한 지 몇 시간 만에 인민의 열화 속에 도시의 자

따르지 않았는데, 자신들도 밀라노처럼 자유를 누릴 권리가 있다고 판단했기 때문이다.[161] 자유를 열망하지 않은 도시들도 밀라노의 패권을 인정하지 않으려 했다. 그렇게 로디(Lodi)와 피아첸차(Piacenza)는 베네치아에 복종했고, 파비아(Pavia)와 파르마(Parma)는 자유를 얻었다. 이 혼란에 대해 들은 백작은 크레모나로 갔고, 그의 대리인들과 밀라노의 대리인들이 만나서,[162] 백작이 최근 필리포와 합의했던 조건 아래 밀라노 군대의 지휘관이 된다는 협정을 체결했다. 이 조건에 따라 브레샤는 백작에게 속하고, 차후에 그가 베로나를 얻으면 베로나는 갖고 브레샤는 돌려주기로 했다.

14.[163]

니콜라오 교황은 직책을 받은 후 공작이 죽기 전 이탈리아의 지배자들 사이에 평화를 가져오려고 노력했다. 이를 위해 그는 피렌체에서 자신의 취임식에 보낸 사절[164]과 함께 페라라에서 총회를 개최했

유라는 고대 원칙에 기반한 암브로시아 공화국이 탄생했다. 같은 날 임시 정부(24명의 자유의 장관[capitani di libertà]으로 구성된 위원회)가 임명되어 공화국의 전반적인 제도적 설계를 진행했다.

161) 비스콘티 자치령의 도시 중 코모(Como), 노바라(Novara) 및 알레산드리아(Alessandria)만이 새로운 공화국의 권위를 인정한 반면, 다른 도시는 밀라노로부터의 독립을 선언했다.

162) 몇몇 밀라노 대사(쟈코모 트리불지오[Giacomo Trivulzio] 포함)가 에밀리아에서 그를 만나 공화국 군대의 지휘 및 브레샤의 개인적 소유를 제안했다(또는 베로나를 정복한 후 개인 소유를 제안했다. 마키아벨리가 장의 끝에서 명시한 대로). 그가 8월 24일에 입성한 크레모나에서 스포르차는 루이지 보시와 피에트로 코타와 함께 전권대표로서 협정을 체결하고 협정의 각 장에 서명할 수 있었다.

163) **페라라에서 평의회가 평화를 계획함, 밀라노 공작의 죽음으로 베네치아가 그것을 거부함 1447.**

164) 피렌체는 새로 선출된 교황에게 경의를 표하기 위해 6명의 대사를 보냈다.

고, 여기서 장기간의 휴전이나 확고한 평화를 마련하기로 했다. 교황의 사절, 베네치아, 밀라노 공작, 피렌체의 사절들이 그 도시에서 만났으나,[165] 알폰소 왕의 대리인은 참석하지 않았다. 알폰소는 많은 수의 보병 및 기병을 이끌고 티볼리(Tivoli)에 있으면서 밀라노 공작을 후원했다. 왕과 공작이 백작을 자신들 쪽으로 끌어들였기 때문에, 그들은 피렌체와 베네치아를 공개적으로 공격하고, 백작의 군대가 롬바르디아로 오는 것이 지체되는 동안만 페라라에서의 평화 협상을 유지하려는 의도를 가진 것으로 보였다. 왕은 공작이 동의하는 것은 무엇이든지 재가할 것이라고 주장하며 그곳에 아무도 보내지 않았다. 여러 날 동안 평화협상이 진행되었고, 많은 논의 끝[166]에 영원한 평화 혹은 5년간의 휴전으로 결론이 났다. 밀라노 공작은 둘 중 어느 것이든 마음에 들어 했을 것이다. 그러나 공작의 대리인들이 그의 의지를 알아보기 위해 밀라노로 갔을 때, 이미 죽어 있었다. 밀라노인들은 그의 죽음에도 협약이 이행되기를 바랐으나 베네치아는 그렇지 않았다. 그들은 로디와 피아첸차가 공작의 죽음 이후 곧바로 자신들에게 복종하는 것을 보자,[167] 밀라노를 정복하려는 원대한 꿈을 갖게 되었다. 그들은 무력으로 혹은 협약을 통해 밀라노의 모든 영토를 단시간에 정복하고 제압하여 어떤 누구의 지원이든 도착하기 전에 항복을 받아낼 수 있을 것이라고 기대했다. 피렌체가 알폰소 왕과의 전쟁에 뛰어들자[168] 그들은 더 확신을 갖게 되었다.

그중에는 피에로 디 코지모 데 '메디치(Piero di Cosimo de 'Medici), 네리 카포니(Neri Capponi), 쟈노초 마네티(Giannozzo Manetti) 및 안젤로 아차이우올리(Angelo Acciaiuoli)가 있었다.

165) 니콜라오 5세는 모리넨제(Morinense) 추기경(조반니 레쥬네[Giovanni Lejeune], 테루안네[Therouanne]의 주교)을 페라라로 보냈다(1447년 여름).

166) 협상은 6월과 8월 사이에 지속됨(비스콘티가 사망했을 때).

167) 미켈레토 아텐돌로의 군대는 이미 8월 16일에 로디에 진입했다. 4일 후 피아첸차는 베네치아 사령관 게라르도 단돌로에게 항복했다.

15.[169]

알폰소 왕은 티볼리에 있으면서 필리포와 함께 결정했던 토스카나로의 원정을 개시하고자 했는데, 롬바르디아에서 이미 시작된 전쟁이 그에게 시간과 기회를 벌어주어 공개적으로 움직이기 전에 피렌체 영토에서 입지를 확보할 수 있을 것이라고 생각했다. 그는 발다르노(Vadarno) 계곡 상부에 위치한 체니나(Cennina)의 수비대와 비밀 협정을 체결하여[170] 그 요새를 접수했다. 피렌체인들은 이 예상치 못한 사건에 놀랐다. 왕이 그들에게 진격하여 도시를 파멸시키려 하는 것을 보고, 군대를 고용하고[171] 10인 위원회[172]를 만들어 관례에 따라 전쟁을 준비했다. 왕은 군대를 이끌고 시에나 영토 부근에 도착하여 그의 바람에 따라 이 도시를 자신의 편으로 만들 모든 노력을 하고 있었다. 그러나 그곳의 시민들은 피렌체와의 동맹에 충실했고, 시에나나 그 어떤 주변 도시도 왕을 영접하지 않았다. 그들은 그에게 물자는 공급했는데, 이는 그들의 약함과 적들의 강함[173]을 감안할 때 용서받을 만한 일이었다. 왕은 처음 계획한 대로 발다르노를 통해 토스카나로 들어가는 계획을 포기했는데, 이는 그가 체니나를 잃었고

---

168) 한편, 페라라 협상은 여전히 성공적이지 못했다. 새로 형성된 암브로시아 공화국의 지휘관들은 8월 20일부터 베네치아로부터 30일 간의 휴전을 직접 얻었다.

169) **알폰소 왕이 토스카나를 침공함 1447~1448.**

170) 그는 요새를 차지하기 위해 (요새의 거주자들과) 합의했다. 요새는 1447년 7월에 아라곤 사람들이 점령했지만 몇 주 후에 피렌체 사람들이 되찾았다. 따라서 이 에피소드는 페라라 총회에 대한 협상이 중단되기 거의 두 달 전에 발생한 것이다.

171) '그들은 용병을 고용했다.' 이 사건은 1447년 9월로 거슬러 올라간다.

172) 전쟁을 지휘하는 위원회.

173) 왕은 7천 명의 기사와 많은 보병을 마음대로 사용할 수 있었다.

피렌체인들이 이미 군대로 몇몇 지역에 주둔하고 있었기 때문이다. 그는 볼테라로 향하여 그 부근의 많은 요새화된 도시들을 장악했다.[174] 그 다음 피사의 영토로 가서 게라르데스카(Gherardesca) 가문의 백작인 아리고와 파치오의 지원을 받아 몇몇 도시들[175]을 점령했다. 거기서부터 캄필리아(Campiglia)[176]를 공격했으나, 피렌체가 방어를 잘했고 또 겨울이 와서 정복하는 데 실패했다. 왕은 자신이 취한 도시들을 방어하고 농촌 지역을 급습하기 위해 수비군을 남겨두고 남은 군대와 함께 시에나 부근에 있는 진영으로 후퇴했다. 피렌체인들은 그 사이 계절의 도움으로 열심히 군대를 충원했으며, 군대의 지휘관은 우르비노의 군주 페데리코와 리미니의 군주 지스몬도 말라테스티(Gismondo Malatesti)[177]였다. 그들 사이에 불화가 있었지만 네리 디 지노와 베르나르데토 데 메디치 같은 감독관들의 지혜로 그들을 단결시켜 아직 한 겨울임에도 전장에 나가게 만들었고, 피사 주변의 잃어버렸던 도시들과 볼테라 지역의 포마란체(Pomarance)를 탈환했다.[178] 이전에 마렘마(Maremma)를 약탈했던 왕의 군사들은 궁지에 몰려 방어를 맡은 도시들에서 간신히 버티고 있었다. 봄이 오자 감독관들은 5천 명의 기병과 2천 명의 보병으로 이루어진 모든 군대를 스페달레토(Spedaletto)에 주둔시켰다.[179] 왕은 1만 5천 명의 군대를 거느리고 캄

174) 10월의 일이다. 무엇보다도 아라곤인들은 포마란체(Pomarance)와 카스텔 누오보(Castel Nuovo)를 점령했다.

175) 몬테 스쿠다이오(Monte Scudaio), 볼게리(Bolgheri) 및 토레 산 빈센초(Torre San Vincenzo).

176) 피옴비노(Piombino)와 산 빈첸초(San Vincenzo) 사이의 바다에서 몇 킬로미터 떨어진 리보르노(Livorno) 해안 근처. 나폴리 왕의 의중에는 해안 지역의 통제가 주목할 만한 전략적 가치가 있었다.

177) 시지스몬도 판돌포 말라테스타(Sigismondo Pandolfo Malatesta)는 나폴리 왕을 섬기고 있었다. 피렌체 사람들은 1448년 초에 이 지역을 자신들의 종속국으로 만드는 데 성공했다.

178) 포마란체(Pomarance)와 볼테라(Volterra) 지역의 다른 성(카스텔 누오보(Castel Nuovo), 잣소(Sasso) 등)은 1448년 1월에 수복되었다.

필리아(Campiglia) 3마일 이내로 진격했다. 그 도시를 포위할 것처럼 보였으나 그는 피옴비노(Piombino)[180]로 향했다. 그는 그 도시에 보급이 제대로 되어있지 않았고, 점령하면 그에게는 매우 유용하지만 피렌체에는 아주 해로울 것으로 판단해서, 그곳을 쉽게 점령할 수 있을 것으로 기대했다. 거기서 그는 바다를 통해 보급을 받고 피사 주위의 모든 지역을 휘저으면서 전쟁을 오래 끌어 피렌체인들을 기진맥진하게 만들 수 있을 것으로 봤다. 이 공격에 경악한 피렌체인들은 어떻게 할지 논의했고, 캄필리아의 잡목 숲을 점령할 수 있다면 왕은 패배하거나 혹은 불명예스럽게 떠날 수밖에 없을 것이라고 판단했다. 이를 위해 그들은 리보르노(Livorno)에 있는 4척의 갤리선(galeazze)[181]을 무장시켰고, 거기에 3백 명의 보병을 수송하여 피옴비노로 데려왔다. 또한 그들은 평원의 잡목 숲에 숙영하는 것이 위험하다고 판단하고 자신들을 공격하기 어려운 장소인 칼다네(Caldane)[182]에 진을 쳤다.

16.[183]

피렌체 군대는 주변의 도시들로부터 보급을 받았는데, 그 도시들은 인구가 적고 밀도도 낮아서 공급에 어려움을 겪었다. 군대는 특히 포도주가 부족했다. 그곳이나 그 외의 지역에서 포도주를 조달할 수 없어서 누구나 포도주를 조금씩이라도 마실 수 없었다. 왕은 피렌체 군

---

179) 군대를 집중시켰다.

180) 당시 카테리나 다피아니(Caterina d'Appiani)의 남편인 리날도 오르시니(Rinaldo Orsini)가 지배한 아피아니(Appiani) 가문의 영토.

181) (사실 통상적인) 갤리선(galee)보다 약간 큰 배.

182) 캄필리아(Campiglia)에서 1마일 떨어진 지역. 오늘날은 칼다나 테르메(Caldana Terme).

183) **알폰소 왕의 후퇴 1448.**

대가 가깝게 포위하고 있었지만,[184] 사료를 제외하고는[185] 모든 것이 풍족했다. 해로를 통해 모든 것을 가져왔기 때문이다. 피렌체인들은 군대 또한 해로를 통해 보급받는 것을 시도했다. 4척의 갤리선에 물자를 싣고 오다가, 왕의 갤리선 7척과 마주쳐서 2척은 빼앗기고 2척은 도망쳤다.[186] 이 손실로 피렌체군은 새로운 보급에 대한 희망을 버렸다. 2백 명 혹은 더 많은 식량 징발대원들[187]이 왕의 진영으로 도망갔는데, 특히 포도주가 부족해서였다. 다른 군인들은 포도주도 없고 마실 물도 없는 메마른 지역에 더 이상 머무를 수 없다고 불평했다. 감독관들은 그 지역을 포기하고, 왕의 수중에 있는 다른 요새들을 탈환하기로 했다. 왕은 보급 부족으로 고통받지 않고 군사력에서 우위에 있었지만, 이 시기 바다 근처의 늪지들이 만들어내는 열병으로 곤란한 상황[188]에 처했다고 판단했기 때문이다. 이 병은 매우 심각하여 많은 이들이 죽었으며, 거의 모두가 아픈 상태였다. 이에 협약을 위한 협상이 시작되었다. 왕은 5만 플로린을 요구하며, 피옴비노를 자신의 처분[189]에 남겨두려고 했다. 이 조건을 피렌체에서 논의할 때 평화를 바라는 많은 이들이 그렇게 많은 비용이 드는 전쟁에서 성공할 가망이 없으니 수용하자고 말했다. 그러나 네리 카포니는 피렌체로 가서[190] 이 제안을 자신의 논리로 좌절시켰고, 모든 시민이 설득되어 그 조건을 받아들이지 않기로 합의했다. 그들은 피옴비노의 군

184) 그의 모든 움직임이 통제 아래 있었지만.
185) 짚과 건초를 제외하고.
186) 이 사건은 1448년 7월로 거슬러 올라간다. 당시 아라곤 함대는 질리오(Giglio)섬을 점령했다.
187) 약탈과 식량 수색을 위해 제공한 비무장 군인.
188) 힘을 잃고 있는 상황.
189) 조건 없이.
190) 네리 카포니(6권 15장에서 언급되듯이)는 베르나르데토 데 메디치(Bernardetto de'Medici)와 함께 피렌체 군대의 사령관이었다.

주가 항복하지 않고 지금까지와 같이 스스로를 방어한다면, 자신들이 평화와 전쟁 시에 그를 지지하고 특별한 보호 아래 두기로 약속했다.[191] 왕은 이 결정을 들었고, 그의 군대 내에 퍼진 병으로 인해 도시를 정복할 수 없다는 것을 깨닫자, 거의 패배한 것처럼 전장을 떠났다. 그는 2천 구가 넘는 시신을 그곳에 두고 떠났다. 열병에 걸린 나머지 생존자들을 이끌고 그는 시에나 지역으로 후퇴했다가 왕국으로 돌아갔다. 그는 피렌체에 대한 분노에 휩싸여, 새 계절[192]에 새 전쟁으로 돌아오겠다고 그들을 위협했다.

17.[193]

토스카나에서 일이 이렇게 진행되는 동안 롬바르디아에서는 밀라노의 군 지휘관이 된 프란체스코 스포르차 백작[194]이 다른 무엇보다도 과거 밀라노를 위해 싸웠던 프란체스코 피치니노와 친교를 맺었는데, 자신을 도와주거나 혹은 해하기를 더욱 꺼리게 만들려는 목적이었다.[195] 백작은 자신의 군대를 전장으로 모았다. 파비아의 인민들은 백작의 군대에 맞서 방어할 수 없을 것이라고 판단했지만, 밀라노인들에게 복종하기는 원치 않았기에, 밀라노 휘하로 자신들을 넘기지 않는 조건[196]으로 백작에게 항복하고자 했다. 백작은 자신의 기획을

191) 피렌체는 1년 동안 매달 1천 5백 플로린을 피옴비노의 영주인 리날도 오르시니에게 줘서 피옴비노 방어 비용을 충당하기로 결정했다.

192) 이듬해 봄(1449년).

193) **프란체스코 백작이 파비아의 군주가 됨, 피아첸차를 점령함 1447년.**

194) 6권 13장 참조.

195) 덜 결정적인 방식으로 반대했다.

196) 스포르차는 이미 8월 말에 산 콜롬바노(San Colombano)에 합류했으며, 파비아 시민 대사는 시의 예전 특권을 유지하는 대가로 그에게 도시를 제안했

은밀하게 진행해 볼 수 있는 그 도시를 갖고 싶었다. 그는 위대한 사람이 수치로 여기는 것은 실패이지 속임수로 얻는 성공이 아니라고 생각했기에,197) 신의를 깨는 것198)에는 아무런 두려움이나 수치를 느끼지 않았다. 그러나 그는 그것을 취하면 밀라노인들을 도발하여 그들이 베네치아인들에게 의존할 것을 염려했다. 그렇다고 거절하면 많은 시민들이 의존하고자 하는 사보이의 공작199)이 그것을 차지할 것이 또한 두려웠다. 어떤 경우든 그는 롬바르디아에 대한 패권을 잃을 것처럼 보였다. 그럼에도 그 도시를 취하는 것이 다른 이가 그것을 취하게 두는 것보다 위험이 적다고 판단하여, 백작은 자신이 밀라노인들을 진정시킬 수 있다고 스스로를 설득하면서 그 도시를 수락하기로 했다. 그는 밀라노인들에게 자신이 파비아를 접수하지 않았을 때 일어날 수 있는 위험들에 대하여 설명했다. 파비아 시민들이 베네치아인들이나 공작200)에게 굴복한다면 어떤 경우든 밀라노가 그들의 지배를 잃을 것이기 때문에, 그들에게 적대적인 권력자들보다 그들의 친구였던 자신을 이웃으로 두는 것에 만족해야 한다고 설득했다. 밀라노인들은 이 사건에 매우 불안해했는데, 그들이 백작의 야망과 목적201)을 알게 되었기 때문이다. 그러나 그들은 자신들의 생각을 드러낼 수 없다고 판단했는데, 백작과의 관계를 끊으면 그 자만심과 가혹

다. 며칠 후(9월 17일) 도시는 두 명의 스포르차 장교(로베르토 디 산 세베리노와 카를로 디 캄포바소)에게 넘겨졌다.

197) 전형적인 마키아벨리의 격언. 『군주론』 18장, 『로마사 논고』 2권 13장 참조. 특히 『카스트루초 카스트라카니의 생애』, 참조("그는 승리의 방법이 아니라 승리가 당신에게 영광을 가져다주었다고 말했다").

198) '협정을 존중하지 않는 것.' 스포르차는 밀라노에 복무하는 군인으로서 그가 점령한 땅을 개인적으로 차지할 수 없었다는 사실을 암시한다.

199) 루도비코 1세(Ludovico I, 1413~1465). 1440년부터 사보이 공작. 그는 필리포 마리아 비스콘티의 처남으로서 파비아에 대한 권리를 가졌다.

200) 사보이의 공작.

201) 즉, 밀라노의 군주가 되는 것.

한 요구[202]가 남다른 베네치아인들 외에는 달리 기댈 곳이 없었기 때문이다.[203] 그들은 백작과 관계를 끊지 않기로 결정했고 당분간 그를 통해 자신들에게 드리워진 해악들을 해결하고자 했다. 그들은 이 해악들로부터 자유로워지면 백작에게서도 해방될 수 있을 것이라는 희망을 품었는데, 베네치아인들뿐 아니라 필리포의 여동생의 아들인 샤를 오를레앙[204]의 이름으로 제노바인들과 사보이 공작의 공격을 받고 있었던 것이다. 이 공격을 백작이 별 어려움 없이 막아냈다.[205] 베네치아인들만 남았는데, 그들은 강력한 군대로 밀라노 영토를 뺏으려 하고 있었다. 그리고 그들은 로디와 피아첸차를 지배하고 있었다. 백작은 피아첸차를 포위했고 긴 노력 끝에 그곳을 정복하고 약탈했다.[206] 겨울이 와서 부하들과 함께 진영으로 돌아온 후 크레모나로 갔다. 그곳에서 그의 부인과 함께 겨울이 끝날 때까지 머물렀다.

---

202) '그들이 평화를 이루기 위해 부과했을 가혹한 조건.' 마키아벨리는 구체적인 협상의 결과가 무엇인지 밀라노 통치자의 가설로 제시한다. 스포르차가 파비아를 점령한 후, 암브로시아 공화국은 베네치아와 평화를 이루려고 했지만, 로디와 피아첸차의 소유를 인정했다는 베네치아의 주장에 직면하여 포기해야 했다.

203) 그들은 스포르차에 적대적인 것이 불가능하다고 믿었다.

204) 오를레앙의 샤를은 필리포 마리아의 여동생 발렌티나 비스콘티(Valentina Visconti)의 아들이었다. 그는 1447년 10월 26일에 자신의 권리를 주장하기 위해 이탈리아에 도착한다(그의 주장은 프랑스 왕의 직접적인 지원을 받았다). 따라서 밀라노에 대한 프랑스 왕조의 주장은 1498년 프랑스 왕 루이 12세에 의해 지속되었다. 실제로 그는 오를레앙의 샤를의 아들이었다.

205) 10월 16일 알렉산드리아 영토에 있는 보스코 전투이다. 스포르차는 실제로 아스티(Asti)의 총독(governatore)인 리날도 디 드레스네이(Rinaldo di Dresnay)가 지휘하는 약하고 작은 군대에 맞서야 했다. 아스티라는 도시는 봉건적 권리에 따라 오를레앙의 샤를의 어머니로부터 물려받은 상속 재산이라는 사실을 기억해야 한다.

206) 피아첸차는 1447년 11월 16일 한 달간 계속된 폭력적인 포위 공격 끝에 함락되었다.

18.[207]

봄이 왔을 때, 베네치아와 밀라노의 군대는 전장으로 나갔다. 밀라노인들은 로디를 정복하고 나서 베네치아인들과 협약을 맺기를 바랐는데, 전쟁 비용이 점점 부담스러워졌고 지휘관에 대한 불신이 깊어졌기 때문이다.[208] 그들은 휴식을 얻고 백작으로부터 자신들을 지키기 위해 평화를 갈망했다.[209] 이에 그들은 군대가 카라바조(Caravaggio)[210]를 정복하러 가야 한다고 결정했는데, 그 요새화된 도시가 무너지면 로디가 항복할 것이라고 희망한 것이었다.[211] 백작은 아다 강을 건너 브레샤[212] 영토로 공격해 들어가고 싶었지만, 밀라노인들의 명령에 복종했다.[213] 카라바조에 진을 치고 그는 수로와 참호로 스스로를 요새화하여, 베네치아인들이 포위를 풀려면 불리한 조건에서 공격할 수밖에 없도록 만들었다. 베네치아인들은 지휘관 미켈레토와 함께 군대를 데리고 백작의 진지에서 화살이 미치는 거리의 두 배 이내[214]로 접근했고, 그곳에서 며칠간 머물며 많은 소규모의 전투를 벌였다.[215]

---

207) **베네치아인들이 카라바조에서 승리함, 백작은 그의 명예를 지킴 1448년**

208) '그들은 전쟁 비용을 거의 감당하지 못했고 지휘관인 프란체스코 스포르차의 충성심을 확신하지 못했기 때문이다.'

209) 1448년 1월과 4월 사이에 일부 밀라노 대표자들은 가능한 합의를 논의하기 위해 베르가모에서 베네치아 대사와 만났다. 밀라노에서는 갈등의 지속에 찬성하는 파당이 우세했기 때문에 합의는 실패했다.

210) 베르가모에서 남쪽으로 약 20km 떨어짐.

211) 로디는 여전히 베네치아의 손에 남아 있는 아다 강 서쪽의 유일한 중심지였다.

212) 카라바조와 브레샤는 모두 아다의 동쪽에 있다.

213) 카라바조에 집중하라는 명령이 1448년 7월에 스포르차에게 도착했다. 이전 몇 달 동안 그는 베네치아(트레빌리오, 베일라테, 카사노 포함)가 점령한 기아라다다의 모든 땅을 점령했고 베네치아 강 함대의 크레모나 공격 시도를 좌절시켰다(5월).

214) [역자주] 화살이 미치는 거리를 보통 300미터로 계산한다.

그럼에도 백작은 포위 공격을 지속하여[216] 항복할 수밖에 없는 상황으로 몰고 갔다. 이 상황은 베네치아인들에게 많은 부담을 주었는데, 그 도시를 잃으면 원정에 지는 것으로 보였기 때문이었다. 따라서 그들의 지휘관들 사이에서 도시를 구하는 방법에 대해 많은 논의가 있었다. 그들은 큰 부담이 있겠지만 적의 방어를 뚫는 것 이외에는 다른 방법은 없다고 보았다. 그 도시를 잃는 것은 매우 심각한 문제였기 때문에, 원래 매우 소심하여 불확실하고 위험한 정책을 극도로 배제했던 베네치아 원로원은 도시를 잃고 전쟁을 지기보다는 도시를 지키기 위해 모든 위험을 감수하기로 했다. 어떤 식으로든 백작을 공격하기로 결정한 그들은 어느 새벽 그의 진영에서 가장 방어가 약한 지점으로 공격해[217] 들어갔다. 기습이 언제나 그러하듯이 스포르차의 전 군대를 혼란에 몰아넣었다. 그러나 모든 무질서는 백작에 의해 신속하게 극복되었고, 백작의 적들은 방어막을 넘으려는 온갖 노력 끝에 격퇴당했을 뿐만 아니라 전 군대가 완전히 괴멸되었다. 1만 2천여의 기병 중 천명도 남지 않았으며,[218] 모든 물자와 마차가 파괴되었다. 이날 이전에 베네치아가 이렇게 엄청나고 무서운 패배를 당한 적이 없었다.[219] 전리품과 포로들 중 완전히 낙담한 한 베네치아 병참장교[220]가 있었다. 그는 전투 전과 전쟁을 준비할 때, 백작을 사생

215) 두 군대는 8월 14일, 8월 30일, 9월 7일에 충돌했지만 양측 모두에게 중요한 결과는 없었다.

216) 계속해서 성을 포위했다.

217) 공격은 9월 15일 일요일에 시작되었다. 미켈레토 아탄돌로의 베네치아군은 모차니카(Mozzanica) 숲을 통해 밀라노 진영에 접근했다.

218) 혹자는 그 수치가 과장되었을 수 있으며, 다른 소식통에 따르면 5천 마리의 말이 포획되었다고 말한다.

219) 마키아벨리가 언급한 제한적인 설명("그날까지")에서 우리는 아마도 1509년의 바일라테(Vailate) 패배에 대한 언급을 볼 수 있을 것이다(베네치아 역사에서 가장 심각한 것이 아니라 "그날까지" 가장 심각한 것이었다...). 마키아벨리의 반 베네치아주의(무엇보다도 『로마사논고』 1권 6장 참조)에서 베네치아의 정치-군사 모델의 본질적인 약점에 대한 증거를 발견했다.

아[221]로 부르고 그 비열함을 조롱했다. 그런데 패배 후에 포로가 된 자신을 발견하고, 자신의 실수를 상기하면서 행위에 합당한 벌을 받지 않을까 두려워하며 백작 앞에 나아갔다. 잘 될 때는 오만하고 역경의 때는 낙심하고 비열해지는[222] 교만하고 야비한 인물의 본성에 따라, 무릎을 꿇고 울며 자신이 백작을 향해 가한 모욕에 대해 용서를 빌었다. 백작은 그를 일으켜 세우고 팔을 잡고 위로하며 좋은 일이 일어날 거라는 희망을 주었다. 그리고 그에게 사려 깊고 엄숙한 사람으로 여겨지기를 바라는 사람이 다른 괜찮은 사람에 대해 그렇게 야비하게 말하는 심각한 실수를 저지르는 것에 놀랐다고 말했다. 그가 비난했던 것들에 대해 백작은 자신은 거기에 없었기 때문에 자신의 아버지인 스포르차와 어머니인 루치아 부인 사이에 무슨 일이 있었는지 몰랐고 통제할 수도 없었으며, 그들이 한 일에 대해 자신이 비난이나 칭송을 받아야 한다고 생각하지 않는다고 말했다.[223] 그는 자신이 해야만 하는 것들에 대해 잘 알고 있었고 아무도 자신을 비난할 수 없도록 행동해왔다고 하며, 이에 대해 그와 그의 원로원[224]이 생생하고 진실된 증언을 제공할 수 있다고 했다. 백작은 앞으로는 타

220) 에르몰라오 도나토(Ermolao Donato)와 제라르도 단돌로(Gerardo Dandolo) 두 베네치아 감독관은 밀라노 사람들에게 붙잡혔다.

221) 스포르차는 무치오 아탄돌로(Muzio Attendolo)의 친아들 중 한 명이었다.

222) 『로마사논고』 3권 31장에도 동일한 주제가 나타난다. 그러나 전체 이야기는 도덕적 변명의 명백한 향기가 난다. 그리고 영웅의 위대함을 대조적으로 높이는 캐릭터의 상징적 표현이 고려되어야 하며, 이는 『피렌체사』보다 『카스트루초 카스트라카니의 생애』에 가까운 모범적인 전기를 회상하는 것으로 보이는 내러티브 모델에 따른 것이다.

223) 스포르차의 격언(재치와 관대함의 혼합)은 미덕이라는 위대한 마키아벨리의 주제와 연결되어 있다. 이러한 의미에서 무치오 아텐돌라와 마돈나 루치아 사이의 "결합" 시대는 『카스트루초 카스트라카니의 생애』의 서두에서 불러일으킨 위대한 사생아 또는 "출생에 노출된" 남자의 전설적인 우여곡절을 회상케 한다(정확히 운명이 "그 힘을 더 많이 보여줄 수 있는" 시대와 관련하여).

224) 베네치아의 원로원.

인에 대해 말할 때 좀 더 겸손하고 처신에서는 좀 더 신중하라고 그에게 충고했다.[225]

19.[226]

이 승리 이후 백작은 승리한 군대를 이끌고 브레샤 영토로 들어가 교외 지역 전체를 장악했고,[227] 브레샤에서 2마일 떨어진 곳에 진지를 구축했다. 패배를 받아들이고 나서 베네치아인들은 브레샤가 첫 번째 공격지점이 될 것을 두려워하여 가능한 한 빠르게 모을 수 있는 가장 좋은 군대를 제공했다. 그들은 열심히 군대를 모집하여 남은 군대에 합류시켰다. 그들은 동맹의 힘을 빌리려고 알폰소 왕과의 전쟁에서 해방된[228] 피렌체인들에게 도움을 요청했고, 그들은 천 명의 보병과 2천 명의 기병을 보내주었다.[229] 이 군대와 함께 베네치아인들은 평화 협상에 대해 생각할 여유를 가지게 되었다.[230] 오랜 기간 전쟁에서는 지고 협상에서는 이기는 것이 베네치아 공화국의 거의 운명 같은 것이었다.[231] 그들이 전쟁에서 잃은 것을 여러 번 평화 후에 두

---

225) 베네치아 행정관의 이야기는 마키아벨리의 발명 중 가장 주목할 만한 사례 중 하나이다.

226) **스포르차는 밀라노의 이익이 아닌 베네치아인들과 자신의 이익 위한 평화 맺음 1448.**

227) 아솔로(Asolo)와 로나토(Lonato)를 제외하고.

228) 6권 15－16장 참조.

229) 군대는 시지스몬도 말라테스타와 그레고리오 당기아리(Gregorio d'Anghiari)가 지휘했다.

230) 이미 1448년 9월, 카라바조에 있은 지 며칠 후, 스포르차와 두 베네치아 감독관(말리피에로[Malipiero]와 마르첼로[Marcello]) 사이에 비밀 협상이 이루어졌다.

231) 이러한 관찰은 본토에 대한 베네치아 지배의 본질적인 약점에 대한 이유를 재확인한다(견고한 군사 기지보다는 외교에 기초함).

배나 되돌려 받았기 때문이다. 베네치아인들은 밀라노인들이 백작을 불신하고, 백작은 지휘관이 아닌 밀라노의 군주가 되고싶어하는 것을 알고 있었다. 또한 한쪽은 야망 때문에 다른 한쪽은 두려움 때문에 평화를 바라고 있었기에, 둘 중 어느쪽과 평화를 맺을지 선택권은 자신들에게 있다는 것도 알고 있었다. 그들은 백작과 평화를 맺기로 선택하고 밀라노를 장악하는 데 도움을 제공하기로 했다. 밀라노인들이 백작에 의해 속았다는 것을 알고서 분개하여 백작만 아니라면 누구에게나 복종하고자 할 것이라고 생각했다. 그들이 그런 위험에 빠져 스스로를 방어하지도 백작을 더 이상 믿을 수도 없게 되면 베네치아인들의 품에 올 것으로 보였다.[232] 이런 계획을 가지고 그들은 백작의 의지를 시험해 보았고, 그가 평화를 무척 바라는 것을 발견했다. 그는 카라바조에서의 승리가 밀라노가 아니라 자신을 위한 것이기를 원했다.[233] 그들은 백작이 밀라노를 취하기 위한 노력을 하는 한,[234] 베네치아에서 매월 1만 3천 플로린을 지불하기로 합의했다.[235] 거기에 더해 전쟁기간 동안 4천의 기병과 2천의 보병을 제공하기로 했다. 백작은 베네치아인들에게 그들의 도시들과 포로들, 그리고 전쟁에서 그가 취했던 다른 모든 것을 돌려주기로 했고,[236] 필리포 공작이 사망할 때 소유했던 도시들에 만족하기로 약속했다.

---

232) 그들은 의지할 수 있는 동맹국을 찾지 못한 채 심지어 불리한 합의라도 맺어야만 하는 상황에 처하는 것.

233) 그는 승리의 일관된 이익을 취할 수 있는 유일한 사람이 되기를 원했다.

234) 베네치아인들은 여전히 그들의 손에 있던 로디를 떠나기로 약속했다. 스포르차에게 부여된 지원은 밀라노 공작에 대한 그의 주장의 정당성을 베네치아가 인정하는 것을 의미했다.

235) 1448년 10월 18일에 비준된 가르다 남쪽 해안의 지역 이름에서 따온 이른바 '리볼텔라(Rivoltella)' 합의이다.

236) 스포르차는 점령된 베네치아의 영토(브레샤와 베르가모)를 정리해야 할 뿐만 아니라, 필리포 마리아 비스콘티가 죽기 전에 베네치아가 차지했던 밀라노의 땅과 전쟁 중에 스포르차가 수복한 영토들(기아라다다, 크레마)도 베네치아에 넘겨야 했다.

20.[237)]

이 협정이 밀라노에 알려지자마자 도시는 카라바조의 승리를 기뻐했을 때보다 훨씬 더 슬퍼했다. 지도자들[238)]은 한탄했고, 인민들은 비통해했으며, 여인들과 아이들은 눈물을 흘렸다. 모두 백작을 배신자며 불충한 사람이라고 비난했다. 그들은 기도와 다른 약속으로 백작의 배은망덕한 행위를 되돌릴 수 없음을 알고 있었지만, 그에게 대사들을 보내 그가 어떤 말과 어떤 얼굴로 자신의 악행을 변호하는지 보고자 했다.[239)] 그들이 백작의 앞에 나왔을 때 그들 중 하나가 이런 내용을 말했다. "다른 사람의 것을 얻으려고 하는 사람들은 보통 간청이나 보상 혹은 위협들로 그를 괴롭힙니다. 그는 자비든 이익이든 혹은 두려움에 의해서든 자신을 낮추어 원하는 것은 무엇이든지 할 것입니다. 그러나 잔인하고 탐욕적이며 하고 싶은 대로 할 수 있다고 생각하는 사람[240)]에게는 이 세 가지 방법이 아무 소용없습니다. 기도로 그러한 사람들을 겸손하게 하거나[241)] 보상으로 그들을 얻을 수 있거나 혹은 위협으로 그들을 두렵게 할 수 있다고 믿는 것은 헛된 생각이기 때문입니다. 당신의 잔인함과 야망과 교만을 우리가 알게 되어서, 너무 늦었지만 당신에게 왔습니다. 우리가 당신에게 진정으로

---

237) **밀라노인들의 스포르차 백작의 배신에 대한 저항 1448.**

238) 장로, 귀족.

239) 밀라노 사람들은 리볼텔라 합의에 대한 정보를 받자마자 백작에게 6명의 대사를 보냈으며, 그 중에는 바르톨로메오 모로네와 자코모 다 쿠사노도 포함되어 있었다. (그 에피소드를 극적으로 강조한) 마키아벨리가 쓴 것과 달리 대사들은 용병대장이 내린 결정에 대해 도시의 고통을 표현할 뿐만 아니라 그가 자신의 목적에서 물러나게 하기 위해 구체적인 제안을 해야 했다.

240) 그들의 힘의 우월성을 인식하고 있는 이들.

241) '보다 겸손하고 인간적인 태도로 인도하다.'

요구하면 얻을 수 있다는 믿음으로 무엇이든 간청하려고 온 것이 아니라, 당신이 밀라노 인민들로부터 받은 이익을 상기시켜 주고 당신이 얼마나 큰 배은망덕으로 갚았는지를 보여주기 위해서입니다. 우리가 느끼는 그 많은 아픔들 속에서 최소한 당신을 비난하는 만족을 누리고자 합니다. 당신은 필리포 공작의 죽음 이후 상황이 어떠했는지 잘 기억하셔야 합니다. 당신은 교황 및 나폴리 왕과 대적하고 있었습니다. 당신은 피렌체인들 및 베네치아인들을 저버렸는데, 그들의 정의로우며 생생한 분노와 그들이 더 이상 당신을 필요로 하지 않는다는 사실 때문에 당신은 거의 그들의 적이었습니다. 당신은 작은 군대로 동맹과 자금 없이 교회와 벌이고 있던 전쟁으로 지쳐있었고, 당신의 영토[242]와 예전의 명성을 지킬 수 있을 것이라는 모든 희망이 사라진 상태였습니다. 우리가 순박하지 않았다면 당신은 쉽게 몰락했을 것입니다. 우리만이 당신을 받아들여 주었습니다. 당신이 결혼 동맹과 새로운 우정[243]으로 맺은 우리 공작과의 찬란한 기억에 대한 공경심 때문이었습니다. 당신의 사랑이 공작의 후계자들에게까지 계승될 것으로 우리는 믿었습니다. 우리의 이익과 당신의 이익이 결합된다면 우정은 강고할 뿐만 아니라 분리될 수 없다고 생각했습니다. 그것이 우리가 베로나 혹은 브레샤를 옛 협정[244]에 추가한 이유입니다. 우리가 당신에게 무엇을 더 주고 더 약속했어야 했나요? 그리고 당신은 —'우리'로부터가 아니라 그 당시에 '어느 누구'로부터— 무엇을 더 —'얻을 수'가 아니라 '바랄 수'— 있었겠습니까? 당신은 그때 바라지

242) 마르카와 크레모나에 대한 고대의 소유지. 아브루초(Abruzzo)와 풀리아(Puglia)의 스포르차 땅은 비스콘티가 죽기 몇 년 전에 이미 아라곤에 의해 점령되었다.

243) 비앙카 마리아 비스콘티와의 결혼과 1447년 초 밀라노 공작과 맺은 협약을 통한 결속.

244) '크레모나의 소유'(비앙카 마리아와의 결혼 지참금으로 수령) 등. 브레시아샤 또는 베로나의 소유에 관하여 6권 13장 참조.

도 못한 좋은 것을 우리에게서 받았지만, 우리는 생각지도 못한 나쁜 것을 당신에게서 받았습니다. 당신은 지금까지 내내 지체없이 우리에게 당신의 사악한 의도를 보여주었습니다. 당신이 우리 군대의 지휘관이 되자마자 모든 정의에 반하여 파비아를 장악했습니다.[245] 그 일은 당신의 우정이 목적하는 바를 우리에게 경고하는 것이었습니다. 우리는 이 정복의 위대함이 당신의 야망을 충족시켰다고 생각하며 피해를 감내했습니다. 맙소사! 전부를 바라는 이에게는 부분이 아무 소용없었습니다. 당신은 그때부터 우리가 당신이 정복한 것들을 즐길 수 있을 것이라고 약속했습니다. 당신은 우리의 피와 돈으로 만들어 낸 카라바조의 승리 이후 우리의 파멸이 뒤따랐던 것과 같이, 여러 차례 당신이 우리에게 제공했던 것을 한 번에 우리에게서 가져갈 수 있음을 알았던 것입니다. 오! 자신들을 억압하기를 바라는 이의 야망에 저항해 자유를 지켜야만 하는 도시들은 얼마나 불행할까요![246] 그러나 당신 같은 용병대장과 신의 없는 군대를 가지고 스스로를 지켜야만 하는 이들은 얼마나 훨씬 더 불행할까요! 테베인들과 마케도니아의 필리포스의 예가 우리에게는 무용하게 됐지만, 적어도 이 본보기가 후세에는 이득이 될 것입니다. 필리포스는 테베인들의 적들에게 승리한 후 그들의 지휘관에서 그들의 적이 되었고, 결국에는 그들의 군주가 되었습니다.[247] 믿지 말아야 할 사람에게 그렇게 큰 신뢰를

---

245) '당신은 방금 우리 민병대의 대장으로 고용되었다' 등. 파비아인들이 스포르차에게 제안한 파비아의 영주를 수락하는 것에 관하여는 6권 17장 참조.

246) 출처에 비해 광범위하게 확장된 밀라노 대표단의 연설은 마키아벨리에게 성찰을 위한 새로운 일시 중지를 허용하고, 정치와 역사 문제를 강조하게 한다. 6권 1장에서 책의 주요 주제로 표현된 용병에 대한 비판이 다시 나타난다. 스포르차의 행동에 대한 요약은 그의 파렴치한 성격을 더 잘 보여준다. 그는 고객이 아니라 자신을 위해 싸우는 야심 찬 용병의 특징적인 유형이 된다. 바로 아래에 후대를 위한 '본보기'로서의 그의 부상(浮上)을 보라.

247) 필리포스와 테베인들의 예는 『군주론』 12장("에파미논다스가 죽은 후 테베인들은 마케도니아의 필리포스를 자신들의 군대의 장군으로 삼았는데, 그는

주었던 것이 우리의 가장 큰 실수였습니다. 당신의 과거 행적들과 어떤 지위나 영토에도 만족하지 않는 큰 포부가 우리를 더 신중하게 만들었어야 했습니다. 우리는 루카의 군주[248]를 배신했고, 피렌체인들과 베네치아인들을 협박했으며, 밀라노 공작에게 반항했고, 나폴리 왕을 조롱했으며, 무엇보다 하느님과 교회에 그토록 많은 피해를 입힌 이에게 희망을 품지 말았어야 했습니다. 우리는 그렇게 많은 군주들이 그렇게 할 수 없었을 때 우리 밀라노인들은 프란체스코 스포르차의 마음에 영향력을 미칠 수 있다고 생각하지 말았어야 했고, 당신이 그들과 여러 번 깼던 신뢰를 우리에게는 지킬 것이라고 믿지 말았어야 했습니다. 그럼에도 불구하고, 우리를 고발하는 이 경솔함이 당신의 배신을 용서하거나 우리의 정의로운 싸움이 온 세상에 가져올 당신의 오명을 씻어주지는 않을 것입니다. 타인을 해치고 두렵게하기 위해 우리가 준비한 무기가 우리를 다치게 하거나 해를 끼치게 한다고 해도, 당신의 양심의 가책은 옅어질 수 없습니다. 당신 자신의 판단에 의해 당신의 잘못은 존속살인에 합당한 벌을 받아야 한다고 봅니다. 야망이 당신을 눈멀게 했어도 당신의 사악함을 목도한 세계는 당신의 눈을 뜨게 할 것입니다. 위증과 신의 파기와 배신이 하느님을 분노케 한다면, 그분이 어떤 숨겨진 선 때문에 지금까지 그래오셨던 것처럼 사악한 사람과 친구가 되는 것을 언제나 원하지 않으신다면, 그분이 당신의 눈을 뜨게 하실 것입니다. 확실한 승리를 장담하지 마

전쟁에서 승리한 후 그들의 자유를 박탈했습니다.")에 있다. 테베는 신성한 전쟁(기원전 356~346) 동안 마케도니아의 필리포스의 지원을 구했지만, 오랜 동맹국의 너무 성가신 존재를 상쇄하기 위해 아테네에 접근해야 했다. 필리포스가 카이로네이아를 패배시킨 후(338), 도시는 마케도니아 수비대를 받아들일 수밖에 없었다. 『군주론』 12장에서 테베인들의 사례 다음에 프란체스코 스포르차와 밀라노 공국의 사례가 바로 뒤따른다는 점에 유의해야 한다.

248) 파올로 귀니지, 1430년(4권 25장 참조).

십시오. 하느님의 정의로운 분노가 당신에게 승리를 허용하지 않을 것이며, 우리는 자유를 잃으면 죽을 각오가 되어 있습니다. 우리가 그것을 지킬 수 없다면 당신이 아닌 다른 군주에게 줄 것입니다. 우리의 모든 소망에도 우리의 죄 때문에 우리가 당신의 손에 넘어가야[249] 할지라도 우리는 확신을 가지고 있습니다. 당신이 속임수와 악행을 통해 세운 왕국이 당신이나 당신의 아들들의 치욕과 피해로 곧 멸망할 것입니다."[250]

21.[251]

백작은 밀라노인들에 의해 모든 면에서 비난받는다고 느꼈음에도 말이나 몸짓 어느 것에서도 특별한 변화를 보여주지 않으면서, 그들이 너무 화가 나서 현명하지 못한 말들로 중대한 실례를 범하고 있다고[252] 대답했다. 그는 자신과 그들의 의견 차이[253]로 인해 누군가 판단해야 한다면, 자신은 밀라노인들을 해치지 않았고 그들이 자신을 해칠 수 없도록 준비하고자 했다고 말했다. 카라바조에서의 승리 이후 그들이 어떻게 행동했는지[254] 잘 알고 있는바, 베로나나 브레샤를

249) 당신의 권력에 맡겨진다.

250) 밀라노 대표들의 원한을 품은 기도로 끝맺는 이 예언은 15세기 말과 16세기 초에 스포르차 가문이 밀라노 공국을 상실하게 만든 사건을 자연스럽게 암시한다. (우리가 보았듯이 마키아벨리의 거의 순수한 창작물인) 긴 연설은 주의 깊게 정교화되었고, 강력한 수사학적 효과에 대한 탐색으로 특징지어져 있다.

251) **백작은 스스로를 정당화하고 밀라노를 공격함, 베네치아와의 이중 배신 1448.**

252) 그들이 화를 낸 사실을 고려하여 그들의 언행을 용서하려는 의도였다는 것이다.

253) 분쟁들.

그에게 선사하는 대신 그들은 베네치아인들과 평화를 추구하여 베네치아의 적개심이라는 짐[255]은 오로지 그에게만 남겨졌고, 승리의 과실은 평화에 대한 믿음[256]과 전쟁으로부터 얻었던 모든 이익과 함께 그들에게 돌아갔다는 것이다. 그는 그렇게 그들이 처음 하려고 했던 협약을 자신이 했다고 해서 비난할 수 없다고 주장했다. 그가 그 길을 택하는 것을 조금만 미루었다면[257] 그들이 자신을 비난하는 그러한 배은망덕함으로 스스로를 비난했어야 할 것이라고 했다. 그러한 질책들의 근거가 있는지 없는지는 그들이 자신들의 손해에 복수해달라고 호소했던 하느님께서 전쟁의 마지막[258]에 누가 더 그분의 친구이고, 어느 쪽이 더 위대한 정의를 가지고 싸웠는지를 보여주실 것이라고 그는 말했다. 대사들이 떠나자 백작은 밀라노 공격을, 그들은 방어를 준비했다. 그들은 브라초파가 스포르차 가문에 대해 가지고 있는 오랜 증오 때문에 충실했던 프란체스코와 야코포 피치니노와 함께 자신들의 자유를 지킬 수 있을 것이라고 믿었다. 그들이 베네치아인들과 백작을 분리시켜 놓을 때까지만 버티면 된다고 생각했는데, 밀라노인들은 베네치아인들과 백작 사이에 우정과 충성이 지속될 수 없다고 생각했기 때문이다. 백작 역시 같은 인식을 갖고 있었다. 그는 의무만으로는 충분하지 않을 것이라고 보았기에 보상을 통해 베네치아를 확실히 묶어두는 것이 현명한 방책이라고 생각했다.[259] 원정을

254) 스포르차에 대한 밀라노 사람들의 불신에 관하여는 6권 18장 참조. 그러나 마키아벨리는 (6권 18장 그리고 19장에서도) 카라바조 전투 이후에 베네치아와 평화를 맺기 위해 밀라노 정부가 행한 정확한 움직임에 대해 말하지 않는다.

255) 전쟁에 대한 책임과 그에 따른 증오.

256) 평화를 원했던 베네치아인들에 대한 감사.

257) 그가 그 결정을 미루었다면.

258) 전쟁의 결과.

259) '충분한 보장을 받는 조약의 결속을 고려하지 않고, 그는 베네치아인들이 가시적인 이점을 누리게 함으로써 자기 자신에게 속박할 생각을 했다.' 조금

파견하면서 그는 베네치아가 크레마를 공격하도록 허용했고, 다른 군대를 가지고 영토의 나머지 지역을 공격했다. 베네치아인들 앞에 놓인 이 먹을거리는 백작이 밀라노의 전 지배영토를 장악하고 밀라노인들을 도시에 몰아넣어[260] 모든 보급품을 차단할 때까지, 베네치아인들과 백작이 맺은 우정이 충실히 유지되게 해 주었다. 밀라노인들은 자포자기하여 대사들을 베네치아에 보내[261] 자신들의 절망에 자비심을 가져달라고 요청하고, 공화국의 관습에 따라 그가 밀라노의 군주가 되는데 성공한다면 베네치아가 그들의 의지대로 통제할 수 없는 한 폭군의 편이 아니라 밀라노의 자유의 편이 되어 달라고 부탁했다. 베네치아인들은 백작이 문서에 표시된 경계들에 만족하리라[262] 믿지 않았는데, 그는 과거 밀라노 영토의 경계가 부활되기를 원했기 때문이다. 아직 크레마의 주인이 되지 못한 베네치아는 얼굴을 바꾸기[263] 전에 크레마를 소유하기를 원해서, 백작과 맺은 협약 때문에 밀라노를 도와줄 수 없다고 공개적으로 대답했다. 그러나 뒤로는 밀라노인들과 협상을 진행했고, 밀라노인들이 협약을 신뢰하여 자신들의 정부에 도움을 받을 수 있다는 강한 희망[264]을 전달하게 만들었다.

아래에서 마키아벨리는 평소의 생동감 있는 표현력으로 '베네치아인들 앞에 놓인 식사'에 대해 이야기한다.

260) '밀라노에 가두도록 강요했다'. 스포르차는 1448년 10월 20일에 군사작전을 시작했다. 이미 11월 말에 밀라노 영토의 대부분이 그의 통제 하에 있었다.

261) 이미 1449년 1월에 엔리코 파니가롤라(Enrico Panigarola)는 베네치아 원로원이 내린 결정을 바꾸지 않은 채 많은 행동의 자유를 가지고 베네치아로 파견되었다. 마키아벨리는 여기에서 1449년 7월 밀라노와 베네치아 간의 협정 협상을 암시한다.

262) '협상에서 설정한 경계에 만족.' 바로 직후에 언급된 "오래된 경계"는 기아라다다, 브레샤 및 베르가모를 포함하는 비스콘티 영토의 오래된 국경으로 리볼텔라 조약에 따라 베네치아로 넘어갔었을 것이다.

263) 정책의 변경(밀라노와 합의 아래).

264) 베네치아와 밀라노 사이의 협상은 1449년 9월 초에 구체적인 초안 합의에 도달했다. 스포르차는 9월 12일 밀라노와 합의(따라서 리볼텔라의 합의를 뒤집는)하려는 베네치아의 의도를 알게 되었다.

22.[265)]

베네치아인들이 크레마를 정복하고[266)] 밀라노와의 협정을 더 이상 미룰 수 없다고 결정했을 때, 백작은 그의 군대를 이끌고 이미 밀라노에 근접해서 교외지역을 공격[267)]하고 있었다. 베네치아인들은 밀라노인들과 협정[268)]을 맺으러 갔고, 주요 조건으로 밀라노인들의 자유를 지켜주기 위해 최선을 다하는 것이 포함되었다. 협정이 맺어졌을 때, 베네치아인들은 백작과 함께 했던 베네치아 군대에게 그의 진영을 떠나 베네치아 영토로 복귀하라고 지시했다.[269)] 그들은 또한 백작에게 밀라노인들과 맺은 평화협정을 알리고, 협정의 수용에 대해 숙고할 20일의 말미를 주었다. 백작은 베네치아인들의 행위에 놀라지 않았는데, 오래전 이미 예견했고 언제가 일어날 것을 염려했기 때문이다. 그럼에도 우려했던 일이 발생한 지금 그는 비탄해 하지 않을 수 없었고, 그가 밀라노인들을 저버렸을 때 그들이 느꼈던 것과 같은 고통을 느꼈다. 그는 협정을 통보하기 위해 그에게 온 베네치아의 대

---

265) **베네치아인들이 입장을 바꿈, 스포르차 백작이 양쪽보다 한 수 위임 1449.**

266) 9월 11일. 카를로 곤자가의 배신 이후, 밀라노와의 계약을 벗어나 스포르차의 수하로 넘어가면서 그에게 로디와 크레마의 도시를 제공하고 그의 통제 아래 두었다.

267) 스포르차는 1449년 9월 13일 키아라발레(Chiaravalle) 수도원에 도착했다. 람브라테(Lambrate)에 자리잡은 그는 24일 포르타 오리엔탈레(Porta Orientale)와 포르타 누오바(Porta Nuova)를 공격했지만 피치니노에게 격퇴당했다.

268) 협정은 9월 24일 브레샤에서 서명되었다. 브레샤 조약에 따라 스포르차는 밀라노, 코모, 로디에 대한 모든 주장을 포기해야 했지만, 전쟁기간 동안 점령한 땅(노바라, 토르토나, 알레산드리아, 파비아, 피아첸차, 파르마, 크레모나)을 유지했다. 이러한 방식으로 옛 공작령 영토는 두 개의 다른 국가로 분할되었다.

269) '그들은 스포르차 근처에서 전투를 벌이는 군대에 명령했다.' 그들의 수장으로 바르톨로메오 콜레오니가 있었다.

사들에게 답을 주는데 이틀을 소비했다. 이 시간 동안 그는 베네치아인들의 관심을 다른 데로 돌리고, 그의 계획을 포기하지 않기로 결정했다. 그는 평화협정을 수용하기로 했다고 공개적으로 말하며, 협정을 비준할 전권대사들을 베네치아로 보냈다.[270] 그러나 한편에서는 대사들에게 절대 협정을 맺으면 안 되며,[271] 다양한 수완들과 책략들을 동원하여[272] 그것을 미루어야 한다고 명령했다. 그가 진실을 말했다고 베네치아인들이 더 확실히 믿도록 하기 위해 밀라노인들과 한 달간의 휴전을 맺고 밀라노로부터 후퇴했으며, 자신의 군대를 근교의 정복한 지역들의 진영들로 분산시켰다. 이러한 과정이 그의 승리의 이유이자, 밀라노의 몰락의 원인이었다. 베네치아인들은 평화협정을 신뢰하면서 전쟁을 거의 포기했고, 밀라노인들은 휴전협정이 맺어지고 적이 물러가고 베네치아인들이 자신들의 편에 서는 것을 보면서 백작이 자신의 기획을 포기하려 한다고 완전히 믿게 되었다. 이러한 견해는 두 가지 방식에서 그들에게 해로웠다. 하나는 그들이 자신들의 방어를 위한 질서와 체계를 등한시했다는 것이고, 다른 하나는 적으로부터 자유로워진 지역에서 파종을 할 기간이 되자 그들이 많은 곡물을 뿌렸다는 것이다. 그러한 조치는 백작이 그들을 더 기근에 시달리게 할 수 있는 결과를 가져왔다. 백작에게는 이 모든 일이 득이 되었고, 그의 적들에게는 해가 되었다. 그 시간은 그에게 숨을 돌리고 전열을 강화할 기회만 주었던 것이다.

---

270) 백작의 형제인 알레산드로 스포르차(Alessandro Sforza)는 안젤로 시모네타(Angelo Simonetta)와 안드레아 다 비라고(Andrea da Birago)와 함께 갔다.

271) 그러나 그는 비밀리에 그들에게 명령했다.

272) '트집 잡다'. 스포르차의 대사들은 무엇보다도 브레샤 협정에 따라 스포르차가 밀라노에 반환해야 했던 로디 문제에 대해 트집을 잡아야 했다.

23.[273)]

롬바르디아의 이 전쟁에서 피렌체인들은 어느 편인지 공표하지 않았다. 그들은 백작이 밀라노인들을 방어할 때나 그 이후에도 그에게 어떤 호의도 베풀지 않았다. 백작은 그들의 지원이 필요하지 않았기 때문에 급하게 도움을 요청하지 않았다. 카라바조의 패배 후에 동맹에 대한 의무로 인해 베네치아인들에게만 지원을 보냈다. 그러나 프란체스코 백작은 홀로 남겨지고 어느 곳에도 의지할 때가 없게 되자 불가피하게 피렌체인들에게 급하게 도움을 요청했다. 공개적인 국가 차원의 도움과 사적인 친구들로부터의 도움 두 가지가 다 필요했다. 친구들 중에서는 특히 코지모 데 메디치와 오랜 우정을 유지했는데, 항상 그에게서 신실한 조언을 듣고 모든 일에서 넉넉하게 조력을 받고 있었다. 굉장히 긴박한 상황에서 코지모는 그를 외면하지 않고 사적 시민의 자격으로서 그를 풍성하게 도왔고, 그가 사업을 계속해서 진행하도록 격려했다. 백작은 또한 피렌체가 공식적으로 도와주기를 희망했다. 그러나 거기에는 어려움이 있었다. 피렌체에서 네리 디 지노 카포니가 매우 힘이 있었는데, 카포니는 백작이 밀라노를 장악하는 것이 피렌체에 유익하지 않을 것으로 보았던 것이다. 그는 백작이 전쟁을 지속하는 것보다는 평화협정[274)]을 맺는 것이 이탈리아의 안정을 위해 더 좋다고 생각했다. 첫째, 그는 밀라노인들이 백작에 대한 분노로 인해 베네치아에게 완전히 굴복할 수 있음을 두려워했다. 그것은 모든 이들의 몰락을 가져올 것이었다. 그리고 백작이 정말로 밀라노를 얻는 데 성공하면 그러한 영토를 병합한 그 많은 군대는 두려

---

273) **밀라노에 대한 피렌체 내의 논의, 코지모는 백작을 옹호함 1449.**

274) 브레샤 협정(1449년 9월). 6권 22장 참조.

운 존재가 될 것이고, 그가 백작으로서 견딜 수 없는 존재였다면[275] 공작으로서는 더구나 가장 감당하기 어려운 존재가 될 것이라고 판단했던 것이다. 그는 피렌체 공화국과 이탈리아를 위해서는 백작이 군무에 대한 그의 명성에 만족하고,[276] 롬바르디아는 두 나라로 분할되어 다른 나라를 공격하지 못하도록 통일되지 않는 편이 더 낫다고 주장했다. 코지모의 친구들은 이 주장을 받아들이지 않았는데, 네리가 내린 결론은 공화국의 이익을 위한 것이 아니라 코지모의 친구인 백작이 밀라노의 공작이 되는 것을 바라지 않기 때문일 뿐이라고 생각했다. 백작이 밀라노 공작이 되면 코지모가 너무 강해질 것이라고 보았다는 것이다.[277] 코지모는 백작을 돕는 것이 공화국과 이탈리아에 매우 유용하다는 것을 보이기 위해 여러 근거를 들었다. 그는 밀라노인들이 자유를 유지할 수 있다고 믿는 것이 현명한 의견인 것으로 보이지 않는다고 했는데, 그들의 시민적 자질, 생활방식, 그 도시에 만연한 오래된[278] 파당들은 시민 정부의 모든 형식에 반대되기 때문에,[279] 백작이 그들의 공작이 되든지 아니면 베네치아인들이 그들의 군주가 되는 것이 필요하기 때문이라는 것이다. 그런 경우에 강한 친구를 가까이 둔 것과 강한 적을 둔 것 중 어느 것이 더 나은지 모르는 바보는 없을 것이다. 코지모는 또한 백작은 밀라노에 자신의 파당

275) 그가 백작(밀라노 공작도 아님)임에도 불구하고 위험했다면.

276) 용병대장으로서 자신의 힘을 유지하는 것(그리고 바로 아래에서 그가 지적한 바와 같이 이전 비스콘티 영토의 일부만을 통제하는 것. 6권 22장 참조).

277) 마키아벨리는 형성되고 있는 전통적인 피렌체 외교 정책(친 베네치아와 반 밀라노)의 변화를 도시의 국내정치 대립과 직접 연결시킨다. 『피렌체사』의 두 번째 부분(특히 6권의)을 특징짓는 관점의 확대(도시에서 이탈리아로)에 대해서는 7권의 서두를 참조.

278) 뿌리 깊은.

279) 즉, 밀라노의 정치·사회적 현실은 공화정 체제의 보존을 생각할 수 없게 만들었다. 『로마사논고』 1권 55장을 참조. 여기서 롬바르디아(나폴리 왕국, 교황국 및 로마냐 지역과 함께)는 "공화국이나 잘 정비된 시민정부가 적합하지 않은" "지역" 중 하나로 표시된다.

이 있고,[280] 베네치아인들은 없기 때문에 백작과 전쟁 중인 밀라노인들이 베네치아인들에게 굴복할까 걱정할 필요는 없다고 믿었다. 그래서 밀라노인들은 자유인으로서 스스로 지킬 수 없을 때마다 항상 베네치아인들이 아니라 백작에게 의지할 것이었다. 이 의견들의 차이가 피렌체를 거대한 긴장으로 몰아넣었다. 결국 그들은 백작에게 사절을 보내 협정방식에 대해 논의하도록 했다. 그들이 백작의 승리가 가능하다고 믿을 수 있을 정도로 백작의 상황이 유력하다면 협약을 맺어야 하고, 그렇지 않다면 협약에 이의를 제기하고 미뤄야 했다.

24.[281]

이 대사들은 백작이 밀라노의 군주가 되었다[282]는 소식을 들었을 때 레조(Reggio)에 있었다. 휴전 기간이 끝나자 백작은 곧바로 군대를 이끌고 밀라노로 돌아갔다. 베네치아인들이 있음에도 짧은 시간에 밀라노를 장악할 희망을 품었기 때문이다.[283] 베네치아인들은 아다 강 쪽으로부터 접근하지 않으면 밀라노를 도울 수 없었는데 백작이 그 길을 쉽게 차단할 수 있었다.[284] 겨울이어서 그는 베네치아인들이 자

280) 즉, 스포르차는 밀라노에 많은 지지자들이 있었다.

281) **베네치아는 밀라노에 작은 도움만을 제공, 밀라노인들이 프란체스코 백작을 공작으로 선택함 1450~1451.**

282) 1450년 2월 26일. 마키아벨리는 이 장에서 이야기의 시간을 매우 독특한 방식으로 다룬다. 이 장은 스포르차의 밀라노 입성으로 시작되고 끝이 나며, 회고 형식으로 1449년 9월과 1450년 2월 사이의 사건 이야기를 포함한다.

283) '밀라노 포위를 강화했다' 등. 스포르차는 베네치아에 동의하기 위해 오랫동안 미뤄왔다. 1449년 12월 24일 베네치아와 밀라노(암브로시아 공화국) 사이에 새로운 협정이 체결되었을 때 그는 모든 것을 시도하고 가능한 한 빨리 밀라노를 정복하기로 결정했다.

284) 아다강을 따라 스포르차가 친 방어에도 불구하고, 베네치아 군대의 일부는

신의 주위에 진을 칠 것을 두려워하지 않았고, 프란체스코 피치니노가 죽고[285] 그의 동생 야코포가 밀라노의 지휘관으로 홀로 남겨졌기 때문에 겨울이 끝나기 전에 승리를 거둘 수도 있을 것으로 보았다. 베네치아인들은 대리인 한 명[286]을 밀라노에 보내서 그들에게 빠르고 큰 도움을 약속하며 시민들이 스스로를 방어할 준비를 갖추기를 재촉했다. 겨울 동안 베네치아인들과 백작 사이에 작은 충돌이 지속되었다. 그러나 날이 풀리자 베네치아군이 판돌포 말라테스티[287]의 지휘 아래 아다 강변까지 와서 멈추어 섰다. 밀라노를 구조하려면 백작을 공격하여 전투에서 그들의 운을 시험해야 했지만, 사령관인 판돌포는 백작과 그의 군대의 위용을 보고 그 시험을 하지 않기로 결정했다. 그는 백작을 사료와 곡물의 부족으로 몰아낼 수 있기에[288] 싸우지 않고도 확실한 승리를 얻을 수 있다고 믿었다. 따라서 그는 베네치아인들에게 진영에 남아 밀라노인들에게 구조의 희망을 줘서 그들이 체념해서 백작에게 항복하지 않도록 해야 한다고 충고했다. 베네치아인들은 이 계획에 동의했는데, 그 계획이 좋기도 하고, 밀라노인들을 그러한 곤란에 묶어두면 그들을 다시 베네치아인들의 지배 하로 들어오도록 만들 수 있다고 판단했기 때문이다. 그들은 밀라노인들이 백작으로부터 받은 해악을 혐오해서 백작에게는 절대 항복하지 않을 것으로 확신했다. 그동안 밀라노인들은 거의 극단의 고통에 도달했다. 이 도

실제로 브리비오(Brivio)에서 강을 건넜다. 그러나 파견대는 산 제네시오(San Genesio)에서 포위되어 항복할 수밖에 없었다(1449년 12월).

285) 1449년 10월 16일에 밀라노에서 병으로 죽었다.

286) 레오나르도 베니에르(Leonardo Venier)(마키아벨리는 나중에 그를 '베네로[Venero]'로 명명한다).

287) 판돌포 시지스몬도 말라테스타. 마키아벨리는 베네치아와 암브로시아 공화국(밀라노)의 연합 군대의 전략을 단순화한다. 콜레오니의 지휘 하에 있는 베네치아 군대는 실제로 브리안차(Brianza)를 점령하여 야코포 피치니노(코모에 있던)의 군대에 합류하여 스포르차에 의한 도시 포위를 막았다.

288) 그는 밀, 짚, 건초가 부족하여 괴로워했다.

시가 빈곤으로 물들고 거리는 기아로 숨진 흔적들로 채워져 갔다. 소동과 불만들이 도시 곳곳에서 일어났다. 행정관들은 이를 극도로 두려워했고, 인민들이 서로 모이는 것을 막기 위해 모든 노력을 다했다.[289] 전체 다중은 악으로 전환되는 것은 매우 느리지만,[290] 일단 그런 경향이 생기면 모든 작은 사건이 그것을 추동한다. 그렇게 높지 않은 신분의 두 사람[291]이 포르타 누오바(Porta Nuova) 근처에서 도시의 재난과 자신들의 곤궁함을 이야기하며 어떤 식으로 안전을 도모할 수 있을지 논의하고 있었을 때, 다른 사람들이 그들과 합류하기 시작했다. 그렇게 그들은 상당한 숫자가 되었고, 포르타 누오바에 모인 사람들이 행정관에 대항하여 무기를 들었다는 소문이 밀라노 전역에 퍼졌다. 이런 상황을 기다리고 있던 전 군중이 무기를 들었다. 그들은 가스파레 다 비코메르카토(Gasparre da Vicomercato)[292]를 우두머리로 삼고 행정관들이 모여 있는 곳으로 갔다.[293] 그들은 행정관들에게 폭력을 사용하여 도망갈 수 없는 자들 모두를 죽였다. 그들 중에는 베네치아 사절인 레오나르도 베네로(Leonardo Venero)가 있었다. 군중들은 그를 자신들의 굶주림의 원인이자 자신들의 고통을 즐긴 사람으로 여겨서 죽였다.[294] 그들은 도시를 거의 장악했을 때, 그렇게 많은 괴

289) 1449년 12월과 1450년 2월 사이에 포폴로의 대장(Capitano del Popolo)은 사형의 벌에 처해질 모든 종류의 모임과 집회를 금지하는 "포고"를 내렸다. 공개적으로 스포르차를 지지하는 선동을 한 사람들도 처벌받았다.

290) '인민들은 그들을 반역으로 몰아가는 불만을 성숙시키는 데 더디다'. 격언의 형태로 여기에 표현된 개념에 대하여 『로마사 논고』 1권 57장 참조.

291) 시모네타의 『회상록』(337쪽)과 코리오(Corio)의 『밀라노사』(1328쪽)에 따르면 이들의 이름은 다음과 같다. 피에트로 코타(Pietro Cotta)와 크리스토포로 파냐노(Cristoforo Pagnano).

292) 가스파레 다 비메르카테(Gaspare da Vimercate).

293) 공화국의 행정관들은 산타 마리아 델라 스칼라 교회에서 900인 평의회(Consiglio dei Novecento)를 소집했다. 1450년 2월 25일이었다.

294) 베네로는 밀라노의 자료들에 의하면 소란의 유일한 희생자로 나타난다.

로움을 없애고 마침내 안식을 얻으려면 어떻게 해야 할 지를 논의했다. 그들 모두가 자유를 지킬 수 없다면 자신들을 보호해 줄 군주 아래에서 은신처를 찾아야 한다고 판단했다. 몇몇은 알폰소 왕에게, 다른 이들은 사보이의 공작에게, 또 다른 사람들은 프랑스 왕에게 의지하기를 바랐다. 아무도 백작을 고려하지 않았는데,[295] 그들이 그에게 품은 분노가 여전히 매우 강했기 때문이었다. 그들이 합의를 보지 못하자, 가스파레 다 비코메르카토가 처음으로 백작을 언급했다. 그들이 자신들 뒤에 와 있는 전쟁을 물리기를 원한다면 백작에게 의지하는 것 외에는 다른 방법이 없음을 충분히 설명했다. 그는 밀라노 인민들은 미래의 도움에 대한 먼 희망이 아니라 확실하고 즉각적인 평화가 필요하다고 말했다. 연설을 통해 그는 백작의 작전들을 변명해주고, 베네치아인들과 이탈리아의 다른 모든 지도자들은 비난했다. 전자는 야망으로, 후자는 탐욕으로 밀라노인들이 자유롭게 살기를 원하지 않았다는 것이다. 자신들의 자유가 포기되어야 한다면, 그들을 알고 보호할 수 있는 이에게 넘겨야 노예상태에서 더 해롭고 더 위험한 전쟁이 아니라 최소한 평화는 도래할 수 있다는 것이다. 이 사람의 연설은 굉장한 주의를 끌었고, 그가 연설을 마치자 그들은 백작에게 의지하자고 외쳤다. 그들은 백작에게 요청할 사절로 가스파레를 임명했다.[296] 인민의 명령으로 가스파레는 백작을 찾으러 갔고, 그에게 기쁘고 만족할 만한 뉴스를 가져다주었다. 백작은 그것을 기쁘게 받아들였고, 1450년 2월 26일 밀라노에 군주로 입성했다. 그는 얼마

295) 그러나 질문은 다음과 같은 용어로 제기될 수 없었을 것이다. 도시의 절망적인 상황으로 인해 발생한 반란은 포위 공격의 즉각적인 종료를 원하는 사람들과 어떤 경우에도 밀라노에 대한 스포르차의 권리와 그를 지지했던 사람들의 수렴을 보았다.

296) 스포르차는 2월 6일부터 비메르카테에 진을 쳤다. 도시의 항복 조건은 3월 3일에 마무리됐다. 25일에 스포르차는 대성당에서 공작 휘장과 시민들의 충성 맹세를 받으며, 도시에 두번째 입성(승리와 공적인)을 했다.

전까지만 해도 그를 엄청난 증오로 헐뜯었던 이들에 의해 엄청나고 놀랄만한 기쁨으로 환대받았다.

25.[297]

이 정복에 대한 소식이 피렌체에 도달했을 때, 피렌체 사절들은 이미 길을 떠난 상태였다.[298] 그들은 백작과 협상을 하는 대신 공작의 승리를 축하해야 한다는 명령을 받았다.[299] 밀라노 공작은 사절들을 환대했고 귀빈으로 대접했다. 그는 베네치아인들의 힘에 저항하기 위하여 이탈리아에서 피렌체인들보다 더 강하고 믿을 만한 동맹이 없다는 것을 잘 알았기 때문이다. 피렌체인들은 비스콘티 가문에 대한 두려움은 이제 잊고 아라곤인들과 베네치아인들의 군대와 싸워야 하는 상황임을 인식하고 있었다. 나폴리의 아라곤 왕들은 피렌체인들이 프랑스 왕가와 항상 맺고 있는 우정 때문에 피렌체에 적대적이었다. 베네치아인들은 비스콘티 가문에 대한 피렌체의 오랜 두려움이 이제 베네치아인들에 대한 새로운 두려움으로 바뀐 것을 깨달았다.[300] 피렌

297) **밀라노 공작과 피렌체에 대항하는 베네치아와 알폰소 왕의 동맹, 코지모의 베네치아 사절에 대한 연설 1451.**

298) 피렌체의 가장 중요한 시민들이 대표단의 일부였다. 코지모의 아들 피에로 데 메디치(Piero de'Medici), 루카 피티(Luca Pitti), 네리 카포니(Neri Capponi) 및 디에티살비 네로니(Dietisalvi Neroni).

299) [영역주] 프란체스코 스포르차는 더 이상 백작이 아니라, 이제 밀라노의 공작이었다. [역자주] 공작은 왕 아래 최고 직위이다. 이탈리아 북부 지역의 지배자들은 신성로마제국 황제에 의해 작위를 받았고 그 속에서 정당성을 획득했다. 따라서 실질적으로는 그 지역의 지배자이기에 군주로 번역해도 큰 무리는 없으나, 형식적 직위에서 황제의 아래에 있기에 공작으로 번역하는 것이 형식적·실질적 의미를 더 잘 전달하는 것으로 파악했다.

300) 그들은 한때 비스콘티를 향한 두려움이 이제 그들에게로 향하고 있음을 이해했다. 마키아벨리는 거의 30년에 걸친 (반 밀라노 측면에서) 피렌체·베네

체인들이 비스콘티 가문을 얼마나 열심히 공격했는지를 알았던 그들은 피렌체인들이 베네치아의 몰락을 추구할 것임을 알았다. 이런 것들로 인해 밀라노의 새 공작이 점차 피렌체와 가까워지고, 베네치아와 알폰소 왕이 자신의 공동의 적에 대응하는[301] 협정을 맺게 되었다. 베네치아인들과 왕은 그들의 군대를 동시에 움직여 왕은 피렌체를, 베네치아는 밀라노를 공격하기로 했다. 이제 막 새롭게 권좌를 얻은 밀라노 공작이 혼자서 자신의 군대나 타인의 도움으로 영토를 보존할 수는 없을 것이라고 본 것이었다. 그리고 피렌체와 베네치아 사이의 동맹이 지속되었고 나폴리 왕은 피옴비노의 전투 이후 피렌체와 평화협정을 맺었기에,[302] 그들은 전쟁이 정당화될 다른 명분이 없다면 평화는 깨질 수 없다고 생각했다. 따라서 이 두 세력은 피렌체로 사절을 보냈고,[303] 그들은 자신들의 지도자들을 대신하여 그 동맹이 누군가를 공격하려는 것이 아니라 자신들의 나라를 방어하기 위해 성립된 것임을 이해시키려 했다. 베네치아인들은 피렌체가 루니자나(Lunigiana)로 통하는 길을 공작의 동생인 알레산드로(Alessandro)[304]에게

치아 동맹의 붕괴로 구성된 이탈리아 균형에서 매우 중요한 변화의 출현과 한편으로는 피렌체와 밀라노, 다른 한편으로는 베네치아와 나폴리 사이의 동맹의 새로운 축이 형성됨을 지적하고 있다.

301) 즉, 피렌체와 밀라노를 상대로. 베네치아와 나폴리 왕 사이의 협정은 1450년 7월에 스포르차가 밀라노를 함락한 지 불과 몇 달 후에 약정되었다. 1451년 봄에 그들은 사보이 공작, 몬페라토 및 '제국'과 동맹을 맺었다.

302) 피옴비노 전쟁은 6권 15－16장 참조. 마키아벨리는 피옴비노(1448년 가을)에서 아라곤의 철수에 대한 언급 이후, 결코 사건들로 복귀하지 않았다. 피렌체와 아라곤 사이의 충돌과 접전은 1449년에 토스카나 지방(카스틸리온 델라 페스카이아[Castiglion della Pescaia]와 가보란노[Gavorrano])에서 계속되었다. 1450년 초에 시작된 피렌체와 나폴리 간의 평화 협상은 6월에 종료되었다. 아라곤의 알폰소는 전쟁기간 동안 점령된 땅과 질료(Giglio) 섬을 유지했고 피옴비노의 영주는 피렌체의 보호 아래 남아 있었다.

303) 그들은 1451년 3월 14일에 도착했다.

304) [영역주] 알레산드로 스포르차. 페사로의 군주였다. 『피렌체사』 6권 11장 참조.

내어줌으로써 그가 군대를 이끌고 롬바르디아로 들어올 수 있도록 했고, 또한 공작과 만토바 후작[305] 사이의 협정을 지원하고 조언했다고 비난했다. 이 모든 것이 그들의 영토와 그들이 함께 맺은 우정에 역행하는 일이었다고 주장했다. 부당하게 공격한 이들은 타인이 공격받았다고 합당하게 느낄 이유를 제공하는 것이며, 평화를 깬 사람은 전쟁을 야기할 수 있음을 정중히[306] 상기시켰다. 시뇨리아는 코지모에게 이에 대한 답변을 맡겼다.[307] 길고 지혜로운 연설에서 그는 자신의 도시가 베네치아 공화국에 제공한 많은 이득에 대해 상기시켰다. 그는 베네치아가 피렌체의 자금, 군대, 조언으로 얼마나 많은 도시를 얻었는지 보여주었다.[308] 둘의 우정은 피렌체인들을 통해 생겨났지만, 적대관계는 자신들이 야기한 적이 없었음을 지적했다. 그들은 항상 평화의 애호자였기에, 베네치아와 나폴리 왕 사이의 협정이 전쟁이 아니라 평화를 위한 것이라면 매우 칭송한다고 말했다. 그는 베네치아 같은 큰 공화국이 그렇게 사소하고 헛된 문제에 신경 쓰는 것과 자신들에게 제기된 비난에 매우 놀란 것도 사실이었다고 말했다. 그는 이러한 문제가 숙고할 만한 것이라면, 피렌체인들은 자신들의 나라가 누구에게나 자유롭고 개방적이기를 바란다는 것을 분명히 했고, 공작은 만토바와 동맹을 맺기 위해 자신들의 호의나 충고를 필요로 하지 않을 정도로[309] 유력한 사람이라고 했다. 따라서 그는 이 비난

305) 루도비코 3세 곤자가. 그는 1450년 11월에 스포르차를 위한 복무에 들어갔다.

306) 위협할 의지 없이.

307) 공식 답변은 시 당국이 베네치아와 나폴리 대사를 접견한 지 이틀 후인 3월 17일 코지모에 의해 발표되었다.

308) 코지모의 주장은 마키아벨리의 창조물이다. 사실, 마키아벨리는 코지모의 말을 통해 베네치아와의 오랜 동맹으로 베네치아는 25년 간의 전쟁 동안 브레샤, 베르가모, 라벤나를 점령할 수 있었던 반면, 피렌체는 루카조차도 얻을 수 없었기 때문에, 피렌체의 불만의 주요 이유들을 이야기 하고 있다.

309) 피렌체가 실제로 스포르차와 곤자가 간의 협정 체결에 적극적인 역할을 한

이 그들이 드러내지 않은 다른 어떤 독을 숨기고 있지는 않은지 두려우며,[310] 만약 그렇다면 그들은 피렌체와의 우정이 얼마나 유용한지, 그러나 피렌체와의 적대는 얼마나 위험한지 곧 알게 될 것이라고 했다.

26.[311]

당시에는 이 문제가 가볍게 끝났고,[312] 사절들은 만족한 채 떠나간 것처럼 보였다. 그럼에도 동맹은 결성되었고, 베네치아인들과 알폰소 왕의 방식은 피렌체인들과 밀라노 공작으로 하여금 확고한 평화를 기대하기보다는 새로운 전쟁을 두려워하게 만들었다. 따라서 피렌체인들은 밀라노 공작과 동맹을 맺었고,[313] 그 사이 베네치아인들의 악한 의도가 드러났다. 그들은 시에나인들[314]과 동맹을 맺고 베네치아와 그 영토에서 모든 피렌체 시민과 신민들을 몰아냈다. 얼마 지나지 않아 알폰소는 전년에 맺은 평화는 아랑곳하지 않고, 정당성은 물론 어떠한 그럴듯한 명분도 없이[315] 같은 일을 저질렀다. 베네치아인들은

것 같지는 않다(어쨌든 결정적인 역할은 아님).

310) 그는 그러한 불만, 불평이 악의를 숨기는 것을 두려워했다.

311) **베네치아와 왕의 비우호적인 행위들, 피렌체의 반격 1451.**

312) 지체와 후환이 없었다.

313) 1451년 7월 30일에 합의된 동맹은 8월 15일에 포고되었다. 이는 10년 동안 유효했다. 이탈리아 반도의 정치·외교 구조에 혁명을 일으킨 밀라노와 피렌체 간의 합의 이전에 베네치아와 나폴리가 채택한 일련의 심각한 조치로 그들의 영토에서 피렌체 상인들이 추방되었다(1451년 6월).

314) 이 사건 역시(나폴리와 베네치아에서 피렌체 상인의 추방과 같은) 밀라노·피렌체 협정의 서명에 선행했으며 뒤이어 일어나지는 않았다. 시에나인들은 베네치아와 나폴리가 봄에 규정한 동맹에 합류했다(6권 25장 참조).

315) 그는 엄중한 조치를 정당화할 구실을 찾는 데 애를 쓰지도 않았다.

볼로냐를 정복하려 시도했고, 볼로냐의 추방자들을 도와 그들을 한밤중에 많은 군대와 함께 볼로냐의 하수로를 통해 도시 안으로 들여보냈다. 그들이 소리쳐 공격하기 전까지 아무도 그들의 침입을 알지 못했다.[316] 이 소란으로 잠에서 깬 산티 벤티볼리오는 전 도시가 반란자들에 의해 장악된 것을 알았다. 많은 이들이 그가 머문다고 해서 도시를 구할 수 없기에 도망쳐서 생명을 구하라고 조언했지만, 그는 운명과 대면하기로[317] 했다. 그는 무기를 들었고, 그의 휘하의 사람들에게 용기를 주었으며 친구들을 모아[318] 반란자들의 일부를 공격했다. 이들을 제압해서 그는 많은 이들을 죽였으며 나머지를 도시에서 몰아냈다. 모든 이들이 그가 확실히 벤티볼리 가문의 일원임을 입증했다고 생각했다.[319] 이 적대행위들과 징후들은 피렌체에 전쟁이 임박했다는 믿음을 확고히 했고, 피렌체인들은 그들이 과거에 해오던 방비를 갖추었다. 그들은 10인 위원회[320]를 만들고 새 용병대장들을 고용했으며, 사절들을 로마, 나폴리, 베네치아, 밀라노, 시에나로 보내 도움을 요청했고, 불신을 없애고자 했으며, 의심을 품은 자들을 설득하고, 적들의 계획을 파악하고자 했다.[321] 교황으로부터는 일반적인 선의의 말들과 평화에 대한 권장 외에는 아무것도 얻지 못했다. 나폴

---

316) '자신들이 신호를 보내기 전까지는 그들의 존재가 감지되지 않았다.' 망명자들과 그들을 동반한 병사들은 리노 운하를 통해 도시로 들어왔다. 리노 운하는 북쪽 벽에 설치된 통로를 통해 볼로냐를 벗어난다.

317) 단호하게 대응하고 싶었다(이 표현에 대해서는 6권 13장 참조)

318) 지지자들을 모아.

319) '그의 혈관에 벤티볼리의 피가 흐르고 있음을 보여주었다.' 6권 10장 및 코지모의 말을 참조("네가 에르콜레 벤티볼리의 아들이라면 너는 가문과 네 아버지의 훌륭한 사업을 맡아야 할 것이다").

320) 그들은 6월 12일에 임명되었다. 그들 중에는 코지모 데 메디치, 네리 카포니, 안젤로 아차이우올리 및 오토 니콜리니가 있었다.

321) 신뢰하지 말아야 할 사람을 알아보고, 결정을 내리지 못한 사람을 같은 편으로 만들고, 적의 의도를 알아내는 것.

리 왕으로부터는 피렌체인들을 추방한 것에 대한 공허한 변명과 자신에게 안전통행권을 요청하는 누구에게든지 그것을 제공하겠다는 약속을 받았다. 알폰소는 새로운 전쟁을 계획하고 있음을 숨기고자 했지만, 사절들은 그의 나쁜 의도를 간파했고 공화국의 침공을 위해 많은 것들을 준비하고 있음을 발견했다. 밀라노 공작과 피렌체는 다양한 서약들로 동맹을 더욱 강화시켰으며, 공작의 중재로 피렌체는 제노바와 동맹을 맺었다.[322] 베네치아인들이 방해하려고 온갖 수단을 찾았지만, 과거의 보복행위들과 다른 많은 싸움들에 대한 제노바와의 의견 차이들은 결국 해결되었다. 베네치아인들은 콘스탄티노폴리스의 황제로[323]로 하여금 그의 나라에서 피렌체인들[324]을 추방시키도록 하는 데 성공했다. 그러한 증오를 안고 그들은 전쟁을 시작했고, 지배욕이 너무 강해 주저 없이 자신들의 위대함에 일조했던 이들을 파괴하려고 시도했으며, 피렌체인들을 피렌체 영토에서 몰아내 달라고 황제에게 간청하기까지 했다. 황제는 물론 귀를 기울이지 않았다. 피렌체 사절들은 베네치아 원로원에 의해 그 공화국 영토에 들어가는 것이 금지되었다.[325] 그들은 나폴리 왕과 동맹을 맺었기 때문에 그의 입회 없이는 피렌체인들을 만날 수 없다는 핑계를 댔다. 시에나인들은 동맹이 방어해 주기 전에 몰락할 것을 두려워하여 사절들을 환대했다.[326] 저항할 수 없는 힘은 달래는 것이 낫다고 생각했기 때문이다. 베네치아와 나폴리 왕은 전쟁을 정당화하기 위해 예상대로 사절들을 피렌체에 보내고자 했지만, 베네치아인들은 피렌체 영토로 들어

322) 1451년 11월.

323) 콘스탄티노스 11세 팔레올로고스(Palaeologus, 1403~1453). 그는 콘스탄티노폴리스의 마지막 황제였다.

324) 비잔틴 제국에 거주하는 피렌체인 공동체.

325) 오토 니콜리니 대사에게 통행권이 거부되었다.

326) '달래다'. 3권 24장, 4권 4장 및 『로마사 논고』 3권 6장에서 같은 의미로 사용됨.

가는 것이 허가되지 않았고 왕의 사절들도 의무를 홀로 수행하기를 원치 않아서, 임무가 완수되지 않았다.[327] 이제 베네치아인들은 그들이 몇 달 전 그토록 경멸했던 피렌체인들이 자신들을 멸시하고 있음을 알게 됐다.

27.[328]

이 사태들이 불러일으킨 두려움들 사이에서 신성로마제국 황제 프리드리히 3세는 대관식을 위해[329] 이탈리아로 왔다. 1451년 1월 30일 그는 1천 5백 명의 기병을 데리고 피렌체에 들어갔다. 그는 피렌체 정부에 의해 최고의 존경으로 환대받았으며, 2월 6일 로마로 떠날 때까지 피렌체에 머물렀다. 로마에서 성스럽게 대관식을 거행하고 그는 해로를 통해 로마로 온 황후와 결혼잔치[330]를 베풀고 독일로 떠났다. 5월에 그는 다시 피렌체를 통과해 갔고, 지난번과 같은 존경으로 환대받았다. 그는 귀환 중에 페라라 후작에게 모데나와 레조를 선사했다. 황제가 후작에게 그간 많은 도움[331]을 받았기 때문이었다. 한편 피렌체인들은 임박한 전쟁을 준비하는 것을 놓치지 않았고, 자신들의 명성을 높이고 적들에게는 두려움을 주고자 밀라노 공작과 함께 프랑

327) 완료되지 않음, 중단됨.

328) **황제 프리드리히 3세 피렌체에 오다, 전쟁이 롬바르디아에서 시작됨 1452.**

329) 합스부르크의 프리드리히 3세는 교황에 의해 대관을 받은 마지막 황제였다. 그가 이탈리아에 도착한 것은 1452년 초로 거슬러 올라간다. 황제는 이탈리아의 파당들 사이에서 중재자 역할을 할 것을 제안했지만 그의 모든 계획은 결실을 맺지 못했다.

330) 결혼식은 3월 19일 로마에서 거행되었다. 신부는 2월 2일 리보르노에 상륙한 포르투갈의 엘레오노라(나폴리 알폰소 왕의 손녀)였다.

331) 금전적 도움.

스 왕과 동맹을 맺어 영토를 공동으로 방어했다.[332] 이것을 그들은 매우 큰 기쁨과 위엄으로 전 이탈리아에 공표했다. 1452년 5월 베네치아인들은 밀라노와의 전쟁을 더 이상 미룰 수 없다고 결정했고,[333] 기병 1만 6천 명과 보병 6천 명의 군대를 가지고 로디 방향으로 밀라노를 공격했다.[334] 동시에 몬페라토(Monferrato)의 후작은 자신의 야망을 위해 혹은 베네치아의 선동에 따라 알레산드리아 쪽에서 밀라노를 공격해왔다. 밀라노 공작은 1만 8천 명의 기병과 3천 명의 보병을 모은 다음, 알레산드리아와 로디에 군대를 보내고 적이 쳐들어올만 한 모든 곳의 방비를 강화했다. 그는 군대를 이끌고 브레샤 지역[335]을 공격하여 베네치아인들에게 커다란 피해를 입혔고, 모든 지역을 약탈하고 무방비 상태의 마을들[336]을 초토화시켰다. 알레산드리아에서 밀라노 공작의 군대가 몬페라토 후작을 물리치자,[337] 공작은 더 큰 군대로 베네치아인들에 대항하고 그들의 영토를 공격할 수 있었다.

---

332) 1452년 2월(그러나 4월에만 공포됨). 샤를 7세와의 동맹은 전쟁 발발(이듬해 5월)에 앞서 가장 중요한 외교적 움직임이었다. 중재자는 안젤로 아차이우올리로 전년 9월부터 프랑스 궁정의 대사를 역임했다.

333) 5월 16일에 전쟁이 선포되었다. 2주 후 나폴리 왕도 피렌체를 상대로 전장에 뛰어들었다.

334) 그것은 조직적인 군사작전이라기보다 오히려 약탈과 혼란에 가까웠다. 베네치아 군대는 젠틸레 다 레오네사(Gentile da Leonessa)가 지휘했다.

335) 밀라노군과 베네치아군은 오르지누오비(Orzinuovi)와 몬티치아리(Montichiari) 근처에서 맞부딪쳤지만, 전투에 이르지는 않았다(1452년 9월 말~10월).

336) 요새화되지 않은 마을.

337) 마키아벨리는 스포르차 군대와 몬페라토 후작의 동생 굴리엘모 군대 간의 충돌의 중요성을 과장한다. 그러나 그는 6월 19일에 "위대한 길"이라고 말한 부오닌세니(Buoninsegni)를 근거로 그렇게 한다. 사실, 1453년 1월 스포르차는 몬페라토의 군대에 맞서 바르톨로메오 콜레오니를 보내도록 강요받았다. 마키아벨리는 더 중요한 군사적 사실에 대해 침묵하고 있다. 로디 근처에서 공작의 형인 알레산드로 스포르차가 패배한 것이다.

28.[338)]

롬바르디아에서 전쟁이 다양한 그러나 경미한 사건들[339)]로 점철되는 동안 토스카나에서는 알폰소 왕과 피렌체인들 사이에 또 다른 전쟁이 일어났는데, 롬바르디아의 전쟁보다 더 큰 용기나 위험을 보이지는 않았다. 알폰소 왕의 사생아였던 페르디난도가 우르비노의 군주 페데리코를 지휘관으로 대동한 1만 2천 명 규모의 군대를 이끌고 토스카나를 공격했다.[340)] 그들의 첫 번째 작전은 발 디 키아나(Val di Chiana)의 포이아노(Foiano)[341)]를 공격하는 것이었는데, 시에나와 동맹을 맺어서 그 경로를 통해 피렌체 영토로 들어올 수 있었다.[342)] 포이아노는 방벽이 약하고 작은 마을에 주민의 수가 적었지만, 당시 이들은 용기와 충성으로 유명했다. 이 도시에는 또한 피렌체 정부가 방어를 위해 파견한 2백 명의 군인들이 있었다. 페르디난도는 강화된 이 도시를 포위했지만, 시민들의 위대한 저력 혹은 자신의 무능함 때문에 36일간 포위한 후에야 이 도시를 정복할 수 있었다.[343)] 이 기간에 피렌체는 중요한 다른 지역들에 물자를 공급하고 군대를 모으고 더 중요한 요새에 필요한 방어를 더 잘 준비할 수 있었다. 포이아노를 함락시킨 후 그들은 키안티(Chianti) 지역으로 들어갔으나, 사인(私人)

338) **피렌체에 대한 알폰소 왕의 미미한 공격들 1452.**

339) 별로 중요하지 않은 사건들.

340) 아라곤의 페르디난도는 1452년 7월 중순에 토스카나에 들어왔다.

341) 아라곤 군대는 7월 22일 포이아노 성벽 아래에 있었다.

342) 이러한 언급은 『피렌체사』에서 그가 정치-군사 전략들을 인식하는 지리적 정확성의 특징이다.

343) 포이아노는 42일간의 포위 공격 끝에 9월 2일에 함락되었다. 마키아벨리는 1383년 피렌체의 영토가 된, 이중벽으로 둘러싸인 포이아노의 방어적인 약점을 강조했다. 아래에서 개발된 논쟁적인 이유를 참조하시오.

소유한 두 조그만 마을[344]도 점령하지 못했다. 그들은 그곳을 떠나 시에나에서 10마일 정도 떨어진 키안티 변경의 작은 요새 카스텔리나(Castellina)를 포위했다. 이 마을은 그 입지가 매우 허약했고 방비도 미미했다.[345] 그러나 이 두 가지 약점도 그곳을 공격하는 군대의 허약함을 능가하지 못해, 그들은 44일간의 포위 공격 끝에 불명예스럽게 떠났다. 이 군대들이 엄청나고 전쟁들은 매우 위험하여 오늘날 같으면 방어가 불가능하여 버려질 도시들이 당시에는 난공불락인 것처럼 방어되었다. 페르디난도가 키안티의 진영에 남아있는 동안 피렌체 영토를 많이 약탈했고, 피렌체의 6마일 근처까지 습격하여 피렌체인들에게 상당한 피해와 두려움을 주었다. 당시 피렌체는 아스토르 디 파엔차(Astor di Faenza)[346]와 지스몬도 말라테스타(Gismondo da Malatesta)의 지휘하에 8천 명의 군대를 콜레(Colle)[347]의 요새로 이동시켰고, 적과 교전해야 하는 상황에 봉착하지 않도록 적과의 거리를 유지하고 있었다. 그들은 전투에서 패하지 않는 한 전쟁에서 지지 않을 것이라고 판단했다. 작은 마을들을 잃었을 때는 평화가 회복되면 되찾을 수 있고, 큰 마을들[348]은 적들이 공격하지 않을 것이라고 생각하여 안심하고 있었다. 왕은 여전히 피사 근처의 해역에 약 20척의 갤리선과 쾌속선들[349]로 이루어진 함대를 배치해 두었었다. 카스텔리나[350]에 대한 육지에서의 포위 공격이 지속되는 동안 그는 함대를 바다(Vad

344) 브롤리오(Brolio)와 카키아노(Cacchiano). 그들은 피렌체 공화국의 보호를 받는 리카솔리의 영지였다.

345) 나폴리인들은 9월 23일 카스텔리나에 도착했다.

346) 아스토레 디 만프레디(Astorre di Manfredi). 그는 앙기아리의 지도자 중 한 명이었다.

347) 피렌체와 시에나 사이에 있는 콜레 발 델사(Colle Val d'Elsa).

348) 주요 중심 도시들.

349) 단일 돛대를 가진 작은 갤리선.

350) 시에나 북쪽의 카스텔리나 인 키안티.

a)[351]의 성곽에 정박시키고, 성주의 태만함을 이용하여 그곳을 점령했다. 이로 인해 적들은 그 주변 지역을 약탈할 수 있었다. 그러나 피렌체가 캄필리아(Campiglia)로 보낸 군대는 이들의 공격을 쉽게 종결시켰고, 왕의 군대를 해변 근처에 묶어 놓았다.[352]

29.[353]

교황은 교전 당사국들 사이에서 합의를 이끌어내려는 노력을 제외하고는 이 전쟁들에 얽히지 않았다. 그러나 외부의 전쟁과 거리를 두고 있는 동안 내부에서 더 무서운 위험을 발견하게 되었다.[354] 이 시기에 로마 시민 스테파노 포르카리(Stefano Porcari)[355]는 귀족 가문 출신의 식자(識者)였으며, 그 기상의 탁월함으로 고귀한 인물이었다. 그는 명예를 소중히 여기는 사람들의 바람처럼 기억에 남을 만한 일을 성취하거나 최소한 시도라도 하고자 했다. 그는 자신의 조국을 고위 성직자들의 수중에서 해방시키고, 고대의 생활양식을 부활시키는[356] 것보다 더 고귀한 시도는 없다고 판단했다. 이 일이 성공하여 그는

351) '함대에 포위됨' 등. 바다는 체치나 입구 바로 북쪽에 있는 피사의 마렘마에 있으며 자연 항구를 마주하고 있다. 사건은 1452년 12월로 거슬러 올라간다.

352) 그들은 적들이 해안을 떠나지 못하도록 했다.

353) **로마에서 일어난 스테파노 포르카리의 음모 1453.**

354) 교황 니콜라오 5세가 "내부에서" 자신이 처한 전쟁은 스테파노 포르카리의 유명한 음모로, 그 성격과 그의 행동에 대한 이상적인 동기에 대해 동시대 사람들 사이에서 선풍을 일으켰다.

355) 로마의 귀족이자 유명하고 인정받는 웅변가인 포르카리는 수많은 공직을 거쳤다. 1427년에서 1428년 사이에 피렌체의 포폴로의 대장, 1432년 볼로냐의 포데스타, 1434년 시에나의 포데스타, 1435년 오르비에토의 포데스타. 1447년 에우제니오 4세의 죽음으로 로마인을 선동하려던 그는 니콜라오 5세에 의해 볼로냐에 감금되었다.

356) 로마에서 고대 공화국의 제도를 복원하는.

로마의 새로운 창건자이자, 두 번째 아버지로 불릴 수 있기를 희망했다. 그의 시도가 영광스러운 결과를 가져올 것이라는 희망을 품은 이유는 고위 성직자들의 악습들과 로마 귀족 및 인민의 불만이었다. 특히 그에게 희망을 준 것은 "그 팔다리를 지배하고 있는 고귀한 정신"[357]으로 시작하는 페트라르카의 시 구절들이었다. 페트라르카는 다음과 같이 썼다.

타르페이오 산[358] 정상에서, 오! 시여, 당신은 보리라
모든 이탈리아를 영광스럽게 하는 한 기사를
자신보다 타인들을 더 생각하는

스테파노는 시인들이 자주 예언적이고 신성한 영감으로 충만하기 때문에,[359] 페트라르카가 이 시에서 예언한 것이 이루어질 것이며, 이 영광스러운 일을 수행할 이는 자신이라고 확신했다. 본인이 연설, 학식, 자비,[360] 친구들에 있어 다른 로마인들보다 뛰어나다고 생각했기 때문이다. 이 생각에 빠져 그는 충분히 조심할 수 없었고, 그의 말과 습관 그리고 생활방식에서 스스로를 드러내게 되었다. 이에 교황은 그를 의심하게 되었고, 자신을 해칠 수 있는 기회를 박탈하기 위해 스테파노를 볼로냐로 유폐하고, 볼로냐의 지배자에게 매일 그를 감시할 것을 주문했다. 스테파노는 이 첫 번째 난관에 좌절하지 않았다. 그는 더 열심히 일을 진행했고, 더 조심스럽게 친구들과 회합을

357) 이 노래는 로마 원로원 의원에게 헌정되었는데, 시인은 내부 갈등으로 찢긴 로마를 진정시키라고 촉구했다.

358) 캄피돌리오 혹은 카피톨리노 언덕.

359) 시인-예언자 또는 시인-신학자, 신성한 진리의 영감받은 계시자는 고대 세계에서 중세 전체에 이르기까지 매우 널리 퍼진 주제이다.

360) 호의와 존경.

가질 수 있게 되었다. 그는 아주 빨리 로마를 드나들었고, 빠른 속도로 복귀하여 볼로냐 관리가 규정한 시간 내에 나타날 수 있었다. 그러나 자신의 의지를 실행하기 위해 충분한 사람들을 모은 것처럼 보였을 때, 그는 계획을 더 이상 미룰 수 없다고 결정했다. 그는 로마에 있는 친구들에게 정해진 시간에 훌륭한 저녁 만찬을 준비해 주기를 부탁했고, 음모자들은 여기에 각자 자신이 가장 신뢰하는 친구들을 데리고 오도록 했다. 그는 만찬이 끝날 때까지 그들과 함께 할 것을 약속했다. 모든 것이 그의 계획대로 진행되었고, 스테파노는 이미 그들이 만찬을 할 집에 도착했다. 저녁 식사가 끝나자마자 그는 금실을 넣어 짠 천으로 만든 옷을 입고 목걸이와 다른 장식들로 치장하여 장엄하고 기품 있는 모습으로 나타났다.[361] 그들을 포옹하며 긴 연설을 통해 그들이 한결같은 마음을 유지하고 영광스러운 일을 준비해 줄 것을 독려했다. 그리고 그는 계획을 설명했다. 다음 날 아침 그들 중 일부는 교황청을 점령하고, 다른 일부는 로마를 돌며 인민들이 무기를 잡도록 선동하는 것이 그 내용이었다. 그날 밤 교황이 그 일을 알아챘다. 음모자들 사이의 불신 때문이었다고도 하고, 스테파노가 로마에 있는 것이 알려졌기 때문이라고도 했다. 어찌 되었든 만찬이 있던 날 밤 교황은 스테파노를 대부분의 동조자와 함께 체포했고, 그들의 죄에 합당하게 사형에 처했다.[362] 이것이 스테파노의 계획의 결말이었다. 확실히 이 사람의 시도를 칭송할 사람도 있을 것이다. 그러나 그의 판단[363]은 비난받을 수밖에 없다. 이러한 시도들은 그 계획단계

361) 포르카리는 1452년 12월 말에 볼로냐를 떠나 4일간의 여행 끝에 1월 2일 로마에 도착했다. 도시에 도착하자마자 그는 처남 안젤로 디 마소(Angelo di Maso)의 집에 숨었다.

362) 음모를 발견한 니콜라오 5세는 그의 병사들을 투입했다. 처음에 체포를 피한 포르카리는 1월 5일 안젤로 디 마소의 집에서 체포되었고, 3일 후 산탄젤로 성에서 교수형을 당했다. 다른 공모자들은 그 다음 주에 처형되었다.

363) 실행 방법. 하지만 '판단력'의 결점은 현실에 대한 인식과 야심의 결여이기도

에서는 영광스럽게 보일지라도 그 실행단계에서는 거의 필연적으로 몰락하기 때문이다.[364)]

30.[365)]

토스카나에서 전쟁은 이미 거의 일 년 동안 지속되었고, 1453년 군대들이 전장에서 작전을 재개할 즈음, 밀라노 공작의 형제인 알레산드로 스포르차는 2천 명의 기병을 데리고 피렌체를 도우러 왔다.[366)] 이 때문에 피렌체의 군대가 강화되었고 나폴리 왕의 군대는 줄어들었기에, 피렌체인들은 그들이 잃었던 것을 회복할 수 있다고 보았고, 별 어려움 없이 몇몇 도시들을 수복했다. 그들은 감독관들의 부주의[367)]로 약탈당했었던 포이아노(Foiano)에 진을 쳤다. 그곳은 전에 약탈당했을 때 많은 주민들이 흩어졌고 여러 어려움이 있었지만, 세금 면제와 다양한 혜택을 동원해 주민들을 귀환시켰다.[368)] 바다(Vada)의 요새 또한 탈환했는데, 적들은 그것을 지킬 수 없다는 것을 알자 포기하고 불살랐다. 이러한 일들이 피렌체 군에 의해 수행되는 사이, 아라곤 군

하다.

364) 이상적인 관점에서 볼 때 포르카리의 행동(그의 의도)의 고귀함이 인정된 것처럼 보인다면, 마키아벨리는 호소력 없이 그것의 불일치를 비난한다. 모든 음모의 성공에 내재한 어려움에 더해, 자유와 구원에 대한 인민의 열망의 부재에 비현실적인 호소가 추가된다(『로마사 논고』 3권 6장 참조). 1476년 12월 밀라노 공작에게 꾀한 음모에 대한 판단도 다르지 않을 것이다(7권 33-4장 참조).

365) **피렌체의 성공들, 게라르도 감바코르티의 배신 1453.**

366) 1453년 6월의 일이다.

367) 1453년 8월. 피렌체 감독관들은 군대가 포이아노를 약탈하는 것을 막을 수 없었다.

368) 그들은 면제와 특권의 약속에 따라 도시에서 살기 위해 돌아가기로 결정했다.

대는 적군에 접근하려는 대담함이 없었기에 시에나 근처에 모여 수차례 피렌체 영토를 급습했다. 그곳에서 도적질을 일삼고 모반을 획책하고 큰 두려움을 불러일으켰다. 나폴리 왕은 다른 방식으로 적을 공격하는 시도를 하고, 적의 병력을 분산시키고, 새로운 시도와 공격으로 적을 약화시켰다. 게라르도 감보코르티(Gherardo Gambocorti)는 발디 바뇨(Val di Bagno)의 영주[369]였는데, 그와 그의 조상들은 우정에 의해서든 혹은 강요에 따른 것이든 항상 피렌체의 보호를 받아왔다. 알폰소 왕은 이 영주와 비밀리에 협상을 했고, 그는 왕에게 자신의 나라를 주고 그에 상응하게 왕은 왕국의 다른 나라를 그에게 보상으로 주기로 했다. 이 협상은 피렌체에 알려졌고, 게라르도의 의중을 알기 위해 피렌체인들은 사절을 보내 그의 전임자들의 의무들과 그 자신의 의무를 상기시키면서, 공화국에 대한 신뢰를 유지할 것을[370] 촉구했다. 게라르도는 놀란 척하면서, 성스러운 맹세로 그런 사악한 마음을 품어 본 적 없으며 충성심에 대한 서약으로 개인 자격으로 피렌체에 가겠다고 확약했다. 그러나 그는 몸이 좋지 않아서, 스스로 할 수 없는 일을 피렌체에 볼모로 데려가도록 사절들에게 넘긴 자신의 아들이 하도록 했다. 이 말과 시위가 피렌체인들로 하여금 게라르도가 진실을 말하고 있으며, 그를 비난하는 자들이 거짓말쟁이자 들을 가치 없는 사람들이라고 믿도록 만들었다. 그들이 그렇게 생각하고 있는 동안 게라르도는 왕과의 협상을 굉장히 급하게 추진하고 있었다. 협상이 끝나자 왕은 예루살렘의 한 기사[371]인 푸치오(Puccio) 수도

369) 1405년부터 "국민의 수호자"란 명칭을 가지고 조반니 감바코르티가 지휘하던 피사(1409년)를 인수하는 대가로 피렌체 사람들이 아버지(조반니 디 게라르도)에게 남긴 발 디 바뇨를 영지로 가지고 있었다. 게라르도 감바코르티는 항상 피렌체와 매우 밀접한 관계를 가지고 있었다. 그는 무엇보다도 리날도 델리 알비치의 사위로, 그의 딸 마르게리타(Margherita)와 결혼했었다.

370) 그를 피렌체와 결속시킨 약속들을 충성스럽게 존중할 것을.

371) 성묘기사단(cavaliere del Santo Sepolcro).

사를 많은 수의 군대와 함께 발 디 바뇨에 파견하여 게라르도의 요새와 영지를 접수했다.[372] 그러나 피렌체 공화국에 호의를 가졌던 바뇨의 인민들은 마지못해 왕의 감독관들에게 복종을 약속했다. 푸치오 수도사는 이미 거의 전 영토를 장악했으나, 코르차노(Corzano) 요새의 영주가 되는 것은 실패했다. 게라르도가 이렇게 지배권을 넘겨주는 동안 그의 주변에 있었던 이들 중에서 피사 출신의 안토니오 과란디(Antonio Gualandi)라는 이가 있었다. 그는 젊고 과감했으며 게라르도의 배신이 못마땅했다. 그는 요새의 위치와 그것을 지키고자 거기 있는 이들을 관찰했고, 그들의 얼굴과 몸짓에 있는 불만[373]을 간파했다. 게라르도가 아라곤 사람들이 들어오도록 문 앞에 섰을 때, 안토니오는 요새의 안쪽으로 돌아서 두 손으로 게라르도를 밖으로 밀어낸 후 문지기에게 그렇게 사악한 인물의 면전에서 요새의 문을 닫고,[374] 피렌체 공화국을 위해 요새를 지키도록 명령했다. 이 반란이 바뇨와 그 부근 지역들에 알려지자마자, 그곳 사람들 모두는 아라곤 사람들에게 대항하여 피렌체 깃발 아래 무기를 들고 내쫓았다. 이 일이 피렌체에 알려지자 피렌체인들은 게라르도의 아들을 인질로 가두고 군대를 바뇨로 파견하여 공화국을 위해 그 영토를 지키게 한 다음, 한 군주에 의해 통치되어 왔던 영토[375]를 대리통치 지역으로 만들었다.[376] 자신의 주군과 아들을 배신했던 게라르도는 가까스로 도망갈 수 있었지만, 아내와 가족을 전 재산과 함께 적들의 수중에 넘겨주었다. 이 사건은 피렌체에서 많이 환영받았다. 왕이 그 지역을 소유하는 데 성공

372) 아라곤 군대는 1453년 8월 12일 발 디 바뇨에 도착했다.

373) 나폴리 왕에게 복종하는 것에 대한 불만.

374) 그 사악한 사람 앞에서 문을 닫고.

375) 그것은 이전에 동맹 군주에 의해 자치적으로 통치되었다.

376) 대리통치지역의 정치적·행정적 특성과 이 체제가 수반하는 지역 자치의 한계에 관하여는 4권 17장 참조.

했다면, 그는 적은 비용으로 발 디 테베레와 카센티노를 어렵지 않게 맘대로 공격하여 공화국에 아주 많은 골칫거리를 제공했을 것이고, 피렌체인들은 시에나에 주둔하고 있던 아라곤의 군대에 전력을 기울여 상대할 수 없게 되었을 것이다.

31.[377)]

적대적인 동맹의 힘을 제어하기 위해 이탈리아에서 취해진 준비 외에 피렌체인들은 프랑스 왕에게 아뇰로 아차이우올리(Agnolo Acciaiuoli)[378)]를 사절로 보내 앙주의 르네 왕[379)]을 밀라노 공작과 자신들을 지원하기 위해 이탈리아로 파견해 줄 것을 요청했다. 그가 친구들을 돕기 위해 이탈리아로 오게 되면 나폴리 왕국을 정복하는 것에 대해 생각하게 될 것이고, 밀라노와 피렌체는 병사와 자금으로 지원하기로 약속했다. 그렇게 우리가 보았듯이, 롬바르디아와 토스카나에서 전쟁이 지속되는 동안 6월에 사절과 르네 왕은 협상을 매듭지었고,[380)] 그는 2천 4백 명의 기병을 이끌고 이탈리아로 오기로 했다. 그가 알레산드리아에 도착하면 동맹은 그에게 3만 플로린을 주고, 전쟁기간 동안 1만 플로린을 매달 지급하기로 했다. 그러나 협상 덕분에 왕이 이탈리아로 오기로 했을 때, 사보이 공작과 몬페라토 후작이 그를 가로막았고, 베네치아인들의 친구로서 프랑스 왕의 통과를 거부했다. 피렌체

377) **르네의 앙주가 밀라노 공작과 피렌체인들을 도우러 옴 1453~1454.**

378) 아뇰로 아차이우올리는 이미 1451년 9월에 프랑스의 샤를 7세에 대사로 파견되었다.

379) 로렌 공작인 앙주의 르네 1세. 그는 아라곤의 알폰소와 나폴리의 왕위를 놓고 다투었지만(1438~1442) 패배했다. 마키아벨리는 이전(특히 5권 5장)에 이러한 사건에 대해 여러 번 이야기 한다.

380) 협상은 1453년 4월에 투르에서 체결되었다.

사절은 왕에게 재촉하여 친구들의 위신을 지켜주기 위하여 프로방스로 복귀한 후 해로를 통해 이탈리아로 갈 것을 제안했다. 다른 한편 프랑스 왕을 압박하여, 공작으로 하여금 그의 나머지 군대는 사보이를 통과할 수 있도록 하라고[381] 설득했다. 조언받은 대로 일이 진행되었고, 르네는 이탈리아에 해로로 왔다.[382] 그의 군대는 사보이에서 왕에 대한 존중의 차원에서[383] 환대받았다. 르네 왕은 프란체스코 공작에게 매우 영광스럽게 환영받았다.[384] 이탈리아와 프랑스의 군대가 같이 있게 되자 그들은 베네치아인들을 공격하여 엄청난 공포를 심어주었고, 짧은 시간에 베네치아인들이 크레모나 지역에서 빼앗아간 전 지역을 수복했다. 이에 만족하지 않고 그들은 브레샤의 거의 전 영토를 장악했다. 베네치아 군은 전장에서 더 이상 안전하지 않다고 느끼면서 브레샤의 성벽 가까이로 후퇴했다. 그러나 겨울이 왔기에 밀라노 공작에게는 그의 군대를 진영에서 철수시킬 때로 보였다. 그는 피아첸차의 숙영지를 르네 왕에게 배정했고,[385] 1453년 겨울은 어떤 군사작전도 없이 지나갔다. 봄이 오자 밀라노 공작이 전장에 나가 베네치아인들의 육지 영토를 빼앗고자 할 때[386] 르네 왕은 밀라노 공작에게 프랑스로 돌아가야 한다고 알렸다. 이 결정은 밀라노 공작이 예상치 못한 것이었고, 그는 매우 실망했다. 곧바로 왕에게 가서 떠나지 말라고 설득했지만, 간구나 약속으로도 그의 결심을 바꿀 수 없었다.[387] 르네는 자신의 군대 일부를 남겨 놓고, 자신의 아들 장(Jean)을

381) '프랑스 왕에게 사보이 공작을 설득하도록 압력을 가했다' 등.

382) 1453년 8월. 앙주는 제노바인들이 제공한 배를 타고 마르세이유에서 승선했다. 그는 벤티밀리아(Ventimiglia)에 상륙한 후 아스티와 알레산드리아로 계속 이동했다.

383) 프랑스 왕에 대한 존경심에서.

384) 르네는 1453년 10월에야 스포르차("프란체스코 공작")를 만날 수 있었다.

385) 피아첸차에서 숙영토록 했다.

386) 공작 측에서는 공격을 시작할 때라고 믿었다.

동맹의 편에서 싸우도록 파견할 것을 약속했다. 피렌체인들은 그의 귀환에 실망하지 않았다. 그들은 자신들의 요새화된 도시들을 탈환했기에 더 이상 나폴리 왕을 두려워하지 않을 수 있었고, 밀라노 공작이 롬바르디아에서 자신의 도시들 외에 더 이상의 영토 확장을 바라지 않았던 것이다. 그렇게 르네는 떠났고, 약속한 대로 아들을 이탈리아로 보냈다. 그의 아들은 롬바르디아에 머무르지 않고 피렌체로 갔다. 그곳에서 그는 극진한 대접을 받았다.

32.[388]

왕[389]이 떠나자 밀라노 공작은 기꺼이 평화를 추구했고, 베네치아인들과 알폰소 왕 그리고 피렌체인들 또한 평화를 바랐는데, 모두가 지쳐있었기 때문이다. 항상 평화를 바라는 모습을 보여주었던 교황은 이제 그것을 열망하고 있었다.[390] 같은 해 오스만 투르크의 무함마드 2세가 콘스탄티노폴리스를 점령하고,[391] 그리스 전체의 지배자가 되었다. 이 정복은 전 기독교 사회를 두려움으로 몰아넣었고, 특히 교황과 베네치아인들은 이미 투르크의 군대를 이탈리아에서 맞닥뜨린 것

387) 1453년의 마지막 달에 이미 갈등을 외교적으로 해결하려는 시도가 있었다. 베네치아쪽과 교황쪽 모두에서. 재정적으로 고갈되었고, 무엇보다 투르크가 콘스탄티노폴리스를 정복한 후(1453년 5월) 동방의 정치적 미래에 대한 염려로 인해서였다.

388) **평화, 전쟁의 씨앗 1454.**

389) 앙주의 르네 왕.

390) 1453년 9월 30일 교황 니콜라오 5세는 침공하는 콘스탄티노폴리스에 대한 십자군 원정을 시작했다. 1453년 가을 이탈리아 국가들 사이의 평화를 중재하려는 시도는 그의 계획의 일부였다.

391) 정복자 무함마드 2세는 1453년 5월 29일 두 달간의 포위 공격 끝에 이 도시를 점령했다. 그 후 그는 발칸 반도를 뚫고 세르비아까지 성공적으로 진출했다.

처럼 느꼈다. 교황은 따라서 이탈리아의 지도자들에게 간청하여 사절들을 통해 보편적 평화를 맺고자 했다.[392] 그들 모두는 교황의 요청에 따라 사절을 파견했으나, 그들이 함께 모여 일의 이해관계[393]를 따지기 시작하자 협상에 굉장한 난관이 생겼다. 나폴리 왕은 자신이 전쟁에서 쓴 비용을 피렌체인들이 갚아야 한다고[394] 주장했고, 피렌체인들도 비슷한 보상을 원했다. 베네치아인들은 밀라노 공작에게 크레모나를, 밀라노 공작은 그들에게 베르가모, 브레샤, 크레마를 요구했다. 이러한 난관들은 조정하기 불가능한 것으로 보였다.[395] 그럼에도 로마에서 많은 나라들 사이에서 행하기 어려워 보였던 그것이 밀라노와 베네치아에서는 그 둘 사이에 아주 쉽게 이루어졌다. 평화협상이 로마에서 진행되는 사이 밀라노 공작과 베네치아는 1454년 4월 9일에 평화협정[396]을 맺었다. 평화 덕분에 각국은 전쟁 전에 소유했던 도시들을 회복했다.[397] 밀라노 공작은 몬페라토와 사보이의 군주들이 그에게서 취했던 도시들을 회복했고, 다른 이탈리아 지도자들은 한 달 내에 평화안을 비준하기로 했다. 교황, 피렌체, 시에나와 다른 중소국들은 그것을 시간에 맞게[398] 비준했다. 피렌체, 밀라노 공작, 베네치아는 25년간의 평화를 위한 휴전 협정을 체결했다.[399] 이탈리

392) 평화회의는 1453년 9월 니콜라오 5세에 의해 공포되었다. 그것은 11월에 로마에서 열렸다.

393) 협약의 세부 사항.

394) 배상해 주기를.

395) 그리고 실제로 협의회는 몇 달 동안 구체적인 결과 없이 계속되었다. 1454년 3월 스포르차와 베네치아가 양자 협정의 성공을 알리기 직전에 해산되었다.

396) 로디의 평화조약이다. 그러나 평화로 이어진 협상은 이미 1453년 10월에 절대 비밀리에 시작되었다.

397) 그러나 스포르차는 크레마를 팔아야 했다.

398) 4월 23일 피렌체는 평화를 비준했다.

399) 소위 이탈리아 동맹으로 이는 30년간의 전쟁 끝에 로디의 평화에 의해 승인된(그리고 1494년까지 이탈리아 질서의 특징이 될) 부동의 균형상태를 확인

아의 지도자들 중 알폰소 왕만이 이 평화에 불만이었다.[400] 그에게는 이 협약들이 자신은 조금도 염두에 두지 않고[401] 맺어졌으며, 그 평화 안에서 자신이 주빈[402]이 아니라 보조로 여겨졌던 것이다. 그런 이유로 오랫동안 그는 불안의 요인이었고, 그도 자신의 뜻이 알려지지 않도록 했다. 그러나 교황과 다른 지도자들이 그에게 많은 장엄한 사절들을 보내자, 그는 그들, 특히 교황에 의해 설득되어 자신의 아들과 함께 30년간의 동맹에 가입했다. 나폴리 왕과 밀라노 공작은 이중의 결혼 동맹을 맺었다. 서로 딸 한 명을 다른 쪽의 아들과 결혼시킨 것이다.[403] 그럼에도 전쟁의 씨앗들은 이탈리아에 남아 있었다. 왕은 자신이 동맹국들에게 피해가 가지 않는 한 제노바, 지스몬도 말라테스타, 파엔차의 군주 아스토레[404]와는 전쟁을 할 수 있도록 동맹국들이 먼저 허가해 주지 않는다면[405] 평화조약을 맺지 않을 것이라고 했던 것이다. 협정이 맺어졌을 때, 시에나에 있던 그의 아들 페르디난도가 왕국으로 귀환했으며, 그는 아무것도 얻지 못한 채[406] 토스카나에 들어갔다가 그의 많은 군대만 잃은 채 돌아갔다.

하는 것이었다.

400) 알폰소도 로디의 협정에 서명했지만 1455년 1월에서야 가능했다. 나폴리 왕은 토스카나에 남아 있던 모든 병사를 철수해야 했지만, 최근에 카스틸리오네 델라 페스카이아를 구입한 것을 인정받았다.

401) 그에 대한 존중 없이

402) 중요한 계약 발기인.

403) 프란체스코 스포르차의 딸 이폴리타는 나폴리 왕의 조카(아들이 아님)인 알폰소에게 혼약되었다. 나폴리 왕의 조카(딸이 아닌) 엘레오노라는 프란체스코의 아들 프란체스코 마리아에게 혼약되었다.

404) 아스토레 만프레디(Astorre Manfredi). 알폰소에 의해 부과된 이 조항의 효과에 대해서는 6권 35장 참조.

405) 아라곤에게 부당한 일을 저지르지 않았더라도.

406) 어떤 영토도 정복하지 못하고.

33.[407)]

이 보편적 평화가 그렇게 얻어졌고, 남은 유일한 두려움은 알폰소 왕이 제노바에 대한 적개심으로 평화를 깨뜨릴 수도 있는 가능성이었다. 그러나 실제는 다른 식으로 전개됐다. 평화는 단지 왕만이 아니라, 이전에도 항상 그러했듯이, 용병들의 야망에 의해서도 깨지는 것이었다. 베네치아인들은 평화가 성사되었을 때 습관적으로 그러하듯이 자신들이 고용했던 야코포 피치니노[408)]를 용병대장에서 해고했다. 무고용 상태였던 몇몇 용병대장과 합류하여 그는 로마냐를 거쳐 시에나 영토로 들어가, 그곳에서 진을 치고 시에나인들로부터 몇몇 도시들[409)]을 빼앗았다. 이러한 움직임이 있던 1455년 초에 니콜라오 교황이 사망했다.[410)] 그의 후임자 갈리스토 3세는 임박한 새로운 전쟁을 억제하기 위하여 할 수 있는 한 많은 군대를 지휘관 조반니 벤티밀리아(Giovanni Ventimiglia)[411)] 휘하에 모으고, 피렌체와 밀라노가 새로운 전쟁의 움직임을 억제하기 위해 보내온 군대와 연합하여 야코포에 맞서게 했다. 볼세나(Bolsena) 근처에서 벌어진 전투에서 벤티밀리아가 포로로 잡혔지만, 야코포는 패배하여 카스틸리오네 델라 페스카이아(Castiglione della Pescaia)로 후퇴했다.[412)] 알폰소 왕의 자금으로 버티지

---

407) **야코포 피치니노가 문제를 일으킴, 수포로 돌아간 십자군 계획 1455.**

408) 프란체스코 사후(1449년) 니콜로의 마지막 남은 아들. 야코포 피치니노와 베네치아의 계약은 1455년 3월에 만료되었다. 야코포 피치니노는 그의 아버지에게 속한 교회 토지의 소유권을 주장했다.

409) 세토나와 사르티아노를 포함한 '일부 중심도시들'(1455년 6월).

410) 니콜라오 5세는 1455년 3월 24일에 사망했다. 그의 뒤를 이어 4월 8일에 스페인 추기경 알폰소 보르자가 갈리스토 3세로 선출되었다.

411) 시칠리아의 용병대장. 그는 나폴리의 알폰소 왕과 좋은 관계를 유지했을지 모르지만 피치니노가 로마냐 아펜니노 산맥을 통과하는 것을 방해하지는 않았다.

않았다면 그는 완전히 실패했을 것이기에, 모든 사람이 야코포의 행위가 왕의 명령에 의해 수행된 것이라고 믿었다. 알폰소가 사태를 파악하게 되었을 때, 이 미미한 전쟁으로 거의 소외되었던 자신을 평화동맹으로 다시 회복시키기 위해 야코포가 빼앗았던 도시들을 다시 되돌려주고, 시에나인들은 야코포에게 2만 플로린을 주도록 했다. 협상이 맺어지자 왕은 야코포와 그의 군대를 왕국에 수용했다.[413] 이 시기에 교황은 야코포 피치니노를 제어할 방법을 생각하면서도, 투르크에 의해 억압받을 것 같은 기독교 세계를 보호하는 데 만반의 준비를 했다. 그는 사절들과 사제들을 기독교 세계 곳곳에 파견하여 지도자들과 인민들이 종교를 위해 무장하고 자신들의 자금과 개인적 봉사로 공동의 적에 저항하는 소명에 참여할 것을 설득했다.[414] 그 결과 피렌체는 많은 원조를 제공했고, 많은 나라들은 전쟁에 직접 참여할 준비가 되었음을 적십자 휘장으로 표시했다. 성스러운 행렬들이 이어졌고, 공적으로나 사적으로 조언, 자금, 인력으로 그러한 과업을 실행하는 첫 번째 기독교인이 되려는 노력들이 계속됐다. 그러나 십자군에 대한 이러한 열기는 투르크가 다뉴브 강가에 위치한 헝가리의 요새 베오그라드를 공격하려다가 그 부근에서 헝가리인들에게 패배하여[415] 많은 희생자를 냈다는 새로운 소식이 당도하자 어느 정도 식었다. 콘스탄티노폴리스의 함락에 대한 교황과 기독교인들의 두려움이

412) 피치니노는 1455년 8월에 시에나를 떠나 용병대장을 지원한 아라곤의 알폰소 소유인 카스틸리오네 델라 페스카이아로 피신했다.

413) 피치니노는 1456년 11월 아라곤의 알폰소를 위해 복무하게 되었다.

414) 갈리스토 3세는 교황이 된 지 몇 주 후인 1455년 5월 15일에 십자군 원정을 시작했다. 그러나 대부분의 경우 도움을 보내지 않은 거의 모든 유럽 국가에서 이 계획을 무시했다. 교황의 의도에 따르면 십자군은 1456년 3월에 시작될 예정이었다.

415) 1456년 7월. 기독교 군대는 조반니 훈야디(Giovanni Hunyadi)가 지휘했다. 베오그라드를 차지하기 위한 투르크인과 헝가리인 간의 투쟁은 15세기 내내 지속되었다(이 도시는 1521년에만 투르크인에게 정복되었다).

사라지자 전쟁 준비는 더 시들해졌고, 헝가리에서도 비슷하게 승리를 이끌었던 장군 조반니 바이보다(Giovanni Vaivoda)[416]가 죽자 호전적인 열기가 완전히 수그러들었다.

34.[417]

이탈리아 내의 일로 눈을 돌리면, 야코포 피치니노가 일으킨 물의가 끝나고 나서 1456년이 어떻게 지나갔는지 말하고자 한다. 사람들이 무기를 내려놓았을 때, 하느님이 스스로 무기를 들기 원하시는 것처럼 보였다. 그때 일어난 폭풍이 너무 거대하여 토스카나에 이전에 들어본 적 없었고, 이후에 들을 누구라도 가공하고 기억한 만한 결과들을 가져왔다.[418] 8월 24일[419] 해뜨기 한 시간 전 아드리아해 부근 지역에서 시작하여 안코나 방향으로 이탈리아를 가로지른 폭풍은 피사 아래의 티레니아해로 진입했다. 거대하고 빽빽한 구름의 소용돌이는 폭이 거의 2마일이나 되었다. 이 소용돌이는 그것이 자연적이든

416) 조반니 훈야디(Giovanni Hunyadi). '바이보다'(Vaivoda)(그러나 더 일반적인 형태 '보이보다'[voivoda])는 고유명이 아니라 훈야디의 직책('지사, 왕자')이다.

417) **토스카나의 끔찍한 폭풍 1456.**

418) 1456년 8월에 피렌체 영토를 강타한 강력한 폭풍은 발 델사(Val d'Elsa), 산 카시아노(San Casciano) 및 세티냐노(Settignano)를 강타했다. 따라서 도시와 인구 밀도가 가장 높은 중심지에만 영향을 미쳤다.

419) 그의 *Zibaldone*에서 폭풍을 묘사한 조반니 루첼라이(Giovanni Rucellai)는 그것을 8월 22일 월요일이라고 명시했다(*Giovanni Rucellai e il suo Zibaldone*, a cura di A. Perosa, London, The Warburg Institute–Univ. of London, 1960, pp.78–82). 아마도 마키아벨리가 사용한 주요 출처인 포조 브라촐리니(Poggio Bracciolini)가 1456년 8월과 9월 사이에 쓴 도메니코 카프라니카(Domenico Capranica)에 대한 그의 서신중 하나에서 그것을 23일로 기록했다(*Lettere*, a cura di H. Harth, Firenze, Olschki, 1987, III pp. 427–334).

혹은 초자연적이든[420] 거대한 힘들에 이끌려 스스로 생겨났고 안에서 요동쳤다. 흩어진 구름은 하늘로 올라가고 땅으로 내려오며 서로 부딪치면서 거대한 속도로 원을 그렸으며, 그 위로 측정할 수 없을 정도의 소용돌이 바람을 일으켰다. 그것들이 요동치는 사이로 잦은 섬광들과 무척 밝은 불꽃들이 나타났다. 그렇게 부서지고 휘말린 구름과 그토록 맹렬한 바람과 잦은 섬광들로부터 어떠한 지진이나 거대한 번개에서도 들어보지 못한 굉음이 들렸다. 그것을 들은 누구나 세계의 종말이 왔고, 대지, 바다, 하늘과 세계의 나머지가 함께 섞여 고대의 혼돈[421]으로 돌아간다고 믿을 정도로 두려움이 솟아났다. 이 가공할 폭풍이 지나가는 곳마다 전례 없는 놀라운 결과를 가져왔다. 그러나 더 주목할 만한 것은 그 어느 곳보다도 산 카시아노(San Casciano) 요새 부근에서 일어난 일이다.[422] 이 요새 도시는 피렌체에서 8마일 떨어져 있고, 페사(Pesa)와 그레베(Greve)를 가로지르는 언덕에 자리한다. 이 도시 같이 언덕에 위치한 산탄드레아(Sant'Andrea)[423]라는 마을 사이로 이 거대한 폭풍이 지나갔는데, 산탄드레아에

---

420) 이 구절은 『로마사 논고』 1권 56장을 기억나게 한다("이러한 사태의 원인은 자연이나 초자연에 관한 지식을 가진 사람에 의해 설명되고 해석되어야 한다."). 그는 자연적 사건과 역사적 사건 사이의 관계에 대한 전반적인 주제와 후자의 가능한 전조적인 "징조"로서 전자의 본질을 언급한다.

421) 그리스 신화(헤시오도스의 『신들의 계보』에서)와 그리스의 철학적 자연 이론(헤라클레이토스의 『아낙시메네스』 등)과 로마의 신화 등(오비디우스의 『변신』 참조)에 따른 코스모스의 기원에 대한 설명에 근거함.

422) '산 카시아노 지역'에서 일어났다. 허리케인에 대한 묘사에서 마키아벨리가 개인적으로 들었을 수도 있는 전승된 이야기에 대한 기억이 표시되는 것 같다. 저자는 이 지역에 작은 영지를 소유하고 있었다(1512년의 추방과 1513년의 감금 후에 살기 위해 은퇴했고, 1513년 12월 10일 베토리에게 보낸 유명한 편지에서 그 장소를 회상한다). 이야기의 두 번째 부분은 폭풍이 산탄드레아와 산 카시아노의 건물들에 가한 피해에 대한 암시와 함께 그 지역 주민들이 놀랄 만한 사건과 구사일생한 것에 대한 안도감에 대한 정확한 기억에 기반한 것으로 보인다.

423) 저자의 빌라가 있었던 곳.

미치지는 않았고 산 카시아노는 스쳐 가면서 몇몇 가옥의 흉벽들과 굴뚝들만 부서졌다. 그러나 이 두 마을을 제외하고 이미 언급한 지역들의 공간에서는 많은 집들이 완전히 파괴되었다. 산 마르티노 바뇰로(San Martino Bagnolo)와 산타 마리아 델라 파체(Santa Maria della Pace)의 교회 지붕은 완전히 떨어져 나가 1마일 넘는 거리를 날아갔다. 한 마부는 그의 노새들과 함께 계곡 근처의 길에서 한참 떨어진 곳에서 죽은 채 발견되었다. 가장 큰 떡갈나무들과 가장 강한 나무들도 폭풍에 견디지 못하고 뽑혀져 뿌리를 내렸던 곳에서 아주 멀리 날아가 버렸다. 폭풍이 지나가고 다음 날이 왔을 때 놀란 사람들은 가옥과 교회가 폐허가 된 것을 발견했다. 가산이 파괴되고 가축들과 일가붙이들이 폐허 속에 숨진 채 남겨진 것을 본 사람들의 비탄의 목소리가 들려왔다. 누구나 가장 깊은 연민과 두려움으로 가득찰 일들이었다. 의심의 여지 없이 하느님은 토스카나를 벌주기보다 경고하기를 원하셨다. 그러한 폭풍이 듬성듬성 서 있던 떡갈나무들과 나무들 그리고 가옥들 사이로 닥쳤듯이 도시로 들어와 빽빽이 들어선 가옥들과 거주민들[424]을 덮쳤다면, 틀림없이 그것은 추측할 수 있는 것보다 훨씬 더 가공할 폐허와 고통을 안겨주었을 것이었다. 그러나 하느님은 그때 이 작은 표본이 그의 권능에 대한 인식을 사람들 사이에 되살릴 정도로 충분하다는 것을 알고 계셨다.[425]

424) 좁은 공간에 밀집하여 살고있는 많은 사람들.

425) 이 설명은 섭리주의적 해석으로 끝난다. 이 사건은 순전히 기술적인 성격을 가지고 있으며, 예외적인 자연적 사건에 대한 설명이나 기억을 위한 공간을 만들기 위해 때때로 역사적 사건의 내러티브 흐름을 중단하도록 조언하는 수사학적 규범과 연관된다.

35.[426)]

우리가 중단했던 곳으로 다시 돌아가면,[427)] 위[428)]에서 보았듯이 알폰소 왕은 평화에 불만족했다. 야코포 피치니노로 하여금 합리적 이유 없이 시에나에 대항하도록 했던 전쟁[429)]이 아무 큰 효과 없이 끝나자, 그는 동맹의 협약에 의거하여 시작할 수 있는 전쟁으로부터 어떤 결과를 얻을지 보고 싶어 했다.[430)] 따라서 1456년 그는 육로와 해로에서 제노바와 전쟁을 했다. 그는 제노바의 지배권력을 프레고조(Fregoso)[431)] 가문에서 빼앗아 아도르노(Adorno) 가문에게 회복시키려고 했다. 동시에[432)] 그는 트론토(Tronto)를 가로질러 시지스몬도 말라테스타에 대항하도록 야코포 피치니노를 보냈다. 이 사람은 도시를 아주 잘 방비했기에 야코포의 공격에 별 관심을 두지 않았다. 이 측면에서 왕의 시도는 별 효과가 없었다.[433)] 그러나 제노바에서 전쟁은

426) **알폰소 왕의 제노바 공격, 제노바인들이 프랑스인들로부터 도움받음 1456~1458.**

427) 앞에 34장의 폭풍에 대한 기술 이전으로.

428) 6권 32장.

429) 6권 33장 참조.

430) 마키아벨리는 아라곤의 알폰소가 제노바, 파엔자의 아스토레 만프레디, 리미니의 시지스몬도 말라테스타를 공격할 권리를 부여받는 조건으로 로디 조약에 서명했다고 말했다(6권 32장 참조).

431) 총독 즉 도제는 피에트로 캄포프레고조(Pietro Campofregoso)였다. 알폰소(Alfonso)는 아도르노(Adorno)뿐만 아니라 피에스키(Fieschi)와 스피놀라(Spinola)와 같이 탈출한 다른 강력한 제노바 가족에게도 의존했다. 제노바에 대한 아라곤인의 첫 번째 시도는 1455년 여름으로 거슬러 올라간다.

432) 동쪽 전선과 아드리아해 측면에서.

433) '결과를 얻지 못했다'. 말라테스타에 대한 나폴리 왕의 적개심은 리미니의 영주가 왕을 섬기기 위해 진군을 요구했던 1447년으로 거슬러 올라간다. 대신 그는 피렌체 사람들을 위해 봉사했지만 얻은 선급금을 돌려주지 않았다. 페데리코 디 몬테펠트로가 합류한 피치니노의 군사작전은 1457년 말에 시작되었다.

왕이 바랐던 것보다 자신과 왕국에 더 많은 전쟁을 가져왔다. 제노바 공작 피에트로 프레고조(Pietro Fregoso)는 왕의 침입을 막아내지 못할까 두려워하여, 적으로부터 자신이 지킬 수 없는 것[434]을 지켜주고 받은 이익에 대한 보상을 제공할 수 있는 누군가에게 자신이 지킬 수 없었던 것을 주기로 결정했다. 그는 프랑스의 왕 샤를 7세에게 사절을 보내, 제노바에 대한 지배권을 그에게 줄 것을 제안했다.[435] 샤를은 그 제안을 받아들였고, 그 도시를 지배하기 위해 르네 왕의 아들이자 바로 전에 피렌체를 떠나 프랑스로 돌아온 앙주의 장(Jean d'Anjou)을 보냈다.[436] 샤를은 그렇게 많은 이탈리아의 관습들에 익숙한 장이 누구보다 그 도시를 잘 지배할 것으로 확신했으며, 부분적으로[437] 제노바에서 알폰소가 자신의 아버지 르네에게서 빼앗아간 나폴리에 대한 원정을 계획할 수도 있다고 판단했다.[438] 장은 제노바로 갔고, 그곳에서 군주로 영접받았다. 그 도시와 영토의 요새들이 그의 지배하에 들어왔다.

434) 즉 제네바의 권력.

435) 다양한 협상 끝에 1458년 2월 제네바에 대한 프랑스의 지배를 확립하는 실질적인 협정이 체결되었다. 이듬해 5월 캄포프레고조는 앙주의 사절인 장 앞에서 프랑스 왕에게 맹세했다.

436) 1427～1470. 6권 31장에서 이미 언급한 대로 1458년 5월에 제노바에 도착했다.

437) 동시에.

438) 즉, 그는 아버지(1442년 알폰소에게 패배)의 실패 이후 나폴리 왕국에 대한 앙주의 권리를 주장하는 것이 더 나을 수 있었다. 장은 나폴리 왕국(1459～1462)을 되찾으려 했지만 헛수고였다. 6권 37－38장 참조.

36.[439]

상황이 이렇게 예측하지 못한 방향으로 흘러가자 알폰소는 자신이 너무 강력한 적을 자초한 것 같아 불쾌해졌다. 그럼에도 이에 겁내지 않고 대담하게 자신의 사업을 추진했고, 빌라 마리나(Villa Marina)의 지휘 아래 자신의 함대를 포르토피노(Portofino)로 보냈으나, 갑자기 병에 걸려 죽었다.[440] 이 죽음으로 장과 제노바 사람들은 전쟁에서 해방됐다. 아버지의 왕국을 이어받은 페르디난도는 의심이 많은 사람이었고, 명성이 자자한 적이 이탈리아로 들어올 가능성과 변화를 바라며 프랑스와 연결되기를 원할지 모를 자신의 많은 가신들의 충성심에 대한 의심 때문에 걱정으로 가득했다. 그는 또한 교황을 두려워했는데, 교황의 야심을 잘 알고 있었던 그는 자신의 왕국을 안전하게 확립하기 전[441]에 교황이 자신에게서 왕국을 빼앗을 궁리를 하고 있을지 모른다고 생각했던 것이다. 이에 페르디난도는 오로지 밀라노 공작에게 희망을 품고 있었다. 그는 왕국의 일에 페르디난도 만큼 관심을 가지고 있었는데, 만약 프랑스가 왕국의 주인이 되면 밀라노 또한 빼앗으려 할 수도 있음을 두려워했기 때문이다. 프랑스인들이 공국을 자신들에게 속하는 것으로 요구할 수도 있음을 그는 알고 있었다.[442] 밀

---

439) **알폰소의 죽음과 페르디난도의 계승, 칼리스토의 죽음과 비오 2세의 계승 1458~1461.**

440) 1458년 6월.

441) 그가 방금 왕위에 올랐다는 사실을 이용했다.

442) '프랑스인이 밀라노 공국에 대한 권리를 주장할 수 있다는 것을 아주 잘 알고 있었다.' 이러한 권리(1499년 루이 12세 왕이 시행할 예정)는 마지막 비스콘티 가문 사람인 필리포 마리아(1447년 사망)의 누이 발렌티나가 오를레앙의 루이와 결혼했다는 사실에서 비롯되었다. [영역주] 프랑스인들은 필리포 마리아 공작의 여동생이었던 발렌티나 비스콘티와 오를레앙의 루이와의 결혼을 통해 밀라노에 대한 권리를 요구할 수도 있었다. 그들의 아들이 오를

라노 공작은 알폰소가 죽자마자 페르디난도에게 서신과 군대를 보냈다. 군대는 그에게 후원과 명성을 가져다주었고, 편지는 그에게 곤란할 때 버리지 않을 것임을 알려 용기를 심어주기 위해서였다. 알폰소의 죽음 이후 교황은 나폴리 왕국을 자신의 조카 피에트로 로도비코 보르자(Pietro Lodovico Borgia)에게 줄 책략을 꾸몄다. 이 사업을 온당하게 보이고[443] 이탈리아의 다른 지도자들의 동의를 얻기 위해 나폴리 왕국을 로마 교회의 지도 하에 두기를 바란다고 공표했다.[444] 따라서 그는 밀라노 공작에게 페르디난도를 향하여 어떤 호의도 보이지 말라고 설득했고, 이전에 밀라노 공작의 소유였던 나폴리 왕국의 영토들을 그에게 보장할 것이라고 말했다. 그러나 이 생각들과 새로운 시도들의 한 가운데에서 갈리스토 교황이 사망했고,[445] 비오 2세(Pius II)가 계승했다. 시에나 출신으로, 성은 피콜로미니(Piccolomini), 이름은 아에네아스(Aeneas)[446]였던 이 교황은 오로지 기독교인들을 이롭게 하고 교회를 영광스럽게 하는 것만 생각했다. 그는 자신의 모든 사적 열정은 접어두고, 밀라노 공작의 간구로 페르디난도를 나폴리 왕국의 왕으로 앉혔다. 그는 이탈리아인들이 무기를 내려놓게 하려면 프랑스가 이 왕국을 정복하게 도와주거나, 갈리스토처럼 스스로 왕국을 장악하려고 하는 것보다 이미 왕좌를 가지고 있는 지도자를 도와주는 것이 더 빠르게 더 많은 것을 할 수 있다고 보았다.[447] 페르디난도는

레앙의 샤를이다. 『피렌체사』 6권 17장 참조.

443) 정직한 이유로 정당화하다(따라서 친족적 의도를 은폐하려).

444) '공식적으로 전달했다'. 그것은 1458년 7월 12일에 나폴리 왕국에 대한 교회의 주권이 재확인되었고, 신민들은 갈리스토 3세가 인정하기를 거부한 새 왕에 대한 충성심으로부터 해방된 칙서를 언급한다.

445) 1458년 8월 6일.

446) 에네아 실비오 피콜로미니. 코르시냐노(Corsignano, 나중에 피엔차[Pienza]로 개명) 출신. 그는 전임자가 사망한 지 며칠 후에 선출되었다.

447) 이미 권력을 손에 넣은 자들에게 권력이 맡겨진다면 이탈리아에서 전쟁을 종식시키는 것이 더 쉬울 것이라고 믿었다.

이 호의에 보답하기 위해 교황의 조카 안토니오를 아말피(Amalfi)의 군주로 삼고 그를 자신의 서녀와 혼인시켰으며,[448] 베네벤토(Benevento)와 테라치나(Terracina)를 교회로 회복시켰다.

37.[449]

그렇게 이탈리아는 무기를 내려놓은 것처럼 보였다. 교황이 전임 갈리스토 교황이 세웠던 계획에 조응하여 투르크에 대항하는 기독교 세계의 운동을 이어가려고 할 때, 프레고조 가문과 제노바의 영주 장 사이의 불화가 과거보다 더 크고 중요한 전쟁으로 번졌다. 리비에라 지역의 한 요새에 있던 페트리노 프레고조(Petrino Fregoso)[450]는 앙주의 장이 자신의 능력이나 가문의 공헌들에 합당한 보상을 하지 않고 있다고 생각했다.[451] 그의 가문에서 장을 제노바의 영주로 만들어 주었기 때문이다. 그들은 공개적으로 적대감을 드러냈다. 이 일은 페르디난도 자신의 안전을 확보할 유일한 방법이자 기회로 보여서, 그는 기쁘게 사람들과 자금으로 페트리노를 지원하고,[452] 그를 통해 장을 제노바에서 쫓아낼 수 있기를 바랐다. 장은 이 일을 알아채자 프랑스

448) 안토니오 토데스키니(Antonio Todeschini)는 에네아 실비오의 누이인 라오다미아(Laodamia)와 결혼했다. 비오 2세에 의해 입양되어 피콜로미니 가문의 이름을 따왔다. 페르디난도는 그를 1458년 나폴리 왕국의 재판장으로 만들었다. 그 후 1461년에 그는 페르디난도의 사생아인 마리아와의 결혼 지참금으로 아말피 공국의 작위를 받았다.

449) **제노바와 나폴리에서 앙주의 장과 페르디난도 간의 전쟁 1459~1460.**

450) 피에트로 캄포프레고조.

451) 제노바에 대한 프랑스의 주권을 인정하는 대가로 캄포프레고조는 풍부한 특권을 얻었지만 완전히 지불되지는 않았다.

452) 캄포프레고조와 왕을 대표하기 위해 제노바로 파견된 총독(governatore) 사이의 싸움은 도제(doge)가 아라곤인들에게 더 가까이 다가가도록 이끌었다(캄포프레고조가 피난처를 찾은 프란체스코 스포르차를 통해).

에 도움을 요청하여 페트리노에 대적하고자 했다. 그런데 이미 많은 후원을 받은 페트리노는 아주 강해져 있었고, 이에 장은 도시를 방어하기 위해 잠깐 물러났다.[453] 페트리노는 어느 날 밤 도시에 진입하여 몇몇 구역들을 장악했다. 그러나 날이 밝았을 때, 장의 군대의 공격을 받은 페트리노는 살해당했고,[454] 그의 모든 군대는 죽임을 당하거나 포로로 잡혔다. 이 승리로 장은 나폴리 왕국으로 원정을 진행하게 됐다. 1459년 10월 그는 제노바를 떠나 강한 함대를 가지고 나폴리 방향으로 항해하여 바이아(Baia)에 멈췄다가,[455] 그곳에서 세사(Sessa)로 갔다. 그는 세사에서 영주[456]에게 영접받았고, 타란토의 군주, 아퀼라니아 사람들, 그리고 많은 다른 도시들[457]과 군주들이 장과 함께 하기로 하여 나폴리 왕국은 거의 폐허가 되었다. 이에 페르디난도는 교황과 밀라노 공작에게 도움을 요청했다.[458] 상대할 적의 수를 줄이기 위해 그는 지스몬도 말라테스타와 협정을 맺었다. 지스몬도는 야코포 피치니노의 천적이었기에 이 일이 피치니노를 불안하게 하여 그는 페르디난도의 고용에서 벗어나 장의 편으로 돌아섰다.[459] 페르디난도는 또한 우르비노의 영주인 페데리코에게 돈을 보냈다. 그는 할 수 있는 한 빠르게 좋은 군대를 모아 사르니(Sarni) 강

453) 제노바를 방어하고 영토를 통제하기 위해 잠시 포기하다. 마키아벨리는 강력한 라바냐(Lavagna) 백작인 잔 필리포 피에스키(Gian Filippo Fieschi)의 지원을 받아 제노바를 공격하려는 캄포프레고조의 첫 번째 시도를 암시한다.

454) 그는 1459년 9월 14일 밤에 도시에 들어갔다.

455) 상륙하다.

456) 세사의 공작(및 로사노[Rossano]의 군주) 마리노 마르차노(Marino Marzano). 세사의 공작은 조반 안토니오 오르시니(타란토[Taranto]의 군주), 안토니오 센텔레스(카탄자로[Catanzaro]의 군주), 이스키아의 토렐라스 등과 함께 페르디난도에 대한 남작들의 반란의 주요 지도자 중 하나였다.

457) 노체라(Nocera), 포지아(Foggia), 만드레도니아(Manfredonia), 트로이아(Troia).

458) 스포르차와 교황 모두 군대를 보냈다. 대신, (이탈리아 동맹의 협약에도 불구하고) 베네치아와 피렌체는 중립을 유지했다.

459) 1460년 1월의 일이다.

에서 적들과 대치했다. 전투가 시작되고 페르디난도 왕이 패배했으며,[460] 그의 중요한 장군들중 많은 이들이 포로로 잡혔다. 이 참사 후에 소수의 영주들과 한두 요새가 있는 나폴리만 페르디난도의 편에 남고, 나머지 많은 부분이 장에게 넘어갔다. 야코포 피치니노는 이 승리를 따라 나폴리로 진군하여 장이 왕국의 주군이 되길 바랐다. 그러나 장은 페르디난도에게서 도시들을 모두 빼앗으면 나폴리 정복이 더 쉬워질 것이라고 생각하여 먼저 페르디난도에게서 전 영토를 빼앗고 그 다음에 나폴리를 공격하자고 말했다. 그러나 그가 택했던 길은 그에게서 승리를 앗아갔다. 그는 머리가 팔다리를 따르는 것보다 팔다리가 머리를 얼마나 더 쉽게 따르는지를 몰랐던 것이다.

38.[461]

패배 이후 페르디난도는 나폴리에 은신했다. 그곳에서 그의 영토에서 쫓겨 난 사람들을 맞이했다. 그는 할 수 있는 한 가장 인도적인 방법으로 자금을 모았고, 약간의 군대를 모집했다. 그는 다시 교황과 밀라노 공작에게 도움을 요청했고, 이전보다 무척 빠르고 더 풍성한 원조를 그들에게서 받을 수 있었다. 그들은 그가 나폴리 왕국을 잃을까 크게 두려워하고 있었던 것이다. 페르디난도는 다시 강력해졌고, 나폴리에서 나와 자신의 명성을 탈환하기 시작했고, 잃었던 몇몇 도시들을 수복했다. 나폴리 왕국에서 전쟁이 지속되는 동안 앙주의 장의 명성을 크게 손상시키고 원정을 승리로 끝낼 기회를 완전히 앗아간

460) 그것은 전쟁의 첫 번째 주요 전투이다. 앙주의 장의 군대는 사르노에 진을 치고 있었다. 페르디난도는 그들을 공격하기를 원했고(굶주림으로 인해 항복하길 기다리는 대신에) 심각하게 패배했다(1460년 7월 7일).

461) **제노바에서의 반란, 장은 나폴리 왕국에서 패함, 피렌체의 중립 1460~1463.**

사건이 발생했다. 제노바 사람들이 프랑스인들의 탐욕과 오만을 경멸하여 프랑스 통치자에 대항하여 무기를 들었고, 그를 카스텔레토[462]로 피신하게 만든 것이었다. 이 사태에 프레고조 가문과 아도르노 가문이 합류했고,[463] 밀라노 공작은 도시의 탈환과 유지를 위한 자금과 군대를 지원했다. 르네 왕은 카스텔레토의 도움으로 제노바를 탈환하고자 하는 희망을 품고 그의 아들을 돕기 위해 함대를 이끌고 왔다. 그의 군대가 상륙하는 동안 패배했고,[464] 수치스럽게 프로방스로 되돌아갈 수밖에 없었다. 이 소식이 나폴리 왕국에 전해지자마자 앙주의 장은 무척 놀랐으나, 그럼에도 그는 원정을 포기하지 않고 전쟁을 더 오래 지속했다. 이는 자신들의 배신으로 페르디난도의 용서를 바랄 수 없다고 믿은 영주들의 도움으로 가능했다.[465] 그러나 결국 많은 예기치 않은 사건들이 일어난 후 두 왕국의 군대들은 전투를 벌였다. 1463년 트로이아에서의 전투에서 장은 패배했다.[466] 이 패배는 장에게 페르디난도로 넘어간 야코포 피치니노 만큼의 피해를 입히지는 않았다. 군대를 잃은 장은 이스티아(Istia)로 후퇴했고,[467] 거기서 나중에 프랑스로 돌아갔다. 이 전쟁은 4년을 끌었고, 그는 여러 번 자신의 군대 덕분에 전쟁을 이길 수 있었음에도 자신의 부주의함으로 인해 패배했다. 이 전쟁에서 피렌체인들은 어떤 식으로도 관여하지 않았다. 아라곤의 후안 왕이 알폰소의 죽음 이후 왕위를 계승할 때

462) 요새. 제노바의 반란은 1461년 3월 12일로 거슬러 올라간다.

463) 반란은 프로스페로 아도르노(Prospero Adorno, 3월 12일 총독으로 선출됨)와 파올로 프레고조 대주교가 조직했다.

464) 그의 군대가 상륙하자마자 패했다. 앙주의 르네는 7월 17일 삼피에르다레나(Sampierdarena)에서 심하게 패배했다.

465) 그들은 왕의 화해와 용서가 가능하다고 믿지 않았다.

466) (1463년이 아닌) 1462년 8월 29일의 일이다.

467) '이스키아(Ischia)로 후퇴'. 토렐라스(Torellas)가 지배하는 이 섬은 페르디난도에게 마지막으로 양보하는 섬이 될 것이다(1465년 여름). 그러나 앙주의 장은 즉시 섬을 떠나 프랑스로 돌아갔다.

사절을 통해 자신의 조카 페르디난도의 일에 도움을 달라고 피렌체에 요청한 것은 사실이다. 최근 그의 아버지 알폰소와 맺었던 동맹에 의해 그렇게 할 의무가 있었다는 것이다. 이에 대해 피렌체인들은 자신들에게 어떠한 의무도 없으며, 아버지가 시작한 전쟁에서 아들을 도울 의사가 없다고 답했다. 전쟁이 자신들의 조언이나 사전 정보 없이 시작되었기에 자신들의 도움이나 간섭없이 전쟁을 치르고 끝내야 한다고 말했다. 사절들은 왕을 대신하여 의무 위반과 이 거절로 인한 피렌체의 손실을 거론하며 항의하고, 큰 분노를 안고 떠났다.[468] 피렌체인들은 이 전쟁 기간 동안 외부 상황과 관련해서는 평화롭게 지냈다. 그러나 다음 권에서 자세히 보겠지만, 도시 내부의 일은 평온하지 않았다.

468) 그들은 입은 피해에 대한 약속과 보상을 주장했다.

제 7 권

제 7 권[1]

1.[2]

아마도 앞의 권들을 읽은 이들에게는 피렌체 역사를 서술하면서 롬바르디아와 나폴리 왕국에서 일어난 일들을 길게 이야기하는 것이 너무 딴 길로 샌 것처럼 보일 것이다. 그럼에도 나는 그런 서술을 피하지 않았고, 앞으로도 그러지 않을 것이다. 내가 이탈리아의 일들에 대해 쓸 수는 없을지언정 그 지역[3]에서 특기할 만한 것들에 대해 언급하지 않을 이유는 없다. 그것들이 제시되지 않으면 우리의 역사는 덜 이해되고 덜 흥미로울 것 같다. 특히 피렌체인들이 개입하도록 필연적으로 강제되는 전쟁들은 대부분 다른 이탈리아 인민들과 군주들의 행동에서 비롯됐다. 그렇게 앙주의 장과 페르디난도의 전쟁[4]으로부터 나중에 피렌체인들, 특히 메디치 가문에 대한 페르디난도의 증오와 심한 적대감이 나온 것이다. 페르디난도 왕은 그 전쟁에서 피렌체의

1) **코지모의 말년과 로렌초의 초기 동안의 피렌체 국토의 대강의 사건들 1427~1478.**

2) **피렌체와 이탈리아의 관계, 피렌체의 당파 투쟁 1434~1455.**

3) 이탈리아 그 자체. 일반적으로 『피렌체사』와 『로마사 논고』에서 “지역”(provincia)이라고 부른다.

4) 1459~1462년(6권 37장 및 38장 참조).

도움을 받지 못했을 뿐 아니라, 그의 적에게 호의가 베풀어졌다고 불평했다. 우리의 이야기가 보여주겠지만, 그의 분노는 아주 거대한 악들을 초래했다. 국외의 일들에 대한 서술이 1463년[5]까지 도달했기에 국내의 일들에 대해 말하려면 수십 년을 거슬러 올라가야 하겠다. 그러나 먼저 나는 우리의 관례에 따라 추론하며[6] 다음에 대해 몇 가지를 말하고 싶다. 공화국이 단결을 유지할 수 있다는 희망을 품은 이들은 이 희망에 아주 많이 속는다는 것을 알게 될 것이다. 어떤 분열(division)은 공화국에 해롭고, 어떤 분열은 이로운 것이 진실이다.[7] 파벌(sette)과 열성 당원(partigiani)을 동반하는 분열은 해롭다. 파벌과 열성 당원 없이 유지되는 분열은 도움이 된다. 공화국의 설립자[8]가 그 안에 있는 적대를 막을 수 없다면 최소한 파벌의 성장은 없도록 해야 한다. 그리고 시민들은 공적인 방식과 사적인 방식, 두 가지 방식으로 명예(riputazione)를 얻을 수 있음을 알아야 한다. 공적인 방식으로 얻는 명예는 전투에서 승리하거나, 도시를 정복하거나, 조심스럽고 사려깊게 임무를 완수하거나, 공화국에 현명하고 큰 이익이 되는 조언

---

5) 그러나 1462년이었다. 이미 6권 38장에서 마키아벨리는 트로이아 전투를 1463년에 배치했는데, 이 전투를 통해 앙주의 장과 페르디난도 사이의 전쟁이 종식되었다.

6) 즉, 각 권에 적용되었던 이론적-정치적 고려를 여기서도 준수한다.

7) 마키아벨리는 공화국 내 분열의 자연스럽고 제거할 수 없는 성격을 고려하며, 여러 경우에 여러 번, 그리고 『로마사 논고』에서 다양한 음영으로 고려한다(1권 4장: 로마를 "자유롭고 강력하게" 만든 "불화"에 관하여 그리고 민과 귀족의 두 가지 "기질"의 필연적인 공존). 그리고 『군주론』(9장: "모든 도시에서 이 두 가지 계급[성향]이 발견된다"). 그러나 이미 여기 3권 1장과 5장에서 제기되었다(산 피에로 스케라조의 회합에서 익명 시민의 연설). 이러한 배경에 대해 "파벌"(이 용어에 대해서는 앞서 언급한 3권 5장 참조)와 "열성"("당원되기"에 대해서는 코지모가 권력에 도달하기 위해 따라야 할 길처럼, 4권 26장 참조)로 특징지어지는 피렌체 분열의 "부정적" 양식에 대한 반영이 접목되어 있다. "파벌"라는 용어의 정의는 아래에서 추론할 수 있다.

8) 공화국의 "건국자"의 모습(이 책에서도 포르카리와 관련하여 언급됨, 6권 29장 참조). 특히 『로마사 논고』 1권 9장과 2권 3장 참조.

을 하는 것을 통해 획득된다. 사적인 방식으로 얻는 명예는 이 시민 혹은 저 시민을 이롭게 하거나, 그를 행정관으로부터 보호하거나,[9] 돈으로 돕거나, 그에게 상응하지 않은 자리(onori) 주거나,[10] 놀이와 공적인 선물로 인민에게 잘 보이려고 대접함으로써 획득된다. 이 후자의 행동양식을 통해 분파와 파당이 생기고, 그렇게 얻은 명예는 국가에 해롭다. 그런 만큼 파벌과 결합되지 않은 명예는 국가에 이로운데, 사익이 아니라 공동선에 기반한 것이기에 때문이다. 아무리 그런 시민들[11] 사이에서도 극심한 적대감이 생기지 않도록 만들 수는 없지만, 자신만의 이익을 추종하는 파벌만 없다면 그들은 공화국을 해칠 수 없다. 반대로 그들은 공화국을 위대하게 만들어야 하기 때문에, 목표를 추구하려면 발전을 위해 노력하고 법적 테두리를 넘어서지 않도록[12] 서로를 엄격하게 감시한다. 피렌체의 분열은 항상 파벌을 동반했으며 해로운 결과들이 뒤따랐다. 적대적인 파벌이 행동할 때를 제외하고는 승리한 파벌이 단결을 유지한 사례가 없었다. 그러나 적대적인 반대파가 사라지면, 승리한 쪽은 자제해야 한다는 어떠한 부담이나 그것을 제어할 스스로의 원칙도 없이 곧바로 분열되었다. 코지모 데 메디치의 당파는 1434년에 정상에 도달했으나, 패배한 당파가 크고 매우 힘 있는 자들로 여전히 강했기에[13] 적에 대한 두려움으

9) 공공 기관의 조치로부터 보호하다.

10) 공로가 없는데도 공직에 오르게 하는 것.

11) 즉, "파당"에 의존하지 않고 "명성"을 추구하는 사람.

12) 따라서 "분파"는 정치적 대립 내에서 "사적" 논리를 제공한다(공과 사의 대조는 동일한 페이지에서 세 번 반복된다. "공적인 방법"/"사적인 방법"; "공개적/사적 방법"; "공동선/사적이익"). 마키아벨리는 "분파"에 두 가지의 퇴행적 효과를 부여한다는 점에 유의해야 한다. 합법성 수준에서뿐만 아니라, 시민들이 공권력을 차지하도록 압박함으로써(적개심을 규제 안에서 표출하도록 허용하는 규칙인 "시민적 방식"에 위배되기 때문에). 뿐만 아니라 공공 가치의 차원에서도 자신의 장점에 대한 대중의 인정을 추구하는 것이 아니라, 상호 호의를 기반으로 하는 "명성"을 선호한다.

13) 1434년 망명에서 돌아온 코지모의 탄압 정도에 대해서는 다만 5권 4장 참조.

로 한동안 단결을 유지하며 온건했다. 그들 사이에서 지지자들은 어떠한 거짓된 행동이나 경솔한 행동으로 인민이 그들을 미워할 명분을 주지 않았다. 그렇게 정부가 권력을 갱신하기 위해 인민의 동의를 요구할 때마다 모든 힘과 권한[14]을 최고 권력자들에게 양도할 준비가 되어있는 인민을 발견할 수 있었다. 그렇게 1434년에서 1455년까지 21년 동안 그들의 권력은 평의회를 통해 발리아(balìa)의 권력을 여섯 번이나 갱신할 수 있었다.[15]

2.[16]

피렌체에서는 우리가 여러 차례 보았듯이 두 명의 매우 강력한 시민, 코지모 데 메디치와 네리 카포니가 있었다. 네리는 공적인 방식으로 명성을 얻은 사람으로서 많은 지지자가 있었지만 열성 당원(partigiani)은 거의 없었다. 반면 코지모는 권력으로 향하는 사적인 길과 공적인 길을 모두 이용했기에 많은 지지자들 외에 열성 당원들도 있었다. 코지모와 네리가 살아있는 동안에는 단결했고 그들의 권위를 관대하게 사용했기에, 인민에게서 바라는 것을 어려움 없이 항상 얻

14) 절대권 및 재량권.

15) 발리아(balía)-일반적인 절차의 중단 및 선택된 시민 그룹에 대한 광범위한 권한의 귀속-는 1434년에서 1466년 사이에 메디치 그룹에 의해 6번 설립되었다(여기에 마키아벨리가 표시한 기간에만 4번: 1434, 1438, 1444, 1453). 의회에서 투표(즉, 광장에 모인 사람들의 환호)에 의해 선출된 1466년의 발리아를 제외하고, 다른 모든 것들은 공화국의 일반 기관(시뇨리아, 포폴로 평의회 및 코무네 평의회 등)에 의해 선출되었다.
[영역주] 발리아는 피렌체 정부를 재조직할 수 있는 힘을 가진 위원회였다. 표면적으로는 인민의 투표로 선출되었지만, 실제로는 도시에서 가장 강한 이들 -예컨대, 아테네 공 혹은 메디치 가문- 의 도구였다.

16) **코지모의 방법들 1427, 1455, 1466.**

을 수 있었다. 그러나 1455년 네리가 죽고[17] 반대파가 사라지자 정부는 재집권에 어려움을 겪었는데, 코지모의 지지자들[18]이 매우 많은 권력을 가지고 있었던 것이 그 이유였다. 두려워할 반대당이 사라져 버렸을 때 그들이 바란 것은 최고 권력자인 코지모의 권력 축소였다. 이 분위기(umore)[19]는 1466년에 올 분열[20]의 시초였다. 정부를 통제하고 있었던 이들은 공적 사안에 대해 공적 토론이 행해지는 평의회에서 발리아의 권한을 다시 사용하는 것은 좋지 않으며, 공직자 추첨 주머니(borse)[21]를 새로 채우지 않은 채 행정관들을 과거의 명부의 이점을 가지고 추첨해야 한다고 조언했다.[22] 이 기조를 제어하기 위해 코지모는 두 개의 해결책 중 하나를 선택해야 했다. 다른 모든 이들에게 적대적인 열성 당원들과 함께 무력으로 권력을 다시 찾거나, 아니면 사태가 진행되도록 두고 시간이 지남에 따라 그의 지지자들이 권력과 명예(reputazione)를 잃은 것은 코지모가 아니라 자신들임을 스스로 알게 하는 것이었는데, 코지모는 후자를 택했다. 추첨 자루가 자

---

17) 정확히는 1457년 11월.

18) 체제의 구성원(위에서 언급한 "정부").

19) 이 단어(umore)는 다른 곳(『군주론』 9장, 『로마사 논고』 1권 4장 등)과 달리 여기서는 '의지, 의도'의 총칭으로 쓰였다.

20) 루카 피티(Luca Pitti)와 메디치의 다른 옛 지지자들이 피에로 디 코지모(Piero di Cosimo)에 대항하여 권력을 장악하려는 시도(7권 10장 이하 참조).

21) 자격이 있는 사람의 이름이 포함된 자루. "자루를 닫는다"는 세 개의 주요 도시 행정관(Signoria, 군대의 곤팔로니에레[Gonfalonieri di Compagnia] 및 선인들[Buoniuomini]) 선출을 위한 추첨 기준을 복원하는 것과 같다. 아코피아토리 조사 작업("squittinio")에 참여하는 한 자루는 계속 열려있었다. 이 기간 동안 행정관들은 단순히 담당 시뇨리아와 아코피아토리가 임명했다.

22) 행정관들은 이전에 수행된 조사("squittini")를 기반으로 추첨을 통해 선출된다. [영역주]+[역자주] 추첨자루는 다양한 공직에 뽑힐 수 있는 이들의 이름으로 채워졌다. 따라서 자루에 이름이 들어갈 수 없는 사람은 공직을 맡을 수 없었다. 새로운 이름이 자루에 넣어지지 않는 위의 경우에는 오로지 코지모의 지지자들이면서 오래 전에 자루에 그 이름이 들어간 사람들만이 공직을 맡을 수 있었다.

신의 지지자들로 채워졌기에[23] 이런 식으로 통치해도 자신이 위험을 감수하는 것이 아니며 자신이 원할 때 권력을 쉽게 되찾을 수 있음을 잘 알았기 때문이다. 피렌체에서 행정관을 추첨으로 뽑는 관습[24]으로 돌아간 이래 일반 시민들에게는 그들이 다시 자유를 되찾은 것처럼 보였고, 행정관들은 권력자의 의지가 아닌 자신의 판단에 따라 판결을 내리는 것 같았기에, 종종 몇몇 권력자들의 친구들도 벌을 받게 되었다. 축하하러 온 방문자들[25]과 선물로 가득 찬 자신의 집을 보는데 익숙했던 사람들은 이제 사람과 물건들이 텅 빈 자신의 집을 발견했고, 자신보다 낮은 자리에 있다고 오랫동안 생각했던 사람들이 이제는 그들과 동급으로 오른 것을 목도했으며, 자신과 동등했던 사람들이 더 높아진 것도 보았다. 그들은 존경받지도 영예롭지도 않았으며 실로 여러 번 무시되었고 조롱받았다. 길거리와 광장에서 거리낌없이 그들과 공화국에 대한 이야기가 넘쳐났다. 그들은 권력을 잃은 것은 코지모가 아니라 자신들이었음을 재빨리 깨달았다. 코지모는 이 일들에 대해 모른 체했으며, 인민을 기쁘게 할 어떤 결정을 해야 할 때, 그는 가장 앞장서서 지지했다. 그러나 귀족을 더욱 두렵게 하고 그들이 자신들의 실수를 깨달을 수 있도록 코지모가 활용한 기회는 1427년의 카타스토(catasto) 즉, 재산세의 부활이었다.[26] 그것은 세금

23) 전통적인 추첨 방법의 회복은 1453년 발리아가 실시한 투표에 적용되었을 것이다. 따라서 코지모는 그에게 적대적인 시뇨리아가 선출될 위험을 감수하지 않았다.

24) 공직 추첨제는 1455년 7~8월 시뇨리아 선거와 함께 재도입되었다. 이 조치는 정권 약화의 신호였다. 그것은 1453년 발리아의 조기 해산을 포함했다(발리아의 권한은 1458년에 만료될 예정이었다).

25) 그들에게 경의를 표하기 위해 온 사람들. 로마 세계에서는 축하하러 온 방문자들을 '권력자의 고객'이라고 불렀다.

26) 1458년 1월. 재산세 등록부의 업데이트가 승인되었다. 재산세 등록부의 수정은 무엇보다도 정권의 시야에서 가장 큰 영향을 받은 가족들에게 영향을 미쳤다. 1434년 이후 자연스레 유리한 정치적 상황에서 상당한 경제적 이점도 가져왔다(1427년 지적에 대해서는 『피렌체사』 4권 14장 참조). 코지모는 대

을 사람이 아니라 법률이 부과하도록 한 개혁이었다.[27]

3.[28]

이 법이 가결되고 그것을 집행할 관직이 설치되었을 때, 귀족들은 서로 모여[29] 코지모에게 가서 그들과 코지모 자신을 평민들의 손에서 구출하고, 그에게 권력을 주었고 그들을 영예롭게 했던 명예를 회복시켜 줄 것을 간청했다. 코지모는 그들에게 기꺼이 그렇게 하겠다고 대답하고, 그러한 목적에 부합하는 조치는 힘에 의해서가 아니라 일반적인 과정을 통해 인민의 동의를 얻어 정당한 형식대로 만들어지기를 바란다고 말했다. 그는 그들과 어떤 식으로든 힘으로 해결하는 방식에 대해서는 논의하고 싶지 않다고 말했다. 새로운 발리아를 만들려는 시도가 다음 평의회에서 있었지만 성공하지 못했다.[30] 그에 따라 유력한 귀족들은 코지모에 의지했고, 아주 겸손하게 그가 의회를 소집해 주기를 간구했다. 코지모는 이를 전적으로 거부했는데, 그들이 자신들의 실수를 완전히 인정하기를 바랐기 때문이다. 정의의 곤팔로니에레였던 도나토 코키(Donato Cocchi)는 코지모의 동의 없이 의회를 소집하기를 바랐는데, 코지모는 그와 같이 앉은[31] 시뇨리들로

중의 호의를 잃지 않기로 결심하고 법에 반대하는 것을 피했다.

27) 4권 14장에 같은 주제가 나온다.

28) **코지모는 폭력에 동의하지 않음, 루카 피티가 힘으로 발리아를 잡음 1458.**

29) '분열을 딛고', 공동의 이익을 보호하기 위해.

30) 발리아를 도입하려는 시도는 정의의 곤팔로니에레인 도나토 디 니콜로 도나티(Donato di Niccolò Donati)에 의해 1456년 9월에 이루어졌지만, 코지모의 지원 부족으로 인해 실패했다. 마키아벨리는 이 에피소드를 마테오 바르톨리의 에피소드와 혼동했을 것이다.

31) 두 달 임기 동안 그와 공무를 같이 담당했던 사람들.

하여 그를 조롱하도록 했고, 그는 미쳐서 제정신이 아닌 상태로 집으로 끌려갔다.[32] 그럼에도 일을 너무 극단으로 끌고가면 나중에 쉽게 되돌릴 수 없으므로, 루카 피티(Luca Pitti)[33]라는 기백 있고 대담한 사람이 정의의 곤팔로니에레가 되었을 때, 코지모는 그에게 일을 처리하도록 시킬 시간[34]이 왔다고 생각했다. 그 일이 어떠한 비난을 불러일으키면 자신이 아닌 루카의 탓으로 돌릴 수 있을 것이기 때문이다. 루카는 그의 임기 초기에 인민들에게 여러 번 발리아를 갱신할 것[35]을 제안했다. 성공하지 못하자 그는 평의회 인사들을 모욕적인 말로 위협했고, 이 말에 더해 행동으로 옮겼다. 1458년 8월 성 로렌초(San Lorenzo) 축일 전야[36]에 무장한 사람들로 시청사 건물을 채운 후 그는 인민을 광장으로 불러 모으고 힘과 무기로 이전에 자발적으로 동의하

---

32) 이 이야기는 카타스토의 새로운 법 다음에 마키아벨리에 의해 배치되었으며, 따라서 마테오 바르톨리가 곤팔로니에레였던 1458년 3~4월에 시뇨리아에 의해 발리아를 설치하려는 실패한 시도와 동일시되어야 한다. 혼동의 기원에 관계없이 도나토 코키라는 이름이 마키아벨리가 1500년대 초에 준비한 것 같은 「1464년에서 1501년 사이의 소고」에서 되풀이되어 나온다는 것을 주목하는 것은 쓸모가 없지 않을 것이다. 그의 시도가 공식적으로 카타스토의 도입 이후에 이루어지지는 않았지만, -그것이 배제되어서는 안 되며, 이 구절이 시사하는 것처럼- 마키아벨리 『피렌체사』는 그 오래된 기록을 다시 채택했다. 도나토 코키에 대한 메모에 앞서는 메모에는 실제로 다음과 같이 나와 있다. "58년 발리아의 임기만료와 함께 인민은 그것을 다시 하고 싶지 않았고, 자루를 닫기를 바랬다". 엄밀히 말하면 그것은 1456년(1453년의 발리아가 만료되고 1458년이 가까웠을 때)과도 관련될 수 있지만, 1458년에 도나토 코키(마키아벨리가 도나토 도나티와 혼동)의 시도를 귀속시키는 오류를 쉽게 설명할 수 있다.

33) 7월부터 8월까지 두 달 동안 정의의 곤팔로니에레로 선출되었다. 그는 1448년과 1452년에 이미 곤팔로니에레가 되었다. 1395년에 태어난 루카 피티는 네리 카포니(그와 자주 갈등을 일으켰다)와 함께 코지모의 주요 지지자였다.

34) (코지모에게) 적절한 때인 것 같았다.

35) 7월 초에 많은 회의가 소집된 후, 월말에 공화국의 주요 공직에 대한 조사를 다시 수행할 임시 평의회를 구성하자는 제안이 포폴로 평의회에 제출되었다. 하지만 여러 회의에서 거부되었다.

36) 실제로 성 로렌초 축일 다음 날인 8월 11일.

지 않았던 것에 동의하도록 강제했던 것이다. 발리아가 세워지고 권력이 탈환되고 주요 행정관들이 소수의 의견에 맞게 선출되었다.[37] 힘으로 쟁취한 정부의 시작을 공포를 사용하여 확정하기 위해 그들은 지롤라모 마키아벨리(Girolamo Machiavelli)[38]를 몇몇 사람들[39]과 함께 추방했다. 그들은 또한 많은 다른 이들의 관직을 빼앗았다. 지롤라모는 추방의 규칙을 지키지 않았다고[40] 해서 모반자로 선포되었다. 그가 자신의 조국에 대항하여 이탈리아를 떠돌며 지도자들을 선동하는 사이 그는 루니자나(Lunigiana) 영토에서 어느 한 영주의 배신으로 체포되었다. 그는 피렌체로 압송되어 감옥에서 죽었다.[41]

4.[42]

폭력적이고 강압적인 통치가 8년간 지속되었다. 이제 늙고 지친 코지모는 병환으로 약해져 예전처럼 공적 사업에 적극적으로 참여할 수 없었기에 도시는 소수 시민들의 먹이가 되었다. 루카 피티는 공화국의 이익을 위해 한 일들에 대한 보상으로 작위[43]를 받았다. 그가 공

---

37) 8월 11일 의회(Parlamento)는 시뇨리아와 8인 감찰위원회가 다음 6개월 동안 "손으로 직접" 선출(즉, 추첨이 아니라 발리아가 임명함)하도록 결정했다. 그런 다음 발리아는 정권이 신뢰하는 시민들 중에서 자격이 있는 사람들을 선택하는 새로운 투표용지를 만드는 일을 맡았다.

38) 유명한 법학자인 마키아벨리는 7월 초의 회의에서 새로운 발리아 설립에 대한 주요 반대자 중 한 명이었다. 그는 의회가 소집되기 전인 8월 3일에 체포되었다.

39) 8월 18일의 법령으로 약 20명의 시민이 추방되었다.

40) 구금을 위해 설정된 최소 거리를 준수하지 않았기 때문이다.

41) 1460년 7월.

42) **루카 피티의 폭정, 그의 건물들 1463.**

43) 공화국의 최고 영예였다.

화국에 더 큰 감사를 돌린다는 것을 표현하기 위해 이제까지 '길드의 프리오리'(Priori delle Arte)라 불리던 직위를 '자유의 프리오리'(Priori delle libertà)[44]로 부르기를 제안했고, 그렇게 해서 그들이 잃었던 것을 최소한 이름이라도 유지할 수 있도록 했다.[45] 또한 전에는 정의의 곤팔로니에레가 수장들의 오른편에 앉았지만, 이제는 그들의 가운데에 앉도록 명령했다. 하느님께서 이 사업에 함께 참여하는 것처럼 보이도록 하기 위해 루카는 공적 행렬과 엄숙한 미사로서 이러한 명예 회복[46]에 대한 감사를 신께 올렸다. 시뇨리아와 코지모는 루카에게 많은 선물을 주었고, 전 도시가 선물 경쟁을 벌였다. 선물이 2만 두캇에 이르렀다는 말이 들렸다. 그의 명성이 높아져 코지모가 아니라 루카가 도시의 통치자로 여겨지기에 이르렀다. 이로 인해 그는 자신감을 얻어[47] 두 개의 건물을 짓기 시작했다. 하나는 피렌체[48]에 다른 하나는 피렌체에서 약 1마일 정도 떨어진 루차노(Ruciano)[49]에 지었다. 두 건물이 모두 화려하고 웅장했지만, 특히 피렌체에 짓는 것은 그때까지 개인이 지었던 어떤 건축보다도 모든 면에서 거대했다. 이 건물들을 완공하기 위해 그는 수단과 방법을 가리지 않았다.[50] 시민들과 개인들이 그에게 선물을 바치고 건축에 필요한 것들을 제공했을 뿐만

---

44) 마키아벨리가 아이러니하게 생각하는 개혁은 알라마노 리누치니(Alamanno Rinuccinni)와 모렐리(Morelli)와 같은 연대기 및 일기의 작가들이 보고하는, 도시 주권의 의식적 그리고 상징적 표현의 보다 일반적인 재구성의 일부였다.

45) [영역주] 『피렌체사』 2권 11장 참조.

46) 도시의 공직에 대한 통제권 회복.

47) 그는 자신과 재산에 대한 확신을 얻었다.

48) 유명한 피티(Pitti) 궁전으로, 브루넬레스키(하지만 아마도 루카 판첼리[Luca Fancelli]에 의해)에 기인한 프로젝트에 기초하여 1458년에 건설이 시작되었을 것이다. 1549년부터 메디치 궁전의 자리였으며, 16세기 후반과 17세기에 확장될 것이다.

49) 루시아노(Rusciano). 루카 피티는 루시아노의 14세기 교외 별장을 개조했으며, 아마도 1440년 이전에 구입했을 것이다.

50) 불법("비정상적")일지라도 어떠한 수단도 포기하지 않았다.

아니라, 도시의 공동체들(comuni)과 전 인민이 도움을 주었다. 이 외에도 추방자들이나, 살인이나 절도 또는 공적 처벌을 받아야 하는 다른 어떤 범죄를 저지른 누구라도 그의 건축에 유용한 사람이라면 이 건물들 안에서 안전하게 피난처를 발견할 수 있었다. 다른 이들은 루카처럼 건축하지는 않았지만, 그만큼 난폭하고 탐욕적이었다. 그리하여 피렌체가 외부의 전쟁이 없었다면 자신의 시민들에 의해 몰락했을 것이다. 이 시기 동안 우리가 본 것처럼 나폴리 왕국과의 전쟁들[51]이 일어났고, 교황이 말라테스타 가문으로부터 리미니와 체세나의 지배권을 박탈하기 위해 로마냐에서 일으킨 몇몇 전쟁들이 있었다.[52] 교황 비오는 이러한 시도들과 투르크에 대한 원정을 계획하며[53] 자신의 재위기[54]를 보냈다.

5.[55]

피렌체는 지속적인 분열과 혼란 속에 있었다. 분열은 이미 언급했던 원인[56]으로 1455년 코지모 당에서 시작되었다. 코지모의 사려깊음으로 당은 당분간 평화를 유지할 수 있었다. 그러나 1464년 코지모의 병세가 완연해져서 삶을 마감하게 되었다.[57] 그의 친구들과 반대자들

51) 6권 37장과 38장 참조.

52) 시지스몬도 판돌포 말라테스타는 비오 2세와 갈등을 일으켰고, 비오 2세의 공식적 가신과 심각하게 싸웠다. 교황은 1461년 그를 파문했다. 전쟁은 1463년에 끝났다. 말라테스타는 리미니를 제외한 모든 소유물을 잃었다.

53) 십자군은 비오 2세에 의해 시작되었지만 그는 길을 나설 수조차 없었다(마키아벨리는 7권 2장에서 더 광범위하게 언급함).

54) 비오 2세는 1464년 8월 15일 투르크에 대한 십자군 원정을 위해 모인 군대가 떠나야 했던 안코나에서 사망했다

55) **코지모의 생애, 그의 죽음 1464.**

56) 7권 2장.

모두 그의 죽음을 애도했다. 정치적 이유로 그를 좋아하지 않는 사람들조차 시민들의 탐욕이 어떠했는지를 보았으며,[58] 그가 살아있었을 때 그에 대한 존경이 그들의 욕심을 누그러뜨린 것을 보았기 때문이다. 그가 죽자 그들은 완전히 몰락하고 파괴될 것을 두려워했다. 그들은 코지모의 아들 피에로[59]를 신뢰하지 않았다. 그는 좋은 사람이었지만 몸이 약하고 정치에는 경험이 미천했기에, 입에 재갈을 물리지 않으면 더 과도하게[60] 탐욕스러워지는 사람들[61]을 고려해야만 한다고 판단했기 때문이다. 그래서 모든 사람이 코지모의 부재를 굉장히 아쉬워했다.[62] 그는 민간인으로서 피렌체뿐 아니라 다른 모든 도시에서 기억하고 있는 가장 위대하고 유명한 시민이었다. 그는 권위와 부(富)뿐만 아니라, 관대함과 사려 깊음에서 동시대의 모든 이들을 넘어섰다. 그를 조국의 지도자[63]로 만들었던 모든 자질 중에서도 다른 사람들보다 우월했던 점은 관대하고 당당한(liberale e magnifico) 성격이었다. 그의 관대함은 사후에 더 많이 드러났는데, 아들 피에로가 그의 재산을 현실화하려고 했을 때[64] 특히 그러했다. 이 도시에서 코지모

---

57) 1464년 8월 1일.

58) 즉, 그를 향한 존경심이 그들을 덜 탐욕스럽게 만들 때.

59) '통풍 걸린 자'(il Gottoso, 1416~1469)라고 하며, 코지모와 바르디 가문의 백작의 딸 사이의 장남이다. 코지모는 또한 1463년에 죽은 또 다른 아들 조반니를 가졌었다. 가족의 정치적 재산을 상속받았어야 하는 조반니의 때 이른 죽음은 코지모의 "매우 심각한 슬픔" 중 하나로 7권 6장에 언급되어 있다.

60) 통제할 수 없는, 과도한 경향이 있는("욕망" 또는 "열정"과 같은 용어에 조응하는 형용사는 '자기 통제 및 자기 제한의 부재'의 도덕적 의미에서 보카치오에 의해 자주 사용됨).

61) 그는 아버지의 오랜 동맹자들에게 매우 조심스럽게 행동해야 했다.

62) '탄식'. 코지모의 아버지인 조반니도 같은 말을 한다(4권 16장 참조). 2권 34장에서도 같은 의미.

63) '도시의 제일 시민, 영향력 있는 지도자'. 코지모는 『로마사 논고』 1권 33장에서 "공화국의 지도자"라고 불린다. "시민형" 군주국의 유형에 할애된 장인 『군주론』 9장에서 "그의 조국의 지도자"라는 표현이 나온다.

64) '자신의 자산 목록을 만들고 싶어 했다'. 7권 10장 참조.

가 상당한 액수의 금액을 빌려주지 않은 시민이 없었던 것이다. 코지모는 많은 경우 선량한 사람의 곤란함을 알고서 요구하지 않더라도 먼저 그를 도와주었다. 그의 훌륭함은 그가 건축한 많은 건물들에서도 드러났다. 피렌체에 산 마르코(San Marco)[65]와 산 로렌초(San Lorenzo)의 수도원과 성당,[66] 산타 베르디아나(Santa Verdiana)의 수도원,[67] 피에솔레 언덕에 산 지롤라모(San Girolamo)와 바디아(Badia),[68] 무젤로(Mugello)에 작은 형제회 교회 등은 코지모 덕분에 복구에 착수할 수 있었을 뿐만 아니라,[69] 기초부터 거의 새로 지어졌다. 이외에도 그는 산타 크로체(Santa Croce), 세르비(Servi), 아뇰리(Agnoli),[70] 산 미니아토(San Miniato)에 매우 빛나는 제단과 부속 예배당[71]을 지었다. 교회와 예배당 건축 외에 그는 미사의 장식에 필요한 의복들과 다른 모든 것으로 그것들을 가득 채웠다. 이런 성스러운 건축물들에 더해 그의 사적인 거주지들도 언급해야 한다. 그렇게 위대한 시민에 걸맞는 시내의 웅장한 저택 하나[72]와 교외 지역의 네 개의 저택, 카레

65) 14세기 교회는 1435년부터 도미니코 수도회에게 할당된 수도원에 합병되었다. 복합 단지(1437~1443년)의 확장 및 개조 작업을 코지모는 라르가 거리(via Larga)의 메디치 가문의 위대한 궁전을 설계한 건축가 미켈로초(Michelozzo)에게 의뢰했다(아래 참조).

66) 1418년부터 후원을 받아 근본적으로 보수한 메디치 가문의 집과 가까운 대성당이다. 대성당에 대한 작업은 1461년에 완료되었다.

67) 발롬브로사 베네딕토 수도회 수녀원이었다. 1460년 코지모에 의해 복원되었다.

68) 산 지롤라모는 수녀원이었다. 코지모는 그것에 연결된 일부 건물에 자금을 지원했을 것이다. 피에솔라의 바디아는 나중에 카말돌리 수도회의 수도원인 피에솔레의 고대 대성당이었다. 코지모는 1456년부터 보수 공사에 자금을 지원했다.

69) '복구'. 카파졸로(Cafaggiolo)의 메디치 빌라에서 멀지 않은 보스코 아이 프라티(Bosco ai Frati) 수도원이다.

70) 산타 마리아 델리 안젤리(Santa Maria degli Angeli)의 카말돌리 수도회 수도원.

71) 언급된 것 중 무엇보다 미켈로초(1445경)의 작품인 산타 크로체의 노비치아도 입구 홀(L'Androne del Noviziato)과 산 미니아토 교회의 십자가 예배당(1448)은 언급할 가치가 있다.

72) '이 정도의 위대한 인물을 수용하기에 적절한 특성을 가진'. 미켈로초의 디자

지,[73] 피에솔레, 카파지우올로, 트레비오[74]의 저택들이다. 이 모든 궁전들은 사적 시민이 아니라 왕에게 걸맞는 것이었다. 이탈리아에서 건축의 훌륭함으로 알려지는 것으로는 충분치 않았기에, 그는 또한 예루살렘에 가난하고 병든 수행자들을 위한 병원을 지었다. 그는 엄청난 자금을 들여 이 건축물들을 지었다. 이 저택들과 그의 다른 일들과 행위가 왕의 것과 같았고,[75] 그가 피렌체에서 군주와도 같은 절대적 권위를 갖고 있었음에도, 그의 사려 깊음으로 인해 시민적 겸손함(civile modestia)[76]을 넘어서지 않았다. 그가 대화하고 일하고 말을 탈 때, 그의 삶의 방식과 결혼동맹들[77]에서 그는 항상 여느 겸손한 시민과 다를 바가 없었다. 그는 평범함을 벗어나는 특별한 것들이 매 시간 눈에 띄고 드러날 때, 평범한 외양의 배후에 가려질 때[78]보다

인을 기반으로 라르가 거리(현재 카부르 거리)에 지어진 메디치 리카르디 궁전이다. 코지모가 망명에서 고국으로 돌아온 직후 시작된 이 작업은 1444년까지 계속되었다.

73) 플라톤 아카데미의 자리가 될 메디치 가문이 가장 좋아하는 교외의 여름 별장.

74) 유명한 카파지올로 빌라에서 멀지 않은 무젤로에 있다.

75) 왕에게 적합하다.

76) 피렌체 전통과 코지모의 죽음에 대한 묘사에서 중추적인 개념. 마키아벨리가 다음 부분에서 설명하는 것처럼 "시민적 겸손"은 고상한 과시와 자부심과는 무관한 "시민적" 행동에 대한 충실도를 나타낸다. 의미론적 중요성에도 불구하고 이 용어는 『피렌체사』에서 세 번만 나타난다. 그러나 항상 이데올로기적으로 중요하거나 역사적으로 중요한 장소에 나타난다. 2권 39장에 나타난 "겸허함"과 "시민 생활"의 불가분의 관계 참조("만약 귀족들이 시민 생활에서 요구되는 겸손함을 가지고 행복하게 살았다면"). 뿐만 아니라 7권 24장에서 아주 어린 로렌초에게 인정된 "진중함"과 "겸허함"의 연결.

77) 자녀와 손주를 위한 배우자의 선택(이하 참조).

78) '모든 면에서 비범한 것, 즉 공화국의 관습 밖에 있지만 더 수용 가능한 형태로 숨기는 것'. 따라서 코지모의 "겸손함"은 명백히 "특별한" 힘에 직면하여 자신의 이미지를 관리하고 동의를 얻는 능력의 한 측면을 구성한다. 보이는 것에 대해 사람들이 채택하는 유일한 척도는 『군주론』 18장("모든 사람이 당신이 밖으로 드러낸 외양을 볼 수 있는 반면에 당신이 진실로 어떤 사람인가를 직접 경험으로 알 수 있는 사람은 소수에 불과하다.")과 『로마사 논고』 1권 25장("일반사람들은 실재에 못지않게 외양에 의해서도 영향을 받는다.").

얼마나 큰 시기와 질투가 일어나는지 잘 알았다. 그가 아들들을 결혼시켜야 했을 때 군주들과의 동맹을 추구하지 않고, 코르넬리아 델리 알레산드리(Cornelia degli Alessandri)와 조반니를 결혼시켰고, 루크레치아 데 토르나부오니(Lucrezia de' Tornabuoni)를 피에로와 짝지어 주었다.[79] 그는 피에로에게서 난 자신의 손녀 중에서 비앙카(Bianca)를 굴리엘모 데 파치(Guglielmo de' Pazzi)와 난니나(Nannina)[80]를 베르나르도 루첼라이(Bernardo Rucellai)와 결혼시켰다. 그의 시대에 국가경영과 시민정부[81]에 대해 코지모보다 더 잘 이해하고 있는 사람은 없었다. 그리하여 그토록 다양한 부침과 엄청난 역동성을 지닌 시민들의 변덕 속에서도 그는 31년간 지도자의 자리를 유지했다. 그는 매우 현명했기에 아직 일어나지 않은 악을 간파했고,[82] 적기에 그 악들이 성장하지 않도록 했으며, 미리 대비하여 그것이 자신을 공격하지 못하도록 했다. 그는 국내에서 동료 시민들의 야망을 제어했을 뿐 아니라, 해외에서 많은 외국 지도자들의 야심도 극복했다. 그 번영과 지혜가 몹시 커서 그와 그의 조국 피렌체와 동맹을 맺는 이들은 누구나 적과 동등하거나 우위에 섰고, 그에게 적대하는 이는 누구나 시간과 재산을 잃거나 혹은 나라를 잃게 되었다. 베네치아인들은 좋은 예를 제공하는데, 그들이 코지모와 함께 했을 때는 필리포 공작과의 대결에서 우위에 있었으나,[83] 코지모와 결

79) 알레산드리와 토르나부오니는 모두 고대 피렌체 귀족가문이었다. 다른 한편으로 8권 36장에서 메디치를 오르시니의 봉건 귀족과 연결시킨 로렌초의 결혼 정책에 대한 마키아벨리의 관찰을 보라("그는 자신과 그의 도시를 위대하게 만드는데 주의를 기울였다. 그는 그의 큰 아들 피에로를 오르시니 기사의 딸 알폰시나와 결혼시켰다." 알폰시나는 파첸트로 백작 로베르토 오르시니의 딸이었다.).

80) 비앙카(1445~1488)와 난니나(1448~1493)는 피에로와 루크레치아 토르나부오니의 두 딸이었으며, 위대한 로렌초와 줄리아노(1453~1478)의 남매였다.

81) 공화국.

82) '적절하게 어려움을 예견할 수 있었다'. 정치인의 핵심 자질로서 예측 능력에 대해서는 『군주론』 3장 참조("분규를 그 최초의 징후부터 감지하면, 처방을 구하기가 쉽다."); 『로마사 논고』 1권 32장 등.

별했을 때 항상 패배하고 정복당했다. 처음에는 필리포에게 다음에는 프란체스코[84]에게 당했고, 베네치아인들이 피렌체 공화국에 맞서 알폰소와 연합했을 때 코지모는 자신의 신용을 가지고 나폴리와 베네치아의 돈을 완전히 고갈시켜 그들로 하여금 코지모가 제시한 평화를 받아들일 수밖에 없도록 만들었다. 그렇게 코지모는 국내외 정치의 난관들을 극복하고 자신에게는 영광을, 적에게는 재앙을 가져오게 했다. 내부의 분열은 피렌체에서 항상 그의 권력 상승을 가져왔고, 외세와의 전쟁은 항상 그의 힘과 명예를 높여주었다. 그 결과 그는 보르고 산 세폴크로(Borgo San Sepolcro), 몬테돌리오(Montedoglio), 카센티노(Casentino), 발 디 바뇨(Val di Bagno)를 공화국의 영토로 편입시켰다. 역량과 행운으로 그는 모든 적을 물리쳤고, 모든 친구를 드높였다.

6.[85]

코지모는 1389년 성 코지모와 성 다미아노의 축일[86]에 태어났다. 그가 추방되고 투옥되고 죽을 고비를 넘긴 것들이 보여주듯이 그의 유년기 삶은 시련의 연속이었다. 그가 교황 요한을 수행했던 콘스탄츠 공의회에서 교황이 몰락하자 생명을 보존하기 위해 변장하고 달아나야 했다.[87] 그러나 그가 마흔이 된 후부터 그는 매우 행복하게 살

---

83) '그들이 그의 동맹이었을 때'. 필리포 공작은 당연히 필리포 마리아 비스콘티이다.

84) 스포르차.

85) **코지모의 성격 1389~1464.**

86) 9월 27일.

87) '변장을 하고 도망쳐서 목숨을 구했다'. 코지모는 그의 아버지 조반니 디 비치(Giovanni di Bicci)에 의해 대립교황 요한 23세(발다사레 코싸[Baldassarre Cossa])와 함께 콘스탄츠 공의회(1414년)에 파견되었다. 조반니 디 비치의 개

았고,[88] 공무에서 그와 같은 편인 사람들뿐만 아니라 전 유럽에서 그의 재산을 담당했던 사람들도 그의 영화를 함께 누렸다. 이로 인해 피렌체의 많은 부유한 가문이 생겼다. 토르나부오니(Tornabuoni),[89] 벤치(Benci), 포르티나리(Portinari), 사세티(Sassetti) 가문이 그들이다. 여기에 더해 그의 조언과 부에 의존한 많은 이들이 부유하게 되었다. 지속적으로 교회 건설과 자선 사업에 많은 돈을 썼음에도 그는 종종 친구들에게 자신이 하느님의 명부에 기록된 빚만큼 하느님의 영광을 위해 지출하지 못했음을 한탄했다. 그는 보통 체격[90]에 올리브 색 피부와 덕망 있는 몸가짐을 지니고 있었다. 그는 학교에 다니지 않았지만[91] 매우 달변이었고, 지혜를 타고났으며, 동료들에게 친절했고, 가난한 자들에게 자비로웠으며, 대화가 유익했고, 조언은 신중했으며, 실행은 빠르게 했고, 말과 대답에서는 열정과 위엄이 있었다.[92] 리날도 델리 알비치가 코지모가 추방되고 얼마 되지 않아 전령을 보내 암탉이 알을 품고 있다는[93] 메시지를 전했을 때, 이에 코지모는 암탉이

인적인 친구인 대립교황 요한 23세는 메디치의 로마 은행에 십일조 징수 계약을 체결하여 가족의 재산에 적지 않은 기여를 했다. 1415년 5월 공의회에서 폐위된 교황 요한은 황제 시지스몬도에 의해 투옥되었다가 3년 후에 석방되었다.

88) '… 인생에 큰 행운이 있었다'. 마키아벨리는 1434년(코지모가 45세였을 때) 망명에서 돌아온 이후의 기간을 말한다.

89) 메디치 가문의 인척(7권 5장에서 언급된 피에로와 루크레치아의 결혼). 최근의 상업 및 금융 귀족의 일원인 메디치와는 달리 보다 오래된 피렌체의 봉건 영주 귀족.

90) 평균 키.

91) 심오한 인본주의적 지식이 부족했지만.

92) 즉, 그는 예리하고 유머 감각이 뛰어났지만 동시에 심오했다. 여기에서 마키아벨리가 코지모에게 부여한 일련의 기억에 남을 격언이 시작된다. 게다가, 15세기 동안 코지모는 농담 모음에서 반복적으로 등장하는 인물 중 한 명이 되었다. 예를 들어, 그는 약 40개의 재치 있는 좌우명을 그에게 제공하는 폴리치아노의 『즐거운 이야기들』의 주인공이다. 베스파시아노 다 비스티치는 또한 코지모의 재치에 대해 이야기한다("그의 모든 대답은 소금으로 맛을 냈다", 『생애들』 2권 197쪽).

불쌍하게도 둥지 밖에서[94] 알을 품었다고 답했다. 눈에 불을 켜고 있다고 코지모에게 알려온 다른 추방자들에게 그는 그들의 잠을 빼앗은 이가 본인이기에 그것을 믿는다고 말했다. 교황 비오가 군주들을 선동하여 투르크를 정벌[95]할 때, 그는 교황을 젊은이들의 사업에 뛰어든 노인이라고 말했다. 피렌체 공화국을 비난하기 위해 알폰소 왕의 사절들과 함께 피렌체로 온 베네치아 사절들에게 그는 민머리로 나타나서 자신의 머리가 어떤 색인지를 물었다. 이에 그들은 '하얀색'이라고 답했다. 그는 '당신들의 원로원 의원들도 머지않아 나처럼 흰머리를 가지게 될 걸세.'라고 응수했다.[96] 그가 죽기 몇 시간 전 그의 부인이 왜 눈을 감고 있냐고 물었을 때, 그는 '눈을 감는 것에 익숙해지기 위해서'[97]라고 답했다. 그가 망명에서 귀환한 후 몇몇 시민들이 그가 도시를 망쳤고, 하느님의 뜻을 거슬러 많은 부자들을 추방했다고 비난하자, 그는 망가진 도시가 잃어버린 도시보다는 나으며, 부자는 2

---

93) 알비치의 표현은 자연스럽게 코지모에 대한 위협으로 적용된다. 즉, 망명자가 그의 파티를 위해 몸값을 준비하고 있다.

94) 물론, 피렌체에서 멀리. 폴리치아노의 『즐거운 이야기들』, 139에서 되풀이되는 속담은 『궁정론』의 2권에서 카스틸리오네가 코지모에게서 기인한 것으로 취급한 두 가지 농담 중 하나이다. 그러나 『궁정론』에서 농담은 리날도 델리 알비치가 아니라 팔라 스트로치에게 향하는 것이었다.

95) 461년 교황 비오 2세가 시작한 십자군 원정이다(7권 9장 참조). 코지모의 농담은 비오 2세 자신의 『회고록』 4권 7장에 언급되어 있다.

96) 조반니 디 카를로(Giovanni di Carlo)의 De temporibus suis, c.41r−v, 참조. 여기에서 훨씬 더 명확한 의미에서 흰머리는 원로원의원이 아니라 베네치아의 젊은이가 될 것이라고 하며, 베네치아의 정치로 인한 고통으로 조기 노화가 올 것이라는 것이다.

97) 이는 베스파시아노, 『생애들』 2권 210쪽에 나온 말을 회상케 한다(죽음에 직면하여 아내에게 현명하게 초연하는 태도를 나타냄). "코지모는 인생의 마지막 순간에 매우 조용히 있었고, 때로는 몇 시간 동안 아무 말도 하지 않고 생각만 했다. 어느 날 그에게 과묵히 말을 하지 않는 이유를 묻자 그는 그녀에게 말했다. 별장에 가야 할 때, 그 일정을 조직하면서 15일 동안 당황하면서 서 있게 됩니다. 나는 이생에서 떠나 다음 생으로 가야하는데, 생각할 거리가 많을 것 같지 않습니까?"

마의 분홍 원단으로 만들 수 있지만,[98] 국가는 수중의 주기도문으로 지켜지지 않는다고 대답했다.[99] 이러한 이야기들은 적들에게 그를 저승보다 이승을, 조국보다 자신을 더 사랑하는 사람으로 중상모략할 빌미를 주었다.[100] 그에 대해서는 불필요한 것으로 생략해도 될 만한 많은 다른 이야기들이 있다. 코지모는 또한 식자들을 애호하고 존중했다. 그는 그리스인이며 당대의 뛰어난 식자였던 아르지로폴로(Argilopolo)[101]를 피렌체로 모셔와서 피렌체의 젊은이들에게 그리스어

---

98) 즉, 한 사람을 과두정의 일원으로 만들려면 공화국의 최고 관직에 올려놓는 것으로 충분했다. 장관의 망토는 분홍색 천으로 만들어졌다. 매우 유명한 이 말은 귀차르디니의 『피렌체사』 82쪽과 『대화』 53쪽에서도 회고된다. 이것의 변형은 『궁정론』 2권에서 카스틸리오네에 의해 코지모에게 귀속된 속담이다. "코지모 데 메디치는 매우 부유하지만 잘 알지 못하는 친구에게 말했다. 그는 코지모를 통해 피렌체 외곽의 관직을 얻었다. 그리고 그가 코지모에게 떠날 때 그가 이 직책에서 자신을 잘 다스리기 위해 어떤 식으로 처신을 해야하는지 물었을 때 코지모는 대답했다. "분홍색 옷을 입게. 그리고 말을 거의 하지 말게.""

99) 이 격언은 피렌체에서 큰 성공을 거두어 속담이 되었다. 그리고 지롤라모 사보나롤라(Girolamo Savonarola)가 출처를 밝히지 않고 1494년 재림 설교에서 논쟁의 여지가 있게 언급한 것은 우연이 아니다("참 기독교인의 국가는 기도와 선행으로 다스리며, 그들이 미쳤고 악하다고 말하는 것과 국가가 주기도문으로 보호받을 수 없다는 것은 사실이 아닙니다." G. SAVONAROLA, *Prediche italiane*, a cura di F. Cognasso, Firenze, La Nuova Italia, 1930, Ⅰ p. 117). 전통적으로 코지모에게 귀속된 이 말은 세속적이고 편견없는 피렌체 전통에 속하며, 속담과 공동체 통치에 관한 말에서 구체화된다(다음의 각주들 참조).

100) 이 문구는 지노 카포니의 잘 알려진 "회고록"들 중 하나를 상기시킨다("자신의 영혼이나 이익보다 도시를 사랑하는 발리아의 10인 위원회 위원들") 16세기 초 피렌체에 널리 퍼진 경구를 귀차르디니의 『대화』에서의 인용을 통해 확인된다. "그러나 지노 (카포니)는 10인 전쟁 위원회가 영혼보다 나라를 사랑하게 하는 것이 필요하다고 썼다. 왜냐하면 기독교 법의 교훈에 따라 오늘날 방식으로 정부와 국가를 통치하는 것은 불가능하기 때문이다."

101) 요하네스 아르지로풀로스(Johannes Argyropulos, 1415～1487). 콘스탄티노폴리스 함락(1453) 이후 이탈리아로 이주한 비잔틴 인문주의자. 1456년부터 1471년까지 그는 피렌체 스튜디오에서 철학을 가르쳤다. 그는 아리스토텔레스와 플로티누스의 Enneadi를 라틴어로 번역했다.

와 다른 지식들을 가르치도록 했다. 코지모는 플라톤 철학을 부활시킨 마르실리오 피치노(Marsilio Ficino)를 아주 사랑하여 그를 집으로 데려왔다.[102] 피치노는 자신의 학문을 좀 더 편안하게 연구할 수 있었고, 코지모는 그를 좀 더 편하게 부를 수 있었다.[103] 코지모는 그에게 카레지(Careggi)에 있는 본인의 자택 근처에 거처를 마련해 주었다.[104] 그의 지혜, 그의 부, 삶의 방식, 그의 행운은 피렌체에서 시민들이 그를 두려워하고 사랑하게 만들었고,[105] 이탈리아뿐 아니라 유럽 전역의 지배자들로부터 경이로운 존경을 받게 해 주었다. 그는 후손들에게 덕으로는 그와 동등할 수 있고, 행운에서는 그를 훨씬 추월할 기반을 남겨두고 떠났다.[106] 코지모가 피렌체에서 가졌던 권위를 후손들은 그 도시뿐 아니라 모든 기독교 세계에서 가질 수 있었다.[107] 그럼에도 삶의 마지막 몇 년 동안 그는 매우 깊은 슬픔을 느꼈는데, 그것은 두 아들 피에로와 조반니 때문이었다. 코지모가 더 큰 신뢰를 가지고 있던 조반니는 죽었다.[108] 피에로도 아팠고,[109] 몸이 쇠약해서 공무나 사적인 업무에도 적합하지 않았다. 그렇게 그는 자신의 아들이 죽고 나서 집에서 돌아다닐 때 한탄하며 말하기를, '이 집은 너무 커서 이렇게 수가 적은 가족에게는 맞지 않다'고 했다. 명예로운

---

102) 그는 '친한 가족들의 일부로 그를 환영하고 지지했다' 등. 마르실리오 피치노(1433~1499), 15세기 후반 피렌체에서 플라톤 사상에 큰 영향을 미친 사람(플라톤의 작품을 번역하고 논평).

103) 교류했다.

104) 철학자와 작가들의 중요한 만남의 장소가 된 몬테키(Montecchi)의 별장.

105) 『군주론』 17장의 군주에 관한 이분법적 주제("두려움을 받는 것이 더 나은지 사랑받는 것이 더 나은지")의 용어를 결합한다.

106) '그런 확고한 권력과 권위를 후손들에게 물려주었다' 등. '기반(Fondamento)'은 마키아벨리 정치 사전에서 기술적 가치를 지닌 용어이다.

107) 당연히 가문의 두 교황(레오 10세와 클레멘스 7세)을 가리킨다.

108) 조반니는 1463년에 사망했다.

109) 통풍과 변형성 관절염을 앓고 있었다.

정복을 통해 피렌체 영토를 늘리지 못한 것 역시 그의 위대한 정신을 괴롭혔다. 그는 프란체스코 스포르차에게 속은 것처럼 보였을 때 더 괴로워했다. 스포르차는 그가 백작일 때 코지모에게 자신이 밀라노의 군주가 되면 피렌체를 대신하여 루카를 정벌할 것이라고 약속했다. 백작은 행운이 오자 그의 마음을 바꾸었기 때문에 약속은 이행되지 않았다. 밀라노의 군주가 되자 그는 전쟁으로 얻은 나라를 평화 속에 즐기고자 했다. 코지모나 다른 어느 누구도 정벌로 만족시키려 하지 않았으며, 군주가 되고 나서는 방어의 필요가 있을 때를 제외하고 전쟁을 피하려 했다. 이것은 코지모를 매우 화나게 했다. 그가 매우 배은망덕하고 신뢰할 수 없는 인물을 위대하게 만드는 데 자금을 쓰고 난관을 견뎌냈기 때문이다. 이 외에도 신체의 쇠약함으로 코지모는 예전처럼 부지런하게 공무나 사무를 수행할 수 없었다. 그렇게 그는 자신의 도시가 시민들에 의해, 자신의 부가 자식과 하수인들[110]에 의해 쇠락해 가는 것을 지켜보았다.[111] 이 모든 것들로 인해 그는 생애 마지막 해들을 불안 속에서 보냈다. 모든 시민과 기독교 세계의 지도자들이 그의 아들 피에로와 함께 그의 죽음을 애도했다. 모든 시민이 엄숙한 위엄으로 그의 유해를 무덤까지 가져가는데 동행했다. 그는 산 로렌초 성당에 묻혔다. 칙령에 따라 그의 묘비명은 '조국의 아버지'라고 새겨졌다.[112] 코지모의 행적을 적으면서 내가 보편적인 역사를 기록하는 이들이 아니라 군주들의 삶을 기록하는 이들의 스타일을

110) 관리들.

111) 7권 4장의 판단 참조.

112) 그가 죽은 지 며칠 후 10명(루카 피티, 베르나르도 주니 그리고 디이티살비 네로니 포함)으로 구성된 위원회가 코지모를 기리는 방법을 결정하기 위해 임명되었다. 고인에게 호칭을 부여하기로 결정했다(법령의 본문은 Fabroni, *Magni Cosmi Vita*, Ⅱ pp. 257-60). 그가 죽은 후에야 공식적으로 그에게 수여되었지만 조국의 아버지(Pater patriae)라는 칭호는 코지모에 대한 찬사로 오랫동안 존재해 왔다.

따랐다면,[113] 그것은 이상한 일이 아니다. 그는 우리 도시에서 보기 드문 사람이었고, 나는 어쩔 수 없이 그를 특별한 방식으로 칭송해야 하기 때문이다.

7.[114]

피렌체와 이탈리아가 묘사되었던 대로 있던 이 시기에 프랑스 왕 루이 11세[115]는 중대한 전쟁 속에서 공격받고 있었다. 브르타뉴 공작 프랑수아와 부르고뉴 공작 샤를의 후원으로 루이 11세에 대항하는 귀족들이 일으킨 전쟁이었다.[116] 그 전쟁은 매우 중요해서 루이왕은 제노바와 나폴리 왕국 원정[117]을 간 앙주의 장을 도울 생각을 할 수 없었다. 그럼에도 루이왕은 사보나가 프랑스 지배 아래 있기 때문에 장이 누군가로부터 도움이 필요하다고 판단하고서, 밀라노 공작 프란체스코를 사보나의 지배자로 만들고[118] 만약 그가 원한다면 제노바에

113) '나는 일반적인 역사 작가들보다 찬사로 가득 찬 전기 작가들의 모델을 더 많이 따랐다.' 관찰에 악의가 없는 것은 아니다. 마키아벨리는 역사적 사실과의 관계라는 측면에서 두 장르를 특징짓는 다양한 수사학적 관습을 암시한다. 또한 레오나르도 브루니(Leonardo Bruni)는 추도사를 작성할 때 역사의 부분적 조작의 적법성을 인정했다. 역사와 칭송의 차이에 대해서는 카를로 말라테스타에게 보내는 그의 편지(L. Bruni, *Epistulae*, a cura di L. Mehus, Firenze, Bernardo Paperini, 1741, II p. 112) 참조.

114) **밀라노 공작이 제노바를 점령하다, 나폴리 왕이 그에게 반기를 드는 귀족들을 물리쳤다, 밀라노 공작과 야코포 피치니노 1464~1465.**

115) 1461년부터 1483년까지 재위.

116) 루이 11세는 즉위 이후 대봉건 영주의 자치세력에 맞서야 했다. 루이 11세의 중앙집권화와 반(反) 영주 정책은 후대 프랑스 권력의 주요 전제로 『프랑스 소묘』와 『독일 소묘』에서 긍정적인 의미로 기억된다. 부르고뉴의 샤를 공작은 루이가 오랫동안 전쟁에 참여했던 '용감한' 샤를이다.

117) 6권 37장 및 38장 참조.

118) 루이 11세와 스포르차 사이의 협정으로 사보나와 제노바를 후자의 영지로

원정하는 것을 허락해 주겠다고 이해를 시켰다. 프란체스코는 이를 수용했고, 프랑스 왕과의 우정이 그에게 제공한 명성과 아도르노(Adorno) 가문이 그에게 준 호의를 통해 제노바의 군주가 되었다.[119] 자신이 받은 이익에 비해 배은망덕한 것으로 보이지 않도록 하기 위해 그는 프랑스 왕에게 원군으로 자신의 장자인 갈레아초(Galeazzo)가 지휘하는 기병 1천 5백 명을 보냈다. 이렇게 아라곤의 페르디난도와 프란체스코 스포르차는 한 사람은 나폴리 전 왕국의 왕이 되었고, 또 한 사람은 롬바르디아의 공작이자 제노바의 영주가 되었다. 결혼동맹으로 맺어진 이들은 어떻게 자신의 영토를 확립해서[120] 생전에는 안전하게 지내다가 사후에는 자신의 후손들에게 영토를 자유롭게 물려줄 수 있을지에 대해 생각했다. 이를 위해 페르디난도 왕은 앙주의 장과의 전쟁에서 자신을 공격했던 귀족들로부터 자신의 안전을 확보해야 한다고 판단했고, 스포르차 공작은 자신의 가문의 천적인 브라초(Braccio) 가문의 군대를 제거해야 한다고 결심했다. 이 군대는 당시 이탈리아 최고의 장군이었던 야코포 피치니노 아래에서 굉장히 큰 명성을 얻었다. 야코포가 자신의 영토를 가지고 있지 않았기에 영토를 가진 이들은 누구나 그를 두려워했다. 특히 밀라노 공작은 자신의 예[121]를 보더라도 야코포가 생존해 있는 한 자신의 영토를 보존하거나 자식에게 안전하게 물려줄 수 없다고 생각했다. 왕은 심혈을 기울여 귀족들과 합의를 보려고 했고, 그들로부터 안전을 확보하기 위해 모든 수단을 사용했으며, 완전한 성공을 거두었다. 귀족 및 영주들은

지정하여 1463년 12월 22일에 발표했다. 그러나 두 도시(아래에 설명된 제노바뿐만 아니라)는 여전히 스포르차에 의해 점령되어야 했다.

119) 1464년 4월. 파올로 캄포프레고조 대주교는 당시 이 도시의 총독이었다. 사보나는 2월 6일에 스포르차에 의해 점령되었고, 그의 사절들은 저항에 부딪히지 않고 도시에 입성했다.

120) 그들의 권력을 확립할 수 있을지.

121) 즉, 스포르차 자신도 본래의 단순한 용병대장에서 군주가 된 것이다.

왕과 전쟁을 지속한다면 자신들의 몰락이 불 보듯 훤한데, 그를 신뢰하고 합의에 이르면 자신들에게 불확실할 수는 있는 희망의 여지가 확실히 있다고 보았던 것이다.[122] 인간은 항상 확실한 악으로부터 더 자진해서 멀어지려 하기에 군주들은 더 약한 권력들을 쉽게 속일 수 있다. 영주들은 전쟁의 확실한 위험을 보았을 때 왕과의 평화를 믿었고, 다양한 방식들과 이유들로 자신들을 왕의 품에 맡기자 왕에 의해 제거되었다. 이들의 운명은 수하들을 이끌고 술모나(Sulmona)에 있었던 야코포 피치니노를 두렵게 했다. 왕이 그를 억압할 기회를 갖지 못하도록 먼저 친구들의 중재를 통해 프란체스코 공작과 화해 협상을 제안했다. 프란체스코 공작이 할 수 있는 최선의 제안을 했을 때, 야코포는 그의 품에 안기기로 결정하고 그를 만나기 위해 백 명의 기병을 대동하고 밀라노로 출발했다.

8.[123]

야코포는 오랫동안 아버지 밑에서 형제들[124]과 함께 싸웠다. 처음에는 필리포 공작을 위해, 다음에는 밀라노의 인민을 위해 싸웠다. 그런 오랜 관계로 인해 그에게는 밀라노에 많은 친구들과 그에게 호의를 지닌 많은 사람들이 있었다. 더구나 현 상황들이 그것을 더 증폭시켰다. 스포르차 가문의 흥기하는 행운과 현 권력에 대한 시기와 대조적으로 야코포의 불행한 일들과 그의 오랜 부재가 밀라노 인민에게 그를 향한 연민과 보고 싶어 하는 엄청난 열망을 불러일으켰던 것이

122) 그들에게는 구원의 기회가 있었다.
123) **야코포 피치니노의 의심스러운 암살 1465.**
124) 니콜로(1444년 사망)와 프란체스코(1448년 사망)이다.

다. 이 모든 것으로 그가 오는 것이 분명해 보였다. 그를 만나기를 원치 않았던 귀족들도 거의 없었다. 그가 지나가는 길은 그를 보고 싶어 하는 많은 인파로 가득 찼다. 그의 가문 이름이 모든 곳에서 외쳐졌다. 이 영예가 그의 몰락을 재촉했다. 그를 제거하고자 하는 밀라노 공작의 욕망이 불신과 함께 자라났기 때문이었다. 이를 은밀히 추진하기 위해 그는 오래전 야코포와 약혼시켰던[125] 자신의 딸 드루지아나(Drusiana)와의 결혼식[126]을 거행하고자 했다. 그리고 그는 페르디난도 왕과 일을 꾸며, 왕이 야코포를 그의 군대의 장군으로 고용하고 그 대가로 10만 플로린을 제공하기로 했다.[127] 이 계약이 체결되자, 야코포는 밀라노 공작의 사절[128]과 자신의 부인 드루지아나와 함께 나폴리로 갔다.[129] 그곳에서 그는 며칠 동안 온갖 축제와 만찬을 즐기며 환대받았다. 그러나 그가 자신의 군대가 있는 술모나(Sulmona)로 가게 해 달라고 요청했을 때, 그는 왕으로부터 성에서 열리는 한 만찬에 초대받았다. 그 연회 후에 그는 아들 프란체스코와 함께 투옥되었고, 잠시 후 사형당했다.[130] 우리 이탈리아의 지도자들은 자신은 갖지 못했는데 타인은 갖고 있는 역량(virtù)을 매우 두려워해서, 그것을 제거했다. 그래서 역량을 가진 사람이 아무도 남지 않게 되었고, 이 나라를 파멸에 노출시켜 머지않아 쇠약해지고 고통스럽게 만들었다.[131]

---

125) 결혼식에 대한 첫 번째 계약은 스포르차와 피치니노가 모두 암브로시아 공화국을 위해 활동했던 1448년으로 거슬러 올라간다.

126) 1464년 8월 13일에 거행되었다.

127) 피치니노는 1463년에 아라곤의 페르디난도에게 복무하면서 술모나 영지의 대장이라는 칭호를 받았다.

128) 피에트로 푸스테를라(Pietro Pusterla).

129) 피치니노는 1465년 6월 초에 나폴리에 도착했다.

130) 6월 24일 투옥된 피치니노는 7월 12일 누오보 성에서 교살되었다. 마키아벨리는 의심할 여지없이 피치니노의 죽음이 밀라노 공작과 완벽하게 합의한 나폴리 왕에 의해 기획되었다는 주장을 받아들인다.

131) 1494년 이후 반도의 정치적 파멸에 대한 명확한 언급과 함께. 이 구절은

9.[132)]

교황 비오는 로마냐의 문제들을 해결하고[133)] 나서, 이제 보편적 평화를 이루기 위해 투르크에 대항하여 기독교인들을 움직일 시간이 되었다고 생각했다. 그는 전임 교황들이 추진했던 계획들을 재개했다.[134)] 모든 지배자가 자금이나 사람들을 보내기로 약속했다. 헝가리의 왕 마차시와 부르고뉴 공작 샤를은 교황에게 직접 약속했고, 교황은 그들을 십자군의 지도자들로 임명했다.[135)] 교황의 소망은 매우 커서 로마를 떠나 군대가 모이기로 한 안코나로 갔다.[136)] 베네치아인들은 군대를 스티아보니아(Stiavonia)[137)]로 운송할 함선들을 약속했다. 교황이 도착하고 나서 많은 사람들이 그 도시에 모여들어 며칠 내에 도시의 모든 식량이 동났고, 인근 지역에서 가져온 식량들도 모두 소진되었다. 모두가 먹을 것이 없어 고생했다. 이 외에도 돈이 필요한 이들에게 제공할 돈이나 무장을 해야 할 이들에게 제공할 무기도 없었다. 마차시와 샤를은 나타나지 않았다. 베네치아인들은 몇 척의 갤리선과 함께 장군 한 명을 보냈는데, 군대를 바다 건너로 데리고 가기

『군주론』 24장의 비난을 상기시키지만, 또한 『전쟁론』(“그들은 우리의 이러한 군주들을 믿었다” 등)의 결론부를 회상케 한다.

132) **십자군 원정의 실패와 교황 비오의 죽음, 프란체스코 공작의 죽음 1465~1466.**

133) 시지스몬도 판돌포 말라테스타와의 전쟁은 1463년에 끝났다(7권 4장 참조).

134) 즉, 그는 고대 십자군 전쟁을 재도입하기를 원했다. 비오 2세는 만토바(1459년 6월 1일) 회의에 기독교 영주들을 모아 투르크에 대한 십자군 계획을 시작했다. 십자군은 4년 후에 선포되었다(1463년 10월 22일 소집 선언).

135) 첫 번째는 후녀디 마차시(라틴어명은 마티아스 코르비누스[Mattias Corvinus], 1458년부터 1490년까지 헝가리의 왕)이고, 두 번째는 용감공(il Temerario) 샤를이 아니라 그의 아버지인 선량공(il Buono) 필리프(1396~1467)였다.

136) 비오 2세는 1464년 7월 19일 이미 중병을 앓고 있으면서 도시에 들어왔다.

137) 슬라보니아(Slavonia). 달마티아 해안에서.

위해서라기보다는 화려함을 과시하고 약속을 지켰다는 것을 보여주기 위해서였다.[138] 늙고 허약했던 교황이 십자군 원정의 시도와 무질서 속에서 죽자,[139] 모두가 자신들의 고향으로 돌아갔다. 교황은 1465년 서거했고, 베네치아 태생의 파올로 2세가 계승했다.[140] 거의 모든 이탈리아의 군주 국가들이 정부를 교체했고, 다음 해에 밀라노 공작 프란체스코 스포르차도 공국을 얻은 지 16년 만에 사망했다.[141] 그의 아들 갈레아초가 밀라노 공작으로 선포되었다.

10.[142]

이 군주의 죽음은 피렌체의 분열을 더 악화시키고 그 영향이 더 빨리 나타나게 했다. 코지모가 사망하고, 아들 피에로는 아버지의 나라와 재산을 물려받았다. 그는 디에티살비 네로니(Dietisalvi Neroni)를 곁으로 불렀다. 디에티살비 네로니는 큰 권위를 가지고 있었으며 다른 시민들의 큰 존경을 받은 인물[143]이다. 코지모가 아주 신뢰하여 죽음을 눈앞에 두었을 때, 자신의 재산과 국가 일[144]은 이 사람의 조언을

---

138) 연기와 지연 끝에 일부 베네치아 선박이 8월 11일 안코나에 도착했다. 그러나 대부분의 십자군은 그달 초에 도시에서 발생한 역병에 노출되어서 기다리다 지쳐 이미 도시를 떠났다.

139) 1464년 8월 15일(1465년이 아님).

140) 1464년 8월 30일에 선출된 베네치아인 피에트로 바르보(Pietro Barbo).

141) 1466년 3월.

142) **디에티살비 네로니가 피에로 데 메디치에게 그가 빌려준 것을 회수하도록 조언했다, 이것이 피에로를 인기 없게 만들었다 1466년.**

143) 동료시민들 사이에서 큰 권위를 누린 자. 『피렌체사』에 처음으로 등장한 디에티살비는 코지모의 가장 영향력 있는 지지자 중 한 명이었다. 그는 피렌체 대주교인 조반니(7권 17장과 19장에서 언급됨)의 다른 형제 중 한 명이었다.

144) 가족 재산에 관련된 문제 및 정치에 대해.

통해 처리하라고 말했었다. 피에로는 코지모가 그에게 지녔던 신뢰를 디에티살비에게 언급했고, 아버지가 생존했을 때 복종했던 것처럼 죽고 나서도 아버지를 따르기를 원했던 그는 자신의 세습재산과 정부업무에 관하여 그의 조언을 구했다. 먼저 자신의 재산과 관련하여 피에로는 모든 장부[145]를 한데 모아 디에티살비의 수중에 넘겨 주었다. 이를 통해 디에티살비는 질서와 무질서[146]를 알아낼 수 있었고, 사적인 일부터 모든 사업과 거래에 관한 진술들로 상황이 어떠한지 정확하게 보고하고 그에 따라 신중하게 조언했다. 디에티살비는 모든 면에서 신의 성실을 약속했다. 그러나 계좌를 주의깊게 파악했을 때 그는 모든 부분에서 무질서가 있음을 발견했고, 피에로를 위한 사랑이나 코지모에게서 받은 예전의 이익들보다 자신의 야망이 그를 더 움직였다. 그는 피에로의 명성을 떨어뜨리거나 그의 아버지가 유산으로 남긴[147] 권력(stato)을 그에게서 박탈하기가 쉬울 것 같았다. 디에티살비는 피에로에게 가서 적절하고 합리적인 것처럼 보이지만 실제로 그 속에는 몰락이 숨어있는 조언들을 했다. 그는 피에로에게 그의 업무의 무질서를 지적하고, 재산의 명성[148]과 국가를 잃지 않기 위해 얼마나 많은 돈을 지출해야만 하는지를 설명했다. 그 무질서를 해결하기 위해 적당히 해서는 안 되고, 그의 아버지가 시민들뿐만 아니라 외국인들을 포함한 많은 사람들에게 빌려준 돈을 회수해야 한다고 말했다. 코지모는 피렌체에서는 열성 당원을, 외국에서는 친구를 얻기

145) '재무제표' 또는 구체적으로 '회계장부'라는 의미에서 이제는 사용되지 않는다.

146) '금융기관 및 그 결점("장애")'. "장애"(조금 아래에서도 나타남)는 부채, 회수되지 않은 신용, 수익성 없는 투자와 같은 잘못된 관리의 전반적인 요소를 나타낸다.

147) 코지모가 세운 견고한 토대에서 시작하여 보존하기 쉬운 권력(코지모가 그의 후손에게 남긴 "기반"에 대해서는 7권 6장 참조)

148) 메디치 금융 회사의 견고성과 지불 능력에 대한 평판을 바탕으로 한 투자자의 신뢰를 말한다.

위해 재산을 나누는 데 굉장히 관대했다.[149] 그리하여 그는 엄청난 액수를 빌려준 무척 중요한 채권자였다. 피에로에게 이 조언은 좋고 합리적으로 보였는데, 자신의 것으로 혼란을 고치길 원했기 때문이었다. 그러나 돈을 회수하라고 명령하자마자 시민들은 마치 그가 자신의 것을 요구한다기보다 자신의 것을 빼앗기라도 하는 듯 분노했다. 그들은 존경[150] 없이 그를 비난했으며 배은망덕하고 탐욕스럽다고 중상모략했다.

11.[151]

디에티살비는 자신의 조언에 따라 피에로가 불러일으킨 일반 대중의 불만을 보고, 루카 피티(Lucca Pitti), 아뇰로 아차이우올리(Agnolo Acciaiuoli), 니콜로 소데리니(Niccolo Soderini)에게 접근했다.[152] 그들은 피에로에게서 명성과 국가를 빼앗기로 결정했다. 이들은 각자 다른 동기들로 움직였다. 루카는 자신이 피에로에 밀린 것에 매우 분노할 정도로 성장했으므로 코지모의 자리를 이어받기를 원했다. 디에티살비는 루카가 정부의 수장이 되기에 부적합하다는 것을 알았기에 피에로가 사라지면 필연적으로 모든 명성[153]이 짧은 시간 안에 자신에게 올 것이라고 생각했다. 니콜로 소데리니는 피렌체가 더 자유로워지고 행정관들이 의지에 따라[154] 통치되기를 원했다. 아뇰로는 메디치 가

149) '돈을 분배하는 것'. 7권 1장의 코지모식 정치에 대한 관찰이 재개된다.

150) 두려움, 주의.

151) **피에로 데 메데치에 적대적인 감정들 1466.**

152) '그들과 동의하다' 등. 네 사람 모두 메디치 정권의 주요 인물이었다. 루카 피티에 대해서는 7권 3장의 각주 참조. 먼저 아차이우올리와 코지모 사이의 긴장 그리고 이후 피에로 사이의 긴장에 대해서는 아래를 참조하시오.

153) 정부의 주요 책임과 위신.

문에 대하여 특별한 혐오[155]를 지니고 있었다. 그의 아들 라파엘로는 예전에 엄청난 지참금을 가져온 알레산드라 데 바르디(Alessandra de' Bardi)[156]를 부인으로 맞이했는데, 그녀는 자신의 결점 혹은 다른 사람의 잘못으로 인해 시아버지와 남편에게 학대받았다. 이에 그녀의 친척 로렌초 디 라리오네(Lorenzo di Larione)가 그녀에 대한 연민으로 어느 날 밤에 무장한 사람들과 함께 아뇰로 집으로 가서 그녀를 데리고 나왔다. 아차이우올리 가문은 바르디 가문이 자신들에게 가한 모욕에 대해 불평했다. 청원이 코지모에 전달되었고, 그는 아차이우올리 가문이 알레산드라의 지참금을 돌려주어야 하고, 그 다음 그녀가 자신의 시댁으로 돌아갈 것인지는 그녀의 의사에 맡겨야 한다고 판단했다. 이 판단을 보고 아뇰로는 코지모가 자신을 친구로 여기지 않았다고 생각했으나, 코지모에게 복수할 수는 없어서 자신의 아들에게 반대하기로 결정했다.[157] 이렇게 다양한 동기로 움직였지만 모반자들은 외적으로 동일한 원인을 공표하기로 동의했으며,[158] 그것은 피렌체가 소수의 조언이 아닌 행정관들에 의해 통치되기를 원한다는 것이

154) 즉시 니콜로 소데리니는 행정관 선거에서 추첨의 회복을 주장했다. 1465년 9월 18일에 얻은 것(피에로가 반대할 힘없이)이다(7권 12장 주석 참조). 보다 일반적으로 그의 정치 강령의 성격에 관해서는, 1434년 이전의 정부는 과두정의 구성원들 사이에 권력이 더 고르게 분배된 모델과 관련된다.

155) '개인적인 분노의 이유'. 마키아벨리는 아차이우올리와 코지모 사이의 마찰에 대한 주된 이유가 무엇인지에 대해 침묵하고 있다. 아차이우올리의 아들 로렌초를 피사의 주교로 임명하는 데 실패했고, 대신 아레초의 덜 중요한 자리에 임명되었다. 반면 코지모는 피사의 주교로 필리포 데 메디치를 임명했다.

156) 바르디 가문은 메디치 가문과 밀접하게 연관되어 있었다.

157) 이 이야기에 대한 설명은 조반니 디 카를로(Giovanni di Carlo, *De temporibus suis*, cc. 80v−81v)의 버전을 밀접하게 따른다. 그것에서 마키아벨리는 아차이우올리와 코지모 사이의 긴장에 대한 주된 이유를 확인한다. 아차이우올리와 피에로 데 메디치 사이에는 다른 긴장의 원인이 있었는데, 특히 나폴리 지역의 상업적 경쟁과 관련됐다.

158) 그들이 단 하나의 목적에 감동했다고 선언했다.

었다. 이 시기 많은 상인들의 파산으로 피에로를 향한 미움과 그를 공격하려는 선동이 악화되었다. 피에로는 모두의 기대에 반하여[159] 자신의 돈을 되찾으려는 노력으로 인해 사람들을 파산하게 만들었고, 그렇게 피렌체에 불명예와 해를 끼쳤다고 공개적으로 비난받았다. 이에 더하여, 그가 클라리체 델리 오르시니(Clarice degli Orsini)를 맏아들 로렌초의 부인으로 얻으려는 협상[160]이 문제가 되었다. 이 일은 모든 사람에게 그를 더욱 비방할 거리를 제공했는데, 피에로가 아들의 결혼 상대를 피렌체인들 중에서 고르지 않는 것은 도시에서 그가 더 이상 단순한 시민으로 만족하지 않고,[161] 군주제를 쟁취하려고 준비하는 것처럼 보인다는 것이었다. 동료 시민을 인척으로 원하지 않는 이는 그들을 노예로 대하려는 것이고, 동료로 생각하지도 않을 것임은 당연해 보였다. 모반의 수장들은 승리를 수중에 넣은 것 같았다. 이들이 자신들의 시도에 그럴듯한 명분을 붙이기 위해[162] 깃발로 내세운 자유라는 이름에 대다수 시민들이 속았기 때문이다.

159) '예고 없이'. 1464년 가을에 여러 사업이 실패했다.

160) '합의가 이루어지고 있었다' 등. 피에로에 대한 불만과 결혼 가설 사이의 관계는 조반니 디 카를로(*De temporibus suis*, c. 83r)에 있다. 메디치 가문을 로마 귀족의 강력한 가족과 결합시킨 결혼 관행은 실제로 1467년 초에 시작되었다(로렌초와 클라리체는 1469년에 결혼할 것이다).

161) '그 도시는 더 이상 그를 단순한 시민으로서 억제할 수 없었다.' 즉, 더 이상 그의 야망을 위한 충분한 근거가 되지 않았다. 한편 코지모의 결혼 선택과 그 정치적 의미는 '시민적 겸손'의 이미지를 만드는 데 유용하기 때문이다. 7권 5장. 최초의 메디치의 행동을 특징짓는 귀족-군주적 태도의 부재, 도시의 공감대 형성, 그리고 그러한 '익숙함'에 대해서 *Discursus florentinarum rerum,* 28-29 참조.

162) '고귀한 이유로 진정한 의도를 숨기다'. 동사의 의미론적 의미는 부정적이며, 위선과 이중성에 기반한 행동을 나타낸다.

12.[163)]

이 분란들이 피렌체에서 다시 끓고 있는 사이 분란을 싫어했던 몇몇 시민들은 새로운 유흥[164)]으로 이것들을 제어할 수 있을 것이라고 생각했다. 할 것이 없는 인민은 종종 변혁을 일으키려는 이들의 도구가 되기 때문이다.[165)] 이 무료함을 없애고 사람들에게서 국가 문제로부터 관심을 돌릴 만한[166)] 것들을 주기 위해 코지모가 사망한 지 1년이 지나고서 피렌체를 활기차게 할 기회를 포착했다. 그들은 이전에 열렸던 축제와 비교하여 훨씬 화려한 두 축제를 기획했다.[167)] 하나는 예수 그리스도의 탄생을 알리는 별을 따라 동방에서 온 세 명의 동방박사들을 재현하는 축제로, 이 행사는 매우 화려하고 웅장하여 계획하고 만드는 데 전 도시가 몇 달 동안 바삐 움직였다. 다른 축제는 마상시합(torniamento)으로(말을 탄 사람들의 전투를 재현한 구경거리라서 사람들이 그렇게 불렀다), 피렌체의 가장 뛰어난 젊은이들이 이탈리아에서 가장 유명한 기사들과 함께 참여했다. 피렌체의 젊은이들 중 가장 유명했

163) **피렌체의 축제들, 밀라노 공작의 연합에 대한 논쟁들 1466.**

164) 축제.

165) 권력 보유자가 축제를 정치적으로 사용하는 것에 대해서는 『군주론』 21장 참조. 여기에서 "인민을 축제와 구경거리로 사로잡는 것"에 대해 언급한다. 여기서 정치적 의미로 사용된 "변혁(alterare)"은 정치체제의 실질적인 변화가 아니라 지배계급의 변화를 의미한다.

166) '정치적 문제에서 시민들의 주의를 산만하게 함'. 축제와 메디치의 정치적 사용 사이의 연관성은 이미 조반니 디 카를로에서 확인되었으며, 그는 마키아벨리가 여기에서 이야기하고 있는 축하 행사를 자세히 설명한다(*De temporibus suis*, cc. 68v–75r).

167) '다른 피렌체 축제에 비해 매우 호화로운'. 이 삽입구는 귀족 정권의 전형인 장엄한 축제와 자축하는 경향이 어떻게 피렌체 전통에 속하지 않았는지를 나타낸다. 그것은 로렌초와 그의 빈번한 당파 의존과 함께 현저하게 귀족스러운 얼굴을 드러낼 메디치 정권의 새로운 방향의 징후들 중 하나이다.

던 이는 피에로의 장자였던 로렌초였으며, 그는 시합에서 호의를 입어서가 아니라 실력으로 일등상을 받았다.[168] 그러나 이러한 장관들이 거행되고 나서 과거의 같은 생각들로 돌아가 시민들은 예전보다 훨씬 강렬하고 열정적으로 자신들의 생각을 따랐다. 이에 거대한 논쟁과 분란이 일어났으며, 이것들은 두 사건을 통해 크게 증폭되었다. 하나는 발리아 권위의 만료였고,[169] 다른 하나는 밀라노 공작 프란체스코의 죽음이었다.[170] 밀라노의 새 공작 갈레아초는 피렌체로 사절을 보내 그의 아버지가 피렌체와 맺은 계약 조건들을 재확인하고자 했다. 그중에는 매년 일정 액수의 금액을 밀라노 공작에게 지불해야 하는 규정도 있었다.[171] 메디치 가문에 대항하는 지도자들은 이 요구를 기회로 삼아 평의회에서 그 결정에 공개적으로 반대했다. 동맹은 프란체스코와 맺은 것이지 갈레아초와는 무관한 것이기에 프란체스코의 죽음과 함께 의무도 사라졌다는 것이다.[172] 그리고 동맹을 되살릴 이유도 없었는데, 프란체스코가 지녔던 무훈[173]을 갈레아초는 가지고

---

168) 그는 특별한 편애가 아니라, 그의 능력 덕분에 마상시합에서 우승했다.

169) 1465년 9월 정권의 반대자들에 의해 획득된 것, 즉 공화국의 주요 공직을 아코피아토리(공직 후보자 목록 검토를 담당하는 관리)에 의해 ("손으로" 뽑는 것을) 임명되는 것을 중단하고, 추첨을 통한 선출로 복귀했다는 것이다(7권 11장 각주 참조). 위원회에서의 활발한 토론 끝에 1465년 9월 18일 선거 주머니의 폐쇄, 즉 시뇨리아의 추첨에 의한 선거의 복원을 재확립하는 법률이 통과되었다.

170) 스포르차는 1466년 3월 8일에 사망했다. 코지모와 프란체스코 스포르차를 하나로 묶은 불멸의 우정은 밀라노 공작을 그의 아버지가 죽은 후 피에로 데 메디치의 주요 외부 후원자로 만들었다.

171) 실제로 고정된 연간 수치는 과거에 어떤 경우에도 종종 피렌체로부터 보조금을 받은 프란체스코 스포르차와의 계약의 일부가 아니었다. 피에로 데 메디치는 밀라노에 대한 베네치아의 공격 위협을 정당화하면서 시뇨리아가 새로운 공작에게 4만 두캇을 배정할 것을 제안했다.

172) 아차이우올리, 디에티살비 네로니 및 니콜로 소데리니가 이유를 제시하는 데 성공했다. 1466년 5월 14일 시뇨리아는 자금 지원 요청을 거부했다.

173) 군사적 가치(베네치아 세력의 균형을 맞추는 데 유효한 지원이 됨).

있지 않으며, 피렌체인들은 그로부터 같은 이익을 바랄 수도 바라서도 안 되기 때문이라고 했다. 피렌체인들이 프란체스코에게서 얻은 것이 별로 없었다면 갈레아초에게는 얻을 것이 더욱 없으며, 일부 시민이 자신의 힘을 위해 그를 고용하고자 한다면 그것은 시민적 삶과 피렌체의 자유에 반하는 결정이라는 것이 그들의 주장이었다. 그러나 피에로는 인색함으로 꼭 필요한 동맹을 잃는 것은 좋지 않으며, 밀라노 공작과 동맹을 맺는 것보다 피렌체 공화국과 모든 이탈리아에 유용한 것은 없을 것이라고 지적했다. 베네치아가 피렌체와 밀라노의 동맹을 보면 잘못된 동맹이나 공개 전쟁을 통해 밀라노 공작을 공격하려 하지 않을 것이기 때문이라는 것이다. 베네치아인들은 피렌체와 밀라노가 멀어졌다고 느끼자마자 무기를 들고서,[174] 새로운 밀라노 공작이 아직 어리고 국사에 미숙하고[175] 동맹들이 없는 것을 보고 그를 쉽게 속임수나 힘으로 굴복시킬 수 있을 것이라고 판단한다면, 어떤 경우든 피렌체 공화국의 몰락을 보게 될 것이다.

13.[176]

이 주장들은 수용되지 않았고,[177] 파벌 간 갈등이 공개적으로 드러나기 시작했다. 당파들은 한밤중에 각각 서로서로 회합했다. 메디치 가문의 친구들은 크로체타(Crocetta) 저택에서, 반대파들은 피에타(Pietà) 저택에서 모였다. 피에로의 몰락을 열망했던 후자는 그들의 계획에

174) 베네치아인들은 피렌체와 밀라노 공작 사이의 우정이 깨졌다는 것을 알게 되자마자 그를 대항하여 무기를 들 것이다.

175) '권력에 막 취임'하여 여전히 공고화 작업에 전념하고 있다.

176) **피에로에 대한 음모 1466.**

177) 갈레아초 마리아 스포르차를 지원하는 돈은 할당되지 않았다.

호의적인 많은 시민들을 합류시켰다.[178] 그들이 회합하던 어느 날 밤 행동 계획에 대해 특별 회의[179]를 열었는데, 메디치 가문의 권력을 약화시키는 데는 모두의 의견이 일치했지만 실행 방식에 대해서는 서로 달랐다. 가장 합리적이고 중도적인 사람들은 발리아의 임기가 다하고 나면 재임을 금지하기를 원했다.[180] 이렇게 하면 평의회와 행정관들이 도시를 지배하게 되고 짧은 시간 안에 피에로의 권력이 소멸되기 때문에 모두의 의도에 부합한다. 공적인 명성이 사라지면 상업에서 그의 신뢰도 무너질 것인데, 그의 재산은, 만약 그가 공적 자금을 사용하지 못하면, 그도 불가피하게 몰락할 수밖에 없는 그런 상태에 있기 때문이다. 일이 이렇게 진행되면 그는 더 이상 위험한 인물이 아닐 것이고, 모든 좋은 시민이 바라마지 않는 추방과 유혈사태 없이 자신들의 자유를 되찾는 일에 성공할 수 있다는 것이었다. 그러나 누군가 폭력을 쓰길 원한다면 매우 많은 위험에 봉착할 것인데, 인민은 스스로 몰락하는 이들은 내버려두지만 타인에 의해 몰락하도록 떠밀리는 이가 있다면 그를 도와주고자 할 것이기 때문이다. 이외에도 특별한 조치를 그에게 취하지 않는다면 그는 무장하고 우군을 찾을 이유가 없을 것이다. 그가 그렇게 한다면, 굉장히 비난을 불러일으키고 모든 사람으로부터 엄청난 의심을 일으켜 스스로 자멸하게 되거나, 이쪽에서 그를 공격할 좋은 명분을 얻게 될 것이다. 모인 사람들 중 많은 이들에게는 이렇게 시간을 끄는 것이 만족스럽지 않았다.

---

178) 1466년 5월 27일 약 4백 명의 시민들이 전통적인 도시 제도의 자유를 수호하기로 비공개 서약했다(시뇨라아의 추첨, 행정관에 대한 개인적 압력에 맞서 싸우기 등). 문서(17세기 사본이 BNCF, Ⅱ Ⅰ 106, cc.60r－61v에 보존됨)에는 루카 피티, 안젤로 아차이우올리 및 디에티살비 네로니 뿐만 아니라 마노 탬페라니와 피에르 프란체스코 데 메디치(피에로의 사촌)도 포함되어 있다.

179) 사적인 토론(행정관이 소집하는 실무회의나 평의회가 아님).

180) 새로운 발리아가 다시 설립되지 않도록 노력했다.

그들은 시간이 그들의 편이 아니라 피에로의 편이라고 주장했다. 그들은 이편에서 일상적인 방법들에 만족하면서[181] 많은 부담을 안고 가는 동안, 피에로는 어떠한 위험도 지지 않을 것이라고 말했다. 피에로의 적들인 행정관들조차 그로 하여금 피렌체의 권력을 누리게 하고[182] 그의 친구들은 그를 군주로 만들 것이며, 이는 1458년에 일어났던 것처럼 반메디치파의 몰락을 가져올 것이기 때문이다.[183] 첫 번째 조언이 선량한 시민들의 조언이었다면, 이 조언은 현명한 시민들[184]의 조언이었다. 많은 이들이 그에 대항하여 일어났다면 그는 몰락할 수밖에 없었을 것이다. 피에로를 반대하는 당파가 선택한 방식은 페라라의 후작[185]을 고용하여 도시 밖에서 무력을 확보하고 도시 내부에서는 스스로 무장하는 것이었다. 그리고 추첨 결과 자신들에게 호의적인 시뇨리아가 구성될 때 기회를 활용하는 것이었다. 그들은 결국 새로운 시뇨리아가 구성되기를 기다린 다음, 그에 따라 행동하기로 합의했다. 이 모반자들 사이에 니콜로 페디니[186]라는 자가 서기를 맡고 있었는데, 그는 더 확실한 희망에 이끌려[187] 피에로의 적들

---

181) 그들이 일반 집행부를 통해서만 행동하는 데 만족하는 경우(즉, 공직 추첨의 무작위성에 의존. 피에로에 적대적인 시뇨리아나 또는 주로 그의 지지자로 구성된 시뇨리아가 나타날 수 있다).

182) 그가 도시에서 동맹 및 지원 네트워크를 강화하는 것을 막지 않을 것이다.

183) 새로운 시뇨리아의 추첨이 피에로에게 유리한 요소를 불러일으킬 경우, 1458년 8월 루카 피티의 곤팔로니에레직과 마찬가지로 발리아를 재도입하고 예외적인 조치로 피에로의 적들을 공격할 수 있을 것이다(7권 3장 참조).

184) '정치 제도와 그 규칙에 대한 전문가.' 피렌체에서 현명한 이들은 과두제, 즉 전통적으로 도시를 통치하는 귀족 가문의 일원이었으며, 따라서 통치 기술 능력의 "타고난" 관리인으로 간주되었다는 점을 잊지 말아야 한다.

185) 보르소 데스테(Borso d'Este). 피렌체와 밀라노 간의 동맹 중단에 관심을 가지고 있었다. 보르소는 그의 형제 에르콜레의 지휘 하에 군대를 보낼 것이다.

186) 니콜로 디 미켈레 디 페오 디니(Niccolò di Michele di Feo Dini, 1411경~1488)와 동일시되어야 하며, 그는 여러 중요한 공직을 맡았을 뿐만 아니라 1475년부터 사망할 때까지 제2 서기국 서기장을 지냈다.

187) 음모를 규탄함으로써 얻을 수 있는 특정한 이익에 의해 추동되어.

이 행한 협상을 피에로에게 알리면서 모반자들과 후원자들의 이름을 건넸다. 피에로는 그에게 대항한 시민들의 지위와 수에 경악했고, 친구들과 상의한 후 그 또한 자신의 친구들의 명단을 만들기로 결정했다. 이 일을 가장 신뢰하는 몇몇 사람들에게 맡겼는데, 그는 자신에게 대항하는 사람들의 명단에 있던 많은 이들이 자신을 옹호하는 사람들의 명단에도 있음을 보고 시민들의 마음속에 그렇게 많은 동요와 불안이 있음을 알게 됐다.

14.[188]

일이 이렇게 진행되고 있는 사이 최고 행정권을 갱신해야 할 시간이 왔다. 니콜로 소데리니가 정의의 곤팔로니에레로 임명되었다.[189] 지체 높은 시민들뿐만 아니라 일반 인민으로 이루어진 엄청난 인파가 정청(政廳)까지 그를 동행하는 것을 보는 것은 굉장한 일이었다. 도중에 올리브 화환이 그의 머리에 씌워졌는데, 이는 조국의 안전과 자유가 그에게 달려있음을 보이기 위함이었다. 여러 경험들은 특별한 기대를 받고[190] 공직이나 지배권을 수행하는 것이 바람직하지 않음을 보여준바 있다. 업적으로 그 기대에 부응하는 것이 불가능하기에(사람들은 그들이 할 수 있는 것보다 더 많은 것을 바란다), 시간이 지나면 그것은 당신에게 불명예와 오명을 가져다 준다. 토마소 소데리니와 니콜로는 형제였다. 니콜로는 더 격렬하고, 기백이 넘쳤고, 토마소는 더 신중했다.[191] 토마소는 피에로에 매우 친근했고, 오로지 도시의 자유만을

188) **니콜로 소데리니 1466.**

189) 1465년 11월~12월의 두달 간의 임기였다. 따라서 7권 12장 및 13장에서 서술된 사건 이전의 일이었다.

190) 과도한 기대로 (동포 시민 편에서).

원했다. 그는 자신의 도시가 타국에 대한 공격 없이 굳건히 유지될 수 있기를[192] 원했던 동생 니콜로의 기질을 알고 있었기에, 자유로운 삶을 사랑하는 시민들의 이름들이 공직 추첨 자루에 채워질 수 있도록 새로운 명부[193]를 만들자고 니콜로를 설득했다. 이것이 실행된다면 국가는 소란과 폭력 없이 그의 바람과 일치되게 확고부동해지고 안전해질 것이라는 형제의 조언을 그대로 따랐던 니콜로는 자신의 공직기간을 허비하기 시작했다.[194] 그의 친구들인 모반자들의 수뇌들 역시 그의 임기를 허비하도록 했는데, 그들은 시기심으로 정부가 니콜로의 권위 하에 갱신되기를 원치 않았던 것이다. 그들은 다른 정의의 곤팔로니에레와 함께 과업을 완수할 시간이 아직 남아있다고 믿었다. 공직을 마무리할 때가 오자, 니콜로는 착수한 것은 많았지만 어느 것도 완수하지 못한 채 자신이 받았던 명예보다 더 큰 불명예를 안고 자리를 떠났다.

---

191) '더 조심스럽고, 더 온건한'. 피에로의 처남인 토마소(그는 루크레치아 토르나부오니의 누이와 결혼했다)는 항상 메디치의 충실한 지지자로 남아있었다.

192) 안정을 얻을 수 있기를.

193) 적격자를 위한 자루의 개정 작업은 1465년 12월 내내 이루어졌다.

194) 사실 니콜로 소데리니는 코무네 평의회와 포폴로 평의회의 투표에 제출되기 전에 제안된 법률을 승인하는 임무와 함께 1458년에 설립된 메디치 권력의 진정한 초석인 100인 평의회를 폐지하려고 시도함으로써 훨씬 더 효과적인 방식으로 피에로의 권력을 공격하고 싶었다. 이 시도는 토마소 소데리니, 루이지 및 야코포 귀차르디니, 안토니오 리돌피와 같은 피에로에 충성하는 시민들의 반대로 실패했다. 니콜로 소데리니에 대한 의견은 7권 20장에서 마키아벨리가 그에게 헌정하는 짧은 사후 프로필로 돌아올 것이다.

15.[195)]

이 사례는 피에로의 파당을 더 대담하게 만들었다. 그의 친구들은 자신들의 희망을 더 확신했으며, 중립적이었던 사람들이 피에로에 합류했다. 그렇게 균형이 맞춰졌고,[196)] 그들은 몇 개월 동안 소란 없이 시간을 보내고 있었다. 피에로 파당은 더 많은 힘을 모으고 있었고, 이에 자극받은 그의 적들도 다시 모였다. 그리고 그들이 행정관을 통해 쉽게 하는 법을 몰랐거나 원치 않았던 것을 이제는 힘으로 하려고 했다. 그들은 카레지에 아파 누워있는 피에로를 죽이기로 하고, 이를 위해 페라라 후작에게 그의 군대와 함께 피렌체로 오라고[197)] 하기로 결정했다. 피에로가 죽으면 광장으로 무장을 한 채 들어와서 시뇨리아가 그들의 의지에 부합하는 나라를 세우기로 했다. 시뇨리아 전체가 호의적이지 않더라도 그들은 두려움을 통해 적대적이었던 일부를 굴복시킬 수 있기를 바랐다. 디에티살비는 그의 의도를 더 잘 숨기기 위해 피에로를 종종 방문해서 그와 함께 피렌체의 통합에 대해 논의하고 그에게 조언을 했다. 이 모든 거래들이 피에로에게 발각되었고, 설상가상으로 도메니코 마르텔리는 피에로에게 디에티살비의 형제인 프란체스코 네로니가 자신에게 승리가 확실한 쪽을 알려주며 합류할 것을 요청했다는 사실을 일러바쳤다. 이에 피에로는 먼저 무기를 잡기로 결심했고,[198)] 그의 적들이 페라라의 후작과 거래한 것을 기회로

---

195) **파당들이 무기를 잡다, 피에로 파당이 우세함 1466.**

196) 양 당파가 동등한 힘을 가졌다.

197) '보르소 데스테의 군대를 피렌체 영토에 더 가깝게 가져오다'. 에르콜레 데스테(Ercole d'Este)가 지휘하는 에스테 군대(7권 13장 참조)는 기병 8백 명, 보병 3천 명이었다. 이러한 사실과 함께 우리는 1466년 8월에 있다.

198) 마키아벨리의 설명에 따르면 실제로 "먼저" 무기를 든 것은 피에로가 아니라 페라라 공작이 동원한 공모자들이었다(바로 앞의 주 참조). 공모자들이

삼았다. 그는 볼로냐의 군주인 조반니 벤티볼리로부터 한 편지를 받은 것처럼 꾸몄다.[199] 페라라 후작이 그의 군대를 이끌고 알보(Albo) 강[200]에 도착해 있으며, 피렌체로 가는 중이라는 사실을 공개적으로 알려주는 내용이었다. 그렇게 이 소식에 기반하여[201] 피에로는 무기를 들고 엄청난 군대를 이끌고 피렌체로 왔다.[202] 이후 그의 파당을 따르는 모든 이들은 무장을 했고, 반대파도 똑같이 했다. 그러나 피에로의 당파가 더 오래 준비해 왔기에 더 질서정연했고, 반대파는 그렇지 못했다. 자신의 집이 피에로의 집 근처에 있어서 안전하지 않다고 느낀[203] 디에티살비는 먼저 궁으로 가 시뇨리아에게 피에로로 하여금 무기를 버리도록 설득하고, 루카 피티를 자신들의 당파에 확실히 잡아두기 위해 그를 찾으라고 강권했다. 그러나 니콜로 소데리니는 그 누구보다도 적극적인 모습을 보였다. 그는 무기를 들고 그의 구역에 사는 거의 모든 평민을 이끌고 루카의 집으로 가서, 그에게 집에 그냥 머물러서 무장한 적에게 비겁하게 당하거나 비무장한 사람들에게 수치스럽게 속지 말고 말에 올라 광장으로 가서[204] 그들의 편인 시뇨

보르소 데스테의 무기를 사용하여 피에로를 공격할 계획을 세웠는지, 아니면 피에로가 8월에 무장을 하고 밀라노 공작의 군대를 파견하기로 동의한 후에야 그에게 의지했는지는 미해결 문제이다.

199) 그는 가장한 것이 아니라 실제로 벤티볼리로부터 토스카나와 에밀리아 국경 근처의 움직임을 알리는 편지를 받았다.

200) 모데나 산맥의 피우말보(Fiumalbo), 아베토네(Abetone) 고개 몇 킬로미터 전에 있다.

201) '이 정보에 기초하여'. 스포르차가 보낸 약 1천 5백 명의 기사들이 피렌주올라를 점령하고 피에로를 방어하기 위해 개입했다.

202) 1466년 8월 27일. 비아 라르가에 있는 도시 거주지가 더 나은 방어를 보장했지만, 무엇보다도 피에로는 피렌체의 지지자와 피후견인 네트워크를 더 쉽게 모을 수 있다고 믿었다.

203) 메디치 저택이 있던 산 로렌초 지역은 메디치의 요새였다.

204) '메디치의 반대자들에게 호의적이었던 시뇨리아를 돕기 위해'. 시뇨리아는 며칠 더 집권해야 했다. 9월에서 10월까지 2개월 기간인 28일에는 피에로에게 충성하는 인사로 구성될 수 있었던 시뇨리아가 추첨을 통해 뽑혔다.

리아를 지지하라고 -그곳에 의심의 여지 없이 확실한 승리가 있을 것이다- 설득했다. 그는 곧 행동해야 할 시간이 지나가고 나서 행동하지 않았음을 후회할 것이라고 했다.[205] 그는 루카에게 전쟁으로 피에로의 몰락을 원한다면 지금이 그때이고, 그가 평화를 원한다면 평화의 조건들을 받는 위치가 아니라 주는 위치에 있는 것이 더 낫다고 말했다.[206] 그러나 이런 말들은 루카를 움직이지 못했다. 그는 이미 자신의 계획을 포기하고 새로운 연합과 새로운 조건에 대한 약속으로 피에로에 의해 설득되었던 것이다.[207] 그들은 이미 조반니 토르나부오니와 그의 조카딸 중 한 명과 결혼으로 연결되어 있었다.[208] 그렇게 그는 니콜로로 하여금 무기를 버리고 집으로 가도록 설득했다. 루카에게는 피렌체가 행정관들에 의해 통치되는 것으로 충분해야 했기 때문이다. 그리하여 모든 사람이 무기를 내려놓았다. 피에로의 반대파가 과반을 차지했던 시뇨리들은 불화를 해결할 것이었다. 루카를 다른 방향으로 가도록 설득할 수 없게 되자 니콜로는 집으로 돌아가면서 그에게 다음과 같이 말했다. "나 혼자 우리 도시를 위해 선을 행할 수는 없으나 악은 분명히 볼 수 있소. 당신이 택하는 이 길은 우리 조국이 자유를 잃게 만들고, 당신에게서 권력과 부를 탈취할 것이며, 나와 다른 이들에게서 조국을 앗아갈 것이오."

---

205) (지금 당장 하지 않으면) 연기할 시간이 없을 때 행동하지 않은 것을 후회하게 될 것이다.

206) 계약 조건에 복종하지 않고 지시할 수 있는 위치에 있었다.

207) 루카 피티가 피에로와 협정을 맺었다는 것은 피렌체에서 널리 퍼진 의견이었다. 물론, 피티는 8월 29일 피에로와 회의를 가졌다. 새로운 시뇨리아의 추첨이 이루어졌을 때, 그것은 친 메디치 구성을 드러냈다. 그러나 여기에서 마키아벨리가 니콜로 소데리니에게 귀속시킨 주장은 루카와 피에로의 회합 이전의 만남을 암시한다.

208) '결혼 약속'. 조반니 토르나부오니는 보나코르소 피티의 딸과 결혼했을 것이다.

16.[209]

시뇨리아는 이 소란 중에 시청사의 문을 닫고 행정관들과 안에 틀어박힌 채 어느 당파에도 호의를 보이지 않았다. 시민들, 특히 루카의 파당을 따랐던 이들은 피에로는 무장하고 그의 적들은 비무장한 것을 보았을 때, 어떻게 피에로를 공격할 수 있을지가 아니라 어떻게 피에로의 편이 될지를 궁리하기 시작했다. 파당의 우두머리들이었던 주요 시민들은 시뇨리아의 입회 하에 시청사에서 만났고, 피렌체의 여러 가지 국사와 화해에 관한 일들을 논의했다.[210] 피에로는 몸이 허약하여 참석할 수 없었고, 모두가 그를 보기 위해 그의 집에 가기로 결정했다.[211] 하지만 니콜로 소데리니는 예외였다. 그는 자신의 가솔들을 토마소에게 맡기고, 그의 빌라로 가서 일의 결과가 어떻게 나오는지 기다리고 있었다. 그는 자신에게 좋지 않으면서 조국에 해가 될 결론을 예상했다. 그때 다른 시민들이 피에로의 집에 도착했고, 이야기하기로 되어 있던 사람들 중 한 명이 먼저 무기를 든 사람들이 더 비난받아야 마땅하다고 지적하면서 피렌체에서 일어난 소란을 한탄했다. 그들이 먼저 무기를 든 피에로가 무엇을 원하는지를 몰랐기에 그의 의중을 알기 위해 왔고, 그것이 피렌체의 이익과 일치한다면 따를 준비가 되어 있다고 변명했다. 이 말에 피에로는 무기를 처음 든 쪽이 아니라, 무기를 들게 만든 쪽이 충돌의 원인 제공자라고 대답했다. 피

209) **피에로가 자신의 행동을 정당화함, 그는 평화 속에 살기만을 바람 1466.**

210) '도시를 진정시키는 방법을 논의했다'. 마키아벨리는 아마도 시뇨리아가 8월 28일 피에로 데 메디치와 루카 피티에게 무장해제를 요청한 호소를 언급할 것이다.

211) 조반니 디 카를로(Giovanni di Carlo)는 피에로 데 메디치와 파벌의 우두머리 사이의 대화에 대해 이야기한다(*De temporibus suis*, cc. 95v–101v).

에로는 자신을 향한 그들의 방식이 어떠했는지를 더 생각해 보았다면, 그들은 자신을 구하기 위한 행보에 놀라지 않았을 것인데, 그들이 피렌체와 자신의 목숨을 빼앗으려고 한 한밤의 회합들, 연판장들, 거래들이 자신을 무장하도록 만들었다는 것을 볼 수 있기 때문이라고 말했다. 그는 자신의 병력이 자신의 집 밖을 나가지 않은 것을 보아 알겠지만, 무장은 타인을 공격하기 위한 것이 아니라 자신을 방어하기 위한 의도임이 명확히 드러난다고 주장했다. 그는 자신의 안전이나 평안 이외의 다른 어떤 것도 바라거나 원하지 않았으며, 자신을 위해 다른 어떤 것을 원한다는 기색조차 보인 적 없었다. 발리아의 임기가 끝났을 때[212] 그는 그것을 자신에게 돌리려는 어떤 특별한 방식도 생각하지 않았고, 행정관들이 피렌체를 통치하는 것에 상대방이 만족하면 자신도 그것에 만족했기 때문이다. 그들은 코지모와 그의 아들들이 발리아가 있건 없건 피렌체에서 명예롭게 사는 법을 알고 있다는 것을 기억해야 했다.[213] 1458년 발리아를 다시 장악한 것은 메디치 가문이 아니라 그들 자신이었다. 지금 그들이 그것을 원하지 않으면, 그 또한 원하지 않았다. 그런데 그들에게는 이것으로 충분치 않았다. 그가 피렌체에 있으면 그들은 피렌체에 있을 수 없다는 것이 그들의 신념임을 그가 이미 보았기 때문이다. 진실로 그는 이 상황을 믿을 수 없었을 뿐 아니라, 생각조차 해 보지 않았다. 그가 조용하고 평화로운 사람이라는 기색 외에 어떤 다른 모습도 보여주지 않았기에, 그의 친구들과 그의 아버지의 친구들은 피렌체에서 그와 함께 살 수 없을 것이라고는 짐작도 못했다. 그때 그는 디에티살비와 같이 있는 그의 형제들을 분노에 가득 찬 엄중한 말로 힐난했는데, 코지모로

---

212) 1465년 9월.

213) 메디치 가문은 예외적인 법률이 시행되지 않는 경우에도(예컨대 발리아 기간 동안) 항상 명성과 탁월한 위치를 누렸다.

부터 그들이 받았던 이익과 자신이 그들에게 가졌던 신뢰에 되돌아온 엄청난 배은망덕 때문이었다. 그의 말이 무척 강해서 거기 있었던 몇 사람이 영향을 받아, 피에로가 그들을 제어하지 않았더라면 무기를 가지고 네로니 가문 사람들을 공격했을 것이었다. 결국 피에로는 그들과 시뇨리아가 결정한 모든 것을 인정할 준비가 되어 있다고 공표했으며, 자신은 조용하고 안전하게 사는 것 외에는 아무것도 요구하지 않는다고 말했다. 이에 대해 많은 것들이 논의되었지만, 피렌체를 개혁하고 새로운 제도를 만들 필요가 있다는 일반론을 제외하고는 아무것도 결정되지 않았다.

17.[214)]

이 시기 정의의 곤팔로니에레 자리에 앉아 있던 베르나르도 로티(Bernardo Lotti)는 피에로의 신뢰를 받지 못했다.[215)] 피에로에게는 그가 그 직위에 있는 동안 어떠한 것도 시도하지 말아야 되는 것처럼 보였다. 그의 임기가 얼마 남지 않았기에 그 자리가 별로 중요해 보이지 않았다. 그러다가 1466년 9월과 10월에 직무를 담당할 시뇨리에 대한 선거가 있었을 때,[216)] 루베르토 리오니(Ruberto Lioni)[217)]가 최고위직에 선출되었고, 그는 직무를 맡자마자 모든 것이 준비되었던 것처럼 인민을 광장으로 불러 피에로의 파당으로 구성된 새로운 발리아를 구성

214) **피에로의 승리, 그의 반대파의 추방과 죽음 1466.**

215) '피에로와 연결되지 않은 남자'로 메디치 가문이 의지할 수 없는 인물. 그는 1466년 7~8월 시뇨리아의 곤팔로니에레였다.

216) 그들의 이름은 8월 28일에 추출되었다.

217) 메디치에 충실한 인물이었다. 게다가, 곤팔로니에레뿐만 아니라 8월 28일에 추첨된 최고 행정관들도 메디치파에 속했다.

하고[218] 곧이어 새 정부의 의지대로 행정관들을 뽑았다.[219] 이러한 일들은 반대당의 지도자들을 두렵게 하여, 아뇰로 아차이우올리는 나폴리로 도피했고 디에티살비 네로니와 니콜로 소데리니는 베네치아로 도망갔다. 루카 피티는 피에로가 한 약속과 그들이 맺은 새로운 결혼 동맹을 믿고 피렌체에 남았다. 도망간 사람들은 반란자들로 선포되었고, 모든 네로니 가문 사람들이 흩어졌다.[220] 당시 피렌체의 주교였던 조반니 디 네로네[221]는 더 큰 해악을 피하기 위해 자발적으로 로마로 망명했다. 신속하게 떠났던 다른 시민들은 다양한 곳으로 추방되었다. 이것으로 충분하지 않았다. 도시의 유지와 재통합을 하느님께 감사하기 위한 행진이 준비되었고, 이 성스러운 기간 동안 몇몇 시민들이 체포되어서 고문을 받았고, 몇몇은 죽임을 당했고, 몇몇은 유배되었다.[222] 이러한 사태의 변화 가운데 루카 피티만큼 주목할 만한 경우는 없었다. 그는 승리와 패배의 차이, 불명예와 명예의 차이가 무엇인지를 바로 배웠다. 비록 예전에 많은 이들이 왕래했지만, 이제 그의 저택은 완전한 고독에 빠졌다. 거리에서 그의 친구들과 친척들은 그를 동행하는 것뿐만 아니라 그를 아는 척하는 것도 두려워했다.

---

218) 9월 2일 회의를 소집한 8인 집행위원회(gli Otto di Pratica)는 시뇨리아에 의회(Parlamento)를 소집할 것을 권고했다(이 권고는 이제 피에로의 편으로 넘어간 루카 피티 자신이 직접 제안했다). 같은 날 오후 의회는 피에로 데 메디치의 병사들이 둘러싼 시뇨리아 광장에 모여 발리아의 임명을 환호했다.

219) 9월 6일에 새로운 8인 감찰위원회가 임명되었다. 모두 메디치에 매우 충실했으며 정권의 반대자들을 기소할 특별한 권한을 부여받았다.

220) 9월 11일 안젤로 아차이우올리와 그의 아들 네리는 20년 동안 망명을 선고받았다. 디에티살비 네로니는 그의 형제 프란체스코 및 안젤로와 함께, 니콜로 소데리니는 그의 아들 게리와 함께.

221) 디에티살비의 형제인 조반니 네로니.

222) 카를로 곤디(Carlo Gondi)와 귀도 본치아니(Guido Bonciani) 같은 다른 미성년자들은 다음 날 투옥되었다. 마키아벨리가 언급한 엄숙한 행렬은 9월 14일 일요일에 거행되었다. 마키아벨리는 탄압의 정도를 과장했다. 사형선고는 내려지지 않았다. 실제로 메디치의 선전은 피에로의 관대함을 강조할 수 있었다.

그들 중 일부는 공직을, 몇몇은 재산을 빼앗기고, 모두가 똑같이 위협을 받았기 때문이다. 그가 짓기 시작한 웅장한 건축물들은 건축가들에 의해 거부되었고,[223] 예전에 그에게 베풀어진 혜택들은 손해로, 명예는 모욕으로 변했다. 그에게 호의로 가치 있는 것을 제공했던 많은 이들이 그것을 빌려준 것으로 해서 되돌려 주기를 요청했고, 그를 지극히 칭송해 마지 않았던 이들이 그를 배은망덕하고 폭력적인 사람이라고 비난했다. 그렇게 그는 뒤늦게 니콜로 소데리니를 믿지 않은 것을 후회했으며, 승자가 된 적들 사이에서 불명예스럽게 사는 것보다 손에 무기를 들고 명예롭게 죽는 것을 추구하지 않은 것을 후회했다.[224]

18.[225]

쫓겨난 사람들은 그들이 지킬 수 없었던 도시를 탈환할 여러 방법들을 생각하기 시작했다. 그럼에도 나폴리에 머물고 있던 아뇰로 아차이우올리는 어떤 움직임을 꾀하기 전에 피에로가 자신과 화해할 의향이 있는지 확인해 보고자 했다. 그는 이런 내용으로 편지를 썼다.[226] "운명의 장난[227]과 운명이 자기 마음대로[228] 어떻게 친구가

223) 특히 피티궁은 1549년 이후에야 공사가 재개되었으며, 메디치 가문의 코지모 1세가 건물을 구입했다.

224) 루카 피티의 에피소드는 '사태의 변화'의 '주목할 만한 예'를 넘어 '용기/역량'의 결여와 정치적 무지의 예로서 제시된다.

225) **아뇰로 아차이우올리의 편지와 피에로 데 메디치의 답장 1466.**

226) 1466년 9월 23일 나폴리가 아닌 시에나에서 보낸 편지.

227) 순전히 마키아벨리적 풍미는 "운"과 그 "게임"에 대한 언급이다. 편지의 서두는 −게다가 스타일과 내용이 마키아벨리에 의해 크게 바뀌었다− 단순히 "나는 내가 보는 것에 대해 웃음 짓다"라고 말한다.

228) 그의 변덕에 따라.

적이 되게 하고 적이 친구가 되게 하는지를 보며 나는 웃는다. 당신은 기억할 것이다. 당신의 아버지가 추방당했을 때, 나는 나 자신의 위험보다 그가 잘못될까 노심초사하다가 나의 조국을 잃고, 내 목숨도 거의 잃을 뻔했던 사실을. 코지모가 살아 있는 동안 나는 당신의 가문을 존중하고 지원하는 데 소홀하지 않았으며, 그의 죽음 이후 당신을 공격할 어떠한 뜻도 품지 않았다. 당신의 병약한 상태와 당신 자식들의 어린 나이가 나의 두려움을 너무 키운 나머지, 당신 사후에 우리 조국이 멸망하지 않게 하려면 새로운 정부를 세우는 것이 낫겠다고 판단했던 것이 사실이다. 최근 벌어진 일들은 내가 당신에게 대항하고자 한 것이 아니라, 나의 조국의 유익을 위한 것이었다. 그것이 잘못이라 하더라도 나의 좋은 의도[229]와 과거의 행적들을 고려하여 상쇄되는 것이 마땅하다고 본다. 당신의 가문이 그렇게 오랜 시간 나에게 그런 신뢰를 보여주었기에 나는 당신에게서 동정심을 발견할 수 없다고는 믿을 수가 없으며, 단 하나의 실수로 나의 많은 공로들이 무시될 것이라고도 생각할 수 없다." 이 편지를 받고 피에로는 다음과 같이 답했다. "당신이 그곳에서 웃음 짓고 있는 것이 내가 여기서 눈물을 흘리지 않는 이유이다. 당신이 피렌체에서 웃고 있다면 나는 나폴리에서 울고 있을 것이다. 당신이 내 아버지가 잘 되기를 바랐다는 것을 잘 알고 있다. 당신도 내 아버지에게서 환대받았다는 것을 인정할 것이다. 행동이 말보다 더 가치를 인정받듯이 당신의 헌신도 우리의 것보다 훨씬 더 컸다. 당신의 선행으로 당신이 잘 보상받아왔기에, 지금 당신의 악행이 당신에게 가져다줄 정당한 대가에 당신은 놀라서는 안된다. 조국에 대한 사랑이 당신을 용서할 핑계가 될 수는 없다. 이 도시를 아차이우올리 가문보다 메디치 가문이 덜 사랑하고, 덜 성장시켰다고는 누구도 믿지 않을 것이다. 당신은 여기에서 명예

229) 내 행동의 고귀하고 사심 없는 이유.

롭게 사는 법을 몰랐으니, 그곳에서 불명예 속에 사는 것이다."

19.[230]

용서받을 희망이 끊어진 아뇰로는 로마로 가서 대주교[231] 및 다른 망명자들과 합류했다. 가능한 한도 내에서 로마에 있는 메디치 가문의 재정적 신뢰를 무너뜨리기 위해 최선의 노력을 기울였다.[232] 피에로는 이에 대해 힘겹게 대응했다. 그러나 친구들이 그를 도왔고, 그들의 계획은 실패했다.[233] 디에티살비와 니콜로 소데리니는 온갖 노력을 들여 베네치아가 자신들의 조국에 대항하여 움직이도록 시도했다.[234] 피렌체가 새로운 전쟁으로 공격을 받으면, 아직 새 정권인 데다가 반대자가 많기에 공격에 저항할 수 없을 것이라고 판단했기 때문이다.[235] 그때 페라라에 1434년 정변으로 인해 그의 아버지와 함께 피렌체에서 쫓겨난 팔라 스트로치(Palla Strozzi)의 아들 조반 프란체스코(Giovan Francesco)가 살고 있었다.[236] 이 사람은 페라라에서 매우 큰 신뢰를 얻고 있었고, 다른 상인들에 따르면 매우 부자로 여겨졌다. 새

---

230) **추방자들에 의한 음모, 조반 프란체스코 스트로치, 베네치아로부터 도움 구함 1466.**

231) 조반니 네로니 대주교를 만났다.

232) 최대한 힘을 다해 로마에서 운영되는 메디치 지부에 대한 신뢰를 제거하려고 했다.

233) 파격 구문에 주목해야 한다. 도움의 대상은 피에로를 가리키고, 실패의 주체는 적들의 의도이다.

234) 디에티살비는 베네치아군의 지휘관인 바르톨로메오 콜레오니(Bartolomeo Colleoni)의 성 말파가(Malpaga, 베르가모 지역)에 있었다. 소데리니는 베네치아 공화국(피에로 데 메디치에 대항하여 그를 이용하려 함)으로부터 관대하게 환영받았고, 많은 특권을 부여받았다.

235) 즉, 정권이 권위적으로 변하여 새로운 불평과 불만을 낳았다.

236) 4권 33장 참조.

로운 모반자들은 조반 프란체스코에게 베네치아인들이 이 일에 참여해 복귀를 꾀해주면 자신들이 아주 쉽게 고국으로 돌아갈 수 있을 것이라고 설득했다. 그들은 수고에 대한 보상이 이루어진다면 베네치아인들이 자신들의 계획을 따를 것이라고 쉽게 믿었다. 자신이 겪었던 일을 복수하고 싶었던 조반 프란체스코는 이들의 조언을 믿었고, 모든 수단을 동원하여 이 일을 기쁘게 도울 것이라고 약속했다. 추방자들은 베네치아의 지도자인 도제에게 가서 자신들의 망명 상황을 호소했다. 그들은 자신들의 조국이 법에 따라 살고 소수의 시민들이 아닌 행정관들이 존경받는 것을 원했다는 이유로 자신들이 이러한 고통을 당하고 있다고 말했다. 폭군처럼 사는데 익숙했던 피에로 데 메디치와 그의 추종자들이 속임수로 무기를 들었고, 속임수로 자신들에게서 무기를 가져갔으며, 그 다음에는 속임수로 자신들을 조국에서 몰아냈다는 것이다. 또한 메디치 일파는 이에 만족하지 않고 맹세로 인해 피렌체에 남아있는 다른 많은 사람들을 압박하는 수단으로 하느님을 이용했는데,[237] 그들이 하느님이 이 모반에 관여하는 것처럼 보이기 위해 공개적이고 성스러운 의식과 기도회에서 많은 시민들을 투옥하고 죽인 것은 매우 신성 모독적이며 사악한 행위였다고 말했다. 이를 징벌하기 위해 그들은 언제나 자유로웠으며 자유를 잃은 이들에게 유감을 보여야만 하는 이 원로원보다 더 큰 희망을 지니고 의지할 곳을 모르겠다고 말했다. 그렇게 폭군에 대항하는 자유인들과 불경한 것에 대항하는 경건한 자들을 선동했다. 그들은 또한 베네치아인들에게 코지모가 다른 시민들의 의사에 반하여 프란체스코 스포르차에게 호의[238]를 보이고 이 원로원에 대항하여 그를 도왔을 때, 메디치 가문

---

237) '하나님 자신을 도구로 삼았다'. 그는 나중에 설명하듯이 9월 14일의 엄숙한 축하 행사에서 몇몇 반대자들이 포로로 잡혔다는 것을 암시한다(7권 17장 참조).

238) '프란체스코 스포르차를 지지'하여 밀라노 공국의 계승 전쟁에서 로디의 평화협정(1454)으로 결론이 났다.

이 그들로부터 롬바르디아에 대한 지배권을 어떻게 앗아갔는지를 상기시켰다.[239] 그리고 피렌체인들의 정의로운 정당성이 그들을 움직이지 못한다면, 그들 자신의 정의로운 원한과 적대감이 복수를 향하여 움직이게 할 것이라고 설득했다.

20.[240]

이 마지막 말들은 전 원로원을 움직였고, 그들은 지휘관 바르톨로메오 콜레오니(Bartolomeo Colleoni)가 피렌체 영토를 공격해야 한다고 결정했다.[241] 그리고 전속력으로 군대가 소집되었고, 페라라의 후작 보르소에 의해 파견된 에르콜레 데스테(Ercole d'Este)와 합류했다.[242] 이들은 첫 공격에서 피렌체인들이 아직 질서를 확립하지 못한 사이에 도바돌라(Dovadola)[243] 마을을 불태웠고, 그 주변 전원 지역에 약간의 피해를 입혔다. 그러나 피렌체인들은 피에로의 반대파가 축출된 후 밀라노 공작 갈레아초 및 페르디난도 왕과 각각 새로운 동맹[244]을 체

239) 그는 베네치아가 밀라노 공국을 점령하는 것을 막았다.

240) **베네치아와 피렌체 사이의 미미한 전쟁, 몰리넬라 전투, 평화가 추방자들의 희망을 깨뜨리다 1467.**

241) 그러나 이제 베네치아와의 관계가 만료되는 바르톨로메오 콜레오니(1400~1475)는 개인적인 자격으로 행동하여 용병대장과 소 영주의 연합을 모았다.

242) 그는 1466년 여름에 이미 피렌체 문제에 개입한 보르소 공작(그리고 미래의 페라라 공작, 1471년부터 1505년까지)의 형제이다(7권 13장과 15장 참조). 페사로의 영주인 알레산드로 스포르차, 포를리의 피노 3세 오르델라피, 파엔차의 아스토레 만프레디, 미란돌라의 조반니 피코와 같은 다른 용병대장들도 콜레오니의 계획에 합류했다. 군대는 1467년 5월에 이동했다.

243) 포를리에서 피렌체 방향 남동쪽으로 30km 떨어진 몬토네 계곡에 있는 마을, 마을은 실제로 1467년 가을, 리카르디나 전투 이후 함락되었다 콜레오니는 포강을 지나 매우 조심스럽게 진격하여 볼로냐 평야에 정착했다.

244) 동맹은 1467년 1월 4일 로마에서 교황 바오로 2세의 비호 아래 체결되었다.

결했으며, 우르비노 백작 페데리고를 군대의 지휘관으로 고용했다. 우방들과 조율을 하면서 그들은 적을 얕잡아 보았다. 페르디난도는 자신의 장자 알폰소[245]를 보냈고, 갈레아초는 본인이 왔는데, 각자 자신의 적절한 군대를 이끌고 왔다. 그들은 모두 카스트라카로(Castracaro)[246]에 모였는데, 이는 피렌체인들의 요새로 토스카나에서 로마냐로 올 때 통과하는 산맥의 기슭[247]에 자리잡고 있었다. 그동안 적은 이몰라를 향해 물러났고, 양 군대 사이에 당시의 습관대로 소규모 접전들이 일어났다. 어느 쪽도 도시를 공격하거나 포위하지 않았고, 적에게 전투에 임할 기회를 주지 않았다. 그러나 각 군은 텐트에 머물며 굉장히[248] 비열하게 행동했다. 이것은 피렌체를 불쾌하게 했는데, 많은 것을 소모하게 하고 얻을 것이 별로 없는 전쟁으로 압박받게 했기 때문이다. 행정관들은 이 정벌의 감독관으로 임명된 시민들에게 그것에 대해 불평했다. 감독관들은 이 모든 것이 권력은 많은데 경험은 일천하여 어떻게 하는 것이 유용한지 모르며, 그것을 알고 있는 이[249]를 신뢰하지도 않는 갈레아초 공작 때문이며, 그가 군대와 함께 있는 한 어떤 역량 있거나 유용한 일을 하기란 불가능하다고 말했다. 이에 피렌체인들은 공작에게 다음과 같이 알렸다. 공작의 명성만으로도 적을 쉽게 놀라게 할 수 있기 때문에[250] 자신들을 돕기 위해 그가 직접 와준 것이 편리하고 매우 유용하다. 그럼에도 자신들의 편의보다 밀라

245) 그때 열아홉(그는 1448년에 태어났다)이었다. 그는 1494년에 나폴리의 왕이 될 것이다.

246) 발디 몬토네에서 도바돌라와 같이 포를리 방향으로 10km 하류에 위치해 있다.

247) 마키아벨리는 동시대 사람들과 마찬가지로 토스카나-에밀리아 아펜니노 산맥을 가리키기 위해 습관적으로 "알프스"라는 용어를 일반적인 이름으로 사용한다.

248) '믿을 수 없는', 그러나 부정적인 의미로. 따라서, '개탄스러운, 수치스러운'.

249) '군사기술 전문가'. 먼저 페데리코 다 몬테펠트로로 이해해야 한다.

250) '그 자체로 충분하다는 것을 아는 것' 등. "적을 경악하게 하다"(sbigottire)는 마키아벨리 군사용어 사전에 자주 등장하는 표현이다.

노 공작의 안전과 그의 국가를 더 생각할 수밖에 없는데, 그가 안전할 때에야 다른 모든 것이 번성할 것이고, 그가 곤경에 빠진다면 자신들이 모든 종류의 역경을 두려워해야 하기 때문이다. 따라서 그들은 그가 이제 막 권력을 새롭게 장악했고, 그의 이웃은 강력하고 의심스러워서 그에게 음모를 꾸미고자 하는 사람은 누구나 쉽게 시도할 수 있는 상황이 염려스럽기 때문에, 그가 오랜 기간 밀라노를 비워두는 것은 안전하지 않다고 판단했다. 그래서 그들은 밀라노 공작에게 자신들의 방어를 위해 그의 부하 일부만을 남겨놓고 고국으로 돌아가는 것이 좋겠다고 권고했다. 갈레아초는 이 조언에 기뻐했고, 곧바로 밀라노로 귀국했다.[251] 피렌체인들의 장군들은 이 장애가 사라진 후, 그들이 천천히 행동한 데에는 그럴듯한 전략과 근거가 있었던 것처럼 보여주기 위해 천천히 적들을 압박하며 어느 편의 승리도 없이 반나절 동안 계속된 전투를 벌였다.[252] 아무도 죽지 않았으며, 말 몇 마리가 다쳤고, 양쪽에서 약간의 포로들이 발생했을 뿐이었다.[253] 관례상 군대가 병영으로 물러가는 겨울이 이미 다가왔고,[254] 바르톨로메오는 라벤나로, 피렌체 군대는 토스카나로, 왕의 군대와 밀라노 공작의 군대는 각각 자신들의 주군의 영토로 물러났다. 그러나 피렌체에서는 이러한 공격으로부터 피렌체의 모반자들이 약속했던 것 같은 움직임이 느껴지지 않았고,[255] 군대를 위한 자금이 모자라 휴전이 논의되다

251) 실제로 그는 피렌체로 이동했고(7월 21일), 이틀 후 두 군대가 싸웠을 때 그곳에 있었다.

252) 두 개의 배치된 군대가 벌인 전투로 백병전이나 급습이 없었다. 전투는 1467년 7월 23일 콜레오니가 본부를 둔 몰리넬라에서 멀지 않은 볼로냐 평야의 리카르디나에서 벌어졌다.

253) 15세기 용병 전쟁의 무혈적 성격에 대한 일반적인 마키아벨리의 과장이다. 충돌은 실제로 매우 유혈이 낭자했다.

254) 리카르디나 전투 후 전쟁은 계속되었지만 중요한 군사적 사건은 없었다.

255) 피렌체에서는 피에로 데 메디치에 대한 반란 운동이 없었다.

가 약간의 협상 후에 휴전이 맺어졌다.[256] 모든 희망을 잃은 피렌체의 모반자들은 다양한 곳으로 흩어졌다. 디에티살비는 페라라로 후퇴해서 그곳에서 보르소 후작이 마련해 준 거처에서 지냈다. 니콜로 소데리니는 라벤나로 갔으며, 베네치아인들로부터 받은 조그만 집에서 지내다 나이가 들어 죽었다.[257] 그는 정의롭고 기백이 넘치는 사람으로 여겨졌으나, 결단하기를 주저했으며 느렸다. 그가 정의의 곤팔로니에레였을 때 승리의 기회를 놓친 것은 그의 약점 때문이었으며, 그 기회는 그가 이후 사적 개인으로서[258] 재탈환하고자 애썼지만 끝내 쟁취할 수 없었다.

21.[259]

평화가 오자 피렌체 상층부 시민들에게는 적들뿐 아니라 자신들의 파당에 회의적인 사람들까지도 엄중히 징벌하지 않으면 승리한 것으로 보이지 않았다. 정의의 곤팔로니에레로 임명된 바르도 알토비티(Bardo Altoviti)와 협력하여 다시 한번 많은 시민들의 공직을 박탈하고,

---

256) 베네치아 주재 피렌체 대사인 토마소 소데리니가 피렌체와 베네치아 간의 협정에 대한 가설을 논의했다. 그는 이러한 의미에서 보르소 데스테의 중재자 역할도 수행했다. 마침내 교황 바오로 2세는 그의 권위에 의해 평화를 선포했고(1468년 2월 2일), 5월에 전쟁참여자들이 서명했다. 그것은 로디(1454)의 평화 협정을 재확립했다.

257) 1474년.

258) '민간 시민으로서'. 그에게 바치는 죽음의 짧은 프로필에서 마키아벨리는 니콜로 소데리니와 자신이 비서로서 긴밀하게 협력한 종신 통령(1502~1512)이었던 또 다른 소데리니(피에로 소데리니)의 암묵적인 연결을 암시하는 행동 모델을 제시한다. 비슷하게, '정의롭고', 마찬가지로 주저하고 조심스러운(피에로 소데리니에 대해서는 무엇보다도 『로마사 논고』 3권 3장 참조).

259) **피에로가 아플 때 그 친구들에 의한 당파적 억압, 로렌초 결혼식의 축제들 1468.**

또 다른 많은 시민들은 도시에서 추방하고자 했다.[260] 그렇게 자신들의 권력을 상승시키고 적들에게는 공포를 불러일으키고자 했던 것이다. 그들은 이 힘을 주저 없이 사용했고 신과 운명이 자신들에게 그 도시를 먹이로 준 것처럼 행동했다. 피에로는 이런 것들에 대해 거의 알지 못했다. 그는 병약함에 억눌려 있어 어떠한 구제책도 내놓을 수 없었다. 거의 몸이 굳어져[261] 단지 혀만 사용할 수 있었던 그는 그 시민들에게 경고하고, 그들이 시민적 삶[262]을 살고 조국을 파괴하기보다는 안전하게 향유하도록 기도하는 것 외에 다른 해결책이 없었다. 도시의 기운을 북돋기 위해 그는 오르시니 가문의 클라리체와 약혼한[263] 자신의 아들 로렌초의 성대한 결혼식을 진행하기로 결정했다. 결혼식은 그러한 사람이 필요로 했던 화려한 장식들과 다른 모든 호화로움으로 거행됐다. 많은 날 동안 새로운 종류의 무도회, 연회, 고대 연극들이 올려졌다.[264] 이 외에도 메디치 가문의 위대함을 더 보여주기 위한 두 군사행렬이 있었다. 한 번은 기병들이 수행했고, 전장의 전투가 재현되었다. 다른 하나는 도시의 점령을 보여주었는데, 이 행사는 질서정연하게 더 이상 위대할 수 없는 역량을 가지고 치러졌다.

260) 그들을 유배지로 보냈다.
261) 움직임이 둔하고 통풍과 변형성 관절염을 가지고 있었다.
262) 법을 존중하고 권력을 남용하지 않는다.
263) 결혼 계약은 1468년 11월에 정해졌고, 결혼식은 12월에 대리로 거행되었다. 강력한 로마 오르시니 가문의 클라리체는 몬테로톤도의 영주이자 나폴레오네 추기경의 조카인 야코포의 딸이었다.
264) 축하 행사는 1469년 6월 2일에 시작되었다.

22.[265)]

이러한 일들이 피렌체에서 진행되는 동안 이탈리아의 나머지 지역은 평온하게 지내면서도 투르크의 힘에 대한 큰 염려가 있었다. 투르크는 군사작전을 통해 기독교인들과 전쟁을 계속했고, 네그로폰테(Negroponte)[266)] 섬을 점령하여 기독교 세계의 대의에 큰 불명예와 손상을 안겼다. 페라라의 후작 보르소는 이 시기에 사망하여[267)] 동생 에르콜레(Ercole)가 그를 계승했다. 교회의 영원한 적인 리미니(Rimini)의 지스몬도(Gismondo)도 사망하고[268)] 그의 나라를 서자 로베르토(Roberto)에게 물려주었다. 로베르토는 후에 이탈리아의 지휘관 중 전쟁에서 가장 뛰어난 인물이 되었다. 교황 바오로가 죽고, 그 자리에 식스토 4세[269)]가 선출되었다. 그는 프란체스코 다 사보나라는 속명을 가진 매우 천하고 비루한 혈통 출신이었으나, 그의 덕망은 그를 성 프란체스코 교단의 지도자로 만들었고, 이후에는 추기경이 되게 했다. 이 교황은 한 교황이 얼마나 많은 것을 할 수 있는지,[270)] 이전에

265) **이탈리아의 사건들, 식스토 4세가 교황이 되다 1468~1471.**

266) 에우보에아 섬. 섬의 수도는 1470년 6월에 함락되었다. 1453년 콘스탄티노폴리스를 정복한 무함마드 2세(1432~1481) 치하에서 그리스 중부와 에게해의 주요 섬들(로도스를 제외)은 이미 점령되었다.

267) 1471년(그는 1450년부터 집권했다). 그는 페라라 공작(교황에 의해)과 모데나와 레조 공작(황제에 의해)으로서 공식 지위를 얻었다. 마키아벨리는 (『피렌체사』에서 항상 그렇듯이) 그에게 후작이라는 칭호를 잘못 부여했다. 그의 뒤를 에르콜레 1세(1431~1505)가 이었다.

268) 시지스몬도 판돌포 말라테스타(Sigismondo Pandolfo Malatesta), 1468년 사망. 비오 2세 교황에 대항한 전쟁에 관해서는 7권 4장 참조.

269) 프란체스코 델라 로베레(Francesco della Rovere), 1471년 8월 9일 바오로 2세의 죽음으로 선출. 그는 1471년에서 1484년까지 재위했다. 그는 1464년에서 1469년까지 성 프란체스코 교단의 수장이었다.

270) '교황의 (정치적) 권력이 얼마나 위대한지를 처음으로 보여주었다'. 『군주론』 11장 참조. 여기서 식스토는 "기백이 있는" 사람이라고 말하지만 "교황 [...]

오류라고 불리는 얼마나 많은 일들이 교황의 권위 아래 은폐될 수 있는지 보여준 첫 번째 인물이었다. 그의 가문에 피에로와 지롤라모가 있었는데, 모든 이들이 교황의 아들들로 믿고 있었지만, 그는 더 품위 있는 다른 이름으로 은폐했다.[271] 피에로는 수사였기에 산 시스토(San Sisto)라는 이름으로 추기경의 지위까지 올랐다.[272] 그는 지롤라모에게 포를리 시를 주었는데,[273] 오랫동안 그 도시의 지배자였던 오르델라피(Ordelaffi) 가문의 안토니오(Antonio)[274]에게서 취한 것이었다. 이런 야심 있는 행동양식으로 이탈리아의 많은 지도자들이 그를 더 존경했고, 그를 친구로 삼고자 노력했다. 이것이 밀라노 공작이 그의 친딸 카테리나를 지롤라모에게 준 이유였다. 그는 타데오 델리 알리도시(Taddeo degli Alidosi)로부터 전리품으로 빼앗은 이몰라를 그녀의 지참금으로 주었다.[275] 또한 밀라노 공작과 페르디난도 왕 사이에 새로운 혼사가 이루어졌는데, 왕의 장남 알폰소에게 태어난 엘리자벨라(Elisabella)와 밀라노 공작의 장남 조반 갈레아초의 약혼 동맹이 그것이다.[276]

이 얼마나 우세할 수 있는지를 보여주었던" 알렉산데르 6세가 가지게 될 권한을 아직 부여받지 못했다라고 말한다.

271) '조카라 불러 친자 스캔들을 숨겼다'. 피에트로와 지롤라모 리아리오는 실제로 그의 조카였다. 교황의 누이인 비앙카 델라 로베레와 파올로 리아리오의 아이들이었다.

272) 피에트로 리아리오(1445~1474)는 트레비소(1471)와 피렌체(1473)의 주교였다. 피에트로 외에 다른 두 명의 조카가 추기경으로 임명되었다. 줄리아노 델라 로베레(1443~1513, 그는 교황 율리오 2세가 된다)와 라파엘로 산소니는 이후 파치 음모에 가담하게 된다(그에 대해서는 8권 5장 참조).

273) 지롤라모 리아리오(1443~1488)는 1480년에 포를리를 소유했다.

274) 오르델라피는 1303년에 포를리의 영주가 되었다.

275) 갈레아초 마리아 스포르차는 1473년에 지롤라모 리아리오에게 이몰라를 양도했다. 당시 타데오 만프레디(1439년부터 만프레디가 통치)가 그 도시의 영주였다. 알리도시 가문은 13세기 말과 1424년 사이에 이몰라를 지배했다. 이때 도시는 필리포 마리아 비스콘티의 통치를 받았다.

276) "알폰소(나중에 알폰소 2세)와 갈레아초 마리아의 누이인 이폴리타 스포르

23.[277)]

이탈리아의 삶은 매우 평온했고, 지도자들의 가장 큰 관심은 서로를 주시하고, 결혼이나 새로운 친선과 동맹으로 자신의 안전을 확보하는 것이었다. 그러나 그러한 평화기에도 피렌체는 시민들에 의해 굉장한 피해를 입었고, 피에로는 병환으로 인해 그들의 야망을 잠재울 수 없었다. 그는 양심의 가책을 덜고 그들을 부끄럽게 할 수 있는지 확인하기 위해, 그들 모두를 자신의 집으로 불러서 다음과 같은 내용으로 말했다. "나는 내 친구들의 행동 양식과 습관들이 나를 씁쓸하게 하고, 적을 원하게 하며, 우리의 승리가 나로 하여금 패배를 원하게 하는 때가 올 것이라고는 생각조차 해 본 적이 없습니다. 나는 내 동료들이 자신의 욕심을 절제하거나 헤아릴 수 있는 능력을 갖고 있다고 보았고, 조국에서 존경받고 안전하게 사는 데 만족하고 자신들의 적에게 복수하는 것으로 충분하다고 여기는 사람들이라고 생각했습니다. 그러나 나는 지금 내가 모든 이들의 자연적 야망[278)]을 모르고 있었으며, 당신들의 야망에 대해 더 모르고 있었던 이로서 얼마나 비참하게 속아왔는지를 알게 되었습니다. 당신들은 그러한 도시의 지도자가 되는 것으로도, 과거에 많은 시민들이 나누어도 가졌던 영예와 위엄과 이익(utili)[279)]을 당신들 소수가 독점하는 것으로도 만

차의 결혼에서 태어난 이사벨라는 1489년에 갈레아초 마리아의 아들 잔 갈레아초와 결혼했다. 그 후 두 명의 미래 배우자는 어렸기 때문에 약속만 했다(잔 갈레아초는 1469년에 태어났고, 이사벨라는 1470년에 태어났다)"(Vivanti, *Commento*).

277) **피에로가 피렌체의 지도자들을 질책함, 그의 죽음 1469.**

278) 마키아벨리는 심오한 인류학적 조건을 규정하기 위해 "야망"과 "자연" 사이의 연결을 반복적으로 언급한다. 『로마사 논고』 1권 29장("인간의 본성은 야심이 강하다") 및 1권 37장("자연이 인간으로 하여금 모든 것을 갈구하도록 만들어놓고도, 모든 것을 얻지는 못하도록 창조했다").

족하지 못합니다. 당신들은 적들의 재산을 나눠 가진 것으로도 만족하지 못합니다. 당신들은 공적 책임을 지워 다른 모든 타인에게 피해를 주는 것도[280] 모든 공적 이익을 당신들만 누리는 것에도 만족하지 못합니다. 모든 종류의 해악을 가지고 모두에게 피해를 주어도 당신들에게는 충분치 않습니다. 당신들은 이웃의 재산을 빼앗고, 정의를 팔고, 재판을 피하고,[281] 평화로운 사람들을 억압하고, 교만한 사람들을 높입니다. 전 이탈리아에서 이 도시만큼 그렇게 많은 폭력과 탐욕의 사례를 발견할 수 있는 다른 도시가 있는지 모르겠습니다. 우리 조국은 조국으로부터 생명을 빼앗으라고 우리에게 생명을 주었을까요? 우리 조국은 우리로 하여금 조국을 파괴하라고 우리를 승리하게 했을까요? 조국은 우리로 하여금 자신을 모욕할 수 있도록 우리에게 명예를 주었을까요? 나는 명예로운 사람이 주고받는 신뢰를 가지고서 맹세합니다. 당신들이 내가 승리한 것을 후회하도록 만드는 방식으로 계속 나아간다면, 나 또한 당신들이 승리를 잘못 사용한 것에 대해 후회하도록 조치할 것입니다." 그 시민들은 순순히 때와 장소에 맞게 대답했지만, 자신들의 사악한 행동[282]을 그만두지 않았다. 이에 피에로는 아놀로 아차이우올리를 비밀리에 카파쥬올로(Cafaggiuolo)로 오게 하여 그와 함께 피렌체의 상황에 대해 장시간 이야기를 나누었다. 죽음이 그를 방해하지 않았다면 내부의 탐욕을 제어하기 위해 망명자들을 조국으로 불러들였을 것이라는 데에는 추호의 의심도 있을 수 없다. 그러나 이러한 매우 적절한 생각은 그의 죽음으로 좌절되었다. 몸

279) 더 권위 있지만 무보수 공직들(장관들 및 주요 공직들 같이 '명예'라고 표시됨)과 달리 보수를 제공하는 공직(일반적으로 더 많은 기술적인 의무가 있음)을 나타낸다.

280) '다른 모든 시민을 세금으로 공격하다'.

281) 행정관에게 영향을 미침.

282) 불의한 행동들.

의 병과 마음의 걱정거리들로 과중한 부담을 받았던 그는 53세의 나이로 죽었다.[283] 그의 조국은 그의 덕과 선함을 완전히 알지 못했다. 그의 아버지 코지모의 이름이 그의 삶의 거의 끝까지 그와 동행했기 때문이다. 그리고 그가 스스로 일을 했던 몇 년간은 도시의 불화와 병색으로 소모되었기 때문이다. 피에로는 산 로렌초 성당의 아버지 코지모 옆에 묻혔다. 그의 장례식은 그렇게 위대한 시민에게 합당한 장관 속에 거행되었다. 그는 두 명의 아들, 로렌초(Lorenzo)와 줄리아노(Giuliano)를 남겼다. 그들의 존재는 모든 이들에게 공화국에 매우 유용한 사람이 될 것이라는 희망을 주었지만, 그들의 어린 나이[284]는 모두를 두렵게 했다.

24.[285]

토마소 소데리니(Tommaso Soderini)[286]는 피렌체의 정부 지도자 중 다른 이들보다 훨씬 높은 지위에 있었는데, 그의 지혜와 권위는 피렌체뿐 아니라 이탈리아의 모든 지도자로부터 인정받았다. 피에로의 죽음 이후 그는 도시의 정무를 도맡아 보고 있었다. 많은 시민들이 도시의 수장으로 대하며 그를 방문했고, 많은 지도자가 그에게 편지를

283) 1469년 12월 2일 카레지 별장에서 사망했다.

284) 아주 어렸다. 로렌초는 20세, 줄리아노는 16세였다.

285) **토마소 소데리니가 메디치 젊은이들을 보좌하다 1469.**

286) 그는 루크레치아와 자매인 디아노라 토르나부오니와 결혼했고, 따라서 로렌초 데 메디치의 이모부였다. 정권에 가장 충성스런 인물로(1465~1466년 위기에서 마키아벨리가 그에게 부여한 역할은 7권 14장 참조), 그는 1444년의 아코피아토리들 중 하나였으며, 1458년의 발리아 이후에 도입된 가장 섬세한 회의들에 항상 참석했다. 그는 외교관으로서 중요한 역할을 수행했다(1468년 베네치아에 관한 것은 7권 20장 참조).

썼다. 그러나 그는 지혜로웠고 가문과 자신의 운명을 잘 이해하고 있었기에 지도자들의 편지에 답하지 않았고, 시민들에게 자신의 집이 아니라 메디치 가문의 집을 방문해야 한다고 이해시켰다. 그는 자신의 주장을 효과적으로 보여주기 위해 지체 높은 가문들의 모든 수장을 산 안토니오 수녀원으로 불러 모았다.[287] 그는 그곳에 로렌초와 줄리아노도 오게 했고, 거기서 길고 장중한 연설을 통해 피렌체와 이탈리아의 상황과 이탈리아 지도자들의 기질(umori[288])에 대해 논했다. 그리고 피렌체 시민들이 내부의 분열과 외부의 전쟁으로부터 안전하게 그리고 평화롭게 단결하여 지내기를 바란다면, 메디치 가문의 명성이 유지되고 메디치의 젊은이들에게 복종해야 한다고 말했다. 사람들은 그들이 익숙하게 하던 일은 불평 없이 받아들이고, 새로운 것은 쉽게 받아들이지만 또한 쉽게 버리기 때문이라는 것이다. 그리고 많은 원인들로 쉽게 제거될 수 있는 새로운 권력을 바로 세우는 작업보다는 오랜 시간 질투를 이겨낸 한 권력을 유지하는 일이 항상 훨씬 더 쉽다고도 말했다. 토마소의 말에 이어 로렌초도 연설했는데, 그가 비록 어렸지만 장중하고 겸손하게 말함으로써 거기 모인 모든 이들이 그가 장차 될 인물에 대한 희망을 갖게 되었다. 그들이 그곳을 떠나기 전에 시민들은 메디치의 젊은이들을 자신들의 아들로서 인정할 것을 맹세했고, 메디치 젊은이들은 그 시민들을 아버지로 받아들이겠다고 맹세했다.[289] 그들이 이러한 결론에 도달했을 때, 로렌초와 줄리

---

287) 약 700명의 시민이 참석한 회의는 피에로가 사망한 바로 그 날인 12월 2일 저녁에 열렸다. 그것은 사적이고 비공식적인 회의였다. 불과 3일 후에 시뇨리아는 회의를 소집하여 공식 회의에 피렌체의 주요 시민 60~70명이 참석했다.

288) '군주들의 의도와 의지'. 이 문구는 아마도 피렌체의 두 주요 동맹인 밀라노 공작과 나폴리 왕 사이에 발생한 긴장을 암시하는 것 같다.

289) 로렌초와 줄리아노를 아들처럼 대하고, 그들을 위해 아버지와 같은 존재가 되는 것.

아노는 국가의 지도자들로 추대되었으며,[290] 시민들은 토마소의 조언에서 벗어나지 않았다.

25.[291]

전쟁이 없었기에 피렌체의 안팎에서 삶이 평온히 지속되는 동안 미래의 해악의 전조 같았던 예기치 못한 혼란이 일어났다. 루카 피티 당과 함께 몰락했던 가문 중 나르디(Nardi) 가문이 있었는데, 이 가문의 수장들이었던 살베스트로와 그의 형제들은 처음에는 추방되었다가, 그 후 바르톨로메오 콜레오니가 시작한 전쟁으로 인해 반역자로 선언되었다. 그들 중 살베스트로의 동생 베르나르도[292]는 단호하고 무모한 젊은이였다. 그는 가난으로 인해 망명을 견딜 수 없었고, 평화[293]로 인해 복귀를 위한 기회가 보이지 않자 새로운 전쟁을 일으킬 수 있는 무언가를 시도하기로 결심했다. 작은 시작에서 중대한 결말이 나오고, 사람은 새로운 것을 시작하기보다 이미 발들여 놓은 것을 더 좇으려 한다. 베르나르도는 프라토에서 꽤 알려진 인물이었고,[294]

---

290) 로렌초는 그의 회고록에서 12월 4일(피에로의 장례식이 있는 날)에 "도시와 국가의 지도자들이 우리 집에 와서 이 사건에 대해 불평했고, 나는 도시와 국가를 할아버지와 아버지가 하셨듯이 돌보겠다고 위로했다."고 적었다.

291) **베르나르도 나르디가 프라토와 피스토이아에서 반란을 일으킬 계획을 세우다 1470.**

292) 안드레아 나르디의 아들. 이미 메디치 당의 부차적인 인물이 아니며 한때 정의의 곤팔로니에레였다. 나르디 형제는 디에티살비 네로니와 밀접한 관련이 있다. 1470년 4월 6일 프라토 봉기의 에피소드는 알라만노 디 필리포 리누치니(Alamanno di Filippo Rinuccini)에 의해 간략하게 요약되어 있다(*Ricordi storici*, pp. CXII－CXIII). 마키아벨리는 그것에 상당한 공간을 할애하는데(7권 25장－7장), 분명히 그것을 8년 후에 파치가의 음모로 이끌 메디치 그룹 내의 긴장의 전조로 읽고 있다.

293) 1468년 5월(7권 20장 참조).

피스토이아 부근 지역, 특히 팔란드라(Palandra) 가문에 지인들이 많았다. 팔란드라 가문은 여전히 지방의 가문이지만, 여타 피스토이아인들처럼 전투에 단련된 사람들로 가득 차 있었다.[295] 베르나르도는 그들이 피렌체 관료들의 사적인 적대관계로 인해 가혹한 대우를 당한 적이 있어 얼마나 불만스러워 하는지 잘 알고 있었다. 이 외에도 그는 프라토 사람들의 불만을 잘 알고 있었고, 그들이 피렌체인들의 오만과 탐욕에 의해 통치받고 있다고 느끼는 것을 잘 인지하고 있었다. 그리고 일부는 권력에 대해 사악한 의도를 가지고 있음도 확인했다. 이 모든 상황이 그로 하여금 프라토에서 반란을 일으켜 토스카나에 불을 일으킬 수 있다는 희망을 갖게 했다. 프라토에서는 반란을 지속하고자 하는 이들이 너무 많아 불을 끄고자 해도 감당할 수 없을 것이라고 그는 생각했다. 그는 이 계획을 디에티살비에게 알렸고, 자신이 프라토를 장악하기 위해 그를 통해 이탈리아의 다른 지배자들로부터 얼마나 많은 도움을 받을 수 있는지 물었다. 이러한 기도가 디에티살비에게는 매우 위험하고 성공이 거의 불가능한 것처럼 보였다. 그럼에도 그는 다시 한번 타인의 위험을 통해 자신의 운명을 시험할 수 있는지 보기 위해 베르나르도에게 행동을 촉구했다. 그가 최소 15일 동안 프라토를 유지하고 방어할 수 있다면, 볼로냐와 페라라로부터[296] 매우 확실한 도움을 받을 수 있다고 약속했다. 베르나르도는

294) 프라토에는 상업 경쟁 요인과도 관련이 있어 피렌체에 대한 강한 불만이 있었다(이 도시의 많은 상인들은 피렌체 경쟁자들에 비해 불리하다고 느꼈다).

295) '폭력과 무기 속에서 자란 다른 모든 피스토이아인들처럼'. 이 특징은 도시가 두 개의 파벌, 즉 칸첼리에리(Cancellieri)와 판치아티키(Panciatichi)로 분열되어, 오래되고 피비린내 나는 싸움으로 인한 피스토이안들의 기질에 기인한다. 『군주론』 17장과 『로마사 논고』 3권 27장 참조. 또한 빌라니(Villani), Cronica, IX, 38 을 참조). "피스토이아에서 나온 나쁜 씨앗"에 대해 언급하고 있으며, 고대 도시의 백파과 흑파의 분열은 나중에 피렌체에도 퍼졌다. 다시 말해, 피스토이아 사람들은 수세기 동안 파벌과 유혈 분열에 익숙해져 왔다.

성공에 대한 희망으로 충만하여 비밀리에 프라토로 가서, 이 일에 기꺼이 동참하고자 하는 이들과 의견을 교환했다. 그는 또한 똑같은 생각과 의지를 팔란드라 가문에서 확인했다. 이들과 거사의 시간과 방식을 협의한 후 베르나르도는 디에티살비에게 모든 것을 알렸다.

26.[297]

피렌체인들을 위한 프라토의 포데스타는 체사레 페트루치[298]였다. 도시의 그러한 관리들은 보통 성문의 열쇠를 가지고 있다. 특히 의심이 없을 때에는 도시의 누군가가 그들에게 밤에 도시를 나가거나 들어갈 수 있게 요청하면 열쇠를 준다. 베르나르도는 이 관행에 대해 알고 있었고, 서로 합의한 날이 다가오자 새벽녘에 팔란드라 가문 사람들과 약 백 명의 무장한 사람들과 함께 피스토이아 방향으로 나 있는 성문[299]에 나타났다. 음모를 알고 있었던 성 안의 사람들도 무장을 했다. 그들 중 하나가[300] 성안에 들어오기를 원하는 이를 대신하는 척하면서 포데스타에게 열쇠를 요구했다. 아무것도 의심하지 않았던 포데스타는 그의 종복에게 열쇠를 들려 보냈다. 그가 궁[301]으로부

296) 당시 보르소 데스테 공작이 있었는데, 그는 아마도 반란 시도를 간청하는 데 어느 정도 가담했을 것이다. 마키아벨리는 여러 망명 네트워크를 포함하는 음모의 정도를 경시하는 것 같으며(아마도 음모의 무의미함에 대한 그의 이론을 위해) 그것은 교황에게도 알려지지 않았다.

297) **베르나르도가 프라토를 점령하지만 인민 봉기가 실패함 1470.**

298) 파치가의 음모(8권 7장 참조) 당시 정의의 곤팔로니에레가 될 것이며, 여기서 그는 프라토 반란을 진압할 때 보여준 것과 동일한 에너지와 결단력을 보여줄 것이다.

299) '언급한 바와 같이 베르나르도 나르디의 시도는 1470년 4월 6일로 거슬러 올라간다.

300) 한 프라토 사람이.

터 어느 정도 멀어지자, 음모자들은 열쇠를 빼앗고, 베르나르도와 무장한 사람들이 함께 들어오도록 성문을 열었다. 그들이 함께 모였을 때 두 부분으로 나누었다. 하나는 프라토 출신의 살베스트로(Salvestro)의 지도를 받아 성벽[302]을 장악했고, 또 다른 하나는 베르나르도와 함께 궁전을 장악했다. 그리고 그들은 체사레를 그의 모든 가족과 함께 구금하여 감시하도록 했으며, 경적을 울리고[303] 도시를 관통하며 "자유!"를 외치고 다녔다. 날이 밝아오자 경종이 울렸고 많은 사람들이 광장으로 달려갔다. 성곽과 궁전이 빼앗기고 포데스타가 부하들과 함께 체포된 것을 알자, 놀란 그들은 이 사건이 어떻게 일어나게 됐는지 궁금해했다. 이 도시의 가장 높은 관직을 차지하고 있었던 8인의 시민들은 그들이 무엇을 해야 하는지 논의하기 위해 궁전에서[304] 만났다. 베르나르도와 그의 사람들은 단번에 도시를 가로질러 질주했고, 아무도 그들을 따르지 않는 것을 보게 되었다. 8인의 시민들이 회합한다는 소식을 듣고 그는 그들에게 가서 자신이 모반을 꾀한 이유는 그들과 조국을 노예상태에서 해방시키고자 함이었다고 말했다. 그리고 그들이 무기를 잡고 이 영광스러운 일에 자신과 함께 한다면 큰 영광이 그들의 것이 되고, 이 일로 인해 영원한 평화와 영구적인 명성을 얻게 될 것이라고 설득했다. 그는 그들에게 고대의 자유와 현재의 상태에 대해 상기시켰고, 피렌체인들이 준비할 무력에 며칠만 저항할 수만 있다면 확실한 지원[305]이 있을 것임을 설명했다. 그는 이 도시가 단결하여 그를 따른다는 소식이 들리면 바로 자신의 본색을

301) 포데스타가 거주했던 프라토의 시립 광장에 있는 프레토리오 궁이다.

302) 요새, 소위 황제의 성(1247년 프리드리히 2세에 의해 건설됨). 피렌체 군대 수비대와 마을 광장에서 멀지 않은 곳에 있었다.

303) 시민들의 반란을 선동했다.

304) 시청에서. 언급된 관직은 8인의 인민의 수호자들(gli Otto Difensori del popolo)이다.

305) 보르소 데스테의 개입.

드러낼 피렌체 내의 지원자들[306]이 있음을 확언했다. 8인의 시민은 이 말에 움직이지 않았다. 그들은 피렌체 인민이 자유인으로 사는지 노예로 사는지 알지 못한다고 말하며, 그것은 자신들이 알고 싶어 하는 것이 아니라고 했다.[307] 그러나 자신들이 무기를 들어야 할 정도로 피해를 주지 않은 피렌체의 관리들에 봉사하는 것[308] 외에 다른 어떤 것은 바라지 않는다고 말했다. 따라서 그들은 베르나르도에게 포데스타를 풀어 달라고 요구했고, 군대를 도시에서 물리고 사려 없이 행한 위험에서 빨리 빠져나오라고 촉구했다. 베르나르도는 이 말에 실망하지 않았고, 기도가 프라토 사람들을 움직이지 못했지만 두려움이 그들을 움직일 수 있는지 보기로 결심했다. 그는 그들에게 공포를 심어주기 위해 체사레를 죽이기로 마음먹고, 그를 감옥에서 데려온 후 궁전의 창문에 매달도록 명령했다. 체사레가 목 주위에 올가미를 두른 채 창문 근처에 있을 때 베르나르도가 자신의 죽음을 재촉하는 것을 보았다. 그는 베르나르도에게로 돌아서 다음과 같이 말했다. "베르나르도, 당신은 프라토 사람들이 당신을 따르도록 하기 위해 나를 죽이려 합니다. 그러나 그것은 반대의 결과를 낳을 것입니다. 피렌체인들이 여기로 보낸 통치자들을 향한 이 도시 인민의 존경심은 엄청나서 나에게 가해지는 이 해악을 그들이 보자마자 들고 일어나서 당신의 몰락을 가져올 것이기 때문입니다. 당신의 승리를 가져올 것은 나의 죽음이 아니라, 나의 생명입니다. 내가 그들에게 당신이 원하는대로 하라고 명령하면 그들은 당신보다 나에게 더 기꺼이 복종할 것입니다. 내가 당신의 명령을 따르면 당신의 계획은 성취될 것입니다.[309]" 추종자가 거의 없었던[310] 베르나르도는 이 조언이 그에게 좋

306) 즉, 메디치 정권에 대한 피렌체의 일부 반대자들과 협정을 맺는 것.

307) 그들이 판단할 문제가 아니었기 때문이다.

308) 프라토는 1351년부터 피렌체의 지배를 받았다

309) 내가 당신이 명령한 대로 하면 당신이 원하는 것을 얻게 될 것이다.

아 보였다. 그리고 그는 체사레에게 명령하여 광장을 내려다보는 발코니에 서서 시민들에게 지시를 내려 베르나르도에게 복종하도록 했다. 이 일이 진행되고 체사레는 다시 감옥으로 보내졌다.

27.[311]

음모자들의 약점은 이미 드러났고, 시내에 살고 있던 많은 피렌체인들이 서로 모였다. 그들 중 로도스의 한 기사였던 조르조 지노리(Giorgio Ginori)[312]라는 사람이 있었다. 이 사람이 음모자들에 대항하여 처음으로 무기를 들었다. 그는 베르나르도를 공격했다. 베르나르도는 광장에서 이리저리 헤매면서, 사람들이 그에게 귀를 기울이지도 않고 따르지도 않으면 부탁하기도 하고 위협하기도 했다. 조르조를 따른 많은 이들이 그를 덮쳤을 때, 베르나르도는 부상입은 채로 잡혔다. 이렇게 되자 포데스타는 쉽게 풀려났고, 다른 것들도 쉽게 극복되었다. 그들은 소수인 데다가 분산되어 있었기에 거의 모두가 잡히거나 죽임을 당했다.[313] 그 사이 이 예기치 않은 사건이 피렌체에 알려졌는데(그전에 일어났었던 것보다 훨씬 과장되었다),[314] 프라토가 점령되었고, 포데스타와 그의 가족이 살해당했으며,[315] 도시가 적들로 가득

310) 무엇을 해야 할지 모르는.

311) **베르나르도의 패배 그리고 체포됨 1470.**

312) 1429~1512경. 폴리치아노는 그의 『유쾌한 이야기들』에서 프라토 사건에 대한 특사 중 한명을 추억한다. 조르조 지노리는 프라토에서 한 사람을 국가를 위해 교수형을 처했다. 그때 그는 오 성모님 만세라고 말하자, 조르조는 그를 누르면서 말했다. "아래로 내려가면 그가 너에게 나중에 말할거야."

313) 나르디 형제와 그들의 지지자 약 60명이 포로로 잡혔다.

314) 사건의 소식이 도착했지만 실제로 일어난 일에 비해 크게 확대되었다.

315) 포데스타와 그의 협력자(군인 및 그의 수행원: "가족")가 죽었다고.

찼고, 피스토이아가 무장을 했고, 도시의 많은 시민들이 모반과 관련되었다고 알려졌다. 그렇게 시청사에는 금방 시뇨리아에 조언을 하고자 온 많은 시민들로 가득 차게 됐다. 루베르토 다 산 세베리노(Ruberto da San Severino)[316]는 전쟁에서 매우 명망이 높았던 장군으로, 그때 피렌체에 있었다. 그래서 시뇨리아는 소집할 수 있는대로 가능한 많은 군대를 모아 그와 함께 프라토로 보내기로 결정했다. 그리고 그에게 도시로 접근하여 상황을 자세히 보고하고, 그의 사려 깊은 눈[317]으로 어떻게 이 문제를 해결할 수 있을지 보고하라는 지침을 내렸다. 루베르토가 캄피의 도시[318]를 막 지나다가 체사레의 사신[319]을 만났다. 사신은 베르나르도가 이미 잡혔고, 그의 동료들은 도주했거나 죽임당했으며, 모반은 진압되었다는 사실을 알려주었다. 따라서 루베르토는 피렌체로 돌아갔고, 베르나르도는 피렌체로 이송되었다. 피렌체 정부가 그에게 그가 시도한 일의 전모를 물었을 때,[320] 그들은 그 음모가 허술했음[321]을 발견했다. 그는 추방 속에 사는 것보다 피렌체에서 죽기로 결심했기에 그렇게 했으며, 자신의 죽음에 최소한 기억할 만한 업적이 있기를 바랐다고 말했던 것이다.[322]

316) 루베르토 다 산 세베리노(1418~1487). 프란체스코 스포르차를 섬기고 아라곤의 페르디난도 1세와 앙주의 장(1458~1464) 사이의 전쟁에서 중요한 역할을 했다. 여기에서 그는 『피렌체사』에 처음으로 등장한다. 그는 1480년대의 피렌체 군사 행위에서 주목할 만한 역할을 할 것이다.

317) 그의 능력과 지능이 제시하는 것.

318) 캄피 비센치오(Campi Bisenzio), 피렌체와 프라토 사이의 중간에 위치.

319) '체사레 페트루치의 전령'. 피렌체에 충성하는 시민들의 무장 개입에서 해방된 포데스타는 그동안 가혹한 탄압을 시행했다.

320) '음모의 실제 일관성에 대한 치안판사의 질문'. 베르나르도 나르디는 4월 9일 14명의 공범과 함께 참수당했지만, 그 다음 날에는 최소 10명의 다른 사형이 집행되었다. 그의 동시대 사람들은 페트루치가 행한 억압의 가혹함에 매우 충격을 받았다.

321) '기초, 근거 없이', 따라서 실패할 운명.

322) 쓸모없지만 영광스러운 죽음의 동기는 이 책을 마무리하는 1476년 밀라노 음모 이야기에서 매우 현재적인 주제를 예기한다. 특히 7권 34장의 밀라노

28.[323)]

이런 혼란이 일어났다가 거의 단번에 진압되자, 시민들은 익숙했던 생활로 돌아가서 자신들이 세우고 견고히 했던 권력을 어떤 거리낌도 없이 누리고자 했다. 이에 평화 시에 자주 도시에 관례적으로 만연하는 악들이 나타났다. 젊은이들은 평소보다 더 무절제해지고 정도를 넘어서 옷과 연회와 다른 유사한 방종한 것들에 아낌없이 소비했다. 그들은 나태해져[324)] 놀이와 여자에 시간과 물질을 낭비했다. 그들은 의상을 화려하게 보이고, 언사에서는 기지 있고 똑똑해 보이는데 몰두했다. 그리고 다른 사람들을 헐뜯는 데 더 능숙한 사람을 더 현명하다고 여기며 더 존경했다.[325)] 이 풍습들은 그렇게 형성되다가 밀라노 공작의 가신들에 의해 강화되었다. 밀라노 공작은 자신의 부인[326)]과 모든 신하들(corte)과 함께 이미 말했던 것처럼 맹세[327)]를 지키기

음모에 가담한 젊은 참가자 중 한 명인 올자티의 문장을 참조.

323) **피렌체의 사치, 밀라노 공작의 방문 1471.**

324) 평온-나태-무질서 사이의 퇴행적인 연결에 관하여는 5권 1장 참조. 더 나아가 마키아벨리는 "모든 선한 문명에 반대되는 진미와 관습"에 대해 말함으로써, 관습의 섬세함과 시민 공화주의 가치의 부패 사이의 명백한 연결을 확립한다(이는 그가 "질서 있는 문명"과 같은 이데올로기적으로 강한 연결을 암시하는 것이다).

325) 사회 가치의 위기의 징후로서 "헐뜯고", "악한 말"을 하는 만연한 경향에 관해서는 『만드라골라』 서문 참조("사람들이 둘러서서 비웃으며, 듣거나 본 바를 헐뜯는 것일 뿐이니까요. 그러한 행위는 물론, 옛날의 황금시대에 소중히 여기던 덕이 우리 시대에는 전적으로 없어졌다는 것을 설명하기에 충분합니다." 등).

326) 그의 아내 보나 디 사보이아(Bona di Savoia). 그의 두 형제도 루도비코(나중에 '무어인'[il Moro]이라는 별명이 붙음)를 포함하여 갈레아초 마리아 스포르차와 함께 피렌체에 도착했다. 밀라노 공작은 1471년 3월 피렌체에 도착했다.

327) 스포르차의 피렌체 방문은 피렌체와 밀라노 간의 외교 협정 강화의 일환이었다.

위해 피렌체로 왔다. 그는 밀라노의 군주이자 피렌체의 친구에 걸맞는 성대한 환대를 받았다. 그 시기 우리의 도시에서 전에는 보지 못했던 것이 보였는데, 교회가 육식을 금지한 사순절 시기에 밀라노 공작의 궁정(corte)[328]은 교회나 하느님에 대한 존중 없이 모두 고기를 먹었던 것이다. 그리고 그를 영예롭게 하기 위해 많은 볼거리를 벌였는데, 그중 하나가 바로 산토 스피리토 성당에서 사제들에게 성령이 임하는 것을 재현하는 행사였다. 그 장엄한 의식을 위해 만들어진 많은 불로 인해 그 성당이 전소되었기에, 많은 사람들은 하느님께서 우리에게 노하시어 그의 분노의 징후를 보이신 것이라고 믿었다. 밀라노 공작이 잘 정돈된 시민성(civilità)에 반대되는 궁정의 산해진미와 풍속들로 가득 찬 피렌체를 발견했다면, 그는 피렌체를 더욱 더 그런 상태로 놔두었을 것이다. 선량한 시민들은 이제 그것을 멈추어야만 한다고 생각했고, 새로운 법률을 가지고 의복, 장례, 축제에 제한을 두고자 했다.[329]

29.[330]

그 평온한 시기의 한 가운데, 토스카나에서 예상치 못했던 새로운 소요가 일어났다. 한 명반 광산[331]이 몇몇 시민들에 의해 볼테라 근

328) 동시대의 증인들은 심지어 2천 명의 수행원에 대해 이야기한다.

329) 사치품, 장례식 및 연회비용에 대한 제한을 설정하다.

330) **명반광산을 둔 볼테라의 소요 1472.**

331) 명반은 가죽 무두질에 필수적인 광물이었다. 따라서 이는 수익성 있는 거래를 촉진했다. 메디치는 이미 톨파(Tolfa)의 명반 광산을 통제했다(1466년부터 그들은 교황영토에서 명반 거래를 독점했다). 따라서 광물의 시장 가격을 통제할 수 있는 가능성을 고려하여 볼테라 광산(여기에서 우리가 이야기하고 있음)에 대한 그들의 관심이 많았다.

처의 시골에서 발견되었고, 그들은 그 가치를 깨닫자 자신들을 도와 줄 자금과 방어해 줄 권력을 가진 사람을 구하기 위해 몇몇 피렌체 시민들에게 접근했던 것이다.[332] 그들은 이 피렌체인들과 광산에서 나오는 수익을 공유하기로 했다. 새로운 사업에서 대개 자주 일어나듯이, 초기에 이 일은 볼테라 인민에 의해 거의 주목을 받지 못했다. 시간이 지나면서 그들은 적당한 시기에 쉽게 개선할 수도 있었을 그 일의 가치를 뒤늦게 깨닫고 느리고도 무익하게 사태를 바로잡기를 원했다. 그들은 평의회에서 공유지에 기반한 산업을 사적인 용도로 변경시키는 것은 불공정하다고[333] 주장하면서 그 사안을 떠들썩하게 만들었다. 그들은 사절을 피렌체에 보냈다. 이에 심의를 맡은 몇몇 시민들은 그들이 당파에 의해[334] 타락해 있었거나 혹은 그렇게 하는 것이 잘하는 것이라고 판단했는지, 볼테라 인민이 그 시민들로부터 수고와 사업을 빼앗고자 하는 것이 부당하며, 백반광산은 인민이 아니라 사적 개인들에 속한다고 보고했다. 그러나 그들이 인민이 우위에 있는 것을 인정한다는 표시로 매년 일정량의 돈을 지불하기로 했다면 아주 적절했을 것이라고 했다.[335] 이러한 답변이 볼테라에서의 소요와 증

---

332) 1470년 8월 22일 볼테라의 코무네(하층토를 개발할 수 있는 권리를 보유)는 매우 낮은 액수로 회사에 지역에서 광물 연구를 수행하고 모든 부를 이용할 수 있는 권리를 부여했다. 채굴권자는 시에나 출신의 베누치오 카파치(Benuccio Capacci)였다. 그와 협력하여 볼테라인 베네데토 리코발디(Benedetto Riccobaldi)와 파올로 인기라미(Paolo Inghirami) 뿐만 아니라 피렌체인 지노 카포니와 안토니오 주니(Antonio Giugni)(로렌초를 대신하여 활동한)도 있었다.

333) '공동체에 속한 자산이 개인에게만 이익이 되는 것은 불공평하다'. 풍부한 광산이 발견되자 광산 회사는 양보 비용을 10배로 늘릴 것을 제안했지만 볼테라 시뇨리아는 그 제안에 만족하지 않고 광산을 몰수하기로 결정했다(1471년 6월).

334) 법적 중재에 관련된 두 당사자 중 하나에 의해. 여기에서는 물론 광산을 관리하는 회사를 말한다.

335) 1471년 11월 볼테라의 원로들은 사쏘(Sasso) 광산 개발권을 피렌체인 안토니오 주니에게 반환하는 데 동의했다. 그러나 볼테라 시정부가 해당 지역의

오를 경감시키지 않고 더 확대시켰다. 평의회뿐 아니라 도시를 통틀어 다른 어떤 것도 관심을 끌지 못했다. 일반 인민은 그들이 빼앗겼다고 생각되는 것을 요구했고, 개인들은 그들이 처음 쟁취했고 차후에 피렌체인들의 판단에 의해 자신의 것이라고 확인된 권리를 유지하고자 했다. 이 분쟁이 온 도시를 뒤흔들어서 그 도시에서 명망 높았던 한 시민인 페코리노[336]가 살해당했고, 그 이후 그와 한편에 섰던 많은 이들이 죽임을 당했으며, 그들의 집들이 약탈당하고 불태워졌다. 봉기는 확대되었고, 피렌체 인민을 대표하여 그곳에 있던 감독관들은 극도의 고난 속에서 죽음을 거의 피할 수 없게 되었다.[337]

30.[338]

이 첫 번째 공격 이후 볼테라인들은 무엇보다도 먼저 사신들을 피렌체에 보내서 시뇨리아에 그들이 옛 합의[339]를 유지하고자 한다면 볼테라인들도 피렌체에 계속해서 복종할 것이라고 했다. 이 메시지에 대한 응답은 많은 논쟁거리였다. 토마소 소데리니는 볼테라인들이 받

풍부한 심토에 대한 권리를 인정하는 적절한 양보료가 필요했다. 볼테라는 피렌체 영토 내에서 광범위한 자치권을 누렸는데, 이 체제는 공공질서 임무를 수행하는 장관을 보냈지만 고대 시립 기관과 지역 주권은 그대로 유지했다.

336) 파트너 중 한 명인 파올로 인기라미. 그는 그의 장인이자 파트너인 로메오 바레타니(Romeo Barlettani)와 함께 1472년 2월 말에 일어난 폭동 중에 사망했다.

337) '그들은 피렌체 공화국을 대신해 볼테라에 있던 총독들을 죽이지 않았다'. 피렌체에서 보낸 포롤로의 대장은 인기라미가 헛되이 피난처를 찾았던 토마소 코르비넬리(Tommaso Corbinelli)였다.

338) **볼테라에 대항해 사용된 힘 1472.**

339) 항상 피렌체와 볼테라 사이의 관계를 지배해 온 동일한 규칙(볼테라가 향유했던 행정적 자율성을 유지할 수 있도록 설정).

기를 원하는 것을 어떤 식으로든 수용해야 한다고 충고했다. 자신의 집을 불태울 정도로 가까이 있는 불에 부채질 할 때는 아니라고 보았다. 그는 교황의 성정과 왕[340]의 힘을 두려워했고, 베네치아인들[341]이나 밀라노 공작의 우정을 신뢰하지 않았다. 전자에는 얼마나 많은 신뢰가, 후자에는 얼마나 많은 힘[342]이 있는지를 알지 못하기 때문이다. 그는 진부한 격언인 “큰 승리보다 작은 휴전이 더 낫다”를 상기했다. 반면 로렌초 데 메디치는 자신의 지혜와 신중함이 얼마나 가치있는지를 보여줄 기회라고 생각했다. 특히 토마소의 권력을 시기하는 사람들에 의해 부추겨진 로렌초는 정벌에 나서기로 결정하고, 볼테라인들의 오만을 무력으로 다스리기로 했다. 그는 기억할 만한 모범으로 그들을 바로잡지 않는다면, 다른 이들도 아무 존경이나 두려움 없이 별로 중하지 않은 이유들에도 비슷한 행동을 할 것이라고 주장했다. 볼테라인들에게 돌아간 답변은 그들 편에서 깬 협정에 대한 준수를 이쪽에만 요구할 수는 없다는 것이었다. 그들은 시뇨리아의 의지에 복종하거나 전쟁을 준비해야 했다. 이 답을 가지고 돌아갔을 때, 볼테라인들은 도시를 강화하고 이탈리아의 다른 지도자들에게 도움을 요청하여[343] 스스로를 방어할 준비를 했다. 그들의 구원요청은 소수에 의해 경청되었는데, 시에나 사람들과 피옴비노의 군주만이 그들에게 도움의 희망을 주었다. 반면 피렌체인들은 속전속결이 승리에서 중요하다고 생각하여 1만 명의 보병과 2천 명의 기병을 모아 우르비노 군주 페데리코의 지휘 하에 볼테라 부근의 교외에 배치한 후 그곳

---

340) 평소와 같이 정의상 나폴리의 왕. 나폴리 왕과 교황 모두 실제로 볼테라 반란을 진압하는 데 피렌체를 도울 것이다.

341) 베네치아인들은 사실 비밀리에 볼테라의 반란을 지지한 사람들이다.

342) 밀라노 공작의 군사력과 정치적 견고성.

343) 대사가 중요한 정보를 얻지 못한 채 나폴리와 베네치아에 파견되었다. 볼테라 사람들은 피렌체가 자신의 국가를 목표로 삼는 것을 두려워했던 피옴비노의 영주인 아피아니의 도움에 의지했다.

을 쉽게 장악했다.[344] 그리고 그들은 고지대에 위치하여 가파르면서도 거의 모든 방향으로부터 단절된 볼테라 앞에 진영을 마련했다. 볼테라는 산 알레산드로 교회 부근의 방향[345]을 제외하고는 공격할 수가 없었다. 볼테라인들은 방어를 위해 약 1천 명의 군인들을 고용했다. 이 군인들은 피렌체인들의 가공할 포위를 보고 자신들이 방어할 수 있을 것이라는 확신을 잃고서 방어는 천천히, 그리고 볼테라인들에게 매일 가하는 괴롭힘은 신속히 했다. 밖으로는 적들의 공격을, 안으로는 친구의 공격을 받은 볼테라의 불쌍한 시민들은 자신들의 안전에 대한 희망을 잃고서 협상에 대해 생각하기 시작했다. 그들은 더 나은 대안을 찾을 수 없어 볼테라의 피렌체 감독관들에게 자신들을 내맡겼다.[346] 감독관들은 성문을 열고 군대의 대다수를 들어오게 했으며, 프리오리가 있는 궁으로 가서 집으로 가도록 명령했다. 가던 길에 프리오리 중 한 명이 한 군인에 의해 모욕당하고 약탈당했다. 이 일을 시작으로, 사람들이 선보다는 악을 더 행할 준비가 되자 도시의 파괴와 약탈이 자행되었다. 온종일 도시가 약탈당하고 유린되었다. 부녀자들과 성소들도 보호받지 못했고, 도시를 지켰던 군인들이나 공격을 했던 군인들 모두 도시의 재산을 약탈했다. 이 승리의 소식을 피렌체인들은 기쁘게 받아들였다. 이것이 전적으로 로렌초 데 메디치의 결정이었기에 그는 굉장히 큰 명성을 얻었다. 토마소 소데리니의 가장 친한 친구 중 한 명이 그의 조언을 비판하며 토마소에게 말했

---

344) "칼에 찔리지 않고 순식간에 시골을 되찾았다"(귀차르디니, 『피렌체사』, p.112). 1472년 5월 10일에서 19일 사이에 볼테라의 시골 지역 전체가 점령되었다. 도시의 공개적인 반란은 4월 말에 발발했다.

345) 산 알레산드로의 교외 마을 근처의 평평한 지역으로 열리는 도시의 남쪽.

346) '그들은 재량에 따라 항복했다.' 등. 위원은 야코포 귀차르디니(Iacopo Guicciardini, 역사가 프란체스코의 할아버지)와 본지아니 잔필리아치(Bongianni Gianfigliazzi)였다. 둘 다 사르차나(Sarzana) 전쟁의 사령관이 될 것이다(8권 30－1장 참조).

다. "자네는 이제 볼테라가 정복된 것에 대해 뭐라고 말하겠는가?" 이에 토마소는 다음과 같이 답했다. "나에게 볼테라는 잃어버린 것으로 보이네. 협상으로 취했다면 이익과 안전을 확보할 수 있었을 것이나, 무력으로 취했기에 곤란의 시기에는 약점과 난제를, 평화의 시기에는 손실과 비용을 가져올 것이네."

31.[347)]

이 시기 교황은 교황령의 도시들을 복종 하에 두기 위해, 내부 분열[348)]로 봉기했던 스폴레토를 약탈했다. 그는 같은 방식으로 저항하던 치타 디 카스텔로도 포위했다. 이 도시의 지도자는 니콜로 비텔리(Niccolò Vitelli)[349)]인데, 그는 로렌초 데 메디치와 아주 친했다. 로렌초가 그에게 보낸 원조가 니콜로를 보호하기에 충분한 정도는 아니었지만,[350)] 식스토와 메디치 가문 간 적대의 첫 씨앗을 뿌리는 데는 충분했다. 이는 곧 아주 나쁜 결과[351)]를 낳았다. 산 시스토의 추기경인 피에로 수도사의 죽음이 아니었다면 그 결과들이 드러나는 데 그리 오

347) **이탈리아에서 경쟁과 의심들, 식스토 4세 1473~1474.**

348) 끔찍한 약탈을 당했던 스폴레토는 1474년 6월 교황군에 의해 점령되었다(마키아벨리가 언급하지 않았지만, 당시 토디도 교황에 의해 점령되었다). 정복 작전은 교황 식스토 4세의 조카인 줄리아노 델라 로베레 추기경(미래 교황 율리오 2세)에게 맡겨졌다.

349) 니콜로 비텔리(1414~1486), 몇 년 동안 그는 이미 대중 파벌의 우두머리로서 도시의 권력에 자리잡고 있었다. 메디치와 그의 우정은 오래 지속되었으며, 비텔리가 피렌체의 포데스타(Podestà)였을 때(1450)로 거슬러 올라간다.

350) 같은 1474년 여름에 델라 로베레 추기경이 침략자들에게 맹렬히 저항했지만 도시는 점령되었다.

351) '매우 위험하고 고통스러운 결과'. 마키아벨리는 무엇보다도 파치의 음모와 뒤이어 일어난 교황(그리고 나폴리 왕)에 대한 피렌체 전쟁을 암시하며, 『피렌체사』 8권의 전반부에서 다룬다.

래 걸리지 않았을 것이다.[352] 그는 이탈리아를 순방하다가 페라라 후작 에르콜레의 결혼식에 경의를 표한다는 구실[353]로 베네치아와 밀라노를 방문하여 지도자들이 피렌체에 대해 어떻게 생각하는지를 확인하고자 떠보고 다녔다. 그러나 그가 로마로 귀환했을 때 사망했다. 베네치아인들이 독살했다는 의심을 받았는데, 그들이 피에로 수사의 정신과 활동의 지지를 받은 식스토 교황의 힘을 두려워했기 때문이라는 것이었다. 피에로가 낮은 신분으로 태어났고 수도원 안에서 부족하게 양육되었지만, 그가 추기경직에 오르자마자 교황직조차도 그의 야망을 감당할 수 없는 것처럼 보였다. 그는 로마에서 향연을 베푸는 데 주저하지 않으면서, 어떤 왕에게도 방탕하다 여겨질 정도의 연회를 열고 그것을 위해 2만 플로린 이상을 지출했다. 이 성직자를 잃은 식스토는 자신의 계획을 더 천천히 수행했다. 그럼에도 피렌체인들, 공작, 베네치아인들이 동맹을 갱신하고[354] 교황과 나폴리 왕이 합류할 여지를 만들어 두자, 식스토와 나폴리 왕은 다른 동맹을 결성하고 다른 지도자들이 합류할 수 있는 자리를 남겨놓았다. 그렇게 이탈리아는 2개의 파당으로 나누어진 것처럼 보였다. 페르디난도 왕이 탐냈지만 베네치아가 장악한 키프로스 섬의 경우와 같이, 두 동맹 사이에 반목을 불러일으키는 일들이 매일 일어났다.[355] 그리하여 교황과 왕

---

352) 교황의 조카인 피에트로 리아리오(Pietro Riario)가 1474년에 사망했다(그가 교회의 최고위직에 오르는 것에 대해서는 7권 22장 참조).

353) 1471년 그의 형제의 뒤를 이은 에르콜레 1세는 1473년 나폴리 페르디난도 왕의 딸인 아라곤의 엘레오노라와 결혼했다. 그 당시 에스테 가문은 공작의 서위를 받았다(모데나와 레조의 경우 황제로부터, 페라라의 경우 교황으로부터).

354) 1474년 11월 4일 베네치아, 밀라노, 피렌체 간의 25년 방어 협정이 체결되었다.

355) 조반니 2세(1460)의 죽음으로 오랫동안 지배해 온 제노바인들이 게임에서 제외되면서 섬의 통제를 위한 카탈루냐인(그리고 나폴리의 페르디난도)과 베네치아인들 사이의 투쟁에 끼어든 두 후손 사이에 분쟁이 발생했다. 페르디난도와 베네치아 사이의 게임은 키프로스의 왕 야코모 2세 루지냐노와 결

은 더 가까워졌다. 이탈리아에서 그때 무용에 있어 가장 뛰어난 것으로 알려진 우르비노의 군주 페데리코는 오랫동안 피렌체를 위해 싸웠는데,[356] 왕과 교황은 경쟁 동맹으로부터 우두머리를 빼앗아 오고자 페데리코를 자신들 편으로 끌어들이기로 결정했다. 교황은 그에게 나폴리를 방문할 것을 조언했고, 왕은 나폴리로 초대했다. 페데리코가 이를 수락하자 피렌체인들은 놀라고 불쾌해했는데, 야코포 피치니노에게 일어났던 일이 그에게도 일어날 것으로 생각했기 때문이다.[357] 그런데 반대의 결과가 일어났다. 페데리코는 나폴리와 로마에서 매우 명예롭게 그들 동맹의 사령관으로서[358] 돌아왔다. 왕과 교황은 또한 로마냐와 시에나의 지도자들의 의중을 타진하는 것을 소홀히 하지 않았는데, 그들을 동맹으로 만들고 그것을 통해 피렌체를 공격하기 위해서였다. 피렌체가 이것을 알고서 그러한 야망에 대항하기 위해 수중에 있는 모든 수단을 가지고 무장했다. 우르비노의 페데리코를 잃었기에 그들은 루베르토 다 리미노(Ruberto da Rimino)[359]를 고용했다. 그들은 페루자와의 동맹을 갱신했고, 파엔차의 지도자[360]와 동맹을 맺었다. 교황과 왕은 자신들이 피렌체를 적대하게 된 원인은 피렌체가 베네치아와의 동맹을 끝내고 자신들과 새로운 동맹을 맺기를 바랐던 것에 기인한다고 주장했다. 피렌체와 베네치아가 연합하는 한 교회는 자신의 명성을, 지롤라모 공작은 로마냐 지역의 영토들을 유지

혼한 베네치아의 카테리나 코르나로가 사후에 왕실 칭호를 상속받았을 때 실제로 후자에게 유리하게 끝났다.

356) 마지막으로 1472년 볼테라에 대항한 최근 원정에서(7권 29~30장 참조).

357) 『피렌체사』 7권 8장 참조.

358) 그러나 가장 중요한 양보는 우르비노 공작의 칭호로, 교황은 치타 디 카스텔로가 아직 복종하지 않은 1474년 8월 21일 페데리코에게 이 칭호를 부여했다.

359) "위대한 자"로 알려진 로베르토 말라테스타(1440~1482). 또한 7권 22장에서 "전쟁에서 가장 뛰어난 자"로 언급됨.

360) 카를로 만프레디.

할 수 없다고 생각했기 때문이다. 반면 피렌체인들은 교황과 왕이 피렌체인들을 그들의 동맹으로 만들기 위해서가 아니라, 자신들을 더 쉽게 해치기 위해 베네치아와 적대적이기를 바란 것이라며 두려워했다. 그렇게 이탈리아는 무질서가 나타나기 전 2년 동안 이러한 불신들과 다양한 혼란들(umori)이 만연했다. 비록 작은 것이었지만 첫 번째 소동은 토스카나에서 발생했다.

32.[361)]

페루자의 브라초[362)]라는 사람은 전쟁에서 매우 명성 있었던 인물로 오도와 카를로, 두 아들을 남겼다. 카를로는 어린 나이였고, 오도는 우리가 앞에서 보았듯이 발 디 라모나(Val di Lamona) 사람들에 의해 죽임을 당했다.[363)] 카를로가 군인으로 복무할 수 있는 나이에 이르자, 베네치아는 그를 용병대장으로 고용했다.[364)] 베네치아인들의 그의 아버지에 대한 기억과 카를로 자신이 형성한 기대의 결과였다. 이 시기 계약 만료시점이 다가왔다.[365)] 그는 원로원의 계약 연장이 이루어지길 바라지 않고, 자신의 이름값과 아버지의 명성에 힘입어 혼자 페루자 영토를 회복할 수 있을지 확인하기로 결정했다. 베네치

---

361) **카를로 브라초가 페루자를 공격하다 1476.**

362) 안드레아 포르테브라치(Andrea Fortebracci) 또는 브라초 다 몬토네(Braccio da Montone). 그와 그의 죽음의 상황에 대해 1권 38장 참조.

363) 『피렌체사』 4권 13장 참조. 오도는 1425년 2월 매복으로 사망했다.

364) 카를로는 1421년에 태어났다. 그의 아버지가 죽었을 때 그는 겨우 세 살이었다. 그는 1447년 보병 최고 사령관의 역할과 함께 베네치아의 복무에 들어갔다. 그 당시 그는 이미 니콜로 델라 스텔라(Niccolò della Stella)의 복무, 그 다음에는 피치니노의 복무에서 상당한 경험을 쌓았다.

365) 베네치아에 대한 의존은 1475년에 중단되었다.

아인들은 이에 쉽게 동의했는데, 여러 일들을 겪더라도 자신들의 지배력을 확장하는 데 익숙했기 때문이다. 그렇게 카를로는 토스카나로 왔다.[366] 페루자가 피렌체와 동맹을 맺어서 일이 생각대로 되기는 쉽지 않을 것임을 알았지만, 자신의 움직임이 기억할 만한 어떤 것을 만들어 낼 것이라는 기대를 가지고 시에나를 공격했다. 공격에 앞서 그는 시에나를 위해 복무했던 자신의 아버지에게 그 도시가 진 빚이 있고, 자신은 그 대가[367]를 받기를 원한다고 공표했다. 그는 시에나 전 영토를 뒤흔들 정도로 거세게 공격했기에,[368] 피렌체를 언제나 너무 쉽게 나쁘게 생각할 준비가 되어 있던 시에나인들은 이 일이 피렌체의 묵인 아래 이루어진 것으로 확신하고서 교황과 나폴리 왕에게 불만을 토로했다. 그들은 또한 피렌체에 사절을 보내 엄청난 피해를 입은 것에 대해 항의했고, [피렌체의] 도움이 없었다면 카를로가 그토록 안전하게 자신들에게 해를 끼칠 수 없었을 것이라고 영리하게 지적했다. 이에 대해 피렌체인들은 자신들의 책임이 아님을 밝히고, 카를로의 공격을 멈추기 위해 모든 것을 할 준비가 되어있다고 주장했다. 그리고 사절들이 요구한대로 그들은 카를로에게 시에나를 공격하는 것을 멈추라고 명령했다. 이에 카를로는 불평하며 피렌체인들이 자신을 돕지 않았기에 그들은 큰 것을 획득할 기회를 스스로 놓쳤으며, 자신에게서 명예를 앗아갔다고 지적했다. 그는 그 도시의 비겁함과 방어책이 거의 전무함으로 인해 자신이 짧은 시간 안에 정복을 약

366) 카를로 포르테브라치는 1475년과 1476년 사이에 토스카나에 머물렀고, 임시 임무를 위해 베네치아에 소환되었다. 마키아벨리는 아마도 1477년 봄에 (이미 그의 아버지의 성이었던) 몬토네에 포르테브라차가 정착했음을 암시하고 있다.

367) '보상, 상환'. 카를로의 아버지는 50년도 더 전에 사망했다는 사실을 염두에 두어야 한다.

368) 1477년 6월~7월에 포르테브라치는 아미아타 산 지역의 키안치아노(Chianciano)와 많은 성을 점령했다. 그는 또한 시에나가 고용한 페데리코 다 몬테펠트로의 군대를 상대로 몇 가지 성공을 거두었다.

속할 수 있었을 것이라고 피렌체인들에게 말하고서, 피렌체를 떠나 다시 베네치아의 고용 아래로 들어갔다.[369] 시에나 사람들은 피렌체인들의 개입으로 커다란 해악에서 구원받았지만, 여전히 그들에 대한 분노로 가득 차 있었다. 악의 원인을 처음 제공했던 사람들에 의해 악으로부터 자유롭게 된 것을 고마워해야 할 어떤 의무가 있다고 생각하지 않았기 때문이다.

33.[370]

앞에서 보았던 대로 왕과 교황 사이에서, 그리고 토스카나에서 이런 일들이 일어나는 동안, 훨씬 더 중대한 사건이 롬바르디아에서 발생해서 더 커다란 해악들을 예고했다.[371] 밀라노에서 콜라 몬타노(Cola Montano)[372]라는 교양 있고 야심 있는 사람이 그 도시의 명망가 자녀들에게 라틴어를 가르쳤다. 이 사람은 밀라노 공작의 삶과 습관

---

369) 이미 1477년 여름. 몇 주 후 페데리코 다 몬테펠트로의 군대가 몬토네 성을 점령했다.

370) **밀라노에서 일어난 갈레아초 공작에 대한 음모 1476.**

371) 밀라노의 "사고"는 파치가의 음모(8권 1－9장) 직전에 갈레아초 마리아 스포르차의 암살(1476년 12월 26일)로서 이탈리아의 정치적 균형에 심각한 결과를 초래했다. 메디치－스포르차 동맹의 매우 견고한 축을 포함하는 두 사건 사이의 연결은 이 "음모의 시대"의 우울한 분위기를 표시하듯이 8권의 서두에서 마키아벨리에 의해 강조되고 있다("8권의 시작이 두 음모들 사이에 놓여있는데").

372) 니콜라 카포니는 그가 태어난 곳의 이름(볼로냐 아펜니노 산맥의 가조 몬타노)을 따라 '몬타노'로 알려졌다. 중요한 인문주의자인 그는 밀라노에서 필레포와 접촉했으며 1468년부터 라틴어 및 라틴문학 학장을 역임했다. 몬타노는 1475년 밀라노를 떠나 먼저 볼로냐에, 그 다음에 로마에 정착했다. 그 후 그는 이몰라의 영주인 지롤라모 리아리오를 대신하여 반피렌체 음모(피사의 반란을 일으키려는 목적)를 모의했다. 아펜니노 산맥을 건너다가 피렌체 병사들에게 붙잡혀 1482년 피렌체에서 교수형을 당했다.

들을 혐오했기 때문인지 혹은 다른 어떤 이유들 때문인지,[373] 훌륭하지 못한 군주 아래 사는 삶은 전부 비난했으며, 자연과 행운이 공화국에 태어나 사는 것을 허용한 영광스럽고 행복한 삶을 칭송했다. 그는 모든 유명한 인물들은 군주제 아래에서가 아니라 공화국에서 성장한다고 강조했다.[374] 공화국은 덕있는 인물들을 기르는데 군주들은 그런 이들을 제거하고, 공화국은 타인의 덕으로부터 이득을 취하지만 군주는 그것을 두려워하여 파괴하기 때문이라는 것이다. 그와 매우 가까웠던 젊은이들로 조반 안드레아 람포냐노, 카를로 비스콘티, 지롤라모 올자토[375]가 있었다. 그는 여러 차례 그들과 군주의 가장 사악한 본성과 군주의 지배를 받는 이들의 불행에 대해 논의했다. 그는 그 젊은이들의 정신과 의지를 무척 확신하여 그들이 충분한 나이에 도달하자마자 조국을 군주의 폭정에서 구하겠다고 맹세하도록 했다. 그렇게 젊은이들은 나이가 차면서 항상 이러한 소망으로 가득 차 있었고, 밀라노 공작의 습관과 방식에 더하여 자신들이 입은 특별한 손해들은 그 소망을 실행하도록 재촉했다. 갈레아초는 호색한이고 성정이 잔인했으며, 이 두 가지를 볼 수 있는 너무 많은 사례를 남겨서 너무 많은 미움을 받고 있었다. 그는 고상한 여인들을 타락시키는 데 만족하지 않고, 이를 공개하면서[376] 재미를 누렸으며, 사람들을 잔인한 방법이 아니고서 그저 죽이는 것으로는 만족하지 않았다. 그는 자

373) 아마도 마키아벨리는 개인적인 분개에 대한 가능한 이유를 언급한 것이다. 공작의 명령에 따라 몬타노는 1474년과 1475년 사이에 두 번 투옥되었다.

374) 볼로냐 인문주의자의 제자였던 공모자 중 한 명인 지롤라모 올자티(Girolamo Olgiati)는 고대 그리스인과 로마인의 공화주의적 자유의 이상에서 영감을 받아 콜라 몬타노(Cola Montano)의 반독재 설교에 대해 이야기한다.

375) 모두 밀라노의 중요한 가문의 구성원들이었다. 카를로 비스콘티는 람포냐노가 법원과 밀접하게 연결된 것처럼 법원 관리였다. 둘 다 공작에 대한 개인적인 원한을 쌓았다.

376) 그들의 이름을 알리다.

신의 어머니를 죽였다는 오명 아래 살았는데,[377] 그녀가 살아있는 한 자신이 일인자가 아니라고 보았기 때문이다. 그는 그녀를 가혹하게 대하여 크레모나에 있는 그녀의 상속주택[378]으로 은퇴해 살기를 바랐으며, 그녀는 그곳으로 가는 도중 갑자기 병에 걸려 사망했다. 말 많은 이들은 아들이 그녀를 죽인 것으로 생각했다. 이 공작은 여인들을 통해 카를로와 지롤라모에게 치욕을 주었고,[379] 교황이 가까운 친척에게 하사했던[380] 미라몬도 수도원의 소유권을 조반 안드레아에게 주기를 거부했다. 이런 사적인 해악들은 젊은이들로 하여금 그렇게 거대한 악으로부터 조국을 해방시키고자 하는 소망을 고조시켰다. 그들이 그를 죽이는 데 성공하기만 하면, 그것은 자신들의 복수일 뿐 아니라 많은 귀족들과 전체 인민이 그들을 따를 것이라는 희망을 품은 계획이었다. 음모의 수행을 결정하고 그들은 자주 함께 있었는데, 예전부터 친했기에 그다지 주의를 끌지 않았다.[381] 그들은 항상 이 일에 대해 생각했고, 용기를 북돋기 위해 거사에 쓰기로 한 칼집으로 서로의 옆구리와 가슴을 쳤다.[382] 그들은 시간과 장소에 대해 논의했

---

377) 프란체스코 스포르차의 아내이자 갈레아초 마리아의 어머니인 비앙카 마리아 비스콘티는 1468년 크레모나에서 사망했다.

378) 크레모나 시는 1441년에 결혼한 비앙카 마리아 비스콘티가 프란체스코 스포르차에게 지참금으로 가져왔다.

379) 카를로 비스콘티는 공작에게 모욕을 받은 누이의 명예를 복수하기 위해 행동했을 것이다. 대신, 아주 어린 올자티는 순전히 이상적인 이유에 의해 동기가 부여된 것 같다.

380) '교황이 그의 친척에게 할당한 것'. 람푸냐니와 그의 형제는 미라몬도 수도원의 땅을 착취하기 위해 즐거운 마음으로 이익이 되는 양보를 했다. 이 양보는 코모의 새로운 주교인 브란다 다 카스틸리오네에 의해 취소되었지만, 공작은 중재하기 위해 개입하지 않았다. 따라서 "특별한 모욕"은 "여성"과 "물건"에 대한 질문과 관련이 있었다(『군주론』 19장에서 "재산과 여성의 약탈자"가 되지 말라는 군주에게 주어진 조언 참조).

381) (그 젊은이들을 결속시킨) 오래된 우정을 감안할 때 아무도 (이 모임에서) 놀라지 않았다.

382) 위업을 성취하기 위한 결의와 용기를 높인다.

다. 궁전은 자신들에게 안전하지 않은 것으로 보였고, 사냥터는 불확실하며 위험한 것으로 생각됐다. 공작이 도시를 순회할 때에는 그에게 접근하기가 어려울 것이고, 만찬에서 하는 것도 위험해 보였다. 그들은 그가 올 것이라고 확신하는 몇몇 의식과 공적 행사 중에 동료들이 다양한 구실로 모일 수 있는 곳에서 그를 제압하기로 결정했다. 그들은 자신들 중 누구라도 공작의 신하들에게 체포되면 나머지 사람들이 칼을 가지고 무장한 적들 사이에서 공작을 죽일 의무가 있다고 결의했다.

34.[383]

1476년 그리스도의 성탄절이 다가오고 있었다. 성 스테파노의 날에 군주는 장관을 연출하며 그 순교자의 교회를 찾는 것이 관례였다. 음모자들은 이곳이 그들의 생각을 실행하기 적합한 장소이자 시간이라고 생각했다. 축제 당일 아침이 왔을 때,[384] 그들은 가장 신뢰할 만한 친구들과 수하들을 무장시키면서, 다른 주장들을 무시하고 조반니 안드레아의 영지에 송수관을 연결하는 작업을 지원하러 가야 한다는 이유를 대기로 했다. 그들은 군주에게 떠나는 것을 허락받기 위해서라는 구실을 대고 이 무장한 사람들을 교회로 인도했다. 그들은 다양한 구실로 그 장소에 모였고, 일이 벌어지고 나면 친구와 친척들이 모두 그들을 따라 함께 일을 완수하기를 바랐다. 그들은 군주가 죽으면 무장한 사람들과 합류하여 평민들을 더 쉽게 선동할 수 있도록 도시의 일부를 행진하며 공작의 부인[385]과 지도부에 대항하여 무기를 들 의

383) **갈레아초 공작의 사망 1476.**
384) 산토 스테파노의 날(1476년 12월 26일).

도를 갖고 있었다. 그들은 심각해지는 기아에 고통받고 있던 인민이 기꺼이 그들을 따를 것이라고 생각했다. 모두 정부의 지도자들[386]이었던 체코 시모네타(Cecco Simonetta), 조반니 보티(Giovanni Botti), 프란체스코 루카니(Francesco Lucani)의 집들을 약탈하여 인민에게 주고, 그런 식으로 자신들의 안전을 확보하고 인민에게 자유를 회복할 생각이었다. 이런 계획이 만들어지고 실행하기로 결심했다. 조반 안드레아는 다른 이들과 함께 일찍 교회에 왔다. 그들은 미사를 함께 했고, 미사 도중 조반 안드레아는 성 암브로시우스 상을 향하여 다음과 같이 말했다. "오, 우리 도시의 수호 성자시여, 당신은 우리의 의도와 그 많은 위험 속에서도 우리가 이루고자 하는 목적을 아십니다. 우리가 하고자 하는 일에 호의를 보여주시고 정의의 편을 들어주시어 당신이 불의를 싫어하신다는 것을 보여주소서."[387] 한편, 교회로 오고 있던 공작에게 다가올 죽음에 대한 여러 징조가 나타났다. 동이 트자 그는 평소 하던 대로 갑옷을 입었는데, 불편하거나 보기 흉해서 마음에 들지 않은 것처럼 바로 벗었다. 그는 성에서 미사를 드리고 싶었는데, 그의 사제가 모든 미사복을 가지고 산 스테파노로 간 것을 알게 됐다. 그는 코모의 주교가 사제 대신 미사를 올리기를 바랐지만 주교는 몇몇 합리적 이유로 반대했고, 그렇게 거의 필연적으로 교회에 가게 됐다. 그러나 먼저 그는 두 아들 조반 갈레아초와 에르메스(Ermes)를 자신에게 오게 하여 그들과 떨어질 수 없다는 듯 몇번이고 포옹하며 입맞춤 해 주었다. 마침내 나서기로 결정하고 그는 성을 나와 페라라와 만토바의 사신들을 양편에 세우고 성당으로 향했다. 그사이 음모

385) 갈레아초 마리아의 아내 보나 디 사보이아.

386) 공작의 주요 협력자들.

387) '호의를 베풀다' 등등. 마키아벨리는 올자티의 앞서 언급한 고백의 말을 극적으로 표현하고 있다. 그러므로 기도는 람포냐니가 아니라 올자티에 의해 말해졌을 것이다.

자들은 의심을 피하고 극한의 추위를 피하기 위해 음모자들의 친구였던 성당의 대주교 방으로 피신했다. 공작이 도착하자마자 그들은 교회로 들어가고자 했다. 조반 안드레아와 지롤라모는 교회 출입문의 오른편에 위치했고, 카를로는 왼편에 서 있었다. 공작이 이미 교회에 들어오고 있었다. 공작의 행렬에 적합하게 그는 많은 이들에게 둘러싸여 입장했다. 처음 움직인 이는 람포냐노와 지롤라모였다. 군주를 위한 길을 열어주는 척하면서[388] 공작에게 더 다가갔고, 소매에 숨긴 짧지만 날카로운 무기를 잡았다. 람포냐노가 공작에게 두 개의 상처를 입혔다. 하나는 배에, 다른 하나는 목이었다. 지롤라모 또한 공작의 목과 가슴을 찔렀다. 카를로 비스콘티는 문 근처에 있었다. 공작은 이미 그를 지나갔기 때문에, 그는 공작이 공격받을 때 그를 앞에서 부상을 입힐 수 없어서 뒤쪽에서 그의 등과 어깨를 두 번 찔렀다. 이 여섯 번의 공격과 부상은 아주 빠르고 갑작스럽게 행해졌기에 누군가가 무슨 일이 벌어지는지 인식하기도 전에 그는 거의 바닥으로 쓰러졌다. 넘어질 때 성모 마리아의 이름을 한 번 부르며 도움을 요청하는 것 외에 그는 어떤 말도, 무엇도 할 수 없었다. 공작은 바닥에 쓰러졌고, 거대한 공포가 일어났다. 많은 칼들이 뽑혔고, 예기치 못했던 일이 일어났을 때 늘 그러하듯이 몇몇은 성당을 빠져나가 도망쳤고, 몇몇은 어떤 안전보장이나 사태의 원인도 모르는 채 혼란 속으로 뛰어들어갔다. 그럼에도 공작의 근처에서 공작의 암살을 목격했던 이들은 살인자들을 알아보고 그들을 쫓았다. 음모자 중에서 조반니 안드레아는 교회로부터 탈출을 꾀하여 관습에 따라 바닥에 앉아 있던 다수의 여성들 사이로 숨어들었다. 그녀들의 옷에 얽혀 옴짝달싹 하지 못하던 그는 공작의 수하였던 한 무어인에게 붙잡혀 죽임당했다. 카를로 또한 구경꾼들에 의해 죽었다. 지롤라모 올자토는 사람들 사이

388) 군주가 군중을 헤쳐나갈 수 있도록 접근하는 척.

에 묻혀 밖으로 나오면서 동료들이 죽은 것을 보았고, 어디로 피해야 할지 몰라 그의 집으로 돌아왔다. 거기서 그는 자신의 아버지나 형제들에게 출입을 거부당했으며, 그의 어머니만이 아들에 대한 연민으로 가문의 오랜 친구인 한 사제에게 부탁하여 아들에게 사제의 옷을 입히고 그의 집으로 숨어들도록 했다. 그곳에서 그는 밀라노에서 소요가 일어나 자신을 도울 수 있는 길이 열리리라는 희망을 품고 이틀 동안 머물러 있었다. 그런 일은 일어나지 않았고, 그곳에서 발각될까 봐 그는 몰래 도망가기로 작정했다. 그러나 그는 발각되었고, 사법 관청으로 끌려가 음모의 전모를 밝히게 되었다. 23세였던 지롤라모는 죽을 때에도 거사를 치를 때처럼 용감했다. 옷이 벗겨지고, 자신을 치려고[389] 칼을 든 사형 집행인이 앞에 있는데도, 그는 교육받은 사람이었기에 라틴어로 다음의 말을 남겼다. "죽음은 쓰고, 명성은 영원하다. 이 행위의 기억은 오래 지속될 것이다."[390] 이 불행한 청년들의 거사(impresa)는 비밀리에 계획되어 용감하게 실행되었다.[391] 그리고 자신들을 따르고 방어해 줄 것으로 기대했던 이들이 그들을 따르지 않고 보호해주지 않자 실패했다.[392] 그러므로 군주는 존경받고 사랑받는 방식으로 생활하고 행동하여 아무도 그를 죽임으로써 자신을 구할 수 있다는 생각을 못하도록 해야 한다.[393] 다른 사람들은 다중(moltitudine)이 비록 불만이 있더라도 당신이 위험할 때 당신을 따르거나 함께 할 것이라고 철석같이 믿는 희망이 얼마나 헛된 것인지 알아

---

389) 올자티는 살아남았다.

390) "Mors acerba, fama perpetua, stabit vetus memoria facti."

391) '굉장히 비밀리에 조직되어 용기 있게 진행되었다'. 즉, 음모에서 일반적으로 발생하는 것, 즉 사형 집행 전에 밝혀지거나 공모자 중 한 사람의 소동으로 인해 실패하는 것은 발생하지 않았다(『로마사 논고』 3권 6장 참조). 1476년의 밀라노 음모는 "처형 후 실행되는" 위험을 설명하기 위해 회상된다.

392) 그때야 비로소 그들은 그들의 계획이 실패하는 것을 보았다.

393) 이것은 앞서 언급한 『군주론』 19장의 주요 생각이다.

야 한다. 이 사건은 모든 이탈리아를 두렵게 했다. 그러나 얼마 지나지 않아 피렌체에서 일어난 사건들은 훨씬 더 끔찍했다. 그 일은 이탈리아에 12년간 지속되던 평화를 깨뜨렸으며, 다음 권에서 보겠지만, 그 끝이 슬프고 애절하다면 그 시작은 피가 낭자하고 끔찍한 것이었다.

제 8 권

제 8 권[1)]

1.[2)]

8권의 시작은 두 개의 음모 사이에 놓여 있는데, 하나는 이미 이야기한 밀라노에서 일어난 것[3)]이고, 다른 하나는 앞으로 이야기할[4)] 피렌체에서 일어난 것이다. 우리의 관례를 따라,[5)] 다양한 음모들의 특징과 그 중요성에 대해 논구하는 것이 적절할 것이다. 내가 다른 곳에서 이미 이 주제를 다루지 않았거나, 너무 간략하게 말하고 지나갔다면 여기에서 중요하게 다루었을 것이다. 그러나 더 주의 깊게 논구되어야 하거나 다른 글에서 이미 이야기되었다면,[6)] 여기서는 넘어가서 다른 문제에 주목하고자 한다. 나는 그 가문에게 공개적으로 닥쳤던 난관들을 모두 극복하고 도래한 메디치 정권에 대해 말하고자 한

---

1) **파치가의 음모로부터 위대한 로렌초의 죽음까지의 피렌체 1478～1492.**
2) **음모들, 메디치 지배.**
3) 7권 33－4장 참조.
4) '아직 말하지 않은 것'. 여기에서 마키아벨리가 암시하는 파치가의 음모는 8권 2장－9장에서 다룰 것이다.
5) 즉, 각 권의 첫번째 장에서 특정한 이론적 문제를 다루는 것이다.
6) 『로마사 논고』 3권 6장(『군주론』 19장에서는 더 간결함). 음모만을 서술하는 이 긴 장(章)은 특정 자율 순환을 경험한 주제에 대한 일종의 짧은 논문이라는 것을 잊어서는 안 된다.

다. 그 가문이 이 도시에서 유일한 권력을 가지고자 했고, 시민적으로 살면서 타인들보다 두드러지길 원했다면,[7] 그것에 대항하여 비밀리에 모의된 계획들을 제압해야만 했다. 메디치 가문이 동등한 권력과 명성을 가진 다른 가문들과 함께 싸우는 동안, 대립의 초기에는 그들의 권력을 시기했던 시민들이 억압받을 것이라는 두려움 없이 그들에게 공개적으로 반대할 수 있었다. 행정관들이 자유를 누렸기에 패배 이후를 제외하고는 어떠한 파당도 두려워 할 이유가 없었다. 그러나 1466년의 승리 이후[8] 모든 권력을 메디치 가문이 장악함으로써 너무 많은 지배력을 갖게 되었다. 불만이 있는 이들은 이러한 삶의 방식을 참고 견디거나, 사태를 전복시키고자 한다면 비밀리에 음모의 방식으로 시도해야 했다. 그런 방식들은 많은 난관들을 거쳐야 성공에 이를 수 있다. 대부분은 그렇게 시도한 자들에게 몰락이, 그들이 반대한 자에게는 영광이 돌아간다. 음모는 대부분의 경우 공격받은 도시의 군주가, 밀라노의 군주처럼 죽임을 당하는 드문 경우를 제외하면, 더 거대한 권력에 이르고 많은 경우 좋은 사람에서 나쁜 사람이 된다. 음모는 그에게 두려움의 이유를, 두려움은 스스로를 보호할 이유를 제공한다.[9] 그리고 자기보호는 해를 끼칠[10] 이유를 제공한다. 그렇게 나중에 증오가 발생하고, 자주 그의 파멸을 초래한다. 그런 식으로 음모는 그것을 계획한 자들을 단번에 무너뜨리고, 음모의 대상이 된 사람을 어떤 식으로든 서서히 무너뜨린다.[11]

---

7) 공화주의 제도("시민적 삶")를 뒤흔들지 않으면서 최고 권력의 역할을 획득했다.

8) 피에로 데 메디치에 대한 루카 피티 및 정권 내부 반대자들의 패배(7권 10장−17장 참조).

9) 음모에 대한 두려움은 군주가 자신의 권력을 강화하도록 만든다.

10) 부당함과 과도함을 저지르고.

11) 장기적으로 그 권력에 역효과를 낳고, 시민들 사이의 합의에 타격을 입힌다.

2.[12)]

앞에서 보았듯이, 이탈리아는 두 분파로 분열되었다.[13)] 한쪽에는 교황과 나폴리 왕이, 다른 쪽에는 베네치아, 밀라노 공작, 피렌체가 있었다.[14)] 그들 사이에 전쟁은 아직 발발하지 않았지만 전쟁의 새로운 불씨들은 매일 제공되고 있었다. 교황은 특히 어떤 계획을 세우든 목표는 피렌체를 공격하는 것이었다. 피사의 대주교 필리포 데 메디치가 사망하자, 교황은 피렌체 시뇨리아의 의지에 반하여 메디치 가문에 적대적인 인물인 프란체스코 살비아티를 대주교로 임명했다.[15)] 피렌체 시뇨리아가 그에게 대주교의 재산을 넘겨주기를 꺼려하자, 교황과 정부 간 이 문제를 처리하는 과정에서 새로운 분쟁들[16)]이 발생했다. 이 외에도 로마에서는 파치 가문에 굉장한 호의를 보였던 반면, 모든 행동에서 메디치 가문을 냉대했다.[17)] 이때 피렌체에서는 모든

---

12) **식스토 4세의 피렌체에 대한 적대, 파치 가문이 메디치 가문을 증오하다 1474.**

13) 7권 31장의 문장을 그대로 반복하고 있다.

14) 교황은 식스토 4세(1471~1484)였다. '왕'은 당연히 나폴리의 아라곤의 페르디난도 1세다. 피렌체, 밀라노, 베네치아 간의 연합은 1474년 11월 2일에 갱신되었다.

15) 파치의 친척인 프란체스코 살비아티는 1474년 10월 14일 교황에 의해 피렌체의 시뇨리아와 상의없이 피사의 대주교로 임명되었다. 메디치 가문과 프란체스코 살비아티 사이의 적대감은 로렌초가 고위 성직자를 피렌체 대주교로 임명하는 것을 반대했던 이전 몇 년 동안 이미 드러났다(당시 임무는 로렌초의 처남 리날도 오르시니에게 넘어갔다).

16) 그 절차는 교황이 임명한 후에 시 당국이 고위직 임명에 동의할 것이라고 규정했다. 로렌초는 피사의 대안으로 아레초, 피스토이아 또는 볼테라의 소주교 자리를 살비아티에게 제안했지만 성공적이 못한 후 1년 동안 동의 승인을 연기했다. 피사의 주교좌는 피렌체 대주교좌로 가는 대기실로 간주되었기 때문에 로렌초가 살비아티 사건에 부여한 중요성을 고려해야 한다.

17) 1474년 여름에 교황은 메디치 가문에서 교황청의 (교회의 재정 기관) 관리인 직책을 제거하고 파치 가문에 할당했다. 1476년 교황은 메디치로부터 교황령

가문 중에서 파치가 부와 혈통에 있어 가장 두드러졌다.[18] 파치 가문의 수장은 야코포[19]인데, 그의 부와 고귀함으로 인해 인민이 그를 기사로 추대했다. 그는 사생아인 외동딸 하나[20]를 두고 있었다. 조카들이 많았는데, 그의 형제 피에로와 안토니오의 자식들이었다. 주요[21] 인물들로 굴리엘모, 프란체스코, 리나토, 조반니, 다음으로 안드레아, 니콜로, 갈레아토가 있었다. 코지모 데 메디치는 그들의 부와 지위를 보고 조카 비앙카를 굴리엘모와 결혼시켰다.[22] 그는 이 연합이 두 가문을 더 단합시키고, 일반적으로 그러하듯, 의심에서 나타나는 적대와 미움을 해소하기를 바랐다. 그러나 우리의 많은 계획은 불확실하고 오류투성이라 사태는 다른 식으로 진행된다. 로렌초에게 조언한 사람들은 누구나 부와 권력을 시민들과 나누면 그의 권위에 방해가 되고 얼마나 위험한지를 보여주었다.[23] 결과적으로 야코포와 그의 친

영역에서 추출한 명반 판매의 독점권을 빼앗아 파치가의 회사와 10년 계약을 맺었다(2년 전에 명반을 매각해 메디치 은행이 독점을 비정상적으로 관리했다는 의혹을 제기하면서 명반 판매에 대한 회계감사를 요청했었다).

18) 파치가는 고대 피렌체 귀족에 속했다(2권 4장에서는 교황파[구엘프]로도 언급된다. 단테는『신곡』,「지옥편」32곡에서 발다르노 출신의 봉건 및 기벨린 가문으로 언급한다). 15세기에 와서야 그들은 오랫동안 귀족으로서 공직에서 제외되었다가 복귀했다. 그러나 얼마 동안은 상업과 재정 활동으로 부유해졌다.

19) 안드레아의 장남(1371~1455), 가문의 정치적 재산의 진정한 창시자(그는 1439년에 가문에서 처음으로 프리오레가 됨). 1422년 생인 야코포는 중요한 정치적 위치를 지켰다(1453년과 1463년에는 장관, 그리고 1469년에는 정의의 곤팔로니에레였다. 그는 여러번 대사였으며, 가장 최근에는 1474년 나폴리 왕의 대사였다). 그는 1467년에 명예 기사의 지위를 얻었다.

20) 음모 당시(1478) 15세였던 카테리나. 그녀는 수녀가 되었고 1490년에 사망했다. 그녀는 1700년대 교황 베네딕토 14세에 의해 시복되었다.

21) 가장 중요한.

22) 1445년에 태어난 비앙카 데 메디치는 피에로와 루크레치아 토르나부오니의 딸이었고, 따라서 로렌초와 줄리아노의 자매였다. 굴리엘모는 안토니오 파치의 아들이었다. 결혼은 1460년에 거행되었다.

23) 한 시민이 정치권력과 부를 다 같이 가지도록 하는 것.

척들은 다른 시민들과 비교하여 자신들에게 적절하다고 여겨지는 지위를 받지 못했다. 이로 인해 파치 가문에서는 처음으로 분노가 발생했고, 메디치 가문에서는 처음으로 두려움을 느끼게 됐다. 하나가 성장하면 그것은 다른 하나도 성장하게 한다. 시민들이 경쟁하는 모든 문제에 있어 파치 가문은 행정관들의 배려를 받지 못했다. 8인의 인민의 수호자들은 프란체스코 데 파치가 로마에 있을 때, 합당한 존중 없이 하찮은 이유로 그를 피렌체로 오도록 명령했는데, 이는 위대한 시민에게는 보통 하지 않는 조치였다.[24] 파치 가문은 모든 곳에서 분노에 가득 찬 해로운 말들로 불만을 토로했다. 조반니 데 파치[25]는 매우 부유했던 조반니 부온로메이(Giovanni Buonromei)의 딸을 아내로 맞았다. 부온로메이가 아들 없이 죽자 그의 재산은 딸에게로 넘어갔는데, 그의 조카 카를로가 그의 재산 일부를 가져가는 일이 벌어졌다.[26] 이 사건이 소송으로 번졌을 때, 한 법이 통과되어 조반니 데 파치의 부인이 자신의 아버지의 재산을 카를로에게 빼앗겼다. 파치는 이 일을 완전히 메디치 가문의 작업으로 인식했다.[27] 줄리아노 데 메디치는 이 일로 형 로렌초를 여러 차례 질책하며, 너무 많은 것을 원하다 보면 모든 것을 잃을 수 있음이 두렵다고 했다.

---

24) 1444년에 태어난 안토니오의 아들인 프란체스코 파치는 파치 회사의 로마 지부 이사였다. 그는 반역 혐의에 대해 자신을 변호하기 위해 피렌체로 소환되었지만(그러므로 실제로는 '경미한 이유'가 아님) 행정관에게 가지 않았다. 고발의 이유는 1473년 교황 식스토 4세가 그의 조카 지롤라모 리아리오(Girolamo Riario, 1443~1488)에게 유리하게 만든 이몰라(Imola)를 구입했기 때문이다. 피렌체 영토에 가까운 친교황 권력의 설립을 피하고자 했던 로렌초의 명시적 금지에도 불구하고, 구입에 필요한 3만 두캇은 프란체스코가 교황에게 대여했다.

25) 프란체스코의 동생.

26) 불법적으로 점유했다.

27) 소급적으로 적용된 이 법은 유언장 없이 사망한 경우 사망자의 자산이 가장 가까운 남성 친척에게 속하도록 설정했다(이와 같이 조카 카를로의 권리가 딸의 권리보다 우선함). 이 사건은 1477년 3월로 거슬러 올라간다.

3.[28)]

그러나 로렌초는 젊었고 권력에 대한 열정도 넘쳐서 모든 것을 통제하고자 했고, 모두에게서 자신의 최고 권위를 인정받아야 했다.[29)] 높은 지위와 부를 가진 파치 가문으로서는 그러한 피해들을 참을 수 없었고, 어떻게 복수할지 생각하기 시작했다. 메디치 가문에 대항할 계획에 가장 골몰했던 이는 프란체스코로, 그는 다른 누구보다도 기백이 넘치고 예민했다. 그래서 그는 자신이 부족한 것을 얻거나 가진 것을 잃기로 결심했다. 그는 피렌체의 지도자들을 혐오하여 거의 로마에서 살고 있었고, 피렌체 상인들의 습속에 따라 로마에서 거대한 자산을 다루고 있었다. 지롤라모 백작[30)]과 매우 친했기에 그들은 종종 만나 메디치 가문을 비난했다. 그렇게 많은 고충을 나눈 끝에 그들은 한 사람은 자신의 영지에서, 다른 한 사람은 자신의 도시에서 안전하게 살기 위해서는 피렌체 정부를 바꿔야 한다는 생각에 도달했으며, 그것은 줄리아노와 로렌초의 죽음 없이는 불가능하다고 판단했다. 그들은 교황과 나폴리 왕에게 이 일이 얼마나 쉽게 달성되는지 보여주면 그들도 기꺼이 동의할 것이라고 생각했다. 이런 생각에 도달하자 그들은 피사의 대주교인 프란체스코 살비아티와 전모를 논의하기 시작했다. 살비아티는 야심이 있었고, 얼마 전 메디치 가문에 의해 피해를 입은 적이 있었기 때문에[31)] 기꺼이 동의했다. 어떻게 진행

28) **시작된 파치 가문의 음모 1478.**

29) 그의 역할은 피렌체의 수장, 즉 프린켑스(princeps)로서 보편적으로 인정되었다. 이 표현은 중세 공식 aliquem recognoscere('법적으로 유효한 가치를 그의 권위에 귀속시킴')의 법적 가치를 상기시킨다.

30) 교황 식스토 4세의 조카인 지롤라모 리아리오(Girolamo Riario)는 1473년에 이몰라(Imola)를 얻었다. 『피렌체사』 7권 22장 참조.

31) 그가 피사의 대주교로 임명된 후 로렌초가 살비아티의 경력에 걸림돌을 놓은 것.

할지 숙고하고, 일의 성공을 확보하기 위해 야코포 데 파치를 자기들 편으로 끌어들이기로 했다. 그가 없이는 어떤 것도 할 수 없다고 생각했기 때문이다. 이를 위해 프란체스코 데 파치는 피렌체로 가고, 대주교와 백작은 로마에 남아 적당한 시기에 교황에게 알리는 것이 적절해 보였다. 프란체스코는 야코포가 생각보다 훨씬 소극적이고 설득하기 어렵다는 것을 발견했다. 그가 이 사실을 로마에 알렸을 때, 나머지 사람들은 더 큰 권력이 야코포를 움직이도록 할 필요가 있다고 생각했다.[32] 결국 대주교와 백작은 모든 것을 교황의 용병대장인 조반바티스타 다 몬테세코(Giovanbatista da Montesecco)[33]와 상의했다. 바티스타는 전쟁에서 무공이 높았고, 백작과 교황 모두에게 복종하고 있었다. 그는 이 일이 어렵고 위험하다며 반대했다. 대주교는 이 위험과 난관을 제거하고자, 교황과 왕의 지원, 피렌체 시민들이 메디치 가문에 품은 증오, 살비아티와 파치 가문의 친척들의 지지, 의심 없이 일행을 데리고 피렌체를 활보하는 메디치 가문 사람들을 쉽게 죽일 수 있는 것, 그리고 적을 제거한 후 자신들이 국가를 개조하는 작업에 있어서의 수월함 등을 나열했다. 많은 다른 피렌체 시민들이 다르게 이야기하는 것을 들었기에 조반바티스타는 이 주장들을 전적으로 믿지는 않았다.

32) 즉, 야코포는 교황이나 나폴리 왕의 지지만을 신뢰하면서 음모의 대의를 포용했을 것이다.

33) 그는 이 이야기의 위대한 주인공 중 한 명이다. 얼마 동안 교회에 봉사한 귀중한 용병대장이었던 그를 식스토 4세는 상당한 중요성과 책임이 있는 직책(산탄젤로 성의 보병 대장)으로 승진시켰다. 음모가 있은 지 8일 후인 5월 4일, 몬테세코는 피렌체의 포데스타에게 지롤라모 리아리오와 식스토 4세의 책임을 공개적으로 비난하는 자백서를 발표했다.

4.[34)]

그들이 이러한 문제를 논의하고 생각하던 차에 파엔차 영주 카를로[35)]가 중병이 들어 죽을까 봐 두려워하고 있었다. 대주교와 백작에게는 파엔차의 군주가 빼앗았던 몇몇 도시를 탈환한다는 구실 하에 조반바티스타를 피렌체에 보내고 그곳에서 로마냐 지역으로 파견할 좋은 기회가 온 것처럼 보였다.[36)] 백작은 조반바티스타에게 의뢰하여 자신을 대신하여 로렌초와 이야기하고, 그에게 로마냐의 일들을 어떻게 제어해야 할지 조언을 구하도록 했다. 그 다음으로 프란체스코 데 파치와 의논하여, 야코포 데 파치가 그들의 기도를 따르게 할 수 있는지를 보아야 했다. 교황의 권위를 가지고 움직일 수 있도록 그들은 조반바티스타가 피렌체로 출발하기 전에 교황을 접견했고, 교황은 그들의 계획을 위해 자신이 할 수 있는 최대한 도움을 주기로 했다.[37)] 따라서 조반바티스타가 피렌체에 도착했을 때, 그는 자신을 매우 자비롭게 맞아준 로렌초와 이야기했다. 조언을 구했을 때 매우 현명하고 자애로운 답변을 받은 조반바티스타는 로렌초를 존경하게 되었고, 그가 그때까지 들어왔던 이와는 완전히 다른 사람임을 발견했다. 그가 판단하기에 로렌초는 매우 인간적이

---

34) **파치가의 음모, 그 계획 1478.**

35) 카를로 2세(Carlo II, 1439~1484)는 아스토르조 2세의 아들로 1468년부터 1477년 12월까지 파엔차의 영주였다. 그의 형제 갈레오토에게 정부를 박탈당했다. [영역주] 피렌체의 보호 도시였던 파엔차의 군주인 카를로 만프레디.

36) 카를로 만프레디와 리아리오 디 포를리 사이에 세니오 계곡 영토의 통제권을 놓고 분쟁이 벌어졌다.

37) 교황은 메디치 정권의 전복을 승인했지만 어떤 암살에도 의지하지 않은 것으로 보인다. 식스토 4세는 파치와 그들의 지지자들을 돕기 위해 토스카나 국경에 군인을 보내겠다고 약속했다.

고 아주 현명했으며, 백작에게 무척 친절했다. 그럼에도 조반바티스타는 계획대로 프란체스코와 논의하러 갔으나, 그가 루카로 가서 만나지 못했다. 그래서 야코포와 이야기를 나누었는데, 그가 처음에는 일에 대해 매우 부정적이었다. 하지만 로마를 떠나오기 전, 교황의 권위가 야코포를 어느 정도 움직였다는 사실을 알게 됐다.[38] 그렇게 야코포는 조반바티스타에게 로마냐로 간 다음 돌아오라고 말했고, 그 사이 프란체스코가 피렌체로 돌아오면 그때 좀 더 자세히 논의하기로 했다. 그렇게 조반바티스타는 로마냐에 갔다 왔고, 로렌초 데 메디치와 백작의 일들에 대해 겉치레로 논의했다. 그 후 그는 야코포와 프란체스코 데 파치와 함께 물러나, 프란체스코와 함께 야코포에게 공을 들여서 계획에 가담하도록 설득하는데 성공했다. 그들은 거사 방식에 대해 논의했고, 야코포는 두 형제가 피렌체에 있다면 그 시도가 성공할 수 없으므로[39] 로렌초가 원한다고 알려진 대로 로마로 가기를 기다린 다음 일을 수행해야 한다고 말했다. 프란체스코 역시 로렌초가 로마로 가면 좋을 것이라고 생각했지만, 로렌초가 가지 않더라도 두 형제는 결혼식이나 시합 혹은 교회에서 죽일 수 있을 것이라고 주장했다. 외부로부터의 도움에 관하여, 그들은 교황이 몬토네(Montone) 시의 일로 군대를 모을 수 있을 것으로 생각했다. 앞에서 언급했듯이 시에나와 페루자 근처 영토에서 일어난 소요[40]로 인해 카를로 백작[41]에게서 그 도시를 가

---

38) 이미 몬테세코가 피렌체에 머무는 동안 식스토 4세가 그 사업에 찬성했다는 사실은 그를 음모에 참여하도록 유도하는 매우 효과적인 논거였다.

39) 두 형제(당연히 로렌초와 줄리아노)를 한 번에 없애는 것은 불가능해 보였다.

40) 7권 32장 참조.

41) 페루자 근교 몬토네 성의 영주 브라초 다 몬토네(안드레아 포르테브라치)의 아들이다. 카를로 포르테브라치(Carlo Fortebracci)에 대한 공격은 그에게서 몬토네 성을 빼앗아 교황 군대를 피렌체 공화국의 국경에 더 가까이 데려오기 위한 좋은 구실이었다.

져올 정당한 이유가 생겼기 때문이다. 그럼에도 그들은 프란체스코 데 파치와 조반바티스타가 로마로 가야 한다는 것 이외의 다른 결정을 내리지 못했다. 모든 결정은 지롤라모 리아리오 백작과 교황이 해야 했다. 로마에서 그들은 이 문제를 다시 교섭했고, 결국 몬토네에 대한 원정이 결정되어서, 교황의 군사인 조반 프란체스코 다 톨렌티노(Giovan Francesco da Tolentino)가 로마냐로, 로렌초 다 카스텔로(Lorenzo da Castello)는 자신의 지역으로 가기로 결론이 났다.[42] 각자 그 지역의 군대를 강화하고 동료들과 질서를 유지하고 있으면서 대주교 살비아티와 프란체스코 데 파치의 명령에 따를 준비를 하고 있기로 했다. 조반바티스타 다 몬테세코와 함께 그들은 피렌체로 향했고, 피렌체에서 계획의 실행을 위해 필요한 모든 준비를 마쳤다. 페르디난도 왕은 사신을 통해 지원을 약속했다. 이에 따라 대주교와 프란체스코 데 파치는 피렌체로 가서 포조의 아들 야코포[43]를 그들 편으로 끌어들였다. 그는 학식이 있었지만, 야심도 있었고 새로운 것[44]에 매우 목말라 있었다. 그들은 또한 야코포라는 이름을 가진 살비아티 가문의 두 사람을 계획에 끌어들였는데, 한 사람은 대주교의 동생이고, 또 다른 사람은 대주교의 친척[45]이었다. 그리고 열정적인 젊은이로서 파치 가문에 매우 충성하는 베르나르도 반디니[46]와 나폴레오네 프란체지 또한 합류시켰다. 외

42) 치타 디 카스텔로에 있는 교황의 대리인이자 대장이며 법학자인 로렌초 주스티니(Lorenzo Giustini)는 군대의 일부를 그곳에 집중시켰을 것이다.

43) 그는 1453년부터 죽을 때까지 피렌체의 칸첼리에레(Cancelliere)를 지낸 유명한 인문주의자 포조 브라치올리니(Poggio Bracciolini, 1380~1458)의 둘째 아들이었다. 1442년에 태어난 야코포 브라치올리니는 문학가로서 상당한 명성을 얻었으며(무엇보다도 그는 아버지의 『피렌체 역사』를 대중화하고 페트라르카의 *Triumpus Fame*의 한 장에 대해 논평했다) 과거에 메디치 그룹과 밀접하게 연결되어 있었다.

44) '정치적 격변, 혁명'.

45) 대주교의 사촌인 야코포 디 야코포 살비아티(Iacopo di Iacopo Salviati)였다.

국인 중에서는 이전에 명명했던 이들 외에도 안토니오 다 볼테라[47]와 야코포의 집에서 그의 딸에게 라틴어를 가르치며 살았던 성직자 스테파노[48]가 참여했다. 리나토 데 파치는 그러한 시도들에서 나타나는 해악들을 가장 잘 알고 있는 현명하고 근엄한 사람으로서, 음모에 동조하지 않았다. 실제로 그는 음모를 혐오했고, 점잖게 할 수 있는 모든 수단을 동원하여 음모를 방해했다.[49]

5.[50]

지롤라모 백작의 조카인 라파엘로 데 리아리오(Raffaello de' Riario)[51]는 교황의 지시로 피사 대학에서 교회법을 배우고 있었고, 그가 그곳에 있는 동안 교황은 그를 추기경으로 승진시켰다. 음모자들은 이 추기경을 피렌체로 데리고 오면[52] 음모를 숨길 수 있을 것으로 보았다.

---

46) 베르나르도 반디니 바론첼리(1420~1479), 상인이자 모험가. 그는 음모의 실행에 중요한 역할을 할 것이다. 그는 파치와 연결된 중요한 은행 가문에 속했다. 음모가 실패한 후 포로로 잡혀가는 것을 피한 그는 콘스탄티노폴리스로 도피하여 피렌체 정부의 요청에 따라 송환되었다. 그의 체포와 사형 집행(1479년 12월) ―음모에 관한 페이지에서 생략됨― 은 8권 36장에서 언급될 것이다.

47) 안토니오 마페이. 고위 성직자인 그는 교황청의 관리였다.

48) 스테파노 디 바뇨네(또는 바뇨니). 그는 (몬테무르로[Montemurlo]의) 단순한 교구 사제였으며 파치 가문의 고객이자 야코포의 비서 카테리나의 가정교사였다.

49) '막으려 했다'. 레나토(피에로 파치의 장남, 8권 2장 참조)는 음모가 있기 며칠 전에 피렌체를 떠나 무젤로에 있는 그의 소유지로 돌아갔다(8권 9장 참조).

50) **파치 가문의 음모를 위한 마지막 준비 1478.**

51) 정확히 라파엘로 산소니 리아리오(Raffaello Sansoni Riario). 그는 사실 지롤라모 리아리오의 누이의 아들이었고, 따라서 교황 식스토 4세의 증손자였다. 그는 1477년 12월에 (산 조르조, 즉 제노바의) 추기경으로 임명되었다. 당시 그의 나이는 겨우 17세였다.

52) 1478년 봄 산소니는 페루자의 사절로 임명되었다. 살비아티 대주교는 산소니

추기경의 수행원들[53] 사이에 그들이 필요로 하는 공모자들을 숨길 수 있게 하여, 그의 방문은 망토 역할을 하고 그들에게 음모를 실행할 기회를 줄 것이기 때문이었다.[54] 그렇게 추기경은 왔고, 야코포 데 파치가 피렌체 근교의 빌라 몬투기(Montughi)[55]에서 그를 영접했다. 음모자들은 추기경을 통해 로렌초와 줄리아노를 함께 데려오기를[56] 희망했고, 그곳에서 그들을 바로 죽이려고 했다. 그들은 메디치 가문이 피에솔레에 있는 그들의 빌라에서 추기경을 위한 연회를 베풀도록 주선했다.[57] 그런데 그 연회에 우연인지 혹은 고의인지[58] 줄리아노가 참석하지 않아서 이 계획은 헛수고가 되었다. 그 두 사람이 반드시 함께 오게 하기 위해서는 피렌체에서 연회를 열어 두 사람을 초대해야 한다고 생각했고, 1478년 4월 26일 일요일에 연회를 열기로 했다.[59] 음모자들은 그들이 연회 중간에 어떻게 그들을 죽일 것인지를 생각해 두었고, 토요일 밤에 함께 모여 다음 날 아침에 실행할 모든 준비를 마쳤다. 그러나 동이 트자 프란체스코는 줄리아노가 연회에 오지 않을 것이라는 소식을 들었다. 음모의 지도자들은 다시 모여

가 약속 장소에 순조롭게 도달할 수 있도록 피사에서 피렌체까지 그를 동행하겠다고 제안했다.

53) 하인과 수행원. 몬테세코 자신은 젊은 추기경을 호위하는 공식 임무와 함께 50명 이상의 남자와 함께 피렌체에 도착했다.

54) '그의 존재를 음모의 실행을 위한 유리한 기회로 만들다'. 메디치가 산소니에서 공식적으로 호화롭게 환영한 것은 로렌초와 식스토 4세 사이의 어려운 관계를 고려할 때 의무적인 외교 행위였다.

55) 라 로지아(La Loggia)라고 불리는 교외 별장은 피에솔레의 메디치 별장에서 멀지 않은 피렌체의 북쪽 벽에서 2km 떨어진 곳에 있다.

56) 피렌체에서 산소니의 존재를 계기로 두 사람을 함께 처리하기로.

57) 젊은 추기경의 부임을 축하하기 위해 피에솔레 별장에서 열리는 연회가 4월 19일 일요일로 잡혀 있었다.

58) '의도적으로'(가능한 위험에 대한 경고 때문에). 사실 줄리아노는 사냥터에서의 부상으로 갈 수 없었다.

59) 이번에는 비아 라르가에 있는 메디치 궁전에서 연회가 열릴 예정이었다.

거사의 실행이 늦춰지면 안 된다고 결론 내렸다. 그것이 많은 이들에게 알려졌기에 발견되지 않는 것이 불가능할 것이기 때문이었다. 그들은 메디치가 형제들을 산타 레파라타(Santa Reparata) 성당에서 죽이기로 결정했는데, 추기경이 그곳에 있으므로 두 형제는 관례대로 참석할 것이기 때문이었다. 그들은 조반바티스타가 로렌초를 죽이는 임무를 맡고, 프란체스코 데 파치와 베르나르도 반디니가 줄리아노를 처리해야 한다고 생각했다. 조반바티스타는 그 제안을 거부했는데, 그의 로렌초와의 친분이 그의 정신을 약하게 만들었거나 또는 어떤 다른 이유가 그를 움직였기 때문이었다. 그는 교회에서 그런 엄청난 일을 저지르고 신성모독으로 배반할 정도로 용감하지 않다고 말했다. 이 거부는 이 음모가 몰락하는 시작이었다. 시간의 압박으로 인해 필연적으로 그들은 이 과제를 안토니오 다 볼테라(Atonio da Volterra)와 스테파노(Stefano) 사제에게 주어야 했는데, 그들은 실행력이나 본성의 측면에서 그러한 커다란 일을 하기에는 매우 서툴렀던 것이다. 만약 어떤 행동이 삶과 죽음에 대한 많은 경험을 통해 단련된 크고 단단한 정신을 요구한다면, 매우 자주 전쟁에 익숙하고 피에 물들은[60] 사람들조차 겁을 먹는 이런 일에서는 더욱 필요하다. 그렇게 결정이 내려지고, 그들은 성당에서 장엄 미사를 축사하는 사제가 영성체를 수여할 때를 행동을 위한 신호로 삼기로 했다. 그 사이 살비아티 대주교는 자신의 사람들과 야코포 디 포조와 함께 정부청사를 장악하여, 정부관료들이 자발적으로 혹은 강제로 두 젊은이의 죽음 후 자신들에게 협력하도록 준비해야 했다.

60) 폭력에 익숙하다.

6.[61)]

이 결정이 내려지고, 그들은 추기경이 이미 로렌초 데 메디치와 도착해 있던 교회로 갔다. 교회는 사람들로 가득 찼고 미사가 시작되었지만, 줄리아노 데 메디치는 아직 교회에 오직 않았다. 베르나르도와 함께 줄리아노의 암살을 맡은 프란체스코 데 파치는 그를 찾기 위해 그의 집으로 가서 간청과 기교로 그를 교회로 인도했다. 그러한 과도한 관심과 맹렬한 미움을 가릴 수 있었던 프란체스코와 베르나르도의 냉정함과 목표를 향한 한결같음은 진정 기억할만한 일이다. 그들은 가는 길과 교회에서 익살과 농담으로 그를 즐겁게 해주었다. 프란체스코는 애정의 표시인 것처럼 줄리아노의 손과 팔을 눌러 그가 갑옷이나 다른 비슷한 방어물을 갖추었음을 확인했다. 줄리아노와 로렌초는 파치 가문이 그들에 품은 악감정과 그들이 자신들로부터 권력을 얼마나 빼앗고 싶어하는지를 알고 있었다. 그러나 그들은 자신들이 목숨을 잃을까 노심초사하지는 않았는데, 파치 가문이 어떤 일을 도모하더라도 그것을 시민적으로(civilmente)[62)] 하지, 폭력적으로 하지는 않을 것이라고 믿었기 때문이었다. 로렌초와 줄리아노는 자신들의 안전에 대한 염려 없이[63)] 그들과 친분을 과시했다. 암살자들은 이제 준비상태에 있었다. 로렌초 쪽에 있던 몇몇은 교회 안에 사람이 많았기 때문에 의심받지 않고 쉽게 있을 수 있었고, 줄리아노 쪽에 있었던 이들도 마찬가지였다. 예정된 시간이 왔고, 베르나르도 반디니는 미리 준비한 단도를 가지고 줄리아노의 가슴을 찔렀다. 줄리아노는 몇

---

61) **줄리아노의 죽음, 로렌초의 도망 1478.**

62) '법적 수단을 사용하여'. 마지막으로 여기에 나오는 『피렌체사』의 핵심 용어이다.

63) 그들의 생명에 연연하지 않고.

발을 옮기더니 쓰러졌다. 프란체스코 데 파치는 광분하여 그에게 몸을 던져 많은 상처를 입혔고, 분노에 눈이 멀어 자신의 다리에 심한 부상을 입힐 정도였다. 안토니오와 스테파노 쪽에서는 로렌초를 공격했다. 그들은 그에게 여러 차례 타격을 주려고 시도했으나, 그의 목에 가벼운 상처를 입히는 데 그쳤다. 그들이 부주의했기 때문인지 혹은 로렌초의 정신력 때문인지 그는 자신에게 오는 공격을 보고서 팔로 방어했고, 자신와 함께 있던 이들[64]의 도움을 받아 암살자들의 노력을 수포로 만들었다. 충격을 받은 그들은 도망쳐 몸을 숨겼다. 그러나 이후 발견된 그들은 죽임을 당하고, 시체가 온 도시를 수치스럽게 끌려 다녔다.[65] 로렌초는 그 주변에 있던 친구들과 함께 교회의 성구보관실로 몸을 피했다.[66] 베르나르도 반디니는 줄리아노가 죽은 것을 본 후, 프란체스코 노리 또한 죽였다. 프란체스코 노리는 메디치 가문의 매우 좋은 친구였는데, 반디니가 그를 옛날부터 증오해서였거나 혹은 프란체스코가 줄리아노를 도우려 시도했기 때문이었을 것이다.[67] 이 두 사람을 제거한 것에 만족하지 못하고 그는 로렌초를 찾

64) 안토니오 리돌피, 안토니오(또는 안드레아) 카발칸티 및 안젤로 폴리치아노. 이 순간은 『로마사 논고』 3권 6장에서 다양한 용어로 기억되며, 공모자의 자제력 부족의 예로 인용된다("로렌초 데 메디치를 살해하도록 선발된 안토니오 다 볼테라도 내가 앞에서 말한 바와 같이 그에게 다가가서 말했다. "아 반역자여!" 이 말이 로렌초를 구원했고 그 음모를 파멸에 빠뜨렸다.").

65) 두 사제 안토니오 마페이(Antonio Maffei)와 스테파노 바뇨니(Stefano Bagnoni)는 파치가의 저택이 있는 비아 데이 발레스트리에리 거리(지금은 비아 델 프로콘솔로)를 통해 피신하여 바디아의 베네딕토회 수도원에서 피난처를 찾았다. 그들은 5월 3일에 체포되어 시뇨리아궁의 창문에 교수형되었다.

66) 로렌초는 루카 델라 로비아(Luca della Robbia)와 마소 디 바르톨로메오(Maso di Bartolomeo)(1469)에 의해 무거운 청동 문으로 보호된 미사 성구보관실(또는 북쪽의 성구보관실)로 피신했다. 공모자들의 접근을 막고 성구보관실의 견고한 문을 닫은 사람들 중에는 *Coniurationis commentarium*에서 스스로를 설명한 폴리치아노도 있었다.

67) 자료들에 따르면 프란체스코 노리는 줄리아노를 죽인 후 로렌초를 공격하려고 시도한 반디니를 막으려 했고, 후자는 경미한 부상을 입고 성역으로 피신

아 나섰고, 다른 사람들이 게으름과 나약함으로 실패한 일을 자신의 정신력과 신속함으로 만회하려 했다. 하지만 로렌초가 성구 보관실로 피한 것을 알고 반디니는 당황하여 자신의 장점을 활용하지 못했다. 교회가 무너진 것처럼 보였던 이러한 심대하고 격렬한 사건들의 와중에 추기경은 제단에 붙어 있었다. 그곳에서 그는 소동이 끝나고 시뇨리아가 그를 정무궁으로 데리고 갈 수 있을 때까지 사제들의 보호를 받으며 안전하게 있었다.[68] 그곳에서 풀려날 때까지 그는 엄청난 두려움에 사로잡혀 있었다.

7.[69]

이 시기 피렌체에는 파당으로 인해 고향에서 쫓겨난[70] 페루자 사람들이 있었는데, 파치 가문이 그들에게 고향을 되찾아 주겠다고 약속하며 음모에 끌어들였다. 시뇨리아 궁을 접수하러 갈때 살비아티 대주교는 야코포 디 포조, 살비아티 가문, 그들의 친구들과 함께 페루자 사람들을 데리고 갔다. 그는 궁에 도착하여 그들 중 일부를 아래에 남겨놓고 소음이 들리면 바로 대문[71]을 장악해야 한다고 명령한 다음, 페루자 사람들과 함께 위층으로[72] 올라갔다. 그는 시간이 늦

했다. 노리는 로렌초의 친한 친구일 뿐만 아니라, 메디치 은행의 중요한 관리였다.

68) '한동안 물리적으로 보호됨' 등. 성구보관실(또는 남쪽의 성구보관실)로 인도된 산소니 추기경은 8인 감찰위원회(범죄 문제를 담당하는 정무관)에 의해 체포되어 시뇨리아 궁으로 인도되었다(루카 란두치의 *Diario*, p. 19에 따르면 이것은 음모 후 불과 몇 시간 후에 일어났다.).

69) **시뇨리아 궁의 사건들 1478.**

70) 도시의 분파 투쟁에서 탈출 한 약 30명이 있었다.

71) 광장이 내려다보이는 문.

72) 궁의 2층.

어[73] 저녁을 먹고 있는 시뇨리아를 보았다. 잠시 후 그는 정의의 곤팔로니에레 체사레 페트루치(Cesare Petrucci) 앞으로 인도되었다.[74] 그는 수하 몇몇 사람들과 들어가며 나머지는 밖에 남겨두었다. 그들 중 대부분은 스스로 집무실[75]에 갇히게 되었는데, 문이 고정되어 있어 한 번 닫히면 안에서든 밖에서든 열쇠 없이는 열릴 수 없었기 때문이다. 그 사이 교황을 대신해 몇 가지 이야기할 것이 있다는 구실 하에 접견이 허락된 대주교는 정의의 곤팔로니에레에게 불명확하고 주저하는 말들로 이야기하기 시작했고, 그의 외모와 목소리에서 보이는 동요가 정의의 곤팔로니에레에게 의심을 불러일으켰다. 정의의 곤팔로니에레는 순식간에 고함을 치며 야코포 디 포조쪽으로 몸을 던져 그의 머리채를 잡고 호위병들의 손에 넘겼다. 시뇨리 사이에 경보가 울리자[76] 대주교와 함께 위층으로 올라왔던 이들은 손에 닥치는 대로 어떤 무기든지 들었지만, 몇몇은 감금당하고 몇몇은 제압당하면서[77] 바로 죽임을 당하거나 궁의 창문 밖으로 내던져졌다. 그들 중 대주교, 두 명의 야코포 살비아티, 그리고 야코포 디 포조는 교수형을 당했다.[78] 궁의 아래에 남겨졌던 이들은 궁의 경비병을 제압하고 대문과

---

73) 거의 정오였다. 대성당의 공격과 동시에 궁의 사건을 가정한다면. 시뇨리아의 "만찬"에 참석할 때, 그들이 재임한 두 달 동안 궁전을 떠나지 못하고 그 안에서 살아야 한다는 점을 염두에 두어야 한다.

74) 1470년 프라토의 포데스타로서 메디치의 신임을 받은 체사레 페트루치는 나르디 형제의 반메디치 반란을 진압했다(7권 26장 참조).

75) 궁의 2층에 있다.

76) '경보를 울렸다'. 탑의 종들을 바로 치기 시작했다.

77) '감금된' 공모자들은 당연히 2층 집무실에 갇힌 사람들이었다.

78) 아마도 서술의 드라마틱한 목적을 위해 마키아벨리는 시간 단위로 측정된(그리고 반란의 결과를 일정 시간 동안 미정으로 남겨둔) 사건에 흥분된 리듬을 부여한다. 란두치는 그의 『일기(Diario)』, p. 19에서 4월 26일 저녁에 야코포 브라치올리니와 살비아티 대주교가 교수형에 처해졌다고 기록하고 있다(그러나 그들과 함께 프란체스코 파치도 교수형에 처해졌다. 8권 9장 참조). 두 야코포 살비아티는 다음 날 교수형에 처해졌다.

궁의 아래층을 장악했다.[79] 그래서 경보음에 궁으로 달려왔던 시민들은 무장했든 무장하지 않았다면 조언으로든, 시뇨리아에 도움을 줄 수 없었다.

8.[80]

프란체스코 데 파치와 베르나르도 반디니는 그 사이에 로렌초가 살아있는 것을 보았고, 음모 시도의 모든 염원이 놓여있던 자신[81]이 심하게 부상당한 것을 보자 겁을 먹었다. 베르나르도는 메디치를 공격할 때 보였던 신속한 정신으로 자신의 안전을 생각하기 시작했고,[82] 자신이 졌음을 보고 무사히 도주했다. 프란체스코는 부상당한 채 집으로 돌아와서 스스로 말을 타려고 했는데, 이는 무장한 이들과 함께 도시를 돌면서 인민에게 자유를 외치고 무기를 들 것을 종용하기 위해서였다.[83] 그러나 그의 상처가 깊어 너무 많은 피를 흘렸기에 그렇게 할 수 없었다. 그는 옷을 벗고 나체로 침대에 몸을 던졌고, 야코포에게 자신이 다쳐서 할 수 없는 일을 해달라고 요청했다. 야코포는 비록 나이 들고 그러한 소요에 대한 경험이 없었지만 약 100명의 무장한 사람들과 함께 운명을 마지막으로 시험해 보고자[84] 말에 올라 광장을 향해 갔다. 그들은 인민과 자유를 외치며 도움을 요청했다. 그러나 메디치 가문의 재산과 관대함으로 인민은 귀를 닫았고 자유는

79) '경비대를 압도했다'. 공모자들은 첫 번째 안뜰과 무기고를 점령했다.

80) **자유의 이름으로 인민을 봉기시키려고 한 시도의 실패 1478.**

81) 프란체스코 파치 자신이다.

82) 메디치를 공격할 때와 같은 결의로 자신을 구할 생각을 하고 있었다.

83) 메디치 정권에 대한 잠재적인 반대에 기대서 고대 공화주의 슬로건("인민과 자유")을 기반으로 한 호소.

84) '성공을 위한 필사적인 시도'. 야코포 살비아티는 당시 56세였다.

피렌체에 알려지지 않아서, 그는 어느 누구에게서도 호응을 얻을 수 없었다. 정무궁의 위층을 차지하고 있던[85] 시뇨리만 할 수 있는 한 그를 겁주려고 협박과 돌멩이로 맞이했다.[86] 야코포가 회의에 잠겨있을 때, 처남 조반니 세리스토리[87]는 그를 만나 처음에는 그들이 일으킨 사태에 대하여 야코포를 비난한 후, 인민과 자유는 그 자신의 마음과 마찬가지로 다른 시민들의 가슴 속에도 있을 것이라고 확신을 주면서 집으로 돌아가기를 종용했다. 야코포는 적대적인 정무궁, 살아있는 로렌초, 따르는 이가 아무도 없는 자신을 보고서 모든 희망을 단념했다. 아울러 그밖에 무엇을 해야 할지 떠오르지 않자, 도주하여 목숨을 부지하기로 했다. 그리고 광장에 자신과 함께 있던 일행들[88]과 피렌체를 떠나 로마냐로 향했다.

9.[89]

그 사이 도시 전체는 무장했고, 로렌초 데 메디치는 무장한 많은 이들과 함께 자신의 집으로 돌아갔다. 정무궁은 인민에 의해 수복되었고, 정무궁을 장악했던 이들은 사로잡히거나 죽임을 당했다. 도시 전체에 메디치 가문의 이름이 외쳐졌고, 죽은 자들의 사지가 무기

---

85) '통제하다'. 마키아벨리는 여전히 건물의 2층이 파치가의 지지자들에 의해 통제되고 있다고 믿었던 것 같다(8권 7장 참조). 야코포와 그의 사람들이 문들이 잠긴 것을 발견했기 때문에 이것은 제외되어야 한다.

86) '그들은 그를 표적으로 삼았다'.

87) 메디치 정권과 밀접하게 연관되어 있었다. 메디치가 중요한 정치적 지위로 끌어올린 중산층 가족 중 하나인 세리스토리는 피렌체의 주요 공헌자들 중 하나였다.

88) 그는 약 200명의 무장한 남자와 함께 포르타 알라 크로체에서 나왔다.

89) **음모자들에 대한 처벌 1478.**

끝에 매달려 전시되거나 거리에서 끌려다녔다.[90] 모든 사람이 분노에 찬 말들과 잔혹한 행위들로 파치 가문을 추적했다. 이미 그들의 집은 인민에 의해 장악되었고, 프란체스코는 벌거벗긴 채 그의 집에서 끌려나와 정무궁으로 이송되어 대주교와 다른 이들 옆에 매달려 교수형 당했다. 그는 지나가는 길에서나 그 후에 자신에게 가해진 모욕에 어떤 말도 하지 않았다. 그러나 다른 이들에게 시선을 고정시킨 채 혹은 불평 없이 그는 조용히 한숨을 쉬었다. 로렌초의 매제 굴리엘모 데 파치(Gugliemlmo de' Pazzi)는 로렌초의 집에서 목숨을 건질 수 있었는데, 그는 음모에 참여하지 않았을 뿐 아니라 그의 부인인 비앙카가 도왔기 때문이다. 이 위기에 무장을 했건 안 했건 로렌초의 집으로 가지 않은 시민이 없었다. 각자는 자신뿐만 아니라 재산을 로렌초에게 제공했고, 지혜와 관대함으로 이 가문은 그렇게 엄청난 행운과 은혜를 얻을 수 있었다. 리나토 데 파치는 사건이 일어났을 때, 그의 빌라[91]에 물러나 있었다. 사건에 대해 들었을 때, 그는 은밀히 도망치기를 원했다. 그럼에도 그는 도중에 발각되어[92] 피렌체로 잡혀왔다. 야코포 또한 아펜니노 산맥을 넘는 도중 붙잡혔다.[93] 산에 사는 사람들이 피렌체의 사건을 듣고 도망가는 그를 공격하여 피렌체로 압송했다. 도중에 그가 여러 번 그들에게 자신을 죽여 달라고 간청했지만 헛수고였다. 야코포와 리나토는 사건이 발생하고 4일 만에 사형선고를 받았다. 그 시기에 신체 일부로 도로를

---

90) 26일 하루에만 약 80명의 남성이 살해되거나 교수형을 당하고 훼손된 것으로 추정된다.

91) 무젤로에 있는 빌라(8권 4장 참조).

92) 농부로 가장한 그는 4월 27일 체포되어 다음 날 시뇨리아 광장에서 교수형을 당했다. 마키아벨리는 레나토가 음모와 무관하다는 것을 확신했을 뿐만 아니라 그에 대한 혐오감을 지지했다.

93) 그는 4월 27일 팔테로나 기슭의 카스타뇨 농민들에게 붙잡혀 다음날 피렌체로 돌아왔다.

가득 채울 정도로 많은 사람이 죽었는데, 그들 중 리나토 외에는 그 누구의 죽음도 동정받지 못했다. 그는 항상 현명하고 좋은 사람으로 여겨졌으며, 파치 가문의 나머지 사람들이 비난받았던 원인인 자만심으로 소문난 사람이 아니었다. 이 사건에서 기이한 예[94]를 말하지 않을 수 없다. 야코포는 그 조상들의 무덤[95]에 안장된 첫 사례였는데, 거기서 끌려 나와 파문당했으며 도시의 성벽 옆에 묻혔다.[96] 그리고 거기서 그는 다시 파내어져 무엇으로도 감싸지 않은 채 그를 매달았던 올가미에 묶여 도시 전체를 끌려다녔다.[97] 그 후 땅 위에서는 그를 안장할 곳을 발견할 수 없다는 듯 그를 끌고 다녔던 사람들은 아르노 강물이 높게 차올랐을 때 강에 던져버렸다. 그토록 많은 부와 그렇게 영화로운 사람이 그런 불명예와 멸시 속에서 나락으로 떨어진 것은 실로 운명의 변덕스러움에 대한 거대한 예시였다! 그의 악행 중 일부인 도박과 신성모독은 길을 잃은 사람에게나 적합한 것 그 이상이었다.[98] 그러나 이러한 악들은 그가 베푼 많은 자선 행위들로 대속될 수 있었는데, 그는 구걸하는 많은 이들뿐 아니라 자선 단체들을 관대하게 도왔던 것이다.[99] 또한 사람들은 그의 다음과 같은 행위로 그를 칭찬한다. 그렇게 많은 살인이 예정되었던 그

94) 인상적인 사실, 기억에 남는 사건.

95) 산타 크로체 교회에 있는 가족 무덤.

96) 5월 15일에. 발굴된 시신은 포르타 알라 크로체와 포르타 알라 주스티지아 사이의 성벽 안에 묻혔다. 시신을 봉인 해제된 땅으로 옮기는 것은 "파괴자" 야코포의 매몰에 기인한 시민들의 항의(아마도 메디치 가문이 기교를 부린 것으로 추정)를 달래기 위해 8인 감찰위원회의 결정에 따른 것이었다.

97) 이 사건은 일부 젊은 메디치 지지자들의 주도로 5월 17일에 진행되었다.

98) 이 소식은 메디치 서클에 퍼졌다. 야코포에 대한 마키아벨리의 도덕적 초상화는 폴리치아노가 제안한 것을 대체로 따른다. 신성 모독에 대한 비난은 또한 야코포의 시체에 대한 대중의 분노가 정당화되는 *Synodus Florentina*와 같은 문서에서 찾을 수 있다(W. Roscoe, *Life of Lorenzo de 'Medici*, Liverpool, J. M'Creery, 1795, 2 vol., I pp. 75−98).

99) 기부를 했다.

일요일 전날 토요일에 자신의 악운을 누구와도 나누지 않기 위해 그는 자신의 모든 채무를 지불했고, 세관이나 집에 있는 혹은 누군가에게 속한 모든 상품을 엄청난 배려심으로 소유자들에게 돌려보냈다. 조반바티스타 다 몬테세코(Giovanbatista da Montesecco)[100]는 긴 심문 후 참수당했다. 나폴레오네 프란체지(Napoleone Franzesi)[101]는 도망을 가 형벌을 피했다. 굴리엘모 데 파치는 추방당했고, 그의 조카들[102]은 살아남았으나 볼테라에 수감됐다. 모든 소요가 끝나고 음모자들이 벌을 받고 나서, 줄리아노를 위한 장례의식이 거행되었다. 모든 시민이 눈물을 흘리며 그를 따랐다. 그러한 행운 속에 태어난 누구에게도 기대할 수 있는 많은 관대함과 인간미가 그에게 있었다. 그는 자신이 죽고 몇 개월 뒤 태어난 한 명의 사생아를 남겼는데, 그의 이름은 줄리오(Giulio)[103]였다. 그 아이는 이 시기에 모든 세계가 인정하는 덕과 행운으로 충만했다. 하느님이 현재의 것들을 위한 시간을 주신다면 우리가 그것들을 말할 때 충분히 보여줄 수 있을 것이다.[104] 발 디 테베레(Val di Tevere)에 있는 로렌초 다 카스텔로(Lorenzo da Castello) 휘하의 군대가 로마냐의 조반프란체스코 다 탈렌티노(Giovanfrancesco da Talentino)의 군대와 함께 파치 가문을 돕기 위해 피

---

100) 몬테세코는 음모 직후에 포로로 잡혔다. 그는 5월 5일 바르젤로 궁전 앞에서 처형되었다.

101) 그는 결코 피렌체 법정에 들어가지 않은, 음모에 연루된 유일한 사람이다. 그러나 그는 이듬해 나폴리 왕을 섬기다 전사했다. 일시적으로 베르나르도 반디니 바론첼리를 피해 ((콘스탄티노폴리스로) 탈출할 수 있었다(그의 체포에 관해서는 8권 36장 참조).

102) 그들은 야코포의 어린 조카들(갈레오토, 조반니, 안드레아, 니콜로)로 어린이 또는 십대였다.

103) 줄리아노와 안토니에타 델 치타디노의 관계에서 사후에 태어났다. 그는 미래의 추기경(1513)이자 후에 교황(클레멘스 7세, 1523년 11월에 선출됨)이며, 『피렌체사』를 의뢰하고 헌정받은 사람이었다.

104) 마키아벨리는 아주 최근에 이르기까지 1492년 이후의 역사를 계속해서 서술하려는 의도를 분명히 나타낸다.

렌체로 출발했으나, 음모가 실패했다는 소식을 듣고서 되돌아갔다.

10.[105)]

교황과 나폴리 왕은 바란 대로 피렌체 정권의 전복이 일어나지 않자 음모로 할 수 없었던 것을 전쟁으로 얻기로 결정했고, 피렌체를 치기 위해 굉장히 빠른 속도로 군대를 준비했다. 그들은 피렌체인 중 유일하게 적으로 생각하는 로렌초 데 메디치만 제거하면 피렌체로부터 아무것도 원하지 않는다고 선언했다. 왕의 군대는 이미 트론토[106)]를 건넜고, 교황의 군대는 페루자에 있었다. 교황은 피렌체인들을 파문하고 저주했고, 피렌체인들은 자신들의 현세적 피해에 더해 영적인 상처도 입었다고 느꼈을 것이다.[107)] 피렌체인들은 그렇게 강력한 군대가 다가오는 것을 보면서 방어를 위한 만반의 준비를 했다. 특히 로렌초 데 메디치는 전쟁이 그 자신을 향한 것이라는 보고를 받은 이래로 시뇨리아와 함께 3백 명이 넘는 훌륭한 시민들[108)]을 궁으로 모이게 하여 그들에게 다음과 같은 내용으로 말했다. "존경하는 위원님들, 그리고 훌륭한 시민 여러분, 저는 지난번 일어난 사건들에 대해

105) **교황과 나폴리 왕이 피렌체에 대한 전쟁을 시작함, 로렌초 메디치의 애국적 연설 1478.**

106) 아스콜리 피체노(Ascoli Piceno)에서 아드리아 해로 흐르는 강은 나폴리 왕국과 교황령 사이의 경계를 표시했다.

107) 식스토 4세는 로렌초와 피렌체의 정부에 대한 두 개의 파문을 발표했다. 6월 1일에 발행된 첫 번째 교서에는 음모 이후의 로렌초의 행동에 대한 매우 가혹한 기소가 포함되어 있지만, 피렌체와 교황청 사이의 오래된 문제도 언급되어 있다. 무엇보다도, 여전히 피렌체에 수감되어 있는 산소니 추기경이 석방되지 않으면(그는 6월 13일에만 석방됨) 도시에 대한 성무금지 위협이 있었다. 6월 22일에 두 번째 교서가 도시에 금지령을 부과했다.

108) 더 큰 명예를 누린 시민들.

여러분과 함께 애석해 해야 할지 아니면 기뻐해야 할지 모르겠습니다. 솔직히 저를 공격하고 제 동생을 죽였던 그렇게 많은 속임수와 그렇게 많은 증오를 생각할 때, 저는 온 마음으로 애통하고 슬퍼할 수밖에 없습니다. 그러나 얼마나 신속하게 열정과 사랑으로 전 도시가 합심하여 제 동생을 위해 복수해 주고 저를 보호해 주었는지를 생각할 때, 저는 기뻐하고 의기양양해 하고 영광스러워 해야만 할 것입니다. 실로 이 경험이 저로 하여금 이 도시에 생각한 것보다 더 많은 적이 있다는 것을 알게 해 주었다면, 또한 제가 생각한 것보다 훨씬 따뜻하고 열정적인 친구들이 있음도 보여주었습니다. 저는 타인에게서 받은 피해에 애통해하고, 당신들의 훌륭함에 기뻐할 수밖에 없습니다. 그러나 우리가 입은 피해와 상처들에 제가 진실로 훨씬 더욱 애통할 수밖에 없는 것은, 그것이 너무나 드물고 전례가 없으며 참으로 당해야 할 이유가 없다는 것입니다. 훌륭한 시민들이여, 악운이 저희 가문을 어디로 인도했는지 생각해 보세요. 친구들 사이에서, 친척들 사이에서, 교회에서 우리는 보호받지 못했습니다. 죽음을 두려워하는 이들은 도움받기 위해 친구들과 친척들에 의지하는데 익숙합니다. 그러나 우리는 우리의 몰락을 위해 무장한 그들을 발견했습니다. 공적이거나 사적인 이유로 박해받는 이들은 교회에 의탁하는 데 익숙합니다. 그러나 보호와 방어를 기대하는 곳에서 우리는 죽임을 당했습니다. 존속살인범과 암살자들이 안전한 곳에서조차 메디치 가문은 살인자들을 만났습니다. 그러나 과거에 우리 가문을 포기하신 적이 없는 하느님은 다시 우리를 구하셨고 우리의 정의로운 대의를 보호하셨습니다. 우리가 누구에게 복수를 향한 그러한 열망에 합당한 무슨 잘못을 한 적이 있습니까? 진실로 그러한 거대한 적들임을 스스로 보여준 이들을 우리는 절대로 사적으로 공격한 적이 없었습니다. 우리가 그들을 공격했다면, 그들은 우리를 공격할 기회를 가질 수 없었을 것입니다. 만약 그들이 공적으로 해를 입은 것[109)]을 우리 탓으로 돌린다면, 제가 모르는 어떤 것이 그들에게 행해졌다면, 그들은 우리보다는 당신들을 공격했어야 하며, 우리 가문보다는 정무궁과 이 정부의 지도자들을 공격해야 했습니다. 그렇게 함으로써 우리 때문에[110)] 당신들이 부당하게 시민들에게 해를 입힌 것으로 보이게 할 수 있었을 것입니다. 이것은 전적으로 사실과 다릅니다. 우리가 그것을 할 수 있었다 해도, 그리고 우리가 당신들에게 그런 방향으로 움직이기를 원했다 해도, 결코 그렇게 하지 않았을 것입니다. 진실을 추구하는 자라면 누구나 우리 가문이 항상 여러분들에게 칭송받아 왔으며, 그 이유는 모두가 동의하듯이 우리 가문이 모든 사람을 능가하는 자비, 관대함, 혜택을 통해 열심히 노력했기 때문입니다. 우리가 낯선 이들을 영예롭게 했다면, 우리가 어떻게 우리의 가족들에게 해를 끼쳤겠습니까?[111)] 그들이 정무궁을 장악한 데서 드러나듯이 지배욕에 이끌려 움직였다면, 무장한 이들과 함께 광장에 온 것은 그 자체로 그들의 동기가 얼마나 추악하고 비열하며 지독한지를 스스로 드러내며 자신들의 죄를 보여준 것입니다. 그들이 우리의 권위를 증오하거나 시기하여 그렇게 한 것이라면, 그들은 우리가 아니라 당신들을 공격한 것입니다. 우리에게 권력을 준 것은 당신들이기 때문입니다. 진실로 강탈한 권력은 증오받을 만합니다. 그러나 관대함, 자비, 후함으로 얻은 그것은 그렇지 않습니다. 그리고 여러분들은 우리 가문이 이 정무궁과 여러분의 일치된 동의에 의해 떠맡겨지지 않은 어떤 위대한 지위에도 오르지 않은 것을 알고 계십니다. 저의 할아버지 코지모는 무기

109) 행정관들로부터 받은 부당함.

110) 우리를 지지하기 위해.

111) '우리가 낯선 사람의 권리를 침해한 적이 없다면 어떻게 가족에게 부당한 대우를 할 수 있겠습니까?' 이것은 두 강력한 가족 사이에 우호적인 관계를 조성했던 비앙카 데 메디치와 굴리엘모 파치의 결혼(1460)을 암시한다.

와 폭력을 통해서가 아니라, 여러분의 동의와 합의에 의해 추방에서 귀환했습니다.[112] 늙고 허약해진 저의 아버지가 그렇게 많은 적들에 대항하여 국가를 지키지 못했을 때 여러분의 권위와 자비로 나라를 방어했습니다.[113] 아버지의 죽음 이후 제가 아직 소년이었을 때, 여러분의 조언과 호의가 없었다면 저는 우리 가문의 지위를 유지할 수 없었을 것입니다. 여러분이 우리 가문과 함께 통치했고 지금도 통치하지 않았다면, 우리 가문이 이 공화국(republica)을 통치할 수도 통치하고자 할 수도 없었을 것입니다. 따라서 저는 그들이 우리를 증오하고 시기하는 이유가 무엇인지 모르겠습니다. 그들이 자신들의 조상들에게 증오를 품도록 합시다. 그들의 조상들은 그들과 달랐던[114] 우리의 조상들이 수고를 통해 얻었던 명성을 자만심과 탐욕으로 인해 스스로 잃었던 이들입니다. 그러나 우리가 그들에 가한 상해들이 엄청나고, 그들은 마땅히 우리의 몰락을 바랄 수 있다는 것을 가정해 봅시다. 왜 이 궁을 공격하려고 했을까요? 왜 이 공화국의 자유에 반하여 교황과 나폴리 왕은 연합을 했을까요? 왜 이탈리아의 오랜 평화를 깨뜨렸을까요? 그들은 이것에 대해 용서받을 수 없습니다. 그들은 자신들을 불쾌하게 하는 사람은 누구든 불쾌하게 해야 하는 개인적인 적대감을 공공의 상처와 혼동해서는 안 되기 때문입니다. 그 결과 그들은 비록 제거되었지만 우리의 상처는 더 심각하며, 교황과 나폴리 왕이 그들의 대의를 갖고서 무장하고 저와 우리 가문에 대항하여 전쟁을 하러 왔다고 주장합니다. 하느님께 바라건데, 그것이 사실이라면 좋겠습니다. 그에 대한 구제책이 신속하고 확실할 것이기 때문입니다. 또한 저는 여러분의 위험보다 내 안전을 더 소중히 여길 정도

112) 1434년. 피렌체에서 메디치 정권의 시작을 알리는 사건이다.

113) 7권 15−17장 참조. 피에로가 코지모에게서 물려받았을 때 그는 실제로 51세였으나 이미 통풍을 심하게 앓고 있었다.

114) (파치 가문의) '행동과 반대되는 행동'.

로 사악한 시민이 안 될 것입니다. 반대로 저는 기꺼이 저의 몰락으로 여러분의 위험을 제거할 것입니다. 그러나 권력자들은 항상 덜 수치스럽게 보이는 어떤 것을 가지고 부정직한 가해들을 감추기에,[115] 저의 적들은 자신들의 수치스러운 목적을 감추기 위해 이 길을 택했습니다. 그럼에도 여러분들이 다르게 생각한다면, 저는 여러분의 손아귀에 있습니다. 저를 통제하거나 버리는 것은 여러분에 달렸습니다. 당신들은 저의 아버지들이며,[116] 저의 수호자들입니다. 당신들이 제게 하라고 맡기는 모든 것을 항상 기꺼이 할 것입니다. 당신들이 원한다면, 저는 제 형제의 피로 시작된 이 전쟁을 저 자신의 피로 끝내는 것을 결코 거부하지 않을 것입니다." 로렌초가 말하는 동안 시민들은 눈물을 멈출 수 없었다. 그에게 들었던 것과 똑같은 감정을 가지고 시민들을 대표한 사람이 답했다. 도시는 그와 그의 가문의 많은 공적을 알고 있으므로 용기를 가져야 하며, 동생의 죽음을 복수하고 그의 목숨을 구했던 것과 동일한 마음으로 그의 명성과 정부를 유지할 것이라고. 그리고 자신들의 조국을 잃기 전에 그가 권력을 잃는 경우는 없을 것이라고 덧붙였다. 그의 신변을 보호하기로 약속한 자신들의 말을 행동으로 지키기 위해 그들은 공적 비용을 들여 국내의 모든 음모로부터 그를 보호하도록 일정 수의 무장 병력을 제공했다.

---

115) 더 정의롭게 보이도록 핑계 하에 숨긴다.

116) 전체 논의에 활력을 불어넣는 메디치의 운명과 도시 제도 간의 동일시 메커니즘은 여기에서 피에로의 죽음에 따라 산탄토니오 수도원에서 열리는 전략 회의의 일부 용어를 사용한다.

11.[117)]

이후 피렌체인들은 그들이 할 수 있는 최대한으로[118)] 군대와 자금을 모아 전세(戰勢)를 취했고, 동맹에 기대어 밀라노 공작과 베네치아에 도움을 요청했다.[119)] 교황은 자신이 양치기가 아니라 늑대임을 드러냈기에, 피렌체인들은 죄인으로 집어삼킴을 당하지 않기 위해 모든 방식으로 자신들의 대의를 정당화하기 위해 최선을 다했으며, 온 이탈리아를 자신들이 당한 배반 이야기로 가득 채웠다.[120)] 또한 교황은 불경과 불의, 그리고 자신이 사악하게 잡은 교황권[121)]을 사악하게 행사하는 것을 보여주었다. 그가 최고위 성직까지 올려놓은 이들[122)]을 반역자들과 존속 살해범들과 함께 보내, 교회의 성찬 전례에서 성무일과 도중에 그러한 배반 행위를 저지르도록 했던 것이다. 그리고 후에는 자신이 바라는대로 시민들을 죽이고 그 도시의 정부를 변화시키고 약탈하는 데 성공하지 못한 교황은, 그 도시를 파문하고 저주로 위협하고 공격했다. 하느님이 정의로우시고 폭력행위를 미워하신다

117) **피렌체가 교황을 비난하다, 그들은 파문을 무시하다 1478.**

118) '전쟁에 필요한 조치를 취했다'. 6월 13일 10인의 전쟁위원회가 지명되었다(로렌초 포함).

119) '그들은 동맹의 의무를 근거로 도움을 요청했다'. 당연히 이것은 1474년에 피렌체, 밀라노, 베네치아 사이에 규정된 방어동맹을 암시한다.

120) 피렌체는 시뇨리아가 이탈리아와 외국에 보내는 공식 서한과 함께 당시 최신 언론 도구를 사용하여 선전 무기를 능숙하게 사용했다. 그 달에 몬테세코 신앙고백이 인쇄되어(처형 전날 공증인이 있는 가운데 용병대장이 발행), 음모를 조직하는 데 있어 교황과 그의 조카인 지롤라모 리아리오 백작의 책임이 명백히 드러났다.

121) '그가 콘클라베 동안 불법적인 수단에 의지하여 얻은 것'. 식스토 4세(프란체스코 델라 로베레)는 주로 오르시니 추기경, 보르자 추기경, 곤자가 추기경의 지지를 받았으며, 이들은 제공된 지원에 대해 자연스럽게 보상을 받았다.

122) 즉, 그가 교회의 가장 높은 직분으로 끌어올린 사람들(산소니의 추기경과 살비아티에 할당된 피사의 대주교).

면, 그분의 대리인의 폭력행위 또한 마음에 들지 않을 것은 분명했다. 그리고 그분은 피난처를 찾지 못하는 공격받은 자들이 그분에게 의지하는 것을 기뻐하실 것이었다. 따라서 피렌체인들은 성무금지를 수용하지도 복종하지도 않았을 뿐만 아니라,[123] 성직자들로 하여금 성무일과를 드리도록 강제했다. 그리고 피렌체에서 공의회를 소집하여 토스카나 지역의 모든 성직자를 참석시킨 다음[124] 교황의 해악행위에 대하여 미래의 공의회에 소를 제기하기로 결정했다. 교황도 자신의 대의를 정당화할 이유가 부족하지 않았다. 교황은 폭정을 제거하고 악을 제압하여 선을 증진하는 것이 교황의 임무이고, 기회가 있을 때마다 해결책을 제시하는 것이 자신의 직책이라고 주장했다. 그러나 추기경을 잡아들이고 주교를 매달고[125] 성직자들을 죽이고 그들의 시신을 훼손하여 끌고 다니고[126] 죄 없는 자들과 죄인들을 구별 없이 죽이는 것은 분명 세속[127] 군주의 임무는 아니라고 선포했다.

---

123) '피렌체인들이 성무 금지령을 받아들이지도, 따르지도 않았다'. 성무금지령은 도시가 신성한 미사를 드리는 것을 금지했다.

124) 그 후 피렌체 교회는 로렌초의 처남 리날도 오르시니가 다스리게 되었는데, 그는 로마 교황청에 반대하는 피렌체 성직자들의 저항에서 주목할 만한 역할을 했다.

125) 이것은 로렌초의 정치에 대해 식스토 4세가 한 주요 비난 중 두 가지이다. 추기경의 구금이란 지난 4월 26일 체포된 산소니가 피렌체에서 한 달 반 동안 구금돼 공모자로서 처형될까 두려웠던 사실을 가리킨다. 살해된 주교는 당연히 살비아티였으며, 그는 음모 이후 광란의 시간에 시뇨리아 궁의 창문에서 교수형을 당했다.

126) '사제들의 유해를 찢고 그들을 시내에서 끌고 다니는 것'. 8권 6장에서 두 사제(안토니오 마페이와 스테파노 디 바뇨네)의 운명에 대해 "처참하게 죽었다", "끌고 다녔다"고 말했다. 음모가 있은 후 몇 시간 동안 산소니 추기경의 측근 중 일부 사제들도 린치를 당했다.

127) 따라서 그들은 교회법에 따라 교회 구성원들과 관련하여 정당하게 공의를 행사할 수 없었다.

12.[128)]

그럼에도, 그러한 싸움과 비난전 와중에 피렌체인들은 자기들 수중에 있던 추기경을 교황에게 돌려보냈다.[129)] 교황은 이제 주저하지 않고 자신과 나폴리 왕의 병력을 가지고 피렌체를 공격했다.[130)] 두 군대, 즉 페르디난도의 장자이자 칼라브리아 공작인 알폰소 휘하의 군대와 우르비노 백작 페데리코 휘하의 군대[131)]가 피렌체에 적대적인 시에나 영토를 거쳐 키안티 지역으로 들어왔다. 그들은 라다(Radda)와 다른 많은 요새 도시들을 점령하고 전 지역을 약탈한 다음, 카스텔리나(Castellina)에 있는 캠프로 갔다.[132)] 피렌체인들은 이 공격들을 보고 거대한 두려움에 떨었는데, 그들은 군대가 없었고 동맹으로부터의 도움이 느린 것을 보았기 때문이다. 밀라노 공작이 원군을 보냈지만, 베네치아인들은 사적인 이유들[133)]은 피렌체를 도와야 할 의무에 포함되지 않는다며 지원을 거부했다. 개인을 위한 전쟁이었기에 사적인 적대관계[134)]를 공적으로 방어해야 할 의무가 없으므로 자신들은 거기에 개입하여 도울 의무가 없다는 것이었다. 이에 피렌체인들은 베네치아

128) **피렌체 영토 내에서 페르디난도 왕의 군대 1478.**

129) 마키아벨리는 자연스럽게 6월 13일에 석방된 산소니에 대해 이야기하고 있다.

130) 군사작전은 1478년 7월에 시작되었다.

131) 우르비노 공작 페데리코 디 몬테펠트로의 지휘 아래. 아마도 당대 최고의 장군일 것이다.

132) 두 개의 이 인근 마을들은 시에나에서 북쪽으로 20km 떨어져 있다. 카스텔리나(6권 28장에서도 언급됨)는 발 디 페사(Val di Pesa)를 따라 피렌체로 향하는 길을 통제하는 데 전략적으로 중요했다.

133) 메디치 가문으로부터 나폴리 왕과 교황을 갈라놓은 것처럼. 베네치아의 외교 정책에 대한 논구에서 마키아벨리는 베네치아가 1년 전에 프리울리의 일부를 점거했던 투르크와의 전쟁에 수년간 관여했던 것을 언급하지 않는다.

134) 이는 공동체 전체가 아닌 개인에 관한 것이다.

인들이 더 나은 의견을 갖도록 설득하기 위해 토마소 소데리니를 베네치아 원로원에 사절로 파견했다. 그 사이 피렌체인들은 군대를 고용하고 페라라 후작 에르콜레[135]를 군대의 장군으로 삼았다. 이런 준비들을 하는 사이 적군은 카스텔리나를 계속 압박했고, 도움을 기다리다가 절망한 주민들이 40일간의 공격을 견뎌낸 후 항복하고 말았다. 침입자들은 아레초로 향했고, 몬테 아 산 소비노(Monte a San Sovino)[136]를 포위했다. 피렌체 군대는 이제 대열을 정비하고 적을 대적하기 위해 움직였고, 적으로부터 3마일 떨어진 곳에 자리를 잡았다. 그리고 그 간격은 적을 힘들게 만들어 우르비노의 페데리코가 며칠간의 휴전을 제안할 정도였다. 이 제안은 피렌체인들에게 너무나 불리한 것이었는데, 그것을 요구한 사람들이 휴전을 얻은 것에 경탄할 정도였다. 그들은 휴전을 얻지 못했다면 필연적으로 수치스럽게 떠나야 했을 상황이었던 것이다. 그러나 그날들을 통해 그들은 스스로 재정비할 기회를 얻었고, 휴전이 종료되자 우리 편 바로 앞에서 요새를 점령했다. 그러나 이제 겨울이 오자 적은 겨울을 나기에 편안한 시에나의 영토로 후퇴했다.[137] 피렌체 군 또한 더 편한 숙영지로 후퇴했다. 페라라 후작은 자신의 이익은 물론 타인의 이익도 취하지 못한 채 자신의 나라로 돌아갔다.

135) 1471년부터 1505년까지 페라라의 공작(후작 아님).

136) 오늘날의 몬테 산 사비노(Monte San Savino).

137) 11월에. 그러나 교황과 나폴리 군대에 의해 수행된 군사작전은 그다지 중요하지 않았다. 카스텔리나, 라다 및 몬테 산 사비노 외에도 브롤리오(Brolio) 및 카키아노(Cacchiano)가 점령되었다. 모든 성과은 거의 중요하지 않았다.

13.[138)]

이 시기 제노바는 다음 이유들로 밀라노에 봉기를 일으켰다. 갈레아초가 죽고[139)] 통치하기에 너무 어린 나이의 아들 조반갈레아초(Giovangaleazzo)가 남겨진 이래, 스포르차, 루도비코, 그의 삼촌들인 오타비아노와 아스카니오, 그리고 그의 어머니 마돈나 보나 사이에 분란이 일어났다.[140)] 이들 각자가 어린 밀라노 공작[141)]을 책임지기를 원했기 때문이다. 이 다툼에서 남편을 잃은 공작부인 마돈나 보나는 피렌체의 사절 토마소 소데리니와 갈레아초의 장관이었던 체코 시모네타의 조언을 통해 최종 승리했다.[142)] 그 결과 스포르차 가문이 밀라노에서 도망치게 되었고, 아다 강을 건너다가 오타비아노는 익사했으며,[143)] 다른 사람들은 각기 다른 곳으로 추방당했다. 로베르토 다 산 세베리노[144)]도 이들과 함께 했는데, 그는 앞선 과정에서 공작부인

138) **밀라노의 소란들, 제노바의 혁명 1478~1479.**

139) 1476년 12월 26일이다.

140) 이들은 각각 스포르차 마리아 스포르차, 루도비코 스포르차, 오타비아노 스포르차, 아스카니오 스포르차, 그리고 1477년 1월 3일 섭정을 시작한 사보이의 보나 부인이었다.

141) 잔갈레아초는 당시 7살이었다(그는 1469년에 태어났다). 루도비코 일 모로(1452~1508)와 젊은 오타비아노(1458~1477)는 공작의 미망인 보나 디 사보이아의 섭정을 위해 다툰 죽은 갈레아초 마리아의 형제들 사이에서 우세했다. 1484년에 추기경으로 임명된 아스카니오 마리아(1455~1505)는 약간의 반대를 제외하고는 모로(루도비코) 정책의 강력한 동맹자가 될 것이다.

142) 즉, 그는 그의 아들의 섭정을 할 수 있었다. 치코 시모네타(7권 34장에서 "공작 정부의 지도자" 중 한 명으로 기억됨)는 보나의 고문으로 몇 달 동안 밀라노 정부의 실제 수장이 될 것이다.

143) 1477년 5월. 그 당시에 스포르차 형제는 수천 명의 병사로 밀라노를 군사적으로 점령함으로써 권력을 잡으려고 했다. 그러나 포르타 토사에서 시모네타의 보병에게 압도당했다. 루도비코와 아스카니오가 그들의 형수의 용서를 구하고 얻는 동안, 젊고 충동적인 오타비아노는 밀라노에서 달아나 아다강을 건너 헤엄치다가 죽었다.

을 떠나 이들과 합류했던 인물이다. 그때 토스카나에서 소요들이 일어났고, 새로운 사건들을 통해 새로운 행운을 발견하기를 바랐던 이들은 유배지로부터 도망쳤고,[145] 그들 각자는 자신의 권력을 되찾기 위해 새로운 일을 시도했다.[146] 페르디난도 왕은 피렌체인들이 (그들이 곤궁할 때) 밀라노로부터만 도움을 받는 것을 봤다. 피렌체인들로부터 이 도움마저도 제거하기 위해 그는 공작부인이 피렌체를 도와줄 수 없도록 많은 골치 아픈 일들을 수행하도록[147] 했다. 프로스페로 아도르노, 시뇨레 로베르토, 스포르차 가문의 추방자들을 통해 그는 제노바로 하여금 밀라노 공작에게 반란을 일으키도록 했다.[148] 오로지 카스텔레토 가문만이 밀라노 공작의 수하에 남았고, 공작부인은 거기에 희망을 걸고 매우 많은 수의 사람들을 보내 그 도시를 수복하고자 했으나 패배했다. 전쟁이 지속된다면 그녀의 아들과 자신의 국가에 드리워질 위험을 그려본 그녀는, 기왕 토스카나가 혼란스럽고 그녀가 희망을 품었던 피렌체인들은 곤경에 처해 있었으므로, 제노바를 종복으로 삼을 수 없다면 친구로 삼기로 결심했다. 그녀는 프로스페로 아도르노의 적인 바티스타 프레고조[149]와 합의하여, 그에게 카

144) 1418~1487. 프란체스코 스포르차에게 이미 봉사하고 있었다. 보나와 치코 시모네타에 대한 음모의 주동자들 중 하나였다.

145) 그들은 보나 공작부인이 부과한 유폐 장소를 거부했다. 로도비코는 토스카나에, 아스카니오는 페루자에, 스포르차 마리아는 바리(Bari)에 유폐되었다.

146) 그들은 최선을 다해 음모를 꾸몄다.

147) 그런 정도로 군사적 개입을 유지하도록.

148) 프로스페로 아도르노는 1477년 3~4월 밀라노에 대한 제노바 반란을 진압하는 데 도움을 준 공로로 스포르차에 의해 제노바 총독(governatore)으로 임명되었다. 그의 임무는 1478년 7월에 만료되었으며, 그 당시 그는 스스로 총독이라고 선언했다. 로베르토 산세베리노는 아도르노 쿠데타의 성공에 핵심적 기여를 했으며, 이를 길들이기 위해 파견된 밀라노 군대를 물리쳤다(1478년 8월 7일). 마키아벨리는 아래 몇 줄에서 이에 대해 이야기한다.

149) 아도르노의 반대자인 바티스타 2세 프레고조(Battista II Fregoso, 1453~1504)는 피에트로 2세(1450~1459 도제였다)의 아들이었다. 밀라노 공작부인은 1478년 10월에 프레고조와 협정을 맺었다. 약 한 달 후(11월 23일) 프

스텔레토 가문을 넘겨주고 제노바의 군주로 만들어주기로 했다. 그가 프로스페로를 내쫓고 스포르차 가문의 반란자들을 지지하지 않는다는 조건 아래에서였다. 이 협정 후 바티스타는 자신의 당파의 도움으로 제노바의 군주가 되었고, 도시의 관습에 따라 총독이 되었다. 그 결과 스포르차 가문과 로베르토는 제노바에서 쫓겨나 그들을 따르는 군대와 함께 루니자나(Lunigiana)로 갔다.[150] 교황과 나폴리 왕은 롬바르디아의 일들이 어떻게 결정되었는지를 보고,[151] 제노바에서 쫓겨난 이들을 이용하여 피사 근처에서 토스카나를 교란시킬 기회를 잡았다. 이로 인해 피렌체인들은 그들의 군대를 나누어야 했기에 힘이 약화되었다, 겨울이 끝나가자 로베르토는 그의 군대를 이끌고 루니자나를 떠나 피사 영토를 공격했다. 로베르토는 굉장히 큰 소동을 일으켰고, 피사 영토 내의 많은 도시를 파괴하고 정복했으며, 피사 영토를 압도하여 그 도시까지 황폐화시켰다.[152]

14.[153]

이 시기에 황제의 사신들, 프랑스 왕의 사신들, 헝가리 왕의 사신들이 피렌체에 왔다.[154] 그들은 군주들이 교황에게 보내는 사신들로

레고조는 도시에서 아도르노를 추방하고 도제 자리를 차지했다(1483년까지 유지했다).

150) 1479년 1월.

151) 폭동이 가라앉았다.

152) 1479년 여름의 일이다.

153) **피사를 구하기 위한 시도들, 베네치아의 도움 1479.**

154) 프랑스의 루이 11세와 헝가리의 마티아스 코르비누스(1458~1490) 왕이 모두 피렌체를 지지했다. 특히 루이 11세는 음모 직후 코민(Commynes)을 대사로 이탈리아에 파견했으며, 프랑스에서 회의를 소집하겠다고 위협했다. 그러나 그는 부르고뉴 공작 '용감공' 샤를에 대한 최근 승리를 공고히 하느라

서 피렌체인들을 설득하여 교황에게 사신을 보내도록 촉구했고, 이 전쟁이 훌륭한 평화로 끝맺어지도록 교황과 노력할 것을 약속했다. 나중에 누구에게라도 변명할 수 있도록 피렌체인들은 이 시도를 거부하지 않았고, 그들도 평화를 사랑했다. 그렇게 아무런 결과 없이 사신들은 갔다가 돌아왔다. 피렌체인들은 이탈리아인들에게 공격을 받거나 버림받아 왔기에, 이제 프랑스 왕의 명성으로부터 명예를 얻기 위해 도나토 아차이우올리[155]를 프랑스 왕에게 사절로 보냈다. 그는 헬라어와 라틴어에 능통한 사람으로 피렌체에서 항상 지위가 높았던[156] 가문 출신이었다. 그러나 도중에 밀라노에 도착했을 때 죽었다.[157] 따라서 그의 조국은 그가 남겨둔 사람들에게 보답하고 그를 기리기 위해 매우 영예롭게 공적으로 장례를 치러주었고, 그의 아들들을 면책해 주었으며,[158] 딸들이 결혼할 수 있도록 충분한 지참금을 제공했다. 프랑스 왕에게 보낼 사신으로 피렌체는 황제법과 교회법에 매우 정통한 인물[159]인 귀단토니오 베스푸치[160]를 파견했다. 피사 주변의

너무 바빠서(피렌체도 예상했던) 군인을 보내지 않았다.

155) 1429년에 태어난 그는 자노초 마네티(Giannozzo Manetti), 카를로 마르주피니(Carlo Marsuppini), 조반니 아르지로풀로(Giovanni Argiropulo)의 제자로 연결된 15세기 피렌체 문화의 저명한 인물이었다. 그리스어와 라틴어 책을 번역한 것으로 유명하다(그중에는 1473년에 인쇄된 레오나르도 브루니의 *Historiae*도 포함되며, 마키아벨리 자신이 『피렌체사』의 출처로 사용했다). 메디치 정권 아래서 그는 특히 대사로서 다양한 공직을 맡았다. 그의 아들 로베르토(1467~1547)는 소데리니 치하 피렌체에서 어느 정도 중요한 정치가였으며, 마키아벨리의 친구였다.

156) 중요한 공직을 맡은.

157) 1478년 8월 28일.

158) '아들과 딸들에게 (영구적 면세) 부여' 등. 아차이우올리에게는 6명의 자녀(4명의 아들과 2명의 딸들)가 있었으며 그중 맏이는 아버지가 죽었을 때 12살이었다.

159) 민법 및 교회법 전문가.

160) 8권 21장에서 그의 재능에 대한 매우 긍정적인 판단을 한다. 법학자로서 큰 명성을 누렸던 베스푸치는 메디치 정권이 몰락한(1494) 후에도 상당한 정치적 영향력을 갖게 될 것이다.

전원 지역에서 로베르토가 가한 공격은 피렌체인들을 매우 불안하게 만들었다. 예측하지 못한 일들이 그렇듯이 그들은 시에나 쪽에서 큰 전쟁을 벌이고 있었기에 피사 근처에서 어떻게 대응할지 모르고 있었다. 그럼에도 징집병들과 그 밖의 다른 보급품들로 피사를 구했다. 루카인들의 충성을 유지하고 그들이 돈이나 식량을 적에게 제공하지 못하도록 피렌체인들은 피에로 디 지노 디 네리 카포니(Piero di Gino di Neri Capponi)[161]를 대사로 그들에게 파견했다. 그 도시는 피렌체에 대해 가지고 있는 적대감으로 인해 매우 의심스러운 눈초리로 그를 맞이했다. 이는 오랜 상처와 지속적인 두려움에서 나온 것이다. 그는 여러 번 인민에게 살해당할[162] 고비를 넘겼고, 그가 그곳에 간 것이 새로운 통합보다는 새로운 분노의 이유가 되었다. 피렌체인들은 페라라 후작[163]을 다시 불렀고, 만토바 후작[164]을 고용했으며, 매우 급하게 베네치아에 브라초의 아들 카를로 백작[165]과 야코포 백작의 아들 데이포보를 보내달라고[166] 요청했다. 베네치아의 많은 회피와 동요 끝에 그들은 두 사람을 파견하기로 했다. 투르크와 휴전을 했고[167] 자

161) 그(1446~1496)는 피에로 데 메디치의 추방(1494) 이후의 사건에서 가장 중요한 정치인 중 한 사람이었다. 루카의 대사업무는 카포니의 첫 번째 중요한 정치적 직책으로 1478년 10월로 거슬러 올라간다.

162) '대중에 살해당하고 폭행당함'. 피렌체 대사에 대한 대중의 봉기는 1479년 봄으로 거슬러 올라간다.

163) 에스테의 에르콜레 1세.

164) 페데리코 1세 곤자가(1478년부터 1484년까지 도시의 후작). 그러나 그는 밀라노에 고용되어 루니지아나에서 로베르토 다 산세베리노를 상대하는 임무를 맡았다(1479년 4월).

165) 안드레아 포르테브라치(또는 브라치오 다 몬토네)의 아들. 그 인물에 대해서는 7권 32장 참조.

166) 카프라니카와 라치오의 다른 성의 영주인 에베르소의 아들, 디에포보 델앙길라라(Diefobo dell'Anguillara)(마키아벨리가 잘못 아는 것처럼 보이는 야코포 피치니노의 아들이 아님). 10년 이상 동안 데이포보는 베네치아에서 근무했지만 항상 로렌초 데 메디치와 좋은 개인적 관계를 유지했다. 그는 1479년 4월에 약 2백 명의 기병을 이끌고 카를로 디 몬토네에 합류했다.

신들을 감싸줄 명분도 없었기에, 동맹에 대한 신의를 더 이상 지키지 않는 것을 부끄러워했기 때문이다. 따라서 카를로 백작과 데이포보는 많은 수의 군인들을 데리고 와서, 페라라 후작의 지휘 아래 칼라브리아 공작의 군대에 대적해서 싸우고 있던 부대에서 차출한 사람들과 함께 무장시켰다. 그들은 로베르토와 싸우기 위해 피사로 갔고, 로베르토는 그의 군대와 함께 세르키오 강 부근에 있었다. 로베르토는 우리 군대를 기꺼이 기다리고 있던 것처럼 보였지만, 곧 루니자나의 진영으로 후퇴했다. 그곳은 그가 피사 주변의 지역으로 진입하기 전 점령했던 곳이었다. 로베르토가 떠난 후 카를로 백작은 적들이 정복했던 피사 주변 지역의 모든 도시를 수복했다.

15.[168)]

일단 피렌체인들이 피사 방향의 공격으로부터 자유로워지자 모든 군대를 콜레(Colle)[169)]와 산 지미냐노(San Gimignano) 사이에 집결시켰다. 그러나 카를로 백작[170)]이 도착함으로써 스포르차와 브라초의 추종자들이 있던 군대에서 그들 사이의 오랜 적대관계가 곧바로 되살아났다. 그들이 오래 같이 있게 되면 서로 무기를 들 것이라고 여겨졌다. 이 해악을 줄이기 위해 군대를 분리하여 일부는 카를로 백작 휘하에 페루자 영토로 보내고, 일부는 포지본시(Poggibonsi)에 배치하여

167) 1479년 1월.

168) **피렌체 군대 내의 문제들, 교황군의 패배 1479.**

169) 콜레 발 델사(Colle Val d'Elsa). 피렌체 사람들은 피렌체로 가는 길을 막기 위해 시에나에서 북쪽으로 30km 떨어진 발 델사(콜레와 산 지미냐노 외에 포지본시에 있는)에 방어선을 배치했다.

170) 카를로 포르테브라치.

적들이 피렌체 영토로 들어오는 것을 저지할 수 있을 만큼 충분히 강력한 야영지를 만들도록 했다.[171] 그들은 자신들의 적들 또한 이런 과정을 거쳐 군대를 분리해야만 할 것이라고 생각했다. 그들은 카를로 백작이 피렌체에 우호적인 당파들이 많이 있다고 생각한 페루자를 정복하고,[172] 교황이 그곳을 방어하기 위해 많은 군대를 보낼 수밖에 없다고 믿었다. 이외에 교황을 더 큰 곤경에 빠뜨리기 위해, 그의 적인 니콜로 비텔리(Niccolò Vitelli)에게 명령하여 군대를 이끌고 도시로 접근하라고 했다. 이 사람은 로렌초[173]가 총독이었던 치타 디 카스텔로(Città di Castello)에서 추방된 자 중 하나였는데, 그의 적을 몰아내고 교황에 대한 복종으로부터 도시를 해방하기 위한 시도였다. 처음에는 행운이 피렌체에 호의를 보이는 것 같았다. 카를로 백작이 페루자에서 큰 성공을 거둔 것처럼 보였기 때문이다.[174] 니콜로 비텔리는 카스텔로에 진입하는 데는 실패했지만, 그의 군대가 야전에서는 우위를 보였고 어떤 저항도 없이 도시 주변을 약탈했다. 또한 포지본시에 남아 있던 군대는 매일 시에나 성벽에 기습 공격을 가했다. 그럼에도 결국에는 이러한 모든 기도와 희망들이 헛수고로 판명되었다. 먼저, 카를로 백작은 그가 승리할 것이라는 희망의 한가운데서 죽음을 맞이했다.[175] 그러나 그의 죽음은 피렌체인들이 그것으로부터 발생한 승

---

171) 요새화된 정착촌. 엔지니어 줄리아노 다 산 갈로(Giuliano da San Gallo)에게 작업을 위임한 포조 임페리알레(Poggio Imperiale)의 광장이다.

172) 1421년 페루자에서 태어난 카를로 포르테브라치 가문은 페루자 지역(몬토네[Montone], 프라타 토디나[Fratta Todina], 아시시[Assisi] 외에) 일부 성들의 영주였다.

173) 비텔리의 반대파 수장인 로렌초 주스티니(Lorenzo Giustini, 1430~1487)는 교황 식스토 4세의 공개적인 지지를 받아 1474년에 치타 디 카스텔로를 점령하고 니콜로 비텔리를 몰아냈다.

174) 카를로 포르테브라치의 도착으로 페루자에서 브라초 파벌이 발생했다. 많은 성이 그에게 항복했고, 카를로는 페루자에서 브라초 발리오니(Braccio Baglioni)를 포위할 수 있었다(1479년 6월 초).

175) 1479년 6월, 군사작전이 시작된 지 불과 3개월 후. 마키아벨리는 가장 큰 행

리를 이용할 방법을 알았더라면 상황을 호전시켰을 사건이었다. 백작의 죽음이 알려지자마자 이미 페루자에 함께 있었던 교황의 군대가 자신들이 피렌체군을 이길 수 있을 것이라는 희망을 품고 즉시 전장으로 나가 적으로부터 3마일 떨어진 호숫가[176]에 진영을 차렸던 것이다. 피렌체 군대의 사령관인 야코포 귀차르디니[177]는 카를로 백작 사후 그 군대에서 제일 높고 가장 명성 있는 로베르토 다 리미니[178]의 조언에 따라, 적의 자부심의 근거를 인지한 채 그들을 기다리기로 결정했다. 따라서 실제로 카르타고의 한니발이 로마인들에게 기억할만한 패배[179]를 안겨주었던 호숫가에서 싸우기 시작했을 때, 교황군은 패배했다.[180] 이 승리로 피렌체인들 모두는 그들의 수뇌부를 칭송하고 기쁨으로 받아들였다. 포지본시에 있는 군대에서 일어난 무질서가 모든 것을 뒤집어 놓지 않았더라면, 그것은 하나의 영광스럽고 유익한 일이 되었을 것이다. 한 군대가 한 좋은 일이 다른 군대에 의해 완전히 파괴되었다. 그 군대들이 시에나 주변에서 전리품을 챙겼고, 전리품을 나누는 데 있어서 페라라 후작과 만토바 후작 사이에 대립[181]

운의 순간에 발생한 죽음, 우연의 발생과 예측 불가능에 대해 강조하고 싶어하는 것 같다. 실제로 카를로 다 몬토네는 페데리코 다 몬테펠트로와 아라곤의 알폰소의 반격으로 인해 코르토나를 향해(사실 그가 죽었을 때 그곳에 있었다) 약간 후퇴해야 했다.

176) 트라시메노 호수.

177) 1422~1490. 역사가 귀차르디니의 할아버지.

178) 로베르토 말라테스타. 4월부터 그는 페루자의 군사작전에서 포르테브라치를 지원했다.

179) 트라시메노 전투는 기원전 217년 봄에 벌어진, 2차 포에니 전쟁에서 가장 잘 알려진 전투 중 하나이다.

180) (마테오 다 카푸아[Matteo da Capua]가 지휘하는) 아라곤 군대와 말라테스타가 이끄는 동맹군 사이의 전투는 파시냐노(Passignano)와 마조네(Magione) 마을 사이에서 벌어졌다.

181) 그것은 자연스럽게 전리품과 관련된다. 발 델사의 카솔레에서 획득한 전리품의 분할을 둘러싸고 다툼이 일어났다. 이 에피소드는 카를로 다 몬토네의 작전(1479년 6월)과 동시대에 일어난 것이다.

이 생겨, 무력으로든 어떤 식으로든 서로를 공격했던 것이다.[182] 피렌체인들은 더 이상 이 둘을 이용할 수 없다고 판단했고, 페라라 후작이 그의 군대를 데리고 고향으로 돌아가야 한다는 데 동의했다.[183]

16.[184]

그렇게 군대가 약해지고 수장 없이 남겨진 채 모든 점에서 무질서해졌기에, 시에나 부근에서 군대를 이끌고 있었던 칼라브리아의 공작은 그들과 대적할 용기를 갖게 되었다.[185] 생각했던 대로 일이 진행되었을 때, 피렌체 군대는 자신들이 공격받는 것을 보자 자신들의 무력과 수적 우위 그리고 매우 견실했기에 아주 좋았던 그들의 입지를 신뢰하지 않았다. 심지어는 적이 오는 것을 기다리지도 않고 먼지가 보이자 곧바로 도망쳤고,[186] 적들에게 군수품과 마차와 대포를 남기고 떠났다. 그때 군대에는 그러한 비겁함과 무질서로 가득하여 원정의 승패가 말이 머리를 돌리거나 꼬리를 돌리는 지에 따라 결정될 정도였다. 이 참패로 왕의 병사들은 전리품, 피렌체인들은 공포로 가득 찼다. 피렌체는 전쟁의 재난뿐 아니라 매우 심각한 역병의 공격도 받

---

182) 두 군대 간의 충돌로 수십 명이 사망했다.

183) 그는 실제로 피렌체를 섬기는 또 다른 용병대장인 코스탄조 스포르차(Costanzo Sforza)와 함께 시에나로 보내졌다. 9월에 에스테는 피렌체 군대의 대장으로 임명된다.

184) **피렌체 군대의 패배, 콜레의 함락 1479.**

185) '공격하기로 했다'. 나폴리군은 발 델사를 따라 내려갔다. 피렌체인들은 포조 임페리알레의 요새에서 계곡을 따라 진군하는 것을 막고자 했다.

186) 패주는 1479년 9월 7일에 발생했다. 마키아벨리는 —용병 부대와 피렌체의 군사적 무능에 대한 일반적인 논쟁에서— 페라라 공작과 만토바 후작 사이의 충돌과 그로 인한 군대의 분열로 인해 크게 축소된 포조 임페리알레의 피렌체 군대의 규모를 과장했다.

아, 모든 시민이 죽음을 피하기 위해 전원에 있는 빌라로 물러났다. 이것은 패배를 더욱 심각하게 만들었다. 발 디 페사(Val di Pesa)[187]와 발 델사(Val d'Elsa)에 재산을 가지고 있는 시민들은 거기로 피신해 있어서, 참패 후에 가능한 한 빨리 자식들과 소유물뿐 아니라 자신들의 하인들까지 데리고 피렌체로 돌아가야 했던 것이다. 그렇게 그들은 어느 때라도 적이 도시에 나타날 수 있다는 점을 두려워했다. 전쟁을 책임지고 있는 이들[188]은 이 무질서를 보고 페루자 부근에서 승리하고 있던[189] 부대에게 명하여 페루자인들에 대한 원정을 그만두고 발 델사로 와서, 승리 후 어떠한 저항도 없이 시골 지역을 약탈하고 있던 적들에 대항하도록 했다. 피렌체인들은 언제든 승리를 예상할 수 있을 정도로 페루자를 압박했지만,[190] 그들은 타인의 도시를 획득하기보다 언제나 자신들의 도시를 먼저 지키기를 원했다. 그렇게 군대는 그 영광스런 성공의 전장에서 철수하여 산 카시아노로 이동했다. 산 카시아노는 피렌체에서 8마일 떨어진 성곽도시였는데, 패배한 군대의 패잔병들[191]이 다시 모일 때까지[192] 자리 잡고 있던 곳이었다. 적들의 입장에서는 피렌체 군대가 떠남으로서 페루자에서 자유롭게 되었다. 그들은 과감해졌고, 아레초와 코르토나 지역에서 매일 많은 전리품을 취했다. 칼라브리아 공작 알폰소 휘하에서 포지본시에서 승리했던 다른 군대는 먼저 포지본시의 군주가 되었고, 다음에는 비코(Vico)[193]의 군주가 되었으며,

187) 발 델사의 북동쪽 방향에 위치한다. 피렌체 군대가 집결할 산 카시아노(San Casciano)가 있다.

188) 전쟁의 10인 위원회.

189) 그들은 트라시메노 호수 근처의 적을 무찌른 로베르토 말라테스타가 지휘하는 군대였다.

190) 포위하다.

191) 포지본시에서 패배한 나머지 군인들.

192) 군대를 모으고 저항을 조직하다.

193) 포지본시에서 북서쪽으로 포지본시와 체르탈도 사이의 중간에 위치한 성 비코 피오렌티노(Vico Fiorentino)와 동일시.

체르탈도(Certaldo)를 약탈했다. 이러한 함락과 약탈 이후, 그들은 콜레(Colle)[194]에 진영을 마련했다. 콜레는 그 당시 매우 강한 도시로 생각되었고, 피렌체에 충실한 사람들이 살았기에 피렌체 군대가 다시 모일 때까지 적을 궁지에 몰아넣을 수 있을 것이라고 여겨졌다.[195] 따라서 피렌체인들이 산 카시아노에 그들의 군대를 모았을 때 적들은 콜레를 전력으로 공격하고 있었고, 피렌체인들은 그들 가까이로 이동하여 콜레인들이 방어하는데 기운을 북돋워 주기로 했다. 자신들이 가까이 가서 적들의 콜레를 향한 공격을 주저하도록 하기 위해, 피렌체인들은 산 카시아노의 진영을 접고 콜레에서 5마일 떨어진 산 지미냐노에 진영을 세웠다. 여기서 그들은 경기병과 경무장 보병을 데리고 칼라브리아 공의 진영을 매일 괴롭혔다. 그러나 이 도움은 콜레의 인민에게 충분하지 않았는데, 그들은 필수품의 공급부족에 처해있었기 때문이었다. 그들이 11월 13일에 항복하자 피렌체인들은 낙담했고, 적은 가장 큰 기쁨을 안았다. 특히 피렌체를 향한 일반적 적대 외에도 콜레의 인민을 특히 증오했던 시에나인들에게는 더욱 큰 기쁨이었다.

17.[196]

이미 한겨울이 되었고, 전쟁을 치르기에 좋지 않은 시기였기에 교황과 나폴리 왕은 평화의 희망을 주기 위하여 혹은 이미 얻은 승리를

---

194) 콜레 발 델사, 포지본시에서 조금 남쪽에 위치.

195) 적의 폭력적인 공격에도 불구하고(좋은 포병의 지원으로 됨) 콜레 발 델사는 50일 동안 포위 공격에 저항했다(아래에서 마키아벨리가 "13"이라고 적었지만, 11월 14일에 항복할 것이다.).

196) **피렌체인들의 평화결정, 교황의 성품, 로렌초의 페르디난도 왕 방문 결정 1479.**

더 평화롭게 즐기기 위하여 피렌체인들에게 3개월간의 휴전을 제안하면서 그들에게 10일의 답할 시간을 주었다. 휴전은 즉각 수용되었다.[197] 그러나 상처는 그것이 막 생겼을 때보다 조금 지나 피가 굳었을 때 그 아픔이 더 느껴지는 것처럼, 이 짧은 휴식은 그들이 겪은 고통을 더 인식하게 만들었다. 시민들은 노골적으로 예의 없이 서로를 비난했다. 그들은 전쟁 중에 저지른 실수들을 들춰냈고, 헛되게 쓴 비용과 부정의하게 부과된 세금을 비난했다. 그러한 것들이 사적 개인들의 회합에서뿐만 아니라, 공적 평의회들에서 활발하게 이야기되었다. 그중에는 로렌초 데 메디치를 향해 "이 도시는 지쳐 있고, 더 이상 전쟁을 원치 않는다"[198]고 말한 대담한 사람도 있었다. 로렌초는 평화에 대해 생각해야만 했다. 이러한 필요성을 인정하고 로렌초는 자신이 생각하기에 가장 신뢰할 만하고 현명한 친구들과 상의하여 다음과 같이 결론지었다. 첫째, 베네치아인들이 냉정하고 덜 신뢰할 만하며, 밀라노 공작이 피후견인[199]이자 내부 분열과 관련된 것을 보고, 그들은 새로운 친구들과 새로운 행운을 찾아야 한다고 생각했다. 그러나 그들은 누구의 손을 잡아야 할지, 교황과 나폴리 왕 중 어디로 가야 할지 결정할 수 없었다. 모든 것을 검토해 보았을 때, 그들은 나폴리 왕과의 친선이 더 안정적이고 안전한 것이라고 생각했다. 교황의 짧은 생애, 승계를 통한 불확실성, 교회가 통치자들을 별로 두려워

197) 1479년 11월 24일. 한 달 전에 로렌초는 분쟁의 평화로운 해결에 도달하기 위해 나폴리 왕(왕이 높이 평가하는 인물인 필리포 스트로치의 도움을 통해)과 협상을 시작했다.

198) 이 문구는 전쟁의 10인 위원회의 일원인 지롤라모 모렐리(Girolamo Morelli)에 기인한다. 그는 로렌초의 긴밀한 협력자이자(그는 최근까지 밀라노 대사였다) 로렌초가 1479~1480의 겨울에 나폴리와 외교 관계를 맺은 방식에 대해 비판을 아끼지 않은 인물이다.

199) 잔 갈레아초 스포르차(Gian Galeazzo Sforza), 그가 어렸기에 여전히 후견하에 있었다. 그 사이에 루도비코 일 모로(Ludovico il Moro)의 권력은 이미 밀라노에서 그의 조카의 섭정으로 자리 잡았다.

하지 않음, 교회가 일을 진행할 때의 뻔뻔함 등이 세속의 지도자들로 하여금 교황에 대해 전폭적으로 신뢰를 할 수 없고, 그와 자신의 행운을 안전하게 공유할 수 없다고 생각하게 만들었다. 전쟁과 위험들에서 교황과 친구였던 동반자는 누구나 승리에서는 동행했으나 패배에서는 홀로 있어야 했는데, 교황이 영적인 힘과 명성으로 지지받고 보호받았기 때문이다.[200] 따라서 왕을 자신의 편으로 해야 더 큰 이익이 될 것이라고 결정한 후 조언자들은 로렌초가 직접 가는 것[201]보다 더 좋고 확실한 방책은 없다고 판단했다. 왕에게 더 솔직한 신뢰를 보일수록 과거의 적대감을 대체할 수 있는 해결책을 더 많이 발견할 수 있다는 것이었다. 따라서 로렌초는 자신이 직접 가기로 마음먹었다. 도시와 나라를 그 시기 정의의 곤팔로니에였던 토마소 소데리니에게 맡기고, 12월 초에 피렌체를 떠났다.[202] 그가 피사에 도착했을 때, 시뇨리아에 자신의 출정의 대의를 설명하는 편지를 썼다.[203] 시뇨리아는 그를 예우하고, 더 큰 명성을 가지고 나폴리 왕과 평화를 협상할 수 있도록 피렌체 인민의 대변인으로 임명했고, 왕과 동맹을 맺을 수 있는 권한을 부여했다. 그것은 로렌초에게도 공화국을 위해 가장 좋은 것으로 보였다.

---

200) 피렌체에 대한 식스토 4세의 끈질긴 적대감 때문에 사실상 합의에 도달하는 것이 불가능했다. 그러나 무엇보다도 나폴리 왕은 지롤라모 리아리오의 권력을 너무 강력하게 만드는 전쟁을 중단할 충분한 이유가 있었다.

201) '왕과 직접 교섭'. 이러한 효과에 대한 조언은 협상의 기반을 마련하는 데 중요한 역할을 했던 나폴리 주재 프랑스 대사에게서도 나왔다.

202) 정확히 1479년 12월 6일이다. 그 전날 저녁, 로렌초는 10인의 국방위원회와 평의회에 모인 권위 있는 시민들에게 자신의 의도를 전달했다.

203) 12월 7일 산 미니아토에서 보낸 편지이다. 그것은 피렌체에서 공개되었으며(그리고 여러 개의 필사본이 보존되어 있음), 생명의 위협에도 불구하고 공동선을 위해 행동하는 것을 보이고자 했던 로렌초의 이미지에 도움이 되었다(편지가 제안한 것보다 실제로 여행의 위험은 훨씬 적었다.)

18.[204)]

같은 시기 로베르토 다 산 세베리노는 루도비코와 아스카니오와 함께, 그들의 형인 스포르차가 죽었기에,[205)] 밀라노를 다시 지배하기 위해 재공격했다. 그들이 토르토나[206)]를 장악하고 밀라노와 그 전역이 무장했을 때, 보나 공작부인은 스포르차 가문을 본국으로 귀환시키고[207)] 이들에게 권력을 주어 내전을 종결하라는 조언을 받았다. 이 조언의 핵심 제공자는 페라라의 안토니오 타시노(Antonio Tassino)[208)]였다. 하층민 출신인 그는 밀라노로 와서 갈레아초 공작의 휘하로 들어갔고, 갈레아초는 그를 자신의 아내인 공작부인에게 시종으로 주었다. 이 사람은 잘 생겼거나 혹은 어떤 다른 감춰진 능력이 있어 공작의 죽음 이후 공작부인과 함께 큰 명성을 얻게 되어 그가 거의 나라를 지배할 정도가 되었다. 이러한 사태는 매우 뛰어난 지혜를 가지고 오랫동안 정치를 해온 체코(Cecco)의 마음을 매우 불편하게 하여, 그는 할 수 있는 대로 공작부인과 다른 정부 각료들에 대한 타시노의 권력을 줄이고자 노력했다. 타시노가 이것을 알았을 때, 자신을 향한 적대에 복수하고 체코에 대항하여 자신을 도울 수 있는 누군가를 얻

---

204) **밀라노의 변화들, 제노바와의 전쟁 1479.**

205) 1479년 7월 27일이다.

206) 1479년 8월 22일 스포르차 형제와 로베르토 다 산 세베리노(그들의 권력 쟁취 노력을 강하게 지지했다.)는 1479년 8월 22일 어려움 없이 토르토나에 입성했고, 그곳에서 수상이자 마돈나 보나의 고문인 체코 시모네타의 증오스러운 정부로부터 해방자로 환영받았다.

207) 스포르차 형제와 그들의 지지자들이 망명에서 도시로 돌아갈 수 있도록 허용했다.

208) 보나 공작부인의 연인 안토니오 타시니는 체코 시모네타와 오랫동안 불화를 빚어왔다. 후자는 대신 공작부인에게 루도비코 일 모로와 그의 형제 아스카니오의 군대에 군사적으로 맞서라고 조언했다.

기 위해 공작부인을 부추겨 스포르차 가문을 귀환케 한 것이었다.[209] 이에 대해 체코는 그녀에게 다음과 같이 말했다. “당신은 나를 죽게 하고, 당신의 권력을 잃게 할 결정을 내린 것입니다.” 이 일들은 곧 일어났다. 체코는 루도비코에 의해 죽임을 당했다.[210] 얼마 지나지 않아 타시노는 공작에 의해 쫓겨났다. 공작부인은 격분하여 밀라노를 떠났고, 자신의 아들이 맡고 있던 정권을 루도비코의 손에 넘겨주었다. 루도비코가 밀라노 공국의 유일한 지배자가 된 것[211]은 앞으로 보겠지만 이탈리아 몰락의 원인이 되었다.[212] 로렌초 데 메디치는 나폴리를 향해 떠났고, 휴전은 여전히 유효했지만 예상을 깨고 몇몇 사르차나인들과 내통한 루도비코 프레고조가 무장한 사람들을 데리고 몰래 사르차나(Sarzana)에 들어가서,[213] 그 도시를 점령하고 피렌체를 대표하여 온 사람[214]을 옥에 가두었다. 이 사건은 피렌체의 지도자들을 매우 불쾌하게 만들었는데, 모든 것이 페르디난도 왕의 명령에 의해 일어난 것으로 확신했기 때문이었다. 그들은 군대를 이끌고 시에

209) 루도비코 일 모로는 9월 8일 밀라노에서 환영을 받았으며, 공작 부인 보나의 섭정과 관련이 있었다.

210) 1480년 10월. 그의 체포는 루도비코 스포르차가 밀라노로 돌아온 직후에 일어났는데, 시모네타의 정부에 반대하는 밀라노 귀족의 압력이 있었다.

211) 1480년 11월 루도비코는 그의 조카를 위한 섭정을 맡았다. 이 시점에서 공작부인은 공작령의 영토를 포기하고 피에몬테로 은퇴하기로 결정했지만, 그녀는 시동생(자신의 책략이 찬탈로 나타나는 것을 원하지 않음)의 설득으로 아비아테그라쏘의 성에 거주하기로 마음을 바꿨다.

212) 그것은 자연스럽게 프랑스 왕 샤를 8세가 나폴리 왕국을 점령하기 위해 이탈리아에 입성하도록(1494년) 유도한 모로의 외교적 책략을 암시한다. 이 구절은 마키아벨리가 －적어도 일정 기간 동안－ 로렌초의 죽음(1492년)이 아니라 1494년에서 『피렌체사』를 끝낼 것이라고 생각했으며, 따라서 피에로 디 로렌초 데 메디치(1492～1494)의 집권에 대한 설명을 포함하고 있음을 나타낸다. [영역주] 루도비코가 1494년에 샤를 8세를 이탈리아로 부른 것이 어떻게 “이탈리아 몰락의 원인”이 되었는지 마키아벨리에 의해 실제로 제시되지는 않는다.

213) 이것은 1479년 말에 일어났다.

214) 사르차나는 1468년 캄포프레고조에게서 피렌체가 직접 구입했다.

나에 있던 칼라브리아 공작에게 휴전기간 동안 새로운 전쟁을 일으켰다고 비난했다. 그는 편지와 대사를 통해 그 일은 자신의 아버지나 자신의 동의 없이 일어난 것이라고 적극적으로 변명했다. 그럼에도 피렌체인들은 자신들이 최악의 상황에 놓인 것 같았다. 그들은 자금이 없었고, 공화국의 수장이 왕의 수중에 있었으며, 왕과 교황과는 오랜 전쟁을, 제노바인들과는 새로운 전쟁을 치러야 했고, 자신들에게 친구가 없음을 봤기 때문이다. 그들은 베네치아인들에게 희망을 갖지 않았고, 변덕이 심하고 불안정한 밀라노 정부를 두려워했다. 피렌체에 남겨진 유일한 희망은 로렌초 데 메디치가 나폴리 왕과 협상하는 일이었다.

19.[215]

로렌초는 바다를 통해 나폴리에 도착했고,[216] 나폴리 왕과 도시 전체가 큰 기대를 가지고 그를 영예롭게 환대해 줬다. 그렇게 큰 전쟁이 오로지 그를 무너뜨리기 위해 일어났던 터라, 그의 명성은 그와 대결하는 적들의 위대함으로 인해 매우 위대해졌던 것이다. 그러나 그가 왕의 면전에 나타나서 이탈리아의 상황, 지도자들과 인민들의 기질, 평화로 기대할 수 있는 것, 전쟁으로 두려워질 것들을 이야기했다. 그가 그렇게 큰 전쟁에서 홀로 싸운 것에 대해 이전부터 경탄했던 나폴리 왕은 그의 말을 듣고 그 정신의 위대함, 천재적인 재능, 판단의 진중함에 더욱 경탄했다. 그래서 그는 그에게 배가된 관심을 두

215) **나폴리의 로렌초, 그의 성공: 교황과 베네치아의 분노 1479~1480.**

216) 로렌초는 1479년 12월 18일 나폴리에 상륙했다. 예상보다 훨씬 길고 복잡한 것으로 밝혀진 나폴리 왕과의 협상은 이틀 후에 시작되었다.

었고, 그를 적으로 두기보다는 친구로 떠나게 하는 편이 낫다고 생각하기 시작했다. 그럼에도 다양한 이유들[217]로 그는 로렌초에게 여흥을 베풀며 로렌초뿐 아니라 그의 도시 둘 다를 시험하고자[218] 12월부터 3월까지 체류하도록 유도했다. 로렌초는 피렌체에 적들이 많았는데, 그들은 왕이 로렌초를 억류하고, 야코포 피치니노에게 한 것과 동일하게 그를 다루기를 원했다.[219] 이러한 일들을 한탄하는 척 하면서 그들은 온 도시에서 그 이야기를 했고, 공적 심의에서 로렌초에게 유리한 것은 무엇이든 반대했다. 그런 식으로 그들은 나폴리 왕이 로렌초를 나폴리에 오랫동안 잡아두면, 피렌체 정부가 교체될 것이라는 소문을 퍼뜨렸다. 이에 피렌체에서 어떤 소요가 일어나는지 보기 위해 왕이 로렌초를 돌려보내는 것을 일정 기간 미룬 것이었다. 그러나 상황이 평온하자, 1479년 3월 6일[220] 왕은 그를 보내준다. 그러나 먼저 모든 종류의 수혜와 애정의 표현을 통해 그는 로렌초의 마음을 얻었고, 그들 사이에 공동의 권력 유지를 위한 영원한 합의가 이루어졌다. 로렌초는 떠날 때보다 더한 위대함으로 피렌체로 귀환했고, 피렌

217) 1480년 2월 27일 나폴리와 피렌체 사이의 평화가 이루어졌다. 실제로 다루어야 할 문제는 마키아벨리가 생각하는 것보다 훨씬 더 까다로웠다. 칼라브리아 공작에 의해 점령된 피렌체 영토의 수복 문제가 논의되었을 뿐만 아니라, 교황은 피렌체를 위해 전쟁에 참가한 로마냐 영주들을 자신의 손에 넘기는 협정 때문에 강한 압력을 가했다.

218) '로렌초의 좋은 성품뿐 아니라 도시에 대한 확고한 검증을 하기 위해'. 본질적으로 그것은 로렌초가 도시에서 멀리 떨어져 있었기 때문에 피렌체에서 메디치 권력의 효과적인 견고성을 검증하는 문제였다(나중에 마키아벨리가 설명하는 것처럼).

219) 피치니노의 죽음에 대해서는 7권 8장 참조. 로렌초가 부재하는 동안 반메디치파는 그 목소리를 냈다는 사실(무엇보다도 전 밀라노 대사이자 10인의 전쟁위원회 일원인 지롤라모 모렐리[Girolamo Morelli]를 중심으로 그룹화)은 귀차르디니의 『피렌체사』를 통해 확인된 사실이다. ("그들은 정부를 비방하고 새로움을 추구하는 데 많은 마음을 기울였다" *Storie fiorentine*, p.145).

220) 이는 자연히 피렌체 스타일에 따른 것이다. 실제는 1480년이다. 로렌초는 3월 15일에 피렌체로 돌아왔다.

체는 그의 위대한 자질과 최근의 능력에 부합하는 기쁨으로 그를 환대했다. 이는 그가 조국의 평화를 얻기 위해 자신의 삶을 내걸었기 때문이다. 그가 도착하고 이틀 후에 피렌체 공화국과 나폴리 왕 사이의 협정이 공표되었다.[221] 이제 각국은 서로의 보존을 위해 노력할 의무를 지니게 되었다.[222] 전쟁기간 동안 피렌체로부터 빼앗은 도시들을 회복하는 것은 왕의 뜻에 맡겨졌다.[223] 볼테라의 탑에 갇혀있던 파치 가문[224]은 풀어주기로 했다. 일정액의 돈이 칼라브리아 공작에게 일정 기간 지급되어야 했다.[225] 이 평화가 공표되자마자, 교황과 베네치아인들은 분노로 가득 찼다.[226] 교황에게는 왕이 자신을 전혀 고려하지 않은 것처럼 보였기 때문이며, 베네치아인들에게는 피렌체인들이 자신들을 전혀 고려하지 않은 것처럼 보였기 때문이다. 양쪽은 전쟁에서 동료였기에 이 평화에 참여하지 못했음을 불평했다. 이 분노가 피렌체에서 이해되고 인정되었을 때, 모든 사람은 이 평화로부터 더 큰 전쟁이 일어날지도 모른다는 의심을 갖게 됐다. 그리하여 국가의 지도자들은 정부를 축소하고 중요한 심의들은 소수의 사람들에게 맡기기로 결정했다. 그들은 주요 문제를 처리하기 위해 부여될

221) 로렌초가 돌아온 지 이틀 만에 도시에 도착한 평화의 공식 문서(로렌초가 그의 칸첼리에레인 니콜로 미켈로치에게 위임한 서명)는 수태고지 축일인 25일에 사람들에게 알려졌다.

222) 방어 협정의 기간은 25년이었다.

223) 그것은 평화의 가장 부정적인 측면 중 하나였다. 귀차르디니는 『피렌체사』, p.146에서 마키아벨리의 것과 매우 유사한 단어를 사용하고("우리는 잃어버린 땅의 반환을 약속받지 않았고, 왕의 뜻에 따라 양보되었다"), 평화는 "그들이 일반적으로 가지고 있는 일부 조건을 가졌고 '패배'했다"고 썼다 .

224) 굴리엘모 데 파치와 그의 조카들. 『피렌체사』 8권 9장 참조.

225) 페르디난도 왕의 아들은 연간 6만 두캇을 받았는데, 이는 도시에 매우 부담이 되었다.

226) 나폴리와 피렌체의 두 동맹국은 이미 로렌초가 나폴리에 머무는 동안 방어 동맹의 관점에서 협상을 시작했다. 그런 다음 동맹은 1480년 4월 16일에 체결되었다. 식스토 4세와 베네치아는 이러한 방식으로 3월에 규정된 피렌체, 나폴리, 밀라노 간의 동맹에 대항했다.

수 있는 가장 큰 권한을 가진 70명의 시민으로 구성된 평의회를 만들었다.[227] 이 새로운 질서는 변화를 추구하는 자들의 정신을 견제했다. 권위를 더하기 위해 70인 평의회는 무엇보다도 먼저 로렌초가 왕과 맺은 평화를 받아들였다. 그들은 교황과 왕에 대한 사절로 안토니오 리돌피(Antonio Ridolfi)와 피에로 나시(Piero Nasi)를 각각 임명했다. 이 평화의 조건에도 칼라브리아의 공작 알폰소는 시에나 시민들 사이의 분쟁으로 억류된 체하면서 군대를 시에나에서 철수시키지 않고 있었다. 이 불화가 심각하여 그가 비록 도시 밖의 군영에 있었지만, 시민들이 그를 도시 안으로 불러 자신을 불화의 중재자로 만들 정도였다는 것이다. 공작은 이 기회를 이용하여 많은 시민에게 벌금형을, 다른 많은 이들에게는 감옥형을, 또 다른 많은 이들에게는 추방형을, 일부에게는 사형을 내렸다. 그 결과 시에나 사람들뿐 아니라 피렌체인들도 그가 그 도시의 군주가 되고자 하는 열망을 갖고 있다는 의심을 하게 되었다. 피렌체는 왕과 화친을 맺었고 교황과 베네치아는 적대적이어서 어떤 해결책도 찾을 수 없었다. 이 의심은 모든 일에 대해 교묘하게 해석하는[228] 피렌체 인민뿐 아니라, 나라의 지도자들 사이에서도 공유되었다. 그리고 모두는 우리의 도시가 자유를 잃을 수 있는 위험에 처해서는 안 된다는 데 동의했다. 그러나 그러한 극단적

227) 로렌초가 도입한 가장 중요한 제도 개혁인 70인 평의회이다. 5년 동안 재임하는 평의회는 막강한 권한을 갖고 있어 사실상 국내외 모든 정치를 통제하는 도구가 되었다. 70인은 정부의 법안이 평의회에 제출되기 전에 승인해야 했다. 그들은 단순 임명에 의해 시뇨리아를 선출하고, 6개월마다 외교 정책을 담당하는 8인 집행위원회(Otto di Pratica)와 국내정치와 재정을 다루는 12명의 관료를 선출했다.

228) '악의로 해석하는 경향이 있는', 또는 일반적으로 '날카로운'. 그러나 전체 문장은 이 날카로움이 때때로 "국가의 지도자들"의 날카로움을 능가한다는 것을 악의적으로 암시하며, 삽입구는 미묘한 모호성을 강조한다. '무식하지도 않고 무례하지도 않은 것'으로 여겨지는 피렌체 사람들에 관하여 『로마사 논고』 1권 11장 참조.

상황들에서 항상 그분만의 특별한 보살핌을 갖고 계신 하느님은 예상치 못한 일을 일으켜 토스카나보다 더 큰 골칫거리를 왕과 교황과 베네치아인들에게 던져주셨다.

20.[229)]

'위대한 투르크인' 무함마드 황제는 거대한 군대를 이끌고 로도스에 진을 치고[230)] 여러 달 동안 그곳을 공격했다. 그의 전력이 강했고 그 도시를 장악하고자 하는 의지가 매우 강했지만, 그 포위된 도시의 스스로 방어하고자 하는 의지는 더 강했다. 그들의 역량은 아주 뛰어났기에 그 강한 군대를 가지고도 정복하지 못한 무함마드는 부끄럽게 퇴각해야 했다. 그가 로도스를 떠나자 파샤 아흐메트의 휘하에 있는 선단의 일부는 발로나(Valona)[231)]로 향했는데, 얼마나 쉽게 타격받는지 시험해 보기 위해서인지 혹은 그의 주군의 명령을 받아서인지, 이탈리아 해안을 따라 항해를 하다가 단번에 4천 명의 군인을 상륙시켰다. 오트란토(Otranto) 도시를 공격한 후 빨리 그것을 정복하고 약탈했으며, 모든 주민을 죽였다.[232)] 그리고 그가 할 수 있는 대로 최선을 다해 그 도시와 항구에 요새를 쌓았다. 그는 훌륭한 기병들을 데리고 왔기에 부근의 전원 지역을 급습하고 약탈했다. 페르디난도 왕[233)]은 이 공격을 보고 공격을 일으킨 지도자가 얼마나 강력한지를 깨닫

---

229) **투르크의 오트란토 정복 1480.**

230) 무함마드 2세(1432~1481)는 1480년 봄에 로도스를 포위했다. 1309년부터 이 섬은 산 조반니 병원 기사단의 소유였다.

231) 알바니아 해안의 발로나. 투르크 함대는 고관 케두크 아흐메드(Keduk Ahmed)가 지휘했다.

232) 1480년 8월.

233) 아라곤의 페르디난도.

자,[234] 도처에 사절을 보내 알리고 공동의 적에 대처하기 위한 도움을 요청했으며, 시에나에 있는 칼라브리아 공작과 그의 군대를 매우 긴급하게 소환했다.

21.[235]

이 공격이 공작[236]과 이탈리아의 다른 국가들을 놀라게 한 만큼, 피렌체와 시에나에게는 즐거운 소식이었다. 시에나에서 그것은 자신들의 자유를 되찾게 한 것처럼 보였고, 피렌체는 자유를 잃을 수도 있다는 두려움을 주었던 위험들을 피한 것 같았다. 시에나를 떠나면서 공작이 했던 탄식은 이 의견을 강화했는데, 그는 토스카나 제국을 그에게서 빼앗아간 이 예기치 못한 이해 불가능한 사건에 대하여 운을 한탄했기 때문이다. 같은 우연이 교황에게는 그의 계획을 변경하도록 했다. 처음에 그는 어떤 피렌체 사절의 이야기도 들으려 하지 않았던 반면,[237] 이제는 아주 부드러워져서 보편적 평화를 말하는 어떤 사람도 경청했다. 그렇게 피렌체인들은 교황에게 용서를 구하려고 허리를 굽힌다면 평화를 얻을 수 있을 것으로 확신했다. 피렌체인들에게 이 기회는 놓쳐서는 안 될 것으로 보였고, 그들은 교황청에 12명의 사절을 파견했다.[238] 이들이 로마에 도착한 후, 교황은 여러 이

---

234) 위업을 달성한 군주가 얼마나 강력한지 깨닫자. 비잔티움의 정복자 무함마드 2세(1453)는 이전 몇 년 동안 그리스와 에게해 제도의 많은 부분을 정복했다.

235) **오트란토의 함락이 피렌체인들을 구해줌, 교황과의 평화 1480.**

236) 칼라브리아 공작의 계획과 목표를 뒤엎었다.

237) 피렌체와 나폴리 사이의 평화가 끝났을 때 식스토 4세는 로렌초에게 로마에 직접 나타나 공개 참회를 할 것을 요구했다.

238) 그들 중에는 루이지 귀차르디니, 볼테라의 주교인 프란체스코 소데리니, 그리고 안토니오 리돌피가 있었다. 사절단은 11월 25일 로마에 도착했다.

유로 그들을 기다리게 하며 만나주지 않았다.[239] 그러나 결국 양측 간 미래에 어떻게 함께 살 수 있는지, 그들 각자가 평화에 얼마나 공헌해야 하는지, 전쟁에서 얼마나 기여해야 하는지가 결정되었다. 그리고 추기경들 사이에서 기다리고 있었던 사절들은 화려함 그 이상의 장관으로 둘러싸인 교황의 발 앞에 엎드렸다. 그들은 과거 일어났던 일들에 대해 용서를 구했고, 현재의 난관과 타인들의 악행에 책임을 돌리고, 인민의 분노와 자신들의 정당성에 대해 변호했다. 그들은 싸우거나 죽을 수밖에 없는 이들의 운명은 불행하다고 말하며, 죽음을 피하기 위해서는 무엇이든 견뎌야만 하기에 그들은 전쟁, 성무금지, 과거 사건들이 초래한 온갖 불편들을 감당해야 했고, 그렇게 해서 그들의 공화국은 일반적으로 자유로운 도시들의 몰락이었던 노예상태를 피할 수 있었다고 말했다.[240] 그럼에도 자신들이 몇 가지 실수를 범할 수밖에 없었다면 그것을 만회할 준비가 되어 있으며, 구세주의 선례에 따라 가장 자비로운 팔로 자신들을 기꺼이 받아줄 교황의 관용을 믿는다고 말했다. 그들의 사죄에 교황은 교만과 분노에 찬 말로 답하면서 그들이 과거에 교회에 대항하여 한 모든 것을 비난했다. 그럼에도 하느님의 계율을 지키기 위해 그들이 요청한 용서를 베풀기로 했다고 말했다. 그는 그들이 자신에게 복종해야 한다는 것을 이해시키고자 했으며, 그들이 복종하기를 중단하면 거의 잃어버릴 뻔했던 자유를 이제는 완전히 잃을 것이라고 경고했다. 자유를 얻을 자격이 있는 사람들은 악한 행위가 아니라 선한 행위를 하는 사람들이기 때문이다. 그는 나쁘게 사용된 자유[241]는 자신과 타인에게 해가 되고,

239) 12월 3일 교황은 피렌체 대사들을 영접했다.

240) 사절들의 긴 연설과 교황의 답변은 조반니 디 카를로가 그들에게 부여한 바를 따르는 것 같다(*De temporibus suis*, cc. 180*r*−187*r*).

241) 이것은 마키아벨리 저술에서 매우 자주 나타난다; 『피렌체사』 5권 24장과 7권 23장 및 『로마사 논고』 1권 13장과 15장뿐만 아니라, 『군주론』 8장의 '잘

하느님과 교회를 덜 공경하는 것은 자유로운 사람이 아니라 선보다 악에 더 끌리는 방종한 사람의 일인데,[242] 그 사람을 교정하는 일은 군주뿐 아니라 모든 그리스도인에게 속한 의무라고 말했다. 결과적으로 과거 사건들과 관련해서 그들은 스스로를 비난해야만 했다. 그들이 사악한 행동들로 전쟁의 빌미를 제공했고, 가장 사악한 행위들로 전쟁을 키웠다는 것이다. 그리고 전쟁은 그들 자신의 능력이 아니라 타인의 친절에 의해 중단되어 왔다고도 했다. 그들의 합의에 대한 공식적 언급과 협상으로 확립된 것들 외에, 교황이 추가한 축도가 낭독되었다. 이 축도의 과실을 즐기길 원한다면 피렌체인들은 자신들의 자금으로 투르크가 나폴리 왕국과 싸우는 기간 내내 15척의 갤리선을 무장시켜야 한다고 했다.[243] 사절들은 협정 외에 피렌체에게 부과된 이러한 부담에 대해 아주 많이 불평했으나,[244] 어떠한 비난이나 중재로도 이 부담을 줄일 수 없었다. 그러나 그들이 피렌체로 복귀했을 때, 시뇨리아는 이 평화를 확정 짓기 위해 얼마 전 프랑스에서 돌아온 귀단토니오 베스푸치(Guidantonio Vespucci)[245]를 사절로 교황에게 파견했다. 그는 지혜를 가지고 모든 것을 용인할 수 있는 조건으로 줄였고, 더 큰 화해의 징표로 교황으로부터 많은 호의를 얻었다.

사용하거나 잘못 사용한 잔인함'에 대한 언급 참조.

242) '자유인의 행동이 아니라 방탕한 행동'이다. 이러한 의미에서 형용사 '방탕한(sciolto)'은 이미 단테에서 나온 것이다(『신곡』, 「연옥편」 32곡).

243) 나폴리 왕과 오스만 제국 간의 전쟁 기간 동안 15척의 갤리선을 유지하는 데 드는 비용을 감당했다.

244) 그들이 얼마나 많은 불만을 가지고 있었는지에 상관없이.

245) 그는 11월 말에 교황에게 파견된 12명의 대사 중 한 명이었다. 프랑스에서의 그의 사절임무에 대해서는 8권 14장 참조.

22.[246)]

피렌체인들은 교황과의 일이 일단락되고 칼라브리아 공작이 토스카나를 떠나면서 시에나와 그들이 왕에 대한 두려움에서 벗어난 후에도 투르크와의 전쟁이 지속되자,[247)] 칼라브리아 공작이 시에나인들의 손에 남겨두고 떠난 요새 도시들을 수복하기 위해 모든 방면에서 왕을 압박했다.[248)] 따라서 왕은 그가 큰 곤궁에 처해있을 때[249)] 피렌체인들이 자신에게서 멀어져 시에나와 전쟁을 시작함으로써 교황과 자신이 바라던 다른 이탈리아인들의 지원을 방해할까 두려워했다. 그래서 그는 요새 도시들을 그들에게 수복시켜 주고,[250)] 새로운 의무들로 피렌체인들과 동맹을 갱신하는 것으로 만족했다.[251)] 문서나 조건이 아니라 힘과 필연이 지배자들로 하여금 약속을 지키게 했다.[252)] 따라서 요새 도시들을 회복하고 새로운 동맹이 결성되었을 때, 로렌초 데 메디치는 처음에는 전쟁으로, 그 다음에는 왕에 대한 두려움으로 훼손됐던 명성을 되찾게 되었다. 그 당시에는 그가 자신을 구원하기 위해 본인의 조국을 팔았고, 자신의 도시들을 전쟁으로 잃었으며, 평화 속에서 자유를 잃을 것이라고 공공연히 비방하는 사람들이 많았다. 그러나 도시들을 다시 찾고, 왕과 명예로운 협정이 맺어지고, 피렌체

---

246) **피렌체는 토스카나의 도시들을 수복함, 로렌초는 그의 명성을 회복함, 투르크는 오트란토를 포기함, 베네치아인들은 페라라 정복을 준비함 1480~1482.**

247) 투르크군은 1년 동안 오트란토를 점령했다.

248) '그들은 나폴리 왕을 궁지에 몰아넣고 집요하게 배상을 요구했다' 등.

249) 즉, 그가 터키와의 전쟁에 참여하는 동안.

250) 1481년 3월 말. 콜레 발 델사, 포지본시 및 몬테 산 사비노가 반환되었다. 카스텔리나와 몇 개의 다른 작은 요새들은 시에나의 손에 남아있었다.

251) 그는 새로운 동맹 조항으로 그들과 결합되었다.

252) 명백히 『군주론』 18장과 연결된다. 『로마사 논고』 1권 59장과 3권 42장 참조.

가 예전의 명성을 회복하자, 떠들기 좋아하고 의도보다는 결과에 의해 사태를 평가하는[253] 피렌체 사람들의 말이 달라졌다. 피렌체는 로렌초를 하늘 높이 찬양하면서 그의 신중함은 전쟁에서 불운이 가져간 것을 평화 속에서 얻는 방법을 알고 있었고, 적의 무기와 군대보다 그의 조언과 판단으로 더 많은 일을 할 수 있었다고 말했다. 투르크의 공격은 이탈리아에 도래한 평화에 교황과 베네치아가 느꼈던 분노로 인해 발생했을 전쟁을 지연시켰다. 그러나 그 공격의 시작이 예측불가능하고 많은 좋은 것들의 이유였듯이, 그 끝도 예측불가능했고 많은 악의 원인이 되었다. 무함마드 황제가 갑자기 죽었을 때,[254] 그 아들들 사이에서 불화가 일어났고,[255] 풀리아(Puglia)에 있던 투르크 군대가 자신들의 주군에 의해 버림받자 오트란토를 협상을 거쳐 나폴리 왕에게 이양했다.[256] 따라서 교황과 베네치아인들의 영혼을 억누르던 공포가 사라지자, 모든 사람이 새로운 분란을 두려워했다. 한편에서는 교황과 베네치아인들이 연합했고, 제노바인들, 시에나인들, 다른 소규모 세력들이 그들에게 합류했다. 다른 편에는 피렌체인들, 나폴리 왕, 공작[257]이 있었고, 볼로냐인들과 다른 많은 지배자들[258]이 그들에게 합류했다. 베네치아인들은 페라라의 주인이 되기를 원했고, 그것을 바랄 합당한 이유와 달성할 확실한 소망을 가지고 있다고 보

253) '선택의 질에서가 아니라 결과에서'. 고려 사항은 역사가(대중적 판단에 의존)의 판단 유예를 나타낼 뿐만 아니라, 로렌초의 대중적 지지의 원인들에 대한 모호한 조명을 가져온다. 그 지지는 효과적이고 지적인 계산이 아니라, 운에 의한(투르크 전쟁의 "예기치 않은 불합리한 사건", 8권 21장) 그의 예측할 수 없는 행동의 결과에만 기초한다.

254) 무함마드 2세는 1481년 3월 3일 49세의 나이로 사망했다.

255) 그의 아버지의 후계자인 바야지드 2세(1512년까지 오스만 제국 황제)와 그의 형제 젬 사이.

256) 오트란토를 점령한 투르크군은 1481년 9월 10일 나폴리군에게 항복했다.

257) 밀라노 공작.

258) 교황 식스토와 리아리오 일족과 대립한 로마냐의 다양한 영주들.

았다. 논쟁의 발단은 과거 협정에 의해 70년 후에 그 도시는 두 가지 의무, 즉 총독과 소금수용으로부터 자유로워졌기 때문에 더 이상 베네치아로부터 총독과 소금을 받을 의무가 없다고 후작이 공표한 일이 었다.[259] 베네치아인들은 이에 대하여 후작이 풀레시네(Pulesine)[260]를 장악하고 있는 한, 그는 총독과 소금을 수용해야만 한다고 답했다. 이에 동의하지 않은 후작은 베네치아인들이 자신을 상대로 무장할 것이라고 생각했고, 교황이 피렌체와 나폴리 왕에 대한 분노에 가득 차 있는 것을 보았을 때[261] 전쟁을 해야 할 적절할 기회를 엿봐야 한다고 판단했다. 교황의 호의를 얻기 위해 지롤라모 백작[262]이 베네치아로 갔을 때 베네치아인들은 그를 성대하게 환대했고, 그에게 시민권과 신사의 지위를 부여했다.[263] 이는 그것을 부여받는 누구나 굉장한 영광의 표지로 생각하는 것이었다. 전쟁의 준비를 위해 베네치아인들

259) "총독"은 페라라에서 베네치아 시민들의 이익을 대변하는 베네치아 상원의원에 의해 임명된 관료였다. 고대 관습에 따라 페라라는 코마키오(Comacchio)의 소금 광산에 따른 과잉 생산에도 불구하고 베네치아에서 연간 일정량의 소금을 구매해야 했다. [영역주] 후작은 여기서 에르콜레 데스테를 지칭하며, 그는 후작이 아니라 페라라의 공작이었다. 또한 총독은 베네치아가 그들의 신민들을 보호하기 위해 파견한 관료였다. 페라라 영토에서 채굴된 소금은 베네치아가 독점했다.

260) 폴레시네(Polesine). 로비고(Rovigo)의 영토인 폴레시네는 수십 년 동안 베네치아와 그곳을 점령한 에스테 공국 사이에 분쟁의 땅이었다.

261) 최근 피렌체, 나폴리, 밀라노 간의 동맹에 대한 '분노'와 더불어, 수년 동안 교회의 봉건 영주로서 매년 공물을 바치지 않은 에르콜레 데스테에 대한 식스토 4세의 특별한 분노가 있었다.

262) 지롤라모 리아리오, 식스토 4세의 조카.

263) '베네치아 귀족의 시민권과 칭호'. 리아리오는 1481년 9월에 베네치아로 갔다. 그는 이미 이몰라의 영주이자 1480년에 포를리의 영주가 되었고, 오르델라피로부터 그것을 빼앗아 파엔차를 점령하는 것을 목표로 삼았다. 베네치아와 합의한 이 협정은 베네치아의 페라라와의 전쟁에 대한 교황의 지원의 대가로, 교황의 조카가 수행하는 정치에 대한 베네치아 공화국의 지원을 확립했다. 1482년 봄, 베네치아는 페라라가 폴레시네를 반환할 때까지 코마키오 염전의 소유권을 주장했다. 에스텐제가 거부하자 5월 3일에 전쟁이 선포되었다.

은 새로운 세금을 부과했고, 자신들의 군대의 수장으로 루베르토 다 산세베리노를 임명했다. 루베르토는 밀라노의 지배자인 루도비코 스포르차에 굉장히 화가난 채 토르토나로 피신하여 그곳에서 소요를 일으키고 제노바로 갔던 상태였다. 베네치아인들은 그를 소환하여 자기들의 군대의 지휘관[264]으로 만들었다.

23.[265]

새로운 움직임을 위한 이러한 준비들이 상대방 동맹에 알려졌을 때,[266] 그들도 또한 전쟁 준비를 하고 있었다. 밀라노 공작은 우르비노 군주 페데리코[267]를 군대 지휘관으로, 피렌체인들은 코스탄차 디 페세로(Costanza di Pesero)[268]를 군대 장군으로 임명했다. 페르디난도 왕은 교황의 의중을 확인하고 베네치아인들이 그의 승인하에 페라라에 전쟁을 일으키는지 알아보고자, 군대와 함께 칼라브리아의 공작 알폰소를 트론토(Tronto)[269]에 보냈고, 교황에게 후작[270]을 돕기 위해 롬바르디아로 가는 통로를 요청했다. 교황은 이를 모두 거절했다. 왕과 피렌체인들은 교황의 의도를 확인한 것으로 간주하여, 무력으로 그를 압박하여 그가 어쩔 수 없이 자신들의 친구가 되도록 만들거나

264) 최고 사령관'. 산세베리노는 1481년 9월 루도비코 스포르차에게 반란을 일으켰다.

265) **리미니의 로베르토 말라테스타는 캄포 모르토에서 칼라브리아 공작에 대해 교황을 위한 승리를 거둠 1482.**

266) 상대방 동맹은 피렌체, 밀라노, 나폴리 간의 동맹이다.

267) 페데리코 디 몬테펠트로.

268) 코스탄초 스포르차

269) 나폴리 왕국과 교회 영토 사이의 아드리아해 경계를 표시한 곳.

270) 페라라 공작. 고대 언어에서 '롬바르디아'는 아펜니노 산맥 북쪽의 이탈리아 북부 전체를 의미했으며, 따라서 에밀리아도 의미했다.

아니면 적어도 그에게서 베네치아인들에게 도움을 줄 여력을 빼앗기로 했다. 베네치아인들은 이미 전장에 있었고 후작에 대한 전쟁을 시작했기 때문이다. 먼저 농촌 지역을 급습했고, 성벽을 가진 요새로서 영주[271]의 권력유지에 아주 중요한 도시인 피케루올로(Ficheruolo)[272]를 포위했다. 왕과 피렌체는 교황을 공격하기로 합의했고, 칼라브리아 공작 알폰소는 로마로 서둘러 진군하여 오르시니 가문이 교황의 편을 들었기에 알폰소에게 합류한 콜로나 가문의 도움으로 교회 지역을 황폐화시켰다. 한편, 피렌체 군대는 니콜로 비텔리와 함께 치타 디 카스텔로를 공격하여 그 도시를 점령했고, 그곳에서 교황을 위해 통치를 하고 있던 로렌초[273]를 내쫓고, 니콜로[274]를 지배자로 세웠다. 이에 교황은 매우 불안하게 되었는데, 로마는 안으로는 파당[275]에 의해 흔들렸고 밖으로는 적들로 가득 차 있었던 것이다. 그럼에도 적을 정복하고 그들에게 굴복하지 않기로 결심한 용감한 사람이었던 교황은 루베르토 다 리미노[276]를 장군으로 고용했다. 교황은 그를 교황 측의 모든 병력이 모여 있는 로마로 오게 하여 그에게, 왕의 군대에 대항한 교회를 그 위험으로부터 구출해 주면 얼마나 큰 영예가 그의 것이 될 것인지, 교황 자신뿐 아니라 그의 모든 후계자가 그에게 얼마나 큰 의무를 지게 될 것인지, 그리고 사람들뿐 아니라 하느님도

---

271) 에르콜레 데스테

272) 피카롤로(Ficarolo). 피카롤로는 포강의 로비고 강둑에 있으며 페라라에서 북서쪽으로 20km 떨어진 강의 중요한 교차점이다. 베네치아 군대는 몇 주 만에 아드리아, 로비고, 포 남쪽의 코마키오와 함께 폴레시네 전역을 정복했다.

273) 로렌초 쥬스티니이며, 8권 4장의 로렌초 다 카스텔로이다.

274) 니콜로 비텔리. 그는 1482년 6월에 치타 디 카스텔로를 점령했다. 이전에 이 도시의 영주였으며 메디치와 연결되었던 비텔리는 1474년 교황에 의해 그곳에서 추방되었다.

275) 콜로나 (및 사벨리[Savelli]) 파당.

276) 로베르토 말라테스타.

그에게 감사할 준비가 되어 있다는 것을 보여주었다. 루베르토는 처음에 교황의 군대와 그의 모든 무기를 조사한 후 할 수 있는 대로 많은 보병들을 준비시켜 달라고 요구했고, 그 요구는 매우 열정적으로 빠르게 충족되었다. 칼라브리아 공작[277]은 로마 부근에 있으면서 매일 기습을 하고 로마의 성문들 부근까지 약탈했다. 이것은 로마 사람들을 매우 화나게 해서 많은 이들이 로마의 해방을 위해 루베르토의 군대에 자원했으며, 루베르토는 이들 모두를 감사히 수용했다. 공작이 이 준비사항을 듣고 그는 로마로부터 어느 정도 멀리 철수했는데, 이는 어느 정도 거리를 취하고 있으면, 루베르토가 나와서 그와 대전하려고 하지는 않을 것이라고 생각했기 때문이다. 또 부분적으로는 자신의 아버지가 새로운 군대와 함께 보낸 형제 페데리고를 기다리고 있었서이다. 루베르토는 군대 측면에서는 공작과 거의 대등하지만 보병에서는 더 우위에 있다고 보았기에, 로마에서 대열을 갖추고 나와 적으로부터 2마일 떨어진 곳에 진영을 세웠다. 공작은 자신의 예상을 깨고 적들이 가까이 온 것을 보고서 싸우는 것과 패한 것처럼 도망가는 것 중 어느 것이 더 적합한지 선택해야 했다. 그는 왕의 아들로서 모욕적인 선택을 하지 않기 위해 싸워야 할 의무가 있다고 판단하고, 적과 맞서 당시 해 오던 식으로 군대에 명령하여 자정까지 전투를 지속했다. 이 전투는 이탈리아에서 50년 동안 있었던 어느 전투보다도 더 많은 용맹함과 열정을 가지고 치러진 전투였다.[278] 양쪽에서 천명 이상의 전사자가 나왔다. 그 결과는 교회에 영광스러운 것이었다. 일군의 보병들이 공작의 기병을 공격해 들어가서 오트란토에 있었던 투르크 군대의 일원들로서 그때까지 그와 함께 싸웠던 많은 투르크 군

---

277) 칼라브리아의 알폰소는 테라시나를 점령하고 로마 근교로 올라간 후 벨레트리와 알바노 사이에 머물렀다.

278) 이 전투는 1482년 8월 21일 벨레트리 남쪽의 습지대 캄포모르토에서 일어났다.

인들이 그를 구조하지 않았다면 공작[279]은 포로가 되었을 것이기 때문이다.[280] 이 승리로 루베르토는 환호 속에 로마로 돌아갔다. 그 환호는 그가 거의 누릴 수 없는 것이었는데, 한낮의 후덥지근한 열기에 그는 너무 많은 물을 마셨다가 몸에 이상이 발생하여 며칠 후 사망했다.[281] 교황은 온갖 종류의 명예로 그를 축복했다. 이 승리를 거둔 후 교황은 즉시 백작[282]을 치타 디 카스텔로에 파견하여 그 도시를 로렌초에게 돌려주려 했고, 부분적으로 리미니 도시를 얻으려고 했다. 루베르토가 죽은 후 그의 아내[283]와 어린 아들이 남아있었고, 교황은 도시를 쉽게 점령할 수 있을 것이라고 생각했기 때문이었다. 교황에게 대항하여 그가 카스텔로와 리미니에 대하여 어떠한 영향력도 행사할 수 없도록 피렌체인들이 무력으로 방어하여 루베르토의 부인을 보호해주지 않았다면 교황은 그것들을 얻는 데 성공했을 것이다.

---

279) 칼라브리아 공작.

280) 8권 22장에서 오트란토의 함락(1481년 9월)에 대해 말하면서 마키아벨리는 이 세부 사항에 대해 침묵했다. 오트란토에서 나폴리 군대의 공격에 맹렬히 저항했던 수백 명의 투르크 군인은 칼라브리아 공작에게 고용되었었다.

281) '이질' 등. 로베르토 말라테스타는 9월 10일에 사망했다. 승리와 죽음의 긴밀한 우연의 일치는 이 이야기를 더욱 효과적으로 모범적이게 만들었으며, 당시 전쟁의 맥락에서 위대한 군사적 미덕의 하나로 읽혔다(마키아벨리가 루카의 용병대장의 삶에서 설명하듯이, 말라테스타의 죽음이 카스트루초 카스트라카니의 죽음과 매우 흡사하다는 점도 간과되어서는 안 된다). 캄포모르토 전투('덕'과 수천 명의 사망자 포함)의 재연은(각각 4권 6장과 5권 33장에서 자고나라와 앙기아리 전투의 아이러니한 균형 참조), 15세기 용병 전쟁에 비판적인 마키아벨리의 논쟁뿐만 아니라, 마키아벨리의 군사 이론의 중심 주제인 기병에 대한 보병의 우월성을 암시한다(『로마사 논고』 2권 18장, 『전쟁론』 I p.168, III p.218 등 참조). 마지막으로, 사건 해석의 사회-군사적 의미에 주목해야 한다. '공작의 기병대'와 부분적으로 '로마 인민들'로 구성된 보병 사이의 대조.

282) 지롤라모 리아리오.

283) 로베르토 말라테스타의 아내 이사벨라 디 몬테펠트로(우르비노 공작 페데리코의 딸)의 지도하에 있었다.

24.[284)]

이런 일들이 로마냐와 로마에서 천천히 진행되고 있는 동안 베네치아인들은 피케루올로(Ficheruolo)[285)]를 장악하고 군대를 이끌고 포강을 건넜다. 밀라노 공작의 진영과 후작의 진영은 혼란에 빠졌는데, 우르비노 백작 페데리코가 병에 걸려 치료를 위해 볼로냐로 갔다가 사망했던 것이다.[286)] 그렇게 후작의 일은 위축되어 갔고, 베네치아인들 사이에서는 페라라를 장악할 수 있다는 희망이 커져갔다. 반면 왕과 피렌체인들은 교황을 자신들의 편으로 끌어들이기 위하여 모든 노력을 경주하고 있었다. 그들은 그를 무기로 굴복시키는 데 성공하지 못하자 바젤에서 황제가 소집했던 공의회로 위협했다.[287)] 로마에 있던 왕의 사절과 평화를 원한 수석 추기경들을 통해 교황은 설득당하여 이탈리아의 평화와 통합에 대해 생각하게 되었다. 교황은 두려움으로 인해, 또한 베네치아의 강성함이 교회와 이탈리아의 몰락의 원인이 될 것임을 보았기에, 동맹과 협정을 맺게 되었다. 그는 교황 대사들을 나폴리로 보냈다. 그곳에서 교황, 왕, 밀라노 공작, 피렌체 사이에 5년간의 동맹이 체결됐다.[288)] 그리고 베네치아가 수락할 경우를 위한 한

284) **베네치아의 대 페라라 전쟁 1482.**

285) 피카롤로(Ficarolo). 피카롤로는 1482년 6월 29일에 점령되었다.

286) 볼로냐가 아닌 페라라에서 9월 10일. 페데리코 다 몬테펠트로는 폴레시네의 습지에서 음식을 먹던 그의 많은 병사들처럼 말라리아 열병에 걸렸다.

287) 1482년 3월 25일 크라네아의 대주교 안드레아 자모메티치(Andreas Zamometic)는 공의회를 개회한다고 선언했다. 자모메티치는 황제 프리드리히 3세의 보호를 누렸고, 그를 대신하여 1478년 로마로 선교 여행을 갔다. 식스토 4세의 적으로(그는 몇 달 동안 산탄젤로 성에 포로로 잡혀 있었다가 1481년 9월에야 석방되었다.) 자모메티치는 식스토 4세에 대항하는 그의 행동으로 피렌체와 밀라노의 지원을 받았고, 바젤에 고문으로 파견됐다(1482년 여름).

288) 식스토 4세는 1482년 12월 12일 그를 피렌체, 밀라노, 나폴리와의 동맹으로 통합하는 협정에 서명했다. 당시 교황은 페라라 공작의 대의를 지원하기 위

자리를 예비해 두었다. 이 일이 이루어지고, 교황은 베네치아인들에게 페라라에 대한 전쟁을 포기해야 한다고 암시했다. 베네치아인들은 이에 동의하지 않고 엄청난 무력을 가지고 전쟁을 준비했다. 그들은 밀라노 공작과 후작의 군대를 아르젠타(Argenta)에서 격퇴하고,[289] 후작의 대정원 가까이에 진영을 세울 수 있을 정도로 페라라에 아주 근접해 들어갔다.

25.[290]

동맹은 후작에게 더 이상 지체없이 강력한 도움을 주어야 한다고 판단하고, 칼라브리아의 공작과 그의 군대 그리고 교황의 군대를 페라라로 보냈고, 피렌체인들도 그들의 모든 군대를 그곳으로 파견했다. 더 질서있게 전쟁을 운영하기 위해[291] 동맹은 크레모나에서 회합을 열었고, 지롤라모 백작, 교황의 사절,[292] 칼라브리아 공작, 루도비코,[293] 로렌초 데 메디치가 다른 많은 이탈리아의 지도자들[294]과 함께 참석했다. 회의에서 지도자들은 미래 전쟁의 모든 방식을 서로 논의했다.[295] 페라라가 강한 우회로를 통하지 않고는 구조될 수 없다고 판단한 그들은 루도비코가 밀라노를 대신하여 베네치아와 전쟁을 치

해 시지스몬도 데 콘티를 베네치아로 파견했다.

289) 1482년 11월 6일.

290) **페라라와 베네치아 영토에서의 전쟁 1483.**

291) 전쟁 작전을 잘 짜기 위해.

292) 프란체스코 곤자가 추기경. 크레모나 회합은 1483년 2월 28일에 만났다.

293) 루도비코 스포르차, 일 모로. 밀라노를 위해 일 모로의 형제인 아스카니오 추기경도 참석했다.

294) 분명히 에스테의 에르콜레 1세(Ercole I d'Este) 외에도 만토바 후작(페데리코 곤자가)과 볼로냐의 영주인 조반니 벤티볼리오가 참석했다.

295) 계획을 세웠다.

러주기를 원했다.[296] 그러나 루도비코는 이에 동의하지 않았는데, 자신이 원할 때 멈출 수 없는 전쟁을 치르는 것을 두려워했기 때문이다. 이에 동맹의 모든 군대가 페라라에 머물고,[297] 4천 명의 중기병과 8천 명의 보병으로 2천 2백 명의 중기병과 6천 명의 보병으로 이루어진 베네치아 군대에 대적하러 나섰다. 동맹이 가장 먼저 해야 할 일은 포강에 있는 베네치아의 함대를 격파하는 것이었다. 이들은 본데노(Bondeno)[298] 근처에서 베네치아 함대를 공격하여 2백 척 이상의 배를 파괴하고[299] 함대를 궤멸시켰으며, 함대의 감독관인 안토니오 주스티니안(Antonio Giustinian)을 포로로 결박했다. 모든 이탈리아가 그들에 대항해 연합한 것을 보자, 베네치아인들은 사기를 드높이기 위해 로렌(Lorraine)의 공작[300]과 2백의 중기병을 함께 고용했다. 그들의 함대가 이러한 피해를 입자, 그들은 로렌 공작을 군대의 일부와 함께 보내 적들에 맞서도록 했고, 루베르토 다 산 세베리노가 이끄는 그들의 나머지 군대는 아다 강을 건너 밀라노 공작의 이름과 그의 어머니 보나 부인의 이름을 외치면서 밀라노로 접근했다. 루도비코와 그의 정부가 밀라노에서 미움을 받고 있다고 믿고서 이런 식으로 밀라노에 새로운 반란이 일어나기를[301] 희망했던 것이다. 이 공격은 처음에 굉장한 공포를 가져왔고, 도시를 무장시켰다. 그러나 상황은 베네치아인들이 기획한 것과 반대되는 결과를 낳았는데, 이 해악[302]으로 인해

---

296) '밀라노 공국의 땅에서 베네치아 영토를 공격', 즉 동쪽에서 아다를 지나서.

297) 군대를 재편성하다.

298) 당시 페라라에서 동쪽으로 30km 떨어진 곳에 포 강의 지류가 있었다.

299) 마키아벨리는 충돌의 정도와 그 중요성을 과장했는데, 사실 전쟁의 결과에 비하면 아주 미미한 수준이었다.

300) 로렌 공작 르네 2세(Renato II, duca di Lorena, 1451~1508). 아라곤의 알폰소에 대항하여 나폴리의 왕위를 물려받길 원했던 앙주의 르네의 후계자이자 손자.

301) 소요를 일으키다.

302) '이 공격'.

로도비코가 이전에는 거부했던 것에 동의하도록 만들었기 때문이다. 칼라브리아 공작은 페라라 후작으로 하여금 4천 명의 기병과 2천 명의 보병으로 그의 영토를 지키게 하고 본인은 1만 2천 명의 기병과 5천 명의 보병을 이끌고 베르가모 영토에 진입하여 거기서부터 브레샤 영토로 갔으며, 그 다음에는 베로나 영토로 진군했다. 베네치아인들은 아무것도 해보지 못하고 그 세 도시의 교외 지역을 거의 빼앗겼는데, 루베르토가 그 도시들을 거의 도울 수 없었기 때문이다.[303] 다른 한편, 페라라 후작은 자신의 것의 대부분을 회복했다. 그에게 대적했던 로렌의 공작이 보유한 군대가 2천 명의 기병과 천 명의 보병이 채 안됐기 때문에 상대가 되지 않았다. 그렇게 1483년 여름 내내 전쟁은 동맹에 유리하게 진행됐다.

26.[304]

겨울이 조용히 지나가고, 이듬 해 봄이 오자 군대는 전장으로 나갔다. 더 신속하게 베네치아인들을 제압하기 위해 동맹은 모든 군대를 동원했다. 전쟁이 그전 해와 같이 진행되었다면 동맹은 베네치아인들이 롬바르디아에서 장악하고 있는 모든 영토를 쉽게 빼앗았을 것이다. 로렌의 공작이 그의 계약이 끝나자 고향으로 돌아가서[305] 베네치아 군대는 6천 명의 기병과 5천 명의 보병으로 축소된 상태에서 1만 3천 명의 기병과 6천 명의 보병을 대적해야 했기 때문이다. 그러나 동등한 권력들이 만나 경쟁하는 곳에서 흔히 그러하듯이 그들 사이의

303) '동맹의 군대가 도시의 중심부를 장악하는 것을 거의 막을 수 없었다.' 군사 작전은 1483년 7월에서 9월 사이에 이루어졌다.

304) **베네치아는 전쟁으로 잃은 것을 협상으로 되찾음 1484.**

305) 로렌의 르네 공작은 1483년 9월 이탈리아를 떠났다.

불화가 적에게 승리를 안겨주었다. 자신의 권위로 칼라브리아 공작과 루도비코 공작이 서로 신뢰하도록 유지해 온 만토바의 후작 페데리코 곤자가가 죽고 나자,[306] 이들 사이에서 불화가 자라나기 시작해서 질투로 번졌는데, 밀라노 공작 잔 갈레아초가 이미 권력을 장악할 나이가 되었기 때문이다. 자신의 아내가 칼라브리아 공작의 딸[307]이었기 때문에 공작은 루도비코가 아니라 자신의 사위가 나라를 다스리기를 원했던 것이다. 루도비코는 공작의 이 바람을 알고 그것을 실행할 기회를 빼앗기로 결정했고,[308] 루도비코의 이러한 의도를 알게 된 베네치아인들은 이를 기회로 활용하기로 했다. 그들은 늘 그러했듯이 전쟁으로 잃은 것을 평화협정으로 되찾을 수 있다고 판단했다. 그리고 비밀리에 그들은 루도비코와 협상을 진행하여, 1484년 8월에 타결했다. 이 협정이 다른 동맹에 의해 인지되었을 때, 그들은 매우 불쾌해 했다. 특히 그들이 베네치아로부터 빼앗은 도시들을 회복시켜야 하고, 페라라 후작으로부터 빼앗았던 로비고(Rovigo)와 폴레시네를 되돌려주며, 심지어 그들이 이전에 그 도시에서 누렸던 모든 특권을 포기해야 된다는 것을 알게 되었을 때 더욱 그러했다. 매우 많은 것이 소비되고, 수행할 때는 명예를 얻었지만 끝낼 때는 획득한 도시를 돌려주고 손실은 회복되지 않아서 수치를 얻게 된 전쟁을 치른 것처럼 모든 사람에게 느껴졌다. 그럼에도 동맹국들은 이 평화를 받아들일 수밖에 없었는데, 그들은 비용에 지쳐 있었고 다른 이들의 야망과 배신으로 자신의 운을 더 시험하고 싶지 않았기 때문이다.

306) 1484년 6월.

307) 1469년에 태어난 잔 갈레아초는 당시 15세였다. 아라곤의 이사벨라와의 결혼에 대해서는 7권 22장을 참조.

308) 루도비코 일 모로의 두려움은 아라곤의 알폰소의 군대가 밀라노에 가까웠다는 사실에 있었다.

27.[309)]

롬바르디아에서 일이 이런 식으로 진행되는 동안 교황은 로렌초[310)]를 통해 치타 디 카스텔로를 압박하여 니콜로 비텔리를 추방시키려 하고 있었다. 그는 동맹이 교황의 비위를 맞추기 위해 공격했던 인물이었다. 교황이 이 도시를 압박하는 동안 도시 안에 있던 니콜로의 파당들은 출격하여 포위한 적들을 제압하고 패퇴시켰다.[311)] 이에 교황은 롬바르디아에서 지롤라모 공작을 로마로 소환하여, 그의 군대를 구성한 다음[312)] 그 작전에 투입하도록 했다. 그러나 교황은 니콜로를 다시 전쟁으로 공격하는 것보다 평화의 방법으로 자신에게 끌어들이는 것 더 낫다고 판단했다. 그래서 그와 합의를 하고 자신이 할 수 있는 최선의 방식으로 그의 적인 로렌초와 화해시켰다.[313)] 그는 평화에 대한 사랑보다는 새로운 혼란에 대한 두려움으로 이렇게 할 수밖에 없었다. 콜로나 가문과 오르시니 가문 사이에 깨어나고 있는 적대감[314)]을 보았던 것이다. 교황과의 전쟁 중 나폴리 왕은 탈리아코초(Tagliacozzo) 부근의 지역을 오르시니 가문으로부터 빼앗아 자신의

---

309) **교황이 치타 디 카스텔로를 되찾으려 시도함, 콜로나 가문을 제압함 1484.**

310) 로렌초 주스티니.

311) 이 이야기는 이전 해(1483년 9월 11일)의 한 에피소드를 언급하는 것 같다. 포위군 진영이 밤에 공격을 받아 주스티니가 무기와 마차를 포기해야 했다. 그러나 비텔리의 성공적인 출격은 마키아벨리가 그에게 할당한 결정적인 결과를 가져오지 못했다. 포위는 1484년 봄까지 겨울 내내 계속되었으며, 기복이 있었지만 군사적으로 중요한 사건은 없었다.

312) 강화하다.

313) 교황과 치타 디 카스텔로 사이의 평화는 1484년 5월 초에 체결되었다. 고대에 그 도시에 수여된 전통적 특권과 독립을 교황이 인정하는 것에 더해 평화는 도시의 파당들 사이의 화해를 가져왔다. 그 화해는 비텔리의 친 피렌체파와 주스티니의 친교황파에까지 이르렀다.

314) 긴장, 분노.

편에 선 콜로나 가문에게 줬던 일이 있었는데, 이후 왕과 교황 사이에 평화가 맺어지자 오르시니 가문은 이 협정에 따라 빼앗긴 땅을 요구했다. 교황은 여러 차례 콜로나 가문에게 그것을 되돌려 주어야 한다고 시사했다. 그러나 오르시니 가문의 간구나 교황의 위협에도 그들은 원상복귀를 거부했다. 그들은 오르시니 가문을 약탈하고 방어하려는 자들을 포로로 삼으면서 공격을 계속했다. 교황은 참을 수 없어 그의 모든 군대와 함께 오르시니 가문의 군대로 하여금 콜로나 가문에 대항하도록 했고, 그들이 로마에 소유한 가옥들을 약탈했으며,[315] 그들을 방어하는 누구든 죽이고 체포하고, 콜로나 가문의 요새화된 도시들을 빼앗았다. 이 소란들은 평화에 의해서가 아니라 한 당파의 몰락으로 잠잠해졌다.

28.[316]

제노바와 토스카나에서는 일들이 아직 진정되지 않고 있었는데, 피렌체인들이 안토니오 다 마르시아노(Antonio da Marciano)와 그의 군대를 사르차나[317]의 접경지역에 묶어 두었기 때문이다. 롬바르디아에서 전쟁이 지속되는 동안 그들은 사르차나인들을 기습과 가벼운 교전들로 괴롭혔다. 제노바에서는 도시의 수장 바티스티노 프레고조(Battistino Fregoso)가 자신이 믿었던 주교 파올로 프레고조에게 체포되어 처자식

315) 에피소드는 1484년 5월 말까지 거슬러 올라간다. 콜로나의 집(델라 발레의 집도 포함)은 5월 30일에 파괴되었다. 콜로나 가문의 수장이며, 교황청 서기장이었던 로렌초 추기경은 산탄젤로 성에 수감되었고 며칠 후 처형되었다.

316) **식스토 4세 죽음, 이탈리아의 평화, 교황 인노첸시오 8세의 선출 1484.**

317) 사르차나(1468년 피렌체 사람들이 구입)는 1479년 루도비코 다 캄포프레고조에 의해 점유되었다. 이 에피소드는 8권 18장 참조.

들과 함께 감옥에 갇혔고, 주교는 스스로 도시의 군주가 되었다.[318] 베네치아 함대는 나폴리 왕국을 공격하고 갈리폴리(Gallipoli)를 장악했으며,[319] 주변의 다른 지역들도 공격했다. 그러나 롬바르디아에 평화가 체결되어[320] 모든 분란이 잠잠해졌을 때, 토스카나와 로마[321]만은 예외였다. 평화를 공표했던 교황은 그의 삶이 거의 끝났기 때문인지 아니면 평화의 적이었던 그가 체결해야 했던 평화에 대한 그의 슬픔 때문인지, 평화가 선포된 지 5일 만에 사망했다.[322] 그가 살아있는 동안 항상 전쟁상태로 두었던 그 이탈리아를 평화 속에 두고서 말이다. 그의 죽음 후 로마는 바로 무장을 했다. 지롤라모 백작은 군대를 가지고 성[323] 근처로 돌아왔다. 오르시니 가문은 콜로나 가문이 자신들에게 복수할 것을 두려워했다. 콜로나 가문은 다시 그들의 가옥과 요새화된 성들[324]을 돌려줄 것을 요구했고, 따라서 며칠 후에 살인, 강도, 방화가 그 도시의 여러 곳에서 일어났다. 그러나 추기경들은 지롤라모 백작에게 산탄젤로 성을 추기경 회에 돌려주고 자신의 영토로

318) 파올로 캄포프레고조 추기경(1430~1498)은 1483년 11월에 그의 조카 바티스타 2세("바티스티노")를 폐위시켰다. 이미 짧은 기간(1462년과 1464년) 도제였던 파올로 프레고조는 5년 동안 제노바에서 최고 권력을 잡았다.

319) 1484년 6월, 베네치아 함대(도메니코 말리피에로 제독이 이끄는)가 갈리폴리를 점령했다.

320) 바뇰로의 평화조약(8권 26장 참조).

321) 로마에서는 (교황의 지원을 받은) 오르시니와 콜로나(8권 27장 참조) 사이의 투쟁이 계속되었다.

322) 식스토 4세는 1484년 8월 12일에 사망했다. 바뇰로 평화조약은 7일에 서명되었다. 악의적인 소문은 흔한 일이다. 발로리와 귀차르디니는 모두 식스토가 사망했을 때 유포되었던 조롱하는 라틴어 2행을 회상한다(특히 귀차르디니가 전하는 것은 『피렌체사』, p.157 참조. "어떤 야만적인 힘도 식스토를 제거할 수 없었다 / 그는 평화의 이름을 듣고 죽었다").

323) 산탄젤로 성. 8월 13일 콜로나의 지지자들은 지롤라모 리아리오의 로마 궁전을 공격하고 그 기초까지 파괴했다(당시 팔리아노 공성전). 산탄젤로 성은 그 격동의 시간에 지롤라모 백작의 아내인 카테리나 스포르차 리아리오에 의해 점령되었다.

324) 카비(Cavi), 카프라니카(Capranica) 및 마리노(Marino)의 성.

돌아가야 하며, 로마를 무기로부터 자유롭게 하라고 주장했다. 이에 백작은 미래의 교황과 잘 지내고자 하여 복종하고 산탄젤로 성을 추기경 회에 돌려주고[325] 이몰라[326]로 철수했다. 추기경들은 두려움에서 해방되었고, 귀족들은 서로의 불화 속에서 백작으로부터 얻고자 했던 이익을 받지 못했기에 새 교황의 선출로 눈을 돌렸다. 논의와 논쟁 끝에 제노바인이자 말페타의 추기경인 조반바티스타 치보가 교황으로 선출되었다. 자신을 인노첸시오 8세[327]로 명명한 교황은 소탈한 본성으로 인정 있고 조용한 사람이었기에 무기를 내려놓았고, 로마에 한동안 평화를 가져왔다.

29.[328]

롬바르디아에서의 평화 이후 피렌체인들은 안정을 취할 수 없었다. 그들은 귀족 한 명에게 사르차나를 빼앗긴 일을 창피하고 수치스러운 결과라고 생각했다. 평화 조약문[329]에는 잃었던 것들의 반환을 요구할 수 있을 뿐 아니라 그들의 성과를 방해하는 누구와도 전쟁할 수 있다는 규정이 있었기에, 그들은 즉각 돈과 사람들을 가지고 권리를 행사하고자 했다. 사르차나를 장악하고 있던 아고스티노 프레고조는 자신의 사병들로 그러한 전쟁을 할 수 없다고 판단하고 그 도시를 산

325) 경쟁자들(지롤라모 리아리오뿐만 아니라 콜로나와 오르시니의 군대도 포함)의 로마 철수와 한달 간의 휴전을 규정한 협정은 8월 20일경에 이루어졌다.

326) 그의 삼촌 식스토 4세에 의해 제공받은 영지.

327) 조반 바티스타 치보(Giovan Battista Cybo)는 2일간의 콘클라베 후 8월 29일에 선출되었으며, 그의 선출은 실제로 미래의 교황 율리오 2세인 추기경 줄리아노 델라 로베레(Giuliano della Rovere)에 의해 이루어졌다.

328) **피렌체인들의 사르자나 공격, 제노바의 산 조르조 은행 1484.**

329) 바뇰로의 평화조약(1484년 8월).

조르조[330]에게 주었다. 산 조르조와 제노바인들에 대해 사람들이 여러 번 언급해야 하기에 여기에서 내가 이탈리아의 주요 도시 중 하나인 그곳의 질서와 양식에 대해 의견을 피력하는 것이 부적절해 보이지 않는다. 제노바인들과 베네치아인들 사이에 오래전 있었던 중요한 전쟁 이후,[331] 제노바인이 베네치아인들과 평화를 맺은 이래 그들의 공화국은 엄청난 액수의 돈을 빌렸던 시민들에게 돈을 갚을 수 없었다. 그리하여 제노바는 그들에게 관세로부터 나오는 수입을 허락해 주었고,[332] 세관은 모든 채권자가 완전히 만족할 때까지 각각 자신의 신용에 따라 원금 수령액과 이자를 국가가 완전히 상환할 때까지 이러한 수입을 분담해야 함을 공표했다. 그리고 채권자들이 함께 만날 수 있도록 세관 위쪽에 있는 궁전이 배정됐다.[333] 이 채권자들은 공무를 심의하기 위해 백 명의 평의회와 행정사무를 처리하는 이들의 수장으로서 8인 위원회[334]를 만들면서 정부형태를 조직했다. 그들은 채권을 '지분(luoghi)'[335]이라고 불리는 별도의 주식으로 나누었고, 그

330) 산 조르조 은행.

331) 1권 32장에서 마키아벨리에 의해 언급된 키오지아 전쟁(1378~1381). 산 조르조 은행의 기원은 실제로 훨씬 더 오래되었다. 군비를 충당하기 위해 1149년에 코무네의 집정관들은 일부 시민들로부터 대출을 받았고 15년 동안 일부 세금 수입을 대출 기관에 지급함으로써 상환을 보장했다. 요컨대, 산 조르조 은행은 시민에 대한 코무네의 부채를 관리하기 위해 태어났다.

332) 코무네에 대출된 자본("원금")의 크기에 비례하여 서로 다른 비율의 이자를 받았다. 실제로 (피렌체의 몬테와는 달리) 산 조르조 은행의 관리는 다양한 대출에 따른 서로 다른 이자율의 계층화로 인해 곧 복잡해졌다.

333) 은행은 코무네의 궁(또는 해군 청사)의 사용을 허가받았다. 1451년에 궁 자체의 소유권도 은행으로 이전되었다(나중에 팔라초 디 산 조르조라는 이름을 가짐).

334) 은행의 신용을 관리하는 임무를 맡은 보호자(protettori)라고 불리는 8명의 위원으로 구성된 이 기관은 이미 1323년에 설립되었다. 마키아벨리는 분명히 여기에서 8명의 감찰관을 8명의 보호자와 함께 임명하는 1407~1411년의 개혁을 언급하고 있다. 그들은 산 조르조 사무소를 구성했는데, 은행이 관리하는 복잡한 재무 및 신용 문제에 대한 결정적인 구조를 제공하는 책임을 지고 있었다.

들 전체 조직을 산 조르조(San Giorgio)라 명명했다. 그들 조직이 이런 식으로 정비되었을 때, 도시 정부에 새로운 필요가 생겨 산 조르조에 도움을 새로이 요청했다. 부유하고 잘 정비된 산 조르조는 도시 정부에 봉사[336]할 수 있었고, 정부가 세관 수령을 산 조르조에 처음에 허가했듯이, 이번에도 협상을 통해 정부가 추가 대출을 위한 담보로 몇몇 도시들을 산 조르조에 저당 잡히게 되었다.[337] 일이 그렇게 진행되고 도시 정부의 필요와 산 조르조의 도움이 있었기 때문에, 도시 정부는 도시의 더 많은 부분들과 제노바의 영향력 아래에 있는 도시를 산 조르조의 관리 아래 두게 되었다. 산 조르조는 통치하고 방어했으며, 매년 공적 투표를 통해 도시 정부의 관여 없이 고위 관료를 파견했다.[338] 그리하여 시민들은 폭군적인[339] 도시 정부에 대한 그들의 애정을 거두어, 잘 그리고 공정하게(ugualmente)[340] 다스리는 기구

---

335) 이 용어는 1407년 개혁보다 훨씬 오래되었다. '지분'은 공공채의 지분(각각 100 제노바 리라 가치)이었다. 이 용어는 아마도 고대 해운 회사가 보유한 지분에 부여된 이름에서 파생되었을 것이다.

336) 대출을 제공했다.

337) 코무네는 대부금에 대한 보상으로 제노바에 종속된 토지의 세금으로 발생한 수익금을 은행에 부여하기 시작했으며, 경우에 따라 해당 영토의 직접 관리를 맡기기도 했다. 코무네는 1453년에 코르시카를 은행에 양도했으며, 다음 해에는 레리치, 벤티밀리아 및 기타 작은 마을(물론 언급된 사르차나 포함)을 양도했다. 그러나 이러한 종류의 과정은 비록 일시적인 이전의 형태이기는 했지만, 이미 언급된 마키아벨리가 은행의 경제적-정치적 부의 기원을 추적하는 키오지아 전쟁이 있기 훨씬 이전인 12세기와 13세기 사이에 시작되었다.

338) 공적 선거에 의해 선출된 지도자를 보낸다(물론 코무네의 채권자에 의해 선출된). 계급의 구별 없이 최소한 10지분을 소유한 사람은 선거권 및 피선거권을 누렸다.

339) 일부의 이익과 폭정 하에 놓인(이하에 설명된 대로 소수의 강력한 가족을 의미).

340) 개인의 권리를 존중하는 평등. 이 부사는 "평등"이라는 용어를 암시하는데, 이는 피렌체의 전통적인 정치 사전에서 법 앞의 평등과 공화국의 의사 결정 과정에 참여할 권리를 나타낸다.

산 조르조에 주었다. 이에 따라 국가에 변화와 변동이 쉽게 자주 일어났다. 또한 제노바인들은 종종 시민들 중 한 사람에게 복종하고 때로는 외국인에게 복종했다. 이는 도시가 정부를 바꾸기는 해도 산 조르조를 바꾸지는 않기 때문이었다. 따라서 프레고조 가문과 아도르노 가문이 도시의 권력[341]을 놓고 싸우면 시민들의 대다수는 냉담하게 지켜보며 아무튼 정부를 승자의 먹이로 주었다. 누군가 정권을 잡으면, 산 조르조는 지배자에게 그때까지 바뀌지 않았던 자신의 법을 준수할 것[342]을 맹세하도록 하는 것으로 충분했다. 산 조르조는 군대와 자금과 조직을 갖고 있었고, 확실하고 위험한 반란 없이는 법을 바꿀 수 없었다. 이는 철학자들이 상상하고 보았던 모든 국가에서 결코 발견하지 못한 드문 사례였다. 같은 시민들 사이와 같은 성벽 안에서 자유와 참주정을, 시민적 삶과 타락한 삶을, 정의와 무질서를 동시에 목격할 수 있는 도시였다. 그 질서만이 고대의 존경할 만한 습속으로 가득했던 그 도시를 유지할 수 있기 때문이다. 시간이 지남에 따라 산 조르조가 전체 도시를 장악할 수밖에 없었다면, 제네바는 베네치아보다 더 놀라운 공화국이 되었을 것이다.[343]

---

341) 코무네 기관의 통제를 위해.

342) 은행의 관리 기관을 따르고, 은행과 코무네 간의 기존 계약을 인정한다.

343) '베네치아 모델보다 우월한 모델인, 정체의 진화의 진정으로 독특한 예가 될 것이다'. 아마도 마키아벨리가 산 조르조 은행에 대해 자세히 설명된 정보의 출처로 돌아가는 것은 불가능할 것이다. 여기에서 제안된 "정체에 대한" 설명의 관점(그리고 베네치아 모델과의 비교)은 『로마사 논고』의 분위기와 관심을 상기시킨다(그러나 거기서 제노바에 특별한 관심을 기울이지는 않았다). 아마도 은행에 관한 뉴스는 1518년 3월과 4월 사이에 리구리아 도시에서 작은 사적 임무(실패의 원인)가 있을 때 마키아벨리가 독서보다는 대화에서 더 많이 수집했을 것이다. 따라서 오르첼라리 정원의 모임 시기에 그리고 공화국에 대한 그의 위대한 작업이 이미 완료되었을 때.

30.[344)]

아고스티노 프레고조는 이 산 조르조에 사르차나를 내주었다. 산 조르조는 그것을 기꺼이 접수해서 그곳의 방어를 떠맡았으며, 곧장 함대를 바다에 배치했다. 그리고 군대를 피에트라산타(Pietrasanta)에 보내 사르차나 근처에 세워져 있던 피렌체인들의 진영으로 접근하려는 자는 누구든 막고자 했다. 반면 피렌체인들은 피에트라산타를 정복하고자 했는데, 피에트라산타가 사르차나와 피사 사이에 위치하고 있어 그 도시를 갖지 못하면 사르차나의 점령은 유익함이 덜하기 때문이었다. 그러나 피렌체인들은 피에트라산타 인민이나 혹은 그 내부에 있는 누군가가 사르차나의 정복을 방해하지 않는 한 피에트라산타를 정당하게 포위할 수 없었다.[345)] 이 일이 일어나도록 하기 위해 피렌체인들은 많은 양의 군수품과 물자를 피사에서 사르차나 근처의 진지로 보내면서 호위를 약화시켰다. 이는 피에트라산타의 사람들이 적은 수의 수비대를 보고 두려움은 적게 가지고, 약탈할 것이 많아 진영을 더 공격하고 싶게끔 하려고 한 것이었다. 사태는 계획대로 흘러갔다. 피에트라산타에 있는 사람들이 자신들의 눈앞에 놓인 많은 전리품을 보고 그것을 강탈했기 때문이다.[346)] 이것은 피렌체인들에게 군사작전을 실행할 정당한 이유를 제공했다. 그리하여 피렌체인들은 사르차나를 제쳐두고 피에트라산타에 진을 쳤다. 피에트라산타는 그곳을 용감히 지키고자 하는 이들로 가득 차 있었다. 피렌체인들은 평

344) **제노바와 전쟁 1484.**

345) 정당하게 포위하다(피에트라산타를 공격하는 것은 피렌체 측에서 불법적인 공격이었을 것이다).

346) 피렌체 전략의 주인공 야코포 귀차르디니는 역사가 프란체스코의 할아버지로 사르차나 작전에 종사하는 피렌체 군대 사령관이었다.

원에 대포를 배치한 후 산에 요새를 쌓고, 거기서부터도 압박하고자 했다.[347] 군대의 사령관은 야코포 귀차르디니였다. 피에트라산타에서 전투가 진행되는 사이 제노바의 군단은 바다(Vada)의 성채[348]를 장악하고 불태웠고, 그의 군대는 육지에 상륙하여 바다 부근의 시골 지역을 약탈했다. 이에 대항하기 위해 피렌체에서 본잔니 잔필리아치(Bongianni Gianfigliazzi)[349]가 보병 및 기병과 함께 파견되었다. 그는 일단 제노바인들의 오만을 제어하여 마음대로 습격하지 못하게 막았다. 그러나 제노바 군단은 피렌체인들을 지속적으로 공격하고 리보르노로 항해하여, 부교[350]와 다른 장비들을 가지고 새로 만든 탑[351]으로 접근해서 대포로 며칠 동안 계속 공격했다. 그러나 그것이 더 이상 이득이 되지 않는 것을 보자, 군단은 수치스럽게 리보르노에서 후퇴했다.

347) 요새와 참호는 북동쪽으로 피에트라산타가 내려다보이는 언덕을 둘러싸고 있는 성벽과 반대편에 세워졌다.

348) 나중에 메디치에 의해 확장된 고대 피사인들의 탑은 카스틸리온첼로와 체치나 사이의 해안을 방어하기 위해 배치되었다.

349) 그는 1484년 10월에 안토니오 디 푸초(Antonio di Puccio)와 함께 귀차르디니의 대리인(commissari)으로 파견되었다(본잔니 잔필리아치와 야코포 귀차르디니는 1472년 볼테라 전쟁 당시 이미 대리인으로서 동료였다).

350) 부교는 큰 뗏목이나 바닥이 평평한 배로서 매우 얕은 물에서도 사람과 물자를 실을 수 있어 상륙 작전에 적합했다.

351) 아마도 토레 델 마르초코(Torre del Marzocco)와 동일시되는데, 피렌체 사람들이 1439년(리보르노는 1421년에 획득됨)부터 고대 항구 입구에 있는 고대 피사인들의 탑의 유적에 지었다. 그러나 새 이름은 1518년에 작업(두 개의 탑을 포함하여 고대 중세 건물을 통합)이 시작된 현재의 오래된 요새를 생각하게 할 수 있다(이 경우 마키아벨리는 시기를 착각했을 것이다). 리보르노는 잔필리아치가 방어했다.

31.[352)]

그 사이 피에트라산타에서 포위가 부진하게 진행되어서 적들이 용기를 내서 보루를 공격하고 정복했다. 이 결과는 그들에게 많은 명성을 안겨주었고, 피렌체 군대는 너무 큰 충격을 받아 스스로 자멸할 지경이 되어서 도시에서 4마일을 후퇴했다. 지휘관은 이미 10월이 되었기에 본영으로 돌아가서 다음 새로운 시기[353)]의 포위를 준비하는 것이 좋다고 판단했다. 이 무질서가 피렌체에 알려지자, 군대의 명성과 힘을 회복하기 위해 그들은 안토니오 푸치(Antonio Pucci)[354)]와 베르나르도 델 네로(Bernardo del Nero)[355)]를 새로운 사령관으로 임명했다. 이들은 많은 군자금을 가지고 군영으로 와서 지휘관들에게 시뇨리아와 도시 전체가 어떻게 분노하고 있는지 설명한 다음, 그들에게 군대를 이끌고 다시 성벽으로 가서 작은 수비대만 보유한 그토록 형편없고 약한 성읍을 점령하지 못한 수치를 만회하라고 권고했다. 그들은 그 요새의 획득이 현재 가져올 이익과 미래에 얻게 될 이익을 지적함으로써 모두의 용맹을 다시 불러일으켜 포위 공격을 재개하도록 했다. 그들은 무엇보다 먼저 보루를 장악하기로 결정했다. 이를 통해 사람들은 인간성, 상냥함, 그리고 품위 있는 인사와 말이 군인들의

352) **피에트라산타를 차지함, 루카인들이 그 도시를 요구함 1484.**

353) 다가올 봄.

354) 열렬한 메디치파인 안토니오 디 안토니오 푸치(Antonio di Antonio Pucci).

355) (1426~1497), 그는 1484년 11월 2일에 군대에 파견되었다. 이전 사령관들이 말라리아에 걸렸기 때문이다. 베르나르도 델 네로는 메디치 덕분에 도시에서 주도적인 정치적 역할을 맡은 중산층 가정의 일원이었다. 그는 3년 전에 추방된 메디치의 복귀를 옹호한 혐의로 1497년에 사형을 선고받을 것이다. 귀차르디니는 그를 그의 저작 *Dialogo del reggimento di Firenze*의 주요 대담자로 만든다.

정신에 얼마나 많은 일을 할 수 있는지를 배웠다. 안토니오 푸치는 어떤 군인들은 격려를 다른 군인들에게는 중요한 약속을 했고, 어떤 이들에게는 악수를 하고 또 다른 이들은 안아주면서, 그들을 단호한 공격 행동으로 이끌었고, 순식간에 요새를 점령했다. 안토니오 다 마르차노(Antonio da Marciano) 백작이 대포에 의해 사망했기에[356] 그 점령이 손실 없이 이루어진 것은 아니었다. 이 승리는 도시 안에 있는 이들에게 공포를 심어주었고, 그들은 항복에 대해 숙고하기 시작했다. 일이 더 큰 명예로움으로 끝날 것 같아지자, 로렌초 데 메디치는 자신이 주둔지로 가는 것이 적절하다고 판단했고, 그의 도착 후 얼마 지나지 않아 피렌체 군대는 요새화된 도시를 점령했다.[357] 겨울이 이미 와서, 지휘관들은 정벌을 계속 진행하기보다는 이듬해 봄을 기약해야 할 것으로 생각했다. 특히 가을 이후로 날씨가 줄곧 좋지 않아[358] 군대가 약화되었고, 많은 장수들이 병에 걸렸기 때문이다. 그들 중 안토니오 푸치와 본지아니 잔필리아치(Bongianni Gianfigliazzi)는 아팠을 뿐만 아니라 사망하기까지 했다.[359] 모든 사람이 매우 슬퍼한 것은 안토니오가 피에트라산타에서 행했던 일들에 의해 얻은 그의 영예 때문이었다. 피렌체인들이 피에트라산타를 정복한 후 루카인들은 사절을 피렌체에 보내 이미 자신들에게 속했던 도시라고 주장하며, 서로 빼앗긴 모든 도시는 그 첫 주군에게로 회복되는 것이 협약의 조건임을 주지시켰다.[360] 피렌체인들은 합의를 부정하지는 않았으나, 자신들과 제노바인들 사이의 협상에 따라 그 도시를 루카에 돌려주어

356) 1484년 10월 22일('포병 공격에서'). 안토니오 다 마르차노는 피렌체 군의 대장이었다.

357) 피에트라산타는 11월 8일 피렌체에 항복했다.

358) 말라리아의 원인이었음.

359) 잔필리아치는 1484년 11월 11일에 말라리아 열로 사망했다. 안토니오 푸치는 며칠 전에 사망했다.

360) [영역주] 바뇰로 조약의 의무. 『피렌체사』 8권 26장을 보시오.

야 하는지는 모르겠다고 답했다.[361] 그들은 그 때까지 결정을 할 수 없었으나, 그것을 루카에 돌려주어야 한다면 루카인들은 수많은 시민들의 죽음으로 입은 손실과 비용을 만회해 주어야 할 필요가 있다고 답했다. 루카에서 그것을 제공한다면 피에트라산타를 돌려받을 수 있다고 쉽게 희망했다. 겨울 내내 로마에서 교황의 중재를 통해 피렌체인들과 제노바인들 사이에서 평화협상이 진행되었다. 그러나 결론이 나지 않았고, 피렌체인들은 봄이 왔을 때 로렌초 데 메디치가 아프지 않았고, 교황과 페르디난도 왕 사이에 전쟁이 나지 않았다면[362] 사르차나에 대한 공격을 재개했을 것이다. 로렌초는 아버지로부터 물려받은 통풍으로 고통받았을 뿐 아니라, 매우 심한 복통을 앓아서 치료를 위해 온천에 가야 했다.[363]

32.[364]

그러나 더 중요한 원인은 전쟁이었고, 그 기원은 이것이었다. 라퀼라(l'Aquila)는 나폴리 왕국에 속했는데, 거의 자유도시처럼[365] 지냈다. 이 도시에서 몬토리오(Montorio) 백작[366]은 명성이 높았다. 칼라브리아

361) 즉, 제노바와 피렌체 간의 평화 협정(아직 논의 중인)에 기초하여 피에트라산타가 제노바와 접촉해야 할 가능성이 있었다. 평화협상은 교황과 밀라노 공작 로도비코 스포르차의 중재로 로마에서 진행되었다. 협상 중에 만들어진 가설 중에는 상호 배상이 있었다. 피렌체는 피에트라산타를 제노바에 양도하고, 제노바는 피렌체에 사르차나를 제공하는 것이다.

362) 그것은 소위 '남작들의 반란'으로, 나폴리 왕국의 몇몇 위대한 봉건 영주들이 교황의 공개적인 지지 하에 일으킨 것이다.

363) 로렌초는 포레타(Porretta)의 목욕탕에서 몇 달을 보냈다.

364) **교황과 나폴리 왕 간의 전쟁 1485~1486.**

365) '큰 자율성을 가지고'. 나폴리 왕조와 봉건제 사이의 긴장은 몇 년 동안 상당히 증가했고, 라퀼라의 사건 몇 달 전에 주요 남작들이 공통 방어선을 협상하기 위해 멜피에 모였다.

공작은 농민들 사이에서 일어난 봉기를 제압한다는 명분 아래 군대를 이끌고 트론토(Tronto) 근처에 있었다.[367] 그는 라퀼라를 왕에게 다시 완전히 복종하도록 되돌리려는 계략을 꾸미고 있었고, 이에 마치 자신이 하고 있는 일에 도움을 얻고자 하는 것처럼 몬토리오 백작을 불러냈다.[368] 그는 어떠한 의심도 없이 복종했고, 그가 도착했을 때 공작은 그를 사로잡아 나폴리로 압송했다. 이 일이 라퀼라에 알려지자 온 도시는 분노했고, 인민은 무기를 들었으며,[369] 왕의 대리인이었던 안토니오 콘치넬로 및 왕당파로 알려진 몇몇 시민들을 죽였다. 라퀼라의 인민은 이 반란에서 자신들을 방어해 줄 누군가에게 기대야 했기에 교회의 깃발을 들었고, 교황에게 사절을 보내 도시와 자신들을 그에게 바치면서 자신의 백성으로 여기어 폭군으로부터 보호해달라고 부탁했다.[370] 사적인 이유로나 공적인 이유들로 왕을 미워했던 교황은 대담하게 그들의 보호를 맡기로 했다.[371] 교황은 밀라노에 적대적이면서 미고용 상태에 있던 로베르토 다 산 세베리노를 자신의 지휘관으로 삼고 최대한 빨리 로마로 오게 했다.[372] 이 외에도 그는 몬토

366) 피에트로 캄포니스키(Pietro Camponischi). 몬토리오는 테라모(Teramo) 근처 지역이다.

367) 트론토는 나폴리 왕국의 북쪽 경계를 표시했다.

368) 칼라브리아 공작 알폰소는 캄포니스키를 키에티로 불러들였다. 에피소드는 1485년 6월로 거슬러 올라간다.

369) 마키아벨리는 서로 관련된 사건을 압축하는 것처럼 보이지만 연대순으로 연속적이지는 않다. 캄포니스키 가문이 매우 강력했던 라퀼라의 봉기를 두려워한 칼라브리아의 알폰소는 그곳에 수비대를 파견했다. 아브루초 도시는 같은 해 9월에야 왕권에 대해 공개적으로 반란을 일으켰다.

370) 교황은 도시의 방어를 맡았고, 10월 14일 그는 나폴리 왕에게 전쟁을 선포하는 교서를 발표했다.

371) 교황과 나폴리 왕 사이의 충돌은 오랫동안 감지되어 있었고, 작은 외교적 사건(아라곤인의 영토 주장과 교황의 가신인 나폴리 왕의 고대 공물을 복원하려는 교황의 열망)으로 그 모습을 드러냈다.

372) 산세베리노는 여전히 베네치아를 섬기고 있었다. 교황은 페라라 전쟁 당시에 내린 성무금지령(1485년 2월)을 해제한 베네치아로부터 용병대장이 자신의

리오 백작의 친구들과 친척들을 독려하여 왕에게 봉기하도록 했다. 그 결과 알테무라(Altemura),[373] 살레르노(Salerno),[374] 비시냐노(Bisignano)의 지배자들이 그에 대항하여 무기를 들었다. 갑작스러운 전쟁으로 공격을 받게 된 왕은 피렌체인들과 밀라노 공작에게 도움을 요청했다. 피렌체인들은 어떻게 해야 할지 확신이 서지 않았는데, 다른 일로 자신들의 일[375]을 그만두기가 어렵고 교회에 대항하여 또 한 번 무기를 드는 것은 위험해 보였기 때문이다. 그럼에도 그들은 동맹 관계에 있었기에 편의보다 신뢰를 우선으로 생각하여 위험을 감수하기로 했다. 그들은 오르시니 가문을 고용했고, 거기에 더해 왕을 돕기 위해 모든 군대를 피틸리아노(Pitigliano) 백작[376]의 지휘 아래 로마로 보냈다. 이에 왕은 군대를 둘로 나누었다. 하나는 칼라브리아 공작의 지휘 아래 로마로 보내[377] 피렌체 군대와 함께 교회의 군대에 대항했고, 다른 하나는 자신의 지휘 아래 두고 다른 군주들을 상대했다. 이 전쟁은 양쪽 모두에서 변화무쌍한 운[378]으로 지속되다가 결국 왕이 모든 곳에서 승리하게 되었고, 1486년 8월 스페인 왕[379]의 사절을 통해 교황이 동의한 평화조약이 맺어졌다. 교황이 운명에 굴복하고 행운을 더 시험하지 않기로 했던 것이다. 이탈리아의 모든 세력이 평화에 동

직무를 수행하도록 했다. 산세베리노는 1485년 11월 로마에 도착했다.

373) 알타무라(Altamura). 그는 왕국의 위대한 성주 피로 델 발조(Pirro del Balzo)였다.

374) 안토넬로 산세베리노(Antonello Sanseverino).

375) 제노바에서 아직 떨어지지 않은 사르차나의 정복.

376) 니콜로 오르시니. 11월에 피렌체에서 파견되었다.

377) 아라곤의 알폰소(칼라브리아 공작)가 지휘하는 나폴리 군대는 1485년 11월과 12월 사이에 로마를 포위했다. 알폰소는 1486년 초에 산세베리노에 의해 포위 공격을 중단하도록 강요받았다.

378) 마키아벨리는 군사적 차원에서뿐만 아니라 외교적 차원에서도 매우 복잡한 사건을 생략한다(프랑스의 개입과 교황을 지지하는 로렌 공작에 대한 추측).

379) 페르디난도 2세, 당시 아라곤의 유일한 왕. 1486년 8월 11일 페르디난도가 보증한 조약에 서명했다.

의했지만, 밀라노에 대항하는 반군이자 피렌체에 속한 도시들의 약탈자로서 제노바는 홀로 남겨졌다. 평화가 맺어진 후, 전쟁에서 교황에게 거의 충실하지 못했고 적에게는 그렇게 강력하지 않은 대적자였던 루베르토 다 산 세베리노는 마치 교황에 의해 쫓겨나듯 로마를 떠났고, 공작[380]과 피렌체 군인들의 추격을 받았다. 그는 체세나를 지날 때 추월당할 것 같아서 백 명이 되지 않는 기병과 함께 서둘러 라벤나로 도망갔다. 그의 나머지 군인 중 일부는 공작에게 편입되었고, 나머지는 농민들에 의해 해산되었다. 왕은 평화가 맺어지고 중소 군주들과 화해를 하자, 야코포 코폴라(Jacopo Coppola),[381] 그리고 안토넬로 단베르사(Antonello d'Anversa)[382]와 그의 아들들을 죽였다. 이들은 전쟁에서 왕의 비밀을 교황에게 밀고했었다.

33.[383]

교황은 이 전쟁에서 피렌체인들이 얼마나 기민하고 열정적으로 친선을 맺는지 주목했다. 처음에 그가 피렌체인들을 미워했던 것은, 제노바를 향한 그의 사랑[384]과 나폴리 왕에게 제공한 피렌체인들의 도

380) 칼라브리아 공작.

381) 사르노(Sarno) 백작 프란체스코 코폴라(Francesco Coppola)는 페르디난도 왕의 재정 파트너이자 개인 고문이었다.

382) '다베르사'(d'Aversa). 안토넬로 페트루치(Antonello Petrucci)는 테아노(Teano)의 소박한 가정에서 태어났지만 후원자 조반니 아미라토(Giovanni Ammirato) 덕분에 아베르사에서 성장하고 공부했다. 왕의 개인 비서인 그는 1487년 5월에 반역죄로 사형을 선고받았다. 페르디난도의 복수는 코폴라와 페트루치뿐만 아니라 대부분의 반란 남작들에게 영향을 미쳤고 일부는 처형당했으며 일부는 전쟁이 끝난 후 몇 달 동안 암살자들에게 살해당했다.

383) **교황은 피렌체와 친하게 되다, 로렌초 데 메디치는 개인적으로 사르차나의 항복을 받다 1487.**

384) 치보 가문은 제노바 사람이었다.

움 때문이었다. 그러나 그는 이제 피렌체인들을 사랑하기 시작했고, 그들의 사절들에게 일반적인 호의보다 훨씬 더 많은 것을 보여주었다. 로렌초 데 메디치는 교황의 이러한 의향을 알고 나서 엄청난 노력을 경주하여, 나폴리 왕과의 친분에 교황과의 친분을 더하여 자신에게 더욱 큰 명성을 가져오고자 했다. 교황에게는 아들 프란체스코[385]가 있었는데, 그는 권력과 친구들로 자신의 아들이 명예와 지위를 누리고 자신이 죽은 후에도 스스로를 지킬 수 있도록 하기 위해서는 로렌초와 연합하는 것 외에 이탈리아에서 더 나은 사람을 찾을 수 없다고 생각했다. 교황은 일을 잘 진행하여 로렌초의 딸을 아들의 아내로 맞아들였다.[386] 이렇게 동맹이 맺어졌다. 교황은 제노바인들이 자발적으로 사르차나를 피렌체인들에게 양보하기를 바랐기에 아고스티노가 피렌체인들에게 팔았던 것을 그들이 가질 수 없으며, 더 이상 자신의 것이 아닌 것을 산 조르조에 양도할 수도 없다는 것을 강력하게 시사했다. 그럼에도 어떤 진전도 이루어지지 못했다. 이런 것들이 로마에서 협상되는 동안 제노바인들은 많은 배를 무장시키고, 피렌체에서 무슨 일이 벌어지고 있는지 알기 전에 3천 명의 보병을 육상에 배치하여 사르차나 위에 위치해 있는 피렌체 소유의 사르자넬로(Sarzanello)의 성벽을 공격했다.[387] 그들은 인접한 마을을 약탈하고 불태웠으며, 성벽 앞에 대포를 배치하여 집중적으로 그 도시를 공격했다. 피렌체인들은 이 새로운 공격을 예상하지 못했다. 그들은 즉각 비

385) 프란체스케토(Franceschetto)로 알려진 프란체스코 치보. 그는 (프란체스코, 테도리나 외에) 두 명의 자녀 중 하나이며 인노첸시오 8세가 교황이 되기 전에 인정한 자녀였다.

386) 프란체스케토와 로렌초의 딸 마달레나(Maddalena) 사이의 결혼은 1487년 2월에 결정되어, 1488년 1월에 거행되었다. 로렌초와 교황 사이의 계약에는 로렌초의 둘째 아들인 조반니(미래의 교황 레오 10세)의 추기경 임명도 포함되었다. 그것은 1489년 봄에 이루어졌다.

387) 이어지는 사건들은 1487년의 초반부터 일어난다.

르지니오 오르시니(Virginio Orsini) 휘하의 사람들을 모아 피사로 집결시켰다. 그리고 그들은 교황에게 그가 평화에 대해 협상하는 동안 제노바인들이 자신들과 새로운 전쟁을 시작했다고 항의했다. 그 다음 그들은 피에로 코르시니(Piero Corsini)를 루카로 보내 그 도시가 신의를 지키도록 했으며, 파올안토니오 소데리니(Pagolantonio Soderini)를 베네치아로 보내 그 공화국은 어떻게 하고 있는지 확인하고자 했다. 그들은 또한 나폴리 왕과 루도비코에게 도움을 요청했지만, 아무 도움도 받지 못했다.[388] 왕은 자신이 투르크의 함대를 두려워하고 있다고 말했고,[389] 루도비코는 도움을 약속했지만 여러 핑계로 어떠한 도움도 주는 것을 미루었다. 따라서 피렌체인들은 자신들의 전쟁에서 거의 언제나 홀로였다. 그들은 자신들이 다른 나라를 도울 때 보였던 선의로 자신들을 도우려는 어떤 이도 찾을 수 없었다. 동맹에 의해 버려지는 것은 처음이 아니었고, 그들은 이번에는 두려워하지 않았다. 그들은 야코포 귀차르디니와 피에로 베토리[390] 수하에 강력한 군대를 일으켜 적에 맞서도록 보냈고, 군대는 마그라 강 근처에 진영을 세웠다. 그 사이 사르자넬로는 광산과 모든 종류의 힘으로 포위하고 있던 적으로부터 강한 압박을 받고 있었고, 이에 사령관들은 적을 제거하기로 결심했다. 적은 전투를 거부하지 않았고, 그들이 교전했을 때 제노바인들이 패배했다.[391] 루이지 달 피에스코(Luigi dal Fiesco)[392]

388) 실제로 적은 군대이지만 밀라노와 나폴리에서 도착했다(아라곤의 개입으로).

389) 그가 1487년 6월 3일에 로렌초에게 보낸 편지에서 그가 피렌체를 구출하기 위해 8척의 갤리선을 보냈다는 것도 분명하다.

390) 피에로 베토리는 마키아벨리의 친구이자 서신 교환자였던 프란체스코의 아버지이다. 야코포 귀차르디니에 대해서는 8권 15장 참조. 그들은 사령관으로 군대에 있었다.

391) 1487년 4월.

392) 장로(1441경~1508)로 알려진 잔 루이지 피에스키(Gian Luigi Fieschi)는 가장 눈에 띄는 제노바 시민 중 한 명이다.

와 적군의 많은 수장들이 포로로 잡혔다. 이 승리는 그러나 사르차나 인들을 두렵게 하여 항복하도록 하지는 못했다. 실제로 그들은 완고하게 방어를 준비했고 피렌체 사령관들은 공격을 준비했다. 그렇게 사르차나는 맹렬한 공격을 받으며 열심히 방어했다. 이 공성전이 길어질수록 로렌초 데 메디치는 자신이 진영에 방문하는 것이 바람직하다고 생각했다. 그가 도착했을 때 우리 군대는 사기가 충전했고 사라차나인들은 사기를 잃었다. 그들은 피렌체인들이 자신들을 공격하고자 하는 마음이 완고하고 제노바인들이 자신들을 도와주는 데 냉정함을 보고, 자발적으로 별다른 조건 없이 로렌초의 손에 자신들을 맡겼다.[393] 그들이 피렌체의 지배 하에 들어왔을 때 반란의 주모자 몇 명을 제외하고 나머지 사람들은 관대하게 대우받았다. 포위 기간 동안 루도비코는 그의 군대를 폰트레몰리(Pontremoli)로 보내서 우리에 대한 지지를 보여주는 것처럼 했다. 그러나 제노바에서의 그의 내통 덕분에[394] 도시의 지배자들에게 반대하는 파당이 봉기를 일으켜서 밀라노 공작의 군대의 도움으로 스스로를 그에게 넘겼다.[395]

393) 1487년 6월 22일 사르차나는 항복했다.

394) '몇몇 제노바 사람들과 비밀 계약을 맺는다'(그에게 도시를 주기 위해). 점점 더 위험한 권력을 유지하기 위해 도시를 스포르차에 넘길 생각을 했던 총독 파올로 프레고조와 합의했다.

395) 1487년 7월.

34.[396)]

이 시기 독일인들[397)]은 베네치아에 대항해서 전쟁을 시작했다. 마르케에서는 보콜리노 다 오시모(Boccolino da Osimo)가 오시모라는 마을로 하여금 교황에게 반란을 일으키도록 했고, 그곳에 참주정을 세웠다.[398)] 많은 사건들이 일어난 후 그는 로렌초 데 메디치에게 설득되어 그 도시를 교황에게 기꺼이 양보했다.[399)] 그리고 그는 피렌체로 와서 로렌초의 신임 아래[400)] 오랫동안 매우 영예롭게 살았다. 그리고 밀라노로 갔을 때 그는 그곳에서 동일한 신뢰를 받지 못했고, 루도비코 공작에 의해 죽임을 당했다.[401)] 독일에 의해 공격받은 베네치아는 트렌토 근처에서 패배했고,[402)] 사령관인 루베르토 다 세베리노가 전

396) **베네치아와 독일간의 전쟁, 지롤라모 리아리오가 포를리에서 암살당함, 그의 부인의 복수 1487.**

397) 바로 오스트리아 대공 합스부르크의 지기스문트다.

398) 보콜리노 구초니(Boccolino Guzzoni, 1446경~1494)는 1486년 4월 2일 오시모의 가장 유명한 가문의 일원이자 군인으로서 그의 도시에서 권력을 잡았다.

399) '반환에 동의했다'. 마키아벨리가 암시하는 사건에 대해, 교황은 오시모 점령에 적극적으로 반응하여 많은 군대를 도시 포위 공격에 파견했다. 적들에게 압박을 받은 구초니는 투르크 술탄 바야지드 2세(1487년 초)에게 도움을 청했지만 성공하지 못하고, 그에게 마르카 정복과 자신이 부관이 되겠다고 제안했다. 구초니는 스포르차 군대(잔 자코모 트리불지오의 지휘 아래)가 자코모 비텔리(Giacomo Vitelli)가 지휘하는 교황의 군대에 합류하였을 때 항복 협상을 시작했다.

400) '보증 아래'. 로렌초(구조니와의 오랜 우정이 있었던)의 중재 덕분에 8월 1일에 교황 사절에 대한 항복 협정이 체결되었다. 구조니는 오시모를 피해 없이 버리고 몰수한 자산에 대한 보상으로 8천 두캇을 받았을 것이다.

401) 그를 병사로 고용한 루도비코 일 모로는 1494년 6월에 그를 교수형에 처했다. 아마도 야심 찬 지도자가 그의 조카 잔 갈레아초의 권리를 지지할 가능성이 있다고 생각했기 때문일 것입니다.

402) 칼리아노(Calliano, 트렌토와 로베레토 사이 아디제 계곡). 전투는 1487년 8월 10일에 벌어졌다.

사했다. 이 패배 이후 베네치아는 운명의 명령에 부응하여[403] 패자가 아닌 승자로서 독일과 협정을 맺었고, 그것은 공화국에 큰 영광이었다. 이 시기에 매우 많은 소란들이 로마냐에서 일어났다. 포를리(Forlì)의 프란체스코 도르소(Francesco d'Orso)는 그 도시에서 중요한 권력자였다. 그는 지롤라모 백작[404]의 의심을 사서 여러 차례 협박을 받았다. 따라서 엄청난 두려움 속에 살고 있던 프란체스코는 그의 친구들과 친척들에 고무되어 위험을 미리 방지하고자 했는데, 백작에게 살해당하기 전에 백작을 먼저 죽여 자신의 위험을 피하고자 한 것이었다. 그는 일의 실행을 결정하고 포를리의 장이 서는 날[405]을 거사일로 정했다. 주변 지역의 친구들이 도시로 올 수 있는 날이며, 장날은 사람들을 오도록 만들 필요 없이[406] 거사에 그들을 이용할 수 있는 기회라고 생각했다. 때는 5월로, 이탈리아인들 대부분은 밝을 때[407] 만찬을 하는 풍습이 있었다. 공모자들은 백작을 죽이기 적당한 시간이 그가 만찬을 한 후라고 생각했는데, 그 시간에는 그의 시종들이 식사를 하고 있어서 그가 거의 홀로 자신의 방에 있을 것이라고 추정했던 것이다. 이러한 생각을 가지고 약속된 시간에 프란체스코는 백작의 집으로 갔고, 첫 번째 방들에 자신의 동료들을 남겨두고 백작이 있는 방으로 갔다. 그는 한 시종에게 자신이 백작과 이야기하기를 원한다고 백작에게 전해달라고 했다. 안으로 인도된 프란체스코는 백작

---

403) '그들이 일반적으로 해왔듯이'. 외교를 통해 군사적 패배로 인한 피해를 제한하거나 취소하는 베네치아의 능력에 관하여는 6권 19장 및 8권 26장 참조.

404) 교황 식스토 4세의 조카 지롤라모 리아리오. 1473년부터 이몰라의 영주, 1480년부터는 포를리의 영주이기도 하다. 그와 함께 음모에 가담한 프란체스코 오르시와 그의 형제 루도비코는 리아리오의 징세관이었다.

405) 월요일. 그것은 4월 14일이었다(아래에서 마키아벨리는 5월이라고 잘못 말한다).

406) 특별히 소집하지 않고도.

407) 일몰 전에.

이 혼자 있는 것을 발견하고서 몇 마디 겉치레의 대화를 나눈 후 그를 죽였다. 그 이후 그는 동료들을 호출했고, 그들은 시종들을 죽였다. 우연히 이 도시의 대장(capitano)[408]이 백작에게 이야기할 것이 있어 그곳에 왔다가 그의 사람 몇 명과 방에 들어갔고, 그 역시 백작을 죽인 이들에 의해 살해되었다. 이 살인들은 큰 소란을 일으켰고 백작의 머리는 창문 밖으로 던져졌다. 그들은 "교회와 자유"를 외치면서, 백작의 탐욕과 잔인함을 혐오했던 전 인민으로 하여금 무기를 들도록 했으며, 백작의 집을 약탈하고 백작 부인 카테리나와 그 자식들을 포로로 잡았다.[409] 그들이 자신들의 기도를 영광스럽게 완료하기 위해 이제 남은 것은 성채[410]를 장악하는 것뿐이었다. 성주가 항복할 의사가 없자 그들은 백작부인에게 그가 항복하도록 설득해 달라고 요청했다. 그녀는 자신을 성채로 들어가도록 허락해 준다면 그렇게 하겠다고 약속했다. 그녀는 신의의 표지로 자식들을 그들에게 남겨두었다. 공모자들은 그녀의 말을 믿고 성채로 그녀를 들여보냈다. 그녀는 안으로 들어가자마자 남편의 복수를 위해 사형 및 모든 종류의 형벌로 그들을 위협했다. 그들이 그녀의 자식들을 죽이겠다고 위협하자, 그녀는 자신이 더 많은 자식을 낳을 수 있다고 답했다.[411] 음모자들은 교황이 자신들을 도와주지 않고, 백작부인의 삼촌 루도비코[412]가 그

408) 도시의 군대 사령관.

409) 갈레아초 마리아의 친딸인 카테리나 스포르차는 1477년 리아리오와 결혼했다. 마키아벨리는 외교관으로서의 경력(1499년)의 첫 번째 파견업무들 중 하나로 카테리나(그녀는 1500년대 초까지 이몰라와 포를리의 영주를 유지할 것이다)에게로 보내졌다. [영역주] 카테리나 스포르차. 갈레아초 마리아의 친딸이다. 이 이야기는 『로마사 논고』 3권 6장과 『군주론』 20장 참조.

410) 포를리의 남쪽 벽을 따라 라발디노(Ravaldino) 성문 근처의 요새.

411) 여기서 마키아벨리는 『로마사 논고』 3권 6장에서 언급했던 여성이 경멸하고 자랑스럽게 하는 말(치마를 들어올리고 음부를 과시하는 것)을 수반했을 외설적인 몸짓에 대해서는 침묵한다.

412) 루도비코 스포르차 일 모로, 갈레아초 마리아의 형제이자 밀라노 공국의 섭정.

녀를 돕기 위해 군대를 보낸다는 소식을 듣자 두려움에 떨게 되었다. 그들은 가지고 갈 수 있는 재산을 가지고 치타 디 카스텔로로 갔다. 그러자 백작부인은 나라를 되찾고,[413] 남편의 죽음에 대하여 무자비한 잔인함으로 복수했다.[414] 피렌체인들은 백작의 죽음에 대해 알게 되자 과거 백작에게 빼앗겼던 요새 피안칼돌리(Piancaldoli)를 수복할 기회라고 생각했다.[415] 피렌체인들은 사람들을 보내 그곳을 수복했지만 체카(Cecca)[416]라는 유명한 건축가를 잃었다.

35.[417]

이 소란에 못지않은 다른 사건이 로마냐에서 일어났다. 파엔차의 영주 갈레아토(Galeatto)의 부인은 볼로냐의 군주 조반니 벤티볼리오의 딸이었다.[418] 그녀는 질투심에서인지 혹은 그녀의 남편이 그녀를 심하게 대했기 때문인지 아니면 그녀의 악한 성정 때문인지, 어쨌든 자신의 남편을 혐오했다. 그녀는 그를 혐오하는 데서 훨씬 더 나아가

413) 카테리나는 그녀의 아들 오타비아노(Ottaviano)의 후견인으로 이몰라와 포를리를 다스릴 것이다.

414) 4월 29일 포를리에서 도망친 오르시 형제는 탈출했지만, 5월 1일과 2일 사이에 그들의 가족과 음모에 가담한 사람들이 모두 학살당했다.

415) 토스카나-에밀리아 아펜니노의 중심부에 있는 피안칼도리는 1478년에 리아리오에 의해 점령되었다. 이 요새는 고대의 우발디니(Ubaldini)의 성이었다.

416) 프란체스코 단젤로(Francesco d'Angelo, 1447~1488)로 체카(Cecca)로도 알려져 있다. 그는 기술 조언 덕분에 피안칼돌리 요새가 함락되었을 때 석궁 사격으로 사망했다. 프란체스코 단젤로는 로렌초 시대에 군사 및 방어 건축의 쇄신의 주요 건축가 중 한 사람이었다.

417) **파엔차의 영주 갈레오토 만프레디의 살해, 그 도시는 피렌체의 수중에 들어감 1488.**

418) 갈레오토 만프레디(1440년생)는 1482년 조반니 2세 벤티볼리의 딸인 프란체스카와 결혼했다. 만프레디는 지롤라모 리아리오의 권력에 맞서 로마냐에서 로렌초의 중요한 동맹자였다.

그의 권력을 빼앗고 죽이기로 결심했다. 그녀는 병이 나 아픈 척 하면 갈레아토가 그녀를 보러 올 것이고, 그때 방에 일을 위해 미리 숨겨 놓았던 자신의 심복들이 그를 죽이도록 계획했다. 그녀는 이 계획을 아버지와 공유했는데, 그는 사위가 죽은 후 파엔차의 영주가 되고 싶어 했기 때문이다. 이 살인의 예정된 시간이 왔을 때, 갈레아토는 습관대로 부인의 방으로 들어갔고, 그녀와 잠시 이야기를 나눌 때 살인자들이 숨어있다가 나와서 그가 어떤 대응도 하지 못하는 사이 그를 죽였다.[419] 그의 죽음 이후 거대한 소동이 있었다. 부인은 어린 아들 아스토레(Astorre)[420]를 데리고 요새로 피했다. 인민은 무기를 들었고, 조반니 벤티볼리는 밀라노 공작의 용병대장 베르가미노(Bergamino)[421]와 함께 많은 수의 무장한 사람들을 이끌고 안토니오 보스콜리(Antonio Boscoli)가 여전히 피렌체 대리인으로 있는 파엔차로 들어갔다.[422] 소란 중에 모든 지도자가 모였고, 그들이 도시의 통치에 대하여 논의하는 동안 이 소란의 한가운데로 달려왔던 일군의 발 디 라모나(Val di Lamona) 사람들[423]이 조반니와 베르가미노에 대항하여 싸우기 시작했다. 그들은 베르가미노를 죽이고 조반니를 포로로 잡았으며, 아스토레와 피렌체인들의 이름을 부르며 도시를 피렌체 감독관(Commissario)에게 위탁했다.[424] 이 사건이 피렌체에 알려지자 모든 사람이 안타까워 했지만, 그들은 조반니와 그의 딸을 풀어주었고 전 인민의 의지에

419) 사건은 1488년 5월 31일로 거슬러 올라간다.

420) 아스토르조 3세. 그는 파엔차를 지배하는 가족의 마지막이 될 것이다.

421) 조반 피에트로 카르미나티(Giovan Pietro Carminati, 베르가미노로 알려짐). 루도비코 일 모로가 포를리 요새에서 포위된 조카 카테리나를 돕기 위해 그를 갈레아초 산세베리노와 함께 파견했다. 갈레오토 만프레디가 살해될 당시 베르가미노는 포를리의 총독이었다.

422) 1488년 6월 2일.

423) 발 디 라모네 주민들의 호전성에 관하여는 5권 30장 참조.

424) 피렌체는 파엔차인들의 요청을 지원하기 위해 피틸리아노 백작(니콜로 오르시니)의 지휘 하에 사르차나에 주둔한 군대의 일부를 보냈다.

따라 그 도시와 아스토레를 보호하게 되었다. 강력한 군주들 사이의 주요한 전쟁들이 잦아들고 나서, 로마냐, 마르케, 시에나에서 여러 해 동안 많은 소란이 있었다. 그것들은 중요성이 덜하기에 모두 설명할 필요는 없어 보인다. 1478년의 전쟁이 끝나고 칼라브리아 공작이 떠난 이래, 시에나에서의 소란은 더 자주 일어난 것이 사실이다. 때로는 평민이, 때로는 귀족이 지배했던 많은 변화 끝에 귀족이 승자로 남았다. 이들 중 판돌포와 야코보 페트루치(Iacobo Petrucci)[425]는 다른 이들보다 더 많은 권력을 얻었고, 한 사람은 그의 지혜로, 다른 이는 그의 용기로 그 도시에서 거의 군주의 지위를 누렸다.

36.[426]

사르차나에서의 전쟁이 끝난 후 피렌체인들은 로렌초 데 메디치가 사망하는 1492년까지[427] 매우 큰 번영 속에 살았다. 로렌초의 지혜와 권위로 이탈리아에서 무기를 내려놓자, 그는 자신과 자신의 도시를 위대하게 만드는데 주의를 기울였다. 그는 큰 아들 피에로를 오르시노(Orsino) 기사의 딸 알폰시나(Alfonsina)와 결혼시켰고,[428] 둘째 아들 조반니(Giovanni)에게는 추기경의 명예를 가져다주었다.[429] 이것은 전

425) 두 페트루치는 1487년 오랜 망명 끝에 시에나로 돌아와 권력을 잡았다. 그의 형제가 사망한 후(1497), 판돌포(1452~1512)는 사실상 도시의 유일한 영주로 남았다(마키아벨리는 서기관으로 임무를 맡아 그에게 여러 번 파견되었다).

426) **로렌초 데 메디치의 죽음, 그의 업적 1492.**

427) 1492년 4월 8일.

428) 피에로는 1487년 알폰시나 디 로베르토 오르시니(탈리아코초 백작)와 결혼했다.

429) 조반니는 1489년 인노첸시오 8세에 의해 추기경으로 지명되었다(아래 마키아벨리가 지적하는 것처럼 아직 14세가 채 되지 않았다). 그는 장차 1513년

례가 없는 것으로서 채 14세가 되지 않아 그러한 지위에 오르게 된 것은 매우 주목할 만한 일이었다. 이 조치는 후에 나타나듯이 그의 가문을 하늘 높이 오르게 만든 사다리가 되었다.[430] 셋째 아들 줄리아노(Giuliano)[431]는 어린 데다가 로렌초가 오래 살지 못했기에 특별한 행운을 받지 못했다. 그의 딸들 중 첫째 딸은 야코포 살비아티(Jacopo Salviati)와, 둘째 딸은 프란체스코 치보(Francesco Cibo)와, 셋째 딸은 피에로 리돌피(Piero Ridolfi)와 결혼했다.[432] 그가 자신의 가문의 단결을 유지하기 위해 조반니 데 메디치에게 결혼시켰던 넷째 딸은 일찍 세상을 떠났다.[433] 다른 사적인 일에서 그는 사업에 성공적이지 못했다. 그의 관리자들은 상인으로서가 아니라 지배자로서 그의 일들을 관리하여, 그 무능과 부정으로 여러 면에서 그의 동산(動産)의 많은 부분을 잃게 만들었다. 따라서 그의 조국은 큰 돈을 들여 그를 도와야만 했다.[434] 같은 운명을 반복하지 않기 위해 그는 사업적 이해관계를 제쳐놓고, 더 안정적이고 고정된 종류의 재산으로 부동산에 관심을 돌렸다. 그는 프라토, 피사, 발 디 페사 근처의 소유지를 개발했는데, 그

에 교황으로 선출될 레오 10세이다.

430) 그 후 조반니를 교황으로 선출할 수 있게 해준 도구로, 메디치 가문은 유럽에서 가장 주목할 만한 가문이 될 것이다

431) 1479년에 태어난 네무르 공작(프랑스 왕 프랑수아 1세가 그에게 부여한 칭호). 그의 형제 레오 10세 휘하의 교황군 사령관. 그러고 나서 파르마, 모데나, 피아첸차, 레조의 영주였던 그는 마키아벨리의 『군주론』의 첫 번째 헌정 대상자였다. 그는 1516년에 일찍 세상을 떠났다.

432) 그들은 순서대로 루크레치아(Lucrezia), 마달레나(Maddalena), 콘테시나(Contessina)이다.

433) 루이지아(Luigia)이다. 그녀는 조반니 디 피에르프란체스코 데 메디치와의 결혼이 약속됐지만 거행되지는 않았다. 루이지아는 1494년에 사망했다.

434) 로렌초가 사업 능력이 없었다는 판단은 그에 대한 상식이었다. 귀차르디니가 이미 『피렌체사』, p.177에서 그의 *임종시*를 그린 유명한 언급을 참조하시오. "그는 사업을 이해하지 못하고 그것에 관심을 두지 않았기 때문에 종종 자신을 혼란에 빠뜨렸고, 거의 실패할 뻔했다. 따라서 자신과 친구의 돈과 공적 자금의 도움을 받아야만 했다."

건물들의 질이나 웅장함은 사적 시민들의 것이 아니라 왕에 적합한 것이었다.[435] 이후 그는 자신의 도시를 더 아름답고 위대하게 만드는 데로 관심을 돌렸다. 도시 내에 주택이 없는 지역이 많았기에 그는 새로운 건물들로 들어찬 새 도로의 건설을 계획했다. 이를 통해 도시는 더 아름다워지고 확장되었다. 그는 자신의 나라 전체에 걸쳐 더 평화롭고 안전한 삶을 살게 하고, 그의 적들과는 좀 더 멀리서 싸우고 방어하기 위해 볼로냐를 향해 있는 산 가운데에 피렌추올라(Firenzuola)라는 요새 도시를 세웠다. 시에나 방향으로는 포조 임페리알레(Poggio Imperiale)[436]를 세우고 그것을 매우 강하게 만들었으며, 제노바 방향으로는 피에트라산타와 사르차나를 점령하여 적으로 통하는 길을 막았다. 그리고 그는 봉급과 연금으로 페루자의 발리오니 가문과 치타 디 카스텔로의 비텔리 가문을 자신의 친구로 유지했으며, 파엔차의 정부는 전적으로[437] 그의 손 안에 있었다. 이 모든 것이 피렌체에 견고한 성벽과도 같았다. 이 평화의 시기에 그는 자신의 조국에서 항상 축제를 열어서 고대의 위업과 승리를 재현하고 마상시합을 즐기게 했다. 그의 목적은 도시를 풍요롭게 하고 인민을 단합시키며 귀족들을 존경받게 하는 것이었다. 그가 뛰어난 예술가는 누구든지 극진히 사랑하고 식자들을 선호했음은 아뇰로 다 몬테풀치아노(Agnolo da Montepulciano),[438] 크리스토파노 란디노(Cristofano Landino),[439] 헬라

---

435) 코지모의 집들과 (행동들)에도 동일한 말을 사용했다. 7권 5장 참조.

436) 포지본시 위의 발 델사에 있다. 시에나 방향으로 카시아를 통제하는 대규모 요새 건설은 식스토 4세와 나폴리 왕에 대한 전쟁(1478～1479)의 여파로 거론되기 시작했다. 줄리아노 다 산 갈로(Giuliano da San Gallo)에게 맡겨진 작업은 1488년에 착수되었지만 20년 동안 지속되었다.

437) 도시에 대한 일종의 보호령을 행사했다.

438) 폴리치아노, 본명은 안젤로 암브로지니(1452～1494).

439) 크리스토포로 란디노(1424～1498)는 무엇보다도 *Disputations Camaldulenses*(1474)와 『신곡』에 대한 유명한 주석(1481년 인쇄)의 저자다.

스 사람 데메트리오(Demetrio)[440]가 증명하고 있다. 거의 신적인 인물인 조반니 델라 미란돌라(Giovanni della Mirandola)는 그가 여행했던 유럽의 다른 모든 지역을 제쳐두고 로렌초의 후한 대접에 이끌리어 피렌체에 거처를 마련하기까지 했다.[441] 로렌초는 건축, 음악, 시를 아주 즐겼으며, 자신이 지은 시뿐 아니라 그가 비평한[442] 시 작품들이 많이 남아있다. 피렌체 젊은이들이 학문에 전념할 수 있도록 그는 이탈리아에서 가장 뛰어난 사람들을 데려다 피사에 학교를 세웠다. 그는 피렌체 근처에 아주 뛰어난 설교가였던 마리아노 다 제나차노(Mariano da Genazzano) 수사[443]를 위해 성 아우구스티누스 교단의 수도원을 지었다.[444] 로렌초는 운명과 하느님 모두에게서 최고의 사랑을 받았고, 그의 사업들은 모두 번창했으며, 그의 적들은 비참한 결과를 맞았다. 파치 가문 외에도, 바티스타 프레스코발디(Battista Frescobaldi)[445]는 그를 카르미네(Carmine)에서, 발디노토 디 피스토이아(Baldinotto di Pistoia)[446]는 로렌초의 빌라에서 그를 죽이려고 시도했

440) 데메트리오 칼콘딜라(Demetrio Calcondila, 1424~1511)는 로렌초에 의해 피렌체 대학에서 그리스어를 가르치도록 부름을 받았다. 그곳에서 폴리치아노의 선생님이기도 했다.

441) 조반니 피코 디 미란돌라(Giovanni Pico di Mirandola, 1463~1494)는 이탈리아의 여러 도시와 프랑스에 머물렀다가 1488년에 피렌체에 영구적으로 정착했다.

442) 이것은 당연히 『내 소네트에 대한 주석(Comento de'miei sonetti)』을 말한다. 여기에서 －단테의 『비타 누오바(Vita Nuova)』를 모델로－ 로렌초는 그의 소네트 중 41개에 대한 철학적 주석을 제시한다.

443) 사보나롤라(Savonarola)의 매서운 적수가 될 아우구스티누스 교단의 마리아노 다 제나차노(1412~1498)이다.

444) 또한 그는 사보나롤라를 완강히 반대한 사람이었다. 이를 마키아벨리는 언급하고 있지 않다.

445) 불분명한 사건은 1481년 6월로 거슬러 올라간다. 바티스타 프레스코발디는 6월 2일 아모레토 발도비네티와 함께 로렌초를 죽이려는 음모를 꾸몄다는 혐의로 체포되었다(안토니오와 프란체스코 발디누치도 가담했다). 공모자들은 6월 6일 카피타노 궁의 창문에 교수형을 당했다.

446) 이 사건에 대해서는 Valori의 *Vita*, p.60 참조. 그러나 거기에서도 발디노토

다. 그들은 모두 계획에 가담한 은밀한 이들과 함께 사악한 음모에 대한 정당한 벌을 받았다. 그의 삶의 방식, 지혜, 행운은 이탈리아뿐 아니라 먼 외국의 군주들에게 알려졌고 존경받았다. 헝가리의 왕 마차시는 로렌초를 향한 흠모를 자주 표시했고, 술탄은 그에게 사절을 통해 선물을 보냈으며, 오스만 투르크의 황제는 로렌초의 동생을 살해한 베르나르도 반디니를 그의 손에 넘겨주었다.[447] 이 군주들의 관심으로 인해 로렌초는 이탈리아에서 훌륭한 인물로 여겨졌고, 그의 명성은 그의 지혜로 인해 더욱 높아져 갔다. 그는 토론할 때 달변이었고 날카로웠으며, 문제의 해결에 있어 현명했고, 일을 실행하는 데 있어 신속하고 결단력이 있었다. 또한 그는 연애사에 경탄할 정도로 연루되어 있었고 남자들과 장난스럽고 자극적이고 유치한 게임들을 즐겼음에도 불구하고, 그 악덕들이 그의 큰 미덕을 얼룩지게 할 수는 없었다. 그는 여러 번 자신의 아이들과 놀이를 함께하는 모습을 보여주었다. 그의 관능적인 삶과 근엄한 삶[448] 두 가지를 생각해 보면, 그에게서 거의 불가능할 것 같은 조합으로 연결된 두 인물을 발견할 수 있었다.[449] 그는 말년에 몹시 괴로운 병으로 고통 속에 살았다. 그는 참을 수 없는 복통으로 고생했으며, 1492년 4월 44세의 나이로 죽었다. 피렌체뿐 아니라 이탈리아 전역에서 신중함에 대한 그러한 명성으로 죽은 이는 없었으며, 조국에서 그 죽음을 그토록 크게 애석해한

가 카이아노의 포조의 빌라에서 로렌초를 매복공격했다는 점을 제외하고는 그것에 대해 거의 알려주지 않는다.

447) 베르나르도 반디니(줄리아노 데 메디치의 살인자, 8권 6장 참조)는 탄압을 피해 먼저 나폴리로 피신한 다음 콘스탄티노폴리스에서 1479년 봄에 오스만 당국에 체포되었다. 로렌초는 무함마드 2세로부터 반디니를 송환받고, 1479년 여름 피렌체에서 그를 처형했다

448) 그는 두 종류의 삶을 살았는데, 하나는 쾌락에 전념한 것이고 다른 하나는 사업과 정치에 종사했던 것이다.

449) 한 사람 안에 그것들이 공존하는 것이 거의 불가능해 보였다.

이가 없었다. 그의 죽음 이후 엄청난 재난들이 일어날 것임은 하늘이 매우 확실한 징후로 보여주었다.[450] 산타 레파라타 성당의 가장 높은 첨탑이 엄청난 벼락을 맞아 그 봉우리의 많은 부분들이 부서져서 모두가 경악했던 것이다. 이탈리아의 모든 시민과 군주들은 분명하게 드러나도록 그의 죽음을 애도했다. 자신의 사절들을 통해 그러한 일에 느꼈던 슬픔을 표현하지 않은 이들이 없었다. 그들의 그토록 큰 슬픔과 애도에 대한 합당한 이유가 있었는지 여부는 그의 죽음 직후부터 일어난 일들의 영향[451]을 통해 드러났다. 이탈리아가 그의 조언을 받을 수 없는 상태가 되자, 사람들은 밀라노 공작 루도비코 스포르차의 야망을 만족시키거나 억제하기 위해 의지할 자원을 찾을 수 없게 된 것이다. 그래서 로렌초가 죽고나서 얼마 지나지 않아 이탈리아를 파괴했고 또 여전히 파괴하고 있는 나쁜 씨앗들이, 그것을 제거하는 방법을 아는 사람이 더 이상 없자, 자라기 시작했다.

---

450) '매우 분명한 징조'. 동시대 사람들이 언급한 '징조' 중 마키아벨리는 가장 유명한 것을 인용한다. 로렌초가 죽기 이틀 전에 산타 마리아 델 피오레('산타 레파라타')를 강타한 번개. 이것은 마키아벨리가 『로마사 논고』 1권 56장(주요 사건을 '예측'하는 '징조'에 헌정)에서도 언급한 바 있다. 바르톨로메오 체레타니(Bartolomeo Cerretani)와 바르톨로메오 마시(Bartolomeo Masi)와 같은 동시대 연대기 작가들이 기억하고 있는 에피소드(그리고 귀차르디니가 그의 『피렌체사』와 『이탈리아사』에서 인용함)는 Martelli의 *Schede*, 특히 pp. 283 이하에서 마르실리오 피치노(Marsilio Ficino)가 조반니 데 메디치(Giovanni de' Medici) 추기경에게 보낸 편지와 폴리치아노(Poliziano)가 야코포 아티콰리노(Iacopo Antiquarino)에게 보낸 편지들을 소환한다.

451) '결과'. 즉, 1494년 샤를 8세의 침공으로 이탈리아 전쟁이 발발했다.

역자 해제[1)]

서양 근대 정치학(정치사상)의 선구자인 마키아벨리(1469-1527)는 역사가이기도 했다. 실제로 역사 관련 글을 적지 않게 썼을 뿐 아니라, 주요 저작에서 자신의 논지의 근거로 고대와 당대의 역사적 사례들을 풍부하게 인용하고 있다. 무엇보다 마키아벨리 자신이 스스로 정체성을 역사가로 규정하기도 했다.[2)]

마키아벨리의 역사 저술 중 가장 많이 알려진 것이 『군주론』과 함께 마키아벨리의 양대 저작 중 하나로 간주되는 『로마사 논고(Discorsi sopra la Prima Deca di Tito Livio)』(1517년)다. 로마 역사가 리비우스(Titus Livius, 기원전 59년~기원후 17년)의 『로마사(Ab urbe condita)』의 첫 10권에 주석을 다는 형식으로 쓰여진 『로마사 논고』는 공직 재진출을 위해서 어느 정도 본심을 감출 수밖에 없었던 『군주론』과는 달리, '공화주의자'로서 마키아벨리 자신의 평소 생각을 가감 없이 담은 책으로 알려져 있다. 하지만 『로마사 논고』는 타인이 쓴 역사서에 주석을 다는 방식으로 쓰여졌기 때문에 마키아벨리 자신의 본격적인 역사서라고 보기에는 한계가 있다.

마키아벨리의 역사에 대한 본격적인 생각을 알 수 있는 책이 바로

---

1) 역자 해제는 신철희(2012, 2015)를 기초로 작성했음.

2) 마키아벨리는 친구인 귀차르디니(Francesco Guicciardini)에게 1525년 말(정확한 날짜는 미상)에 보낸 편지 말미에, "역사가, 희극작가, 그리고 비극작가, 니콜로 마키아벨리"(Niccolo Machiavelii, istorico, comico e tragico)라고 서명을 했다(Machiavelli 2000, 568).

『피렌체사(Istorie Fiorentine)』(1525년)다. 양대 저작인 『군주론』이나 『로마사 논고』와 비교해서 그동안 관심을 덜 받았지만, 마키아벨리가 인생 황혼기에 쓴 『피렌체사』는 그의 저작들 중 가장 방대할 뿐만 아니라, 후기 르네상스를 살다간 한 천재의 정치와 역사 그리고 인간에 대한 통찰을 엿볼 수 있는 걸작이다. 그는 조국인 피렌체가 겪을 수 밖에 없었던 전쟁과 변혁, 분열과 갈등, 승리와 실패의 역사를 그 기원부터 때로는 상세하게, 때로는 간략하면서 날카롭게 서술하고 있다.

하지만 『피렌체사』를 이해하는 데 어려운점이 있다. 『피렌체사』는 『군주론』이나 『로마사 논고』와는 달리 권(libro)과 장(capitolo)으로 구분되어 있을 뿐 소제목이 붙어 있는 것도 아니어서, 그동안 『피렌체사』를 어떻게 읽어야 할지에 대해 학자들 사이의 의견이 분분했다.[3] 최근에 국내외 학계에서 『피렌체사』에 대한 관심이 높아지고 전문 연구자들의 연구성과가 나오고 있는 것은 마키아벨리 연구자로서 매우 반가운 현상이 아닐 수 없다. 이런 상황에서 국내 독자들의 이해를 좀 더 돕기 위해 각주가 가장 풍부하게 달린 이탈리아어 판본을 번역해서 소개하는 것은 매우 큰 의미가 있다고 생각한다.

저술 배경

1512년 메디치 가문의 복귀로 공직에서 물러난 후 마키아벨리는 공직 복귀에 대한 희망의 끈을 놓지 않고 계속 노력했다. 메디치의 젊은 군주에게 『군주론』을 써서 바치기도 했고, 지인들을 통해 메디치 가문에 어필하기도 했다. 하지만 요지부동이었다. 1494년 프랑스 샤를 8세의 침략으로 메디치 가문이 실권한 후 설립된 공화정의 서기

3) 이러한 학계의 상황을 가리켜서 마키아벨리 연구의 대가였던 펠릭스 길버트(Felix Gilbert)는 "논쟁의 초점이 되는 이슈들을 추리는 것조차 힘들다"고 고백했었고(Gilbert 1977, 135−6), 40년이 훌쩍 지난 지금도 사정은 그다지 달라지지 않았다.

장을 지냈던 마키아벨리를 메디치 가문이 적대감과 의심을 품고 바라볼 수밖에 없었을 것이다. 또 마키아벨리의 실수도 있었다. 그는 망명 생활 중이던 메디치 가문 사람들을 로마나 프랑스에서 마주치면 매우 냉랭하게 대했다고 한다(Ridolfi 2000, 286).

그러나 '지성이면 감천'이라고, 드디어 공직에 복귀할 수 있다는 희망을 품어도 될만한 일이 일어나게 된다. 1520년에 메디치 가문 출신인 교황 레오 10세로부터 『피렌체사』를 쓰라는 명령을 받은 것이다. 추기경 줄리오 데 메디치(Giulio de' Medici)가 자신의 사촌형인 레오 10세에게 마키아벨리를 추천한 것이다. 메디치 가문 지도자들의 의심이 드디어 풀린 것으로 보기에 충분한 사건이었다. 사실 『피렌체사』 주문 이전에 몇 가지 자잘한 일감을 던져줬었는데, 그것은 마키아벨리의 충성심을 시험해 보기 위한 사전작업이었던 것이다.

하지만 『피렌체사』 저술은 의미가 확실히 달랐다. 이전에 피렌체 역사를 썼던 위대한 선배들인 브루니(Leonardo Bruni)와 포조(Poggio Bracciolini)의 이름만 떠올리더라도 조국의 역사를 기록한다는 것은 피렌체 사람에게 대단한 영예로 여겨지고 있었다. 더군다나 브루니와 포조는 단순하게 피렌체 역사만 기록한 것이 아니라, 마키아벨리가 그렇게도 복귀하기 원하는 정부의 고위직(제1 서기국의 서기장)을 역임했던 공직자이기도 했다. 여러모로 조짐이 좋았다. 5년 만에 책을 완성한 마키아벨리는 자신을 추천한 추기경 줄리오(이때는 교황 클레멘스 7세가 되어 있었다)에게 헌정한다.

『피렌체사』를 헌정받은 클레멘스 7세는 만족해 하면서 처음에 약속한 것보다 두 배의 사례금을 줬다고 한다. 고진감래 끝에 마키아벨리의 오랜 바람이 거의 이뤄지기 직전이었다. 하지만 1527년 '금요일의 봉기'로 메디치 정권이 다시 붕괴하고 공화정이 복귀함으로써 모든 꿈이 한순간에 사라지고 만다. 마키아벨리와 메디치 가문은 악연이었나보다. 메디치 가문에 의해 공직을 잃었고, 이제 관계를 회복하니 메디치 가문이 실권해버렸다. 매우 낙심한 마키아벨리는 며칠 후 세상을 떠나고 만다.

책의 주제와 구성

마키아벨리는 서문(proemio)에서 『피렌체사』의 저술 의도를 분명하게 밝히고 있다. 그는 피렌체가 외국 군주 및 인민들과 벌인 전쟁을 주로 묘사했던 브루니와 포조와는 달리, 그들이 별로 주목하지 않았던 도시 내부의 분열과 갈등에 저술의 초점을 맞추겠다고 말한다. 그것들만큼 피렌체의 특징과 역량이 잘 드러난 소재가 없다고 보는 것이다. 마키아벨리는 『피렌체사』에서 피렌체가 파벌의 발생으로 이어지는 파괴적인 성격의 분열과 갈등을 겪게 된 원인이 무엇인지, 누가 가장 큰 책임이 있는지, 그리고 해결책이 무엇인지를 서술하고 있다.

『로마사 논고』에서도 상세하게 언급하고 있다시피(D I. 3-4),[4] 마키아벨리는 갈등 자체를 부정적으로 보지는 않는다. 그는 갈등에는 긍정적인 갈등과 부정적인 갈등이 존재하는데, 파벌의 발생 여부에 따라 양자를 나눌 수 있다고 주장한다. 즉, 파벌이 발생하지 않는 갈등은 좋은 갈등이고, 반대로 파벌의 발생으로 이어지는 갈등은 나쁜 갈등인 것이다. 그는 심지어 파벌이 발생하지 않는 시민들 사이의 다툼은 고대 로마 공화정의 경우처럼 오히려 도시가 발전할 수 있는 원동력이라고까지 말한다(D I. 4).

마키아벨리가 보기에 피렌체의 가장 큰 문제점은 파벌의 발생으로 공공성이 약화되고 국력이 쇠약해진 것이었다. 이러한 문제의 원인

4) 이 글에서 P와 숫자는 『군주론』의 장을, D와 알파벳 및 숫자는 『로마사 논고』의 권과 장을, IF와 알파벳 및 숫자는 『피렌체사』의 권과 장을 지칭한다. 그리고 D와 IF 다음에 나오는 pro는 서문(proemio)을 의미한다.

제공자로 마키아벨리는 다양한 주체들을 지목한다. 법과 공권력을 무시하는 귀족들과 분란을 일으키기 위해 태어난 듯이 서로 싸우는 귀족 가문들, 독점욕이 강해서 끊임없이 분열을 일으키는 중산계층(포폴로), 이익을 위해 때로는 과격하게 또 때로는 약삭빠르게 행동하는 평민들, 종교 본연의 역할보다는 세속권력에 탐닉하여 피렌체에 계속 외세를 끌어들이는 교회와 고위 성직자들. 그러나 특히 『피렌체사』의 후반부에서 마키아벨리는 피렌체를 실질적으로 통치하고 있었던 메디치 가문의 책임을 강조한다. 그들은 막강한 재산으로 만든 파벌을 이용해서 권력을 유지했으며, 실제는 군주처럼 피렌체를 지배했지만 공화정의 외양으로 치장하는 데 능숙했다. 또 평소에는 관대하고 겸손한 태도로 다른 시민들의 호감을 사고 경계심을 느슨하게 만들 줄도 알았다.

『피렌체사』는 1492년 위대한 로렌초 데 메디치의 죽음을 묘사하면서 끝이 나는데, 로렌초가 죽은 지 불과 2년 만에 피렌체는 그동안 겪어보지 못했던 참혹한 경험을 하게 된다. 피렌체는 프랑스의 샤를 8세(Charles VIII)의 군대 앞에 힘 한 번 써보지 못한 채 항복할 수밖에 없었고, 메디치 정부는 붕괴한다. 이후 피렌체는 예전의 힘과 명성을 회복하지 못하게 된다. 위와 같은 역사적 사실과 연결해 봤을 때, 『피렌체사』는 바로 메디치 가문 아래서 피렌체가 쇠퇴해 가는 과정을 묘사하고 그 원인을 규명하는 것이라고 말할 수 있다. "나는... 나의 조국을 영혼보다 더 사랑한다"[5]고 고백했던 마키아벨리에게 자신의 조국의 역사를 있는 그대로 드러내서 교훈을 얻는 것보다 더 큰 목표는 없었을 것이다.

5) "Io...amo la patria mia più dell' anima"(IF III. 7). 마키아벨리가 친구인 프란체스코 베토리(Francesco Vettori)에게 보낸 편지(1527년 4월 16일)에도 동일한 표현을 쓰고 있다(Machiavelli 2000, 629).

『피렌체사』는 총 8권으로 구성되어 있다. 『피렌체사』를 저술하는 데 있어서 마키아벨리가 가장 중요한 기준으로 삼는 것이 코지모가 망명으로부터 돌아오는 1434년이다. 1434년을 기준으로 전반부 1-4권과 후반부 5-8권이 나뉜다. 마키아벨리는 선배 역사가들인 부르니와 포조가 도시 외부에서 발생한 일들은 이미 상세하게 기술했으므로, 1434년까지는 도시 내부에서 발생하는 일들만 상세하게 묘사하고 외부에서 발생한 일들은 내부의 일을 아는 데 도움이 되는 경우만 말하겠다고 밝힌다. 그리고 1434년 이후를 다룬 후반부에서는 도시 내부와 외부의 일 모두를 상세하게 쓰고 있다. 그런데 마키아벨리는 『피렌체사』를 피렌체의 기원이 아니라 이탈리아의 기원부터 시작한다. 1권은 로마 제국의 쇠퇴 이후 1434년까지 이탈리아에서 발생한 모든 사건들에 대해서 간략하게 설명하고 있고, 2권은 피렌체의 시작부터 아테네 공작의 추방 이후 교황과의 전쟁까지를, 3권은 라디슬라오 왕이 죽은 1414년까지를, 4권은 1434년까지의 일들을 다룬다. 그리고 5권부터 8권까지는 1434년부터 1492년 로렌초의 죽음까지 피렌체 내부와 외부에서 발생한 일들을 상세하게 묘사하고 있다.

피렌체의 분열과 갈등

『피렌체사』의 핵심 주제인 시민들 사이의 분열과 갈등에 대한 마키아벨리의 문제의식은 이미 『로마사논고』에 잘 드러나 있다. 근대 정치사상사에서 마키아벨리의 기여로 인정받는 것 중의 하나가 바로 정치적 갈등의 긍정적인 효과에 대한 발견인데, 마키아벨리는 『로마사논고』 1권에서 귀족(patricii)과 민(plebs)의 불화가, 당시의 통념과는 다르게, 오히려 로마 공화정이 강성해지게 된 원동력이라고 주장한다(D I. 4). 반면에 『피렌체사』는 도시에서 발생하는 갈등의 부정적인 결과인 파벌에 대해서 자세하게 분석하고 있다.

마키아벨리가 『피렌체사』뿐 아니라 자신의 주요 저작들에서 파벌(당파, 분파)의 의미로 사용하는 단어는 'setta(sette)', 'fazione', 'parte' 등이다. 그의 주요 저작들에 나타나는 단어의 용법으로부터 유추하면, '파벌'은 개인이나 집단이 가지고 있는 권력이나 명예에 대한 욕구, 또는 상대방에 대한 적대감을 공적 수단이 아니라 재력이나 피호관계(patronage) 같은 사적 수단에 의존해서 해소하려고 할 때 발생하는 특수한 이익 집단을 의미한다고 볼 수 있다. 때에 따라서 계급(계층)을 '파벌'이라고 부르기도 한다. 그는 고대 로마의 경우처럼 보다 넓은 이익에 기반한 계급 간의 갈등은 긍정적으로 생각하지만, 다른 계급과 공존하려는 의지가 부족하거나 도시 전체의 이익보다는 자신들의 이익만을 추구할 때 그 계급(들)을 '파벌'이라고 부르기도 한다(IF III. 5). 다시 말하면, 파벌은 개인이나 집단, 더 나아가서 심지어 계급조차도 공공 이익(bene comune)보다는 특수 이익(bene particulare)에 집착할 때 발생하게 되는 것이다.

『피렌체사』 서문에서 마키아벨리는 피렌체의 분열과 로마나 아테네 같은 고대의 공화국들의 분열의 성격을 간단하게 비교하고 있다. 그는 고대 로마를 비롯한 다른 공화국들은 망할 때까지 민(popolo)과 귀족(grandi) 사이의 분열이 지속된 반면에, 피렌체는 이긴 세력이 끊임없이 둘로 분열을 해서 결국 귀족과 귀족, 귀족과 포폴로, 포폴로와 평민 사이의 분열이 연이어서 계속되었다고 말하고 있다(IF pro). 그런데 여기에서 주목할 점은 마키아벨리가 피렌체와 달리 귀족과 민의 분열이 끝까지 유지된 예로 언급하고 있는 공화국들은 모두 고대의 국가들이며, 피렌체와 동시대의 다른 국가들은 거론하지 않고 있다는 사실이다. 비록 명시적으로 언급하고 있지는 않지만, 마키아벨리는 고대의 경우와는 상이한 분열과 파벌의 근대적 성격을 염두에 두고 있는 것이다.[6] 따라서 피렌체의 분열과 파벌의 성격을 규명하기 위해서는 고대 국가들 중에서 마키아벨리가 가장 큰 관심을 둔 로마의 경우와 비교하는 것이 필요하다(Gilbert 1977, 149).

마키아벨리는 『피렌체사』 7권 1장에서 파벌 발생의 주요 원인을 개인의 명예(riputazione) 추구 방식에서 찾는다. 그는 개인이 명예를 추구하는 방식을 "공적인 방식"(vie publiche)과 "사적인 방식"(modi privati)으로 구분한다. 즉, 명예를 얻는 "공적인 방식"에는 "전투에서 승리하거나, 도시를 정복하거나, 조심스럽고 사려깊게 임무를 완수하거나, 공화국에 현명하고 큰 이익이 되는 조언을 하는 것" 등이 있고, "사적인 방식"에는 "이 시민 혹은 저 시민을 이롭게 하거나, 그를 행정관으로부터 보호하거나, 돈으로 돕거나, 그에게 상응하지 않은 명예를 주거나, 놀이와 공적인 선물로 인민에게 잘 보이려고 대접"하는 것 등이 있다. 그런데 마키아벨리는 전자를 택할 경우 도시에 도움이 되지만 후자의 경우 파벌이 발생할 수밖에 없다고 주장한다.

마키아벨리가 "인간이 추구하는 궁극적인 목표(fini)"[7] 중 하나로 간주하는 명예나 영광은 그의 정치학에서 매우 중요한 역할을 한다. 인간이 명예를 추구하는 것은 불멸성(immortality)에 대한 욕구 때문인데, 유한한 생명을 가지고 있는 인간이 불멸하기 위해서는 특별한 업적을 통해서 후세에 이름을 남기는 것이 최선의 방법이다. 마키아벨리는 기본적으로 악한 인간의 본성 중에서 명예를 향한 이 욕구를 이용하여 정치 공동체를 형성하고 유지하기 위한 희생과 협력을 이끌어내고자 한다(Zmora 2007, 449−50).

그런데 문제는 인간의 명예욕이 너무 강하기 때문에 "경멸할 만한

---

6) 데이비드 흄(David Hume)에 따르면 파벌에 대한 근대적 관점의 특징은 파벌(정파)을 인간 성향에서 비롯되는 불가피한 현상으로 인정했다는 점이다(Hume 2006, 55−59).

7) 마키아벨리는 『군주론』 25장에서 인간의 궁극적인 목표는 "영광과 부"(glorie e ricchezze)라고 말하고 있다(P 25).

일들"(cose vituperose)을 통해서라도 그것을 얻으려고 한다는 점이다(IF pro). 다시 말하면, 제재를 가하지 않을 경우 인간은 "사적인 방식"으로 명예를 얻는 것에 전혀 거리낌이 없으며, 결국 특정 개인이나 집단의 이익만 증진시키는 파벌을 발생시킴으로써 공동체 전체에는 해를 끼치게 된다. 따라서 마키아벨리의 관심사는 명예를 "사익"이 아니라 "공동선"의 관점에서 추구하도록 법과 제도를 통해서 유도함으로써 도시에 이익이 되도록 만드는 것에 있다(IF VII. 1). 마키아벨리는 개인의 명예 추구 방식을 도덕성의 문제라기보다는 제도(ordini)의 문제로 보는 것이다. 그렇기 때문에 마키아벨리는 상벌이 분명한 제도를 통해서 개인의 명예욕이 공공 이익과 부합하도록 만드는 방법을 고민했다.

포폴로와 '절반의 승리'

마키아벨리의 정치이론에서 가장 기본적인 갈등 양상은 민(popolo)과 귀족(nobili, grandi) 사이의 대립이다. 『피렌체사』 3권 1장에서 마키아벨리는 지배와 관련된 민과 귀족의 성향(umori)의 차이에서 발생하는 증오와 반목이 도시의 모든 악의 원인이 될 수 있다고 말한다(IF III. 1). 잘 알려져 있다시피, 마키아벨리는 『피렌체사』뿐 아니라 그의 다른 주요 저작들에서도 인간의 성향을 크게 두 가지, 즉 귀족의 지배하려는 성향과 민의 지배받지 않고 자유롭게 살려는 성향으로 구분하고 있다(IF II. 2, 12; P 9; D I. 5). 그러나 마키아벨리는 기본적으로 민과 귀족의 성향과 그것들 사이에 발생하는 갈등 자체에 대해서는 중립적인 입장을 취한다. 민과 귀족 사이의 갈등은 "우연한 사건들"(accidenti)에 따라서 도시를 확장시키는데 도움이 되기도 하고, 반대로 도시를 멸망시키는 원인이 될 수도 있기 때문이다(IF pro).

그런데 마키아벨리가 『피렌체사』 7권 1장에서 묘사하는 피렌체 시민들 사이의 분열과 증오의 결과는 파괴적이었다.

> 피렌체의 분열은 항상 파벌을 동반했으며 해로운 결과들이 뒤따랐다. 적대적인 파벌이 행동할 때를 제외하고는 승리한 파벌이 단결을 유지한 사례가 없다. 그러나 적대적인 반대파가 사라지면, 승리한 쪽은 자제해야 한다는 어떠한 부담이나 그것을 제어할 스스로의 원칙도 없이 곧바로 분열되었다(IF VII. 1).

피렌체에서는 외부의 적이 사라지거나 자체의 제어 시스템(ordini)이 잘 작동하지 않았을 때에는 항상 승리한 세력(sette)이 분열했다(IF pro, VII. 1). 다른 어떤 도시보다 피렌체에 파벌이 많았던 이유는 피렌체 시민들의 권력을 독점하려는 성향과 밀접한 관련이 있었던 것이다. 흔히 세력들 간의 갈등 관계에서 상대 세력을 완전히 몰아내고 권력을 독점했을 때 갈등이 사라지고 장기간의 평화가 가능한 것처럼 생각하기 쉽다. 그러나 마키아벨리는 인간 사회의 갈등문제에 있어서 두 가지 점을 강조한다. 하나는 인간이 모여서 사는 곳에는 갈등이 생길 수밖에 없다는 것이다. 또 다른 강조점은 적대 세력이 완전하게 제거되었을 때보다 오히려 남아있을 때 상대방에 대한 두려움 때문에 자기 진영의 단결과 절제를 낳고, 나가서 도시 전체에도 이익이 된다는 것이다.

하지만 피렌체 시민들은 세력들 사이의 대결에서 상대방을 완벽하게 굴복시키고 모든 것을 독차지하려는 "궁극적인 승리"(ultima vittoria)(IF II. 32)를 추구했다. 그 결과는 평화가 아니라 오히려 끊임없는 분열과 갈등이었고, 자연스럽게 국력의 약화가 뒤따랐다(IF pro). 마키아벨리는 피렌체가 이러한 지속되는 질곡에서 벗어나려면 싸워서 승리하더라도 적절한 선에서 멈추고 상대방과 공존하는 "절반의 승리"

(mezzana vittoria)(IF III. 25, IV. 14)에 만족해야 한다고 권고한다. 완전한 승리, 궁극적인 승리가 아니라 절반의 승리에 만족할 때 고대 로마와 같은 영광을 얻을 수 있다는 것이 마키아벨리가 하고 싶은 말인 것이다(김경희 2023).

그런데 마키아벨리는 민과 귀족 사이의 갈등이 악을 낳는 경우, 다시 말하면, 파벌이 발생할 때 여기에서 주도적인 역할을 하는 쪽은 귀족보다는 민, 그중에서 중간계층인 포폴로(popolo)라고 본다. 그는 로마와 피렌체에서 분열과 갈등으로 인한 결과가 다르게 나타난 것은 두 도시의 민이 가지고 있는 "상이한 목적" 때문이라고 말한다.

> 로마 초기에 평민과 귀족 사이의 적대감은 논쟁으로 해결됐지만, 피렌체에서는 전투로 해결되었다. 로마에서 평민과 귀족 사이의 증오는 법의 제정으로 귀결됐지만, 피렌체에서는 많은 시민들의 망명과 죽음으로 끝이 났다. 평민과 귀족 사이의 적대감이 언제나 로마에서는 군사적 역량을 강화시켰지만, 피렌체에서는 완전히 그것을 말살시켜버렸다. 평민과 귀족 사이의 증오가 로마에서는 도시의 시민들 사이의 평등을 매우 큰 불평등으로 바꾸었지만, 피렌체에서는 불평등에서 놀라운 평등으로 옮겼다. 이런 상이한 결과는 로마와 피렌체의 민이 가지고 있는 상이한 목적(diversi fini)에서 비롯됐을 것이다. 로마의 민은 귀족과 함께 최고의 명예를 누리고자 했던 반면, 피렌체의 민은 귀족의 참여 없이 정부를 독점하고자 했다(IF III. 1).

고대 로마의 민은 귀족과 명예를 나누려고 했지만, 피렌체의 민은 귀족을 배제하고 권력을 독점하려고 했다. 또한 로마의 민은 귀족의 '지배하려는 성향'을 존중해 주고, 비록 그들과 싸워서 승리했더라도 철저한 말살을 추구하지 않고 정부 운영에 참여시킨 반면에, 피렌체의 민은 귀족을 철저하게 배제하고 권력을 독점했다. 그 결과 피렌체 귀족이 가지고 있었던 "군대"와 "관대함"이 사라지게 된 것이다. 비록 피렌체의 귀족이 다른 시민들에게 오만하게 대하고 불평등을 야기하기도 했지만, 그들의 군사적 능력과 관대한 성격은 피렌체의 존립에 없어서는 안되는 요소였다. 더군다나 귀족이 가지고 있었던 이런 미덕들이 도시를 장악한 포폴로에게는 전해지지 않았다(IF II. 42).

그렇다면 피렌체의 민, 그중에서 포폴로는 어떤 사람들이며, 그리고 고대 로마의 민과 달리 강한 독점욕을 가지게 된 원인은 무엇일까? 라틴어 단어 'populus'로부터 파생된 'popolo'는 13세기경 이탈리아의 도시국가들 안에서 처음으로 생겨난 고유한 계급(계층)으로서(Najemy 2008, 2-3), 마키아벨리가 살았던 시대의 모습과 그의 민에 대한 시각의 독특성을 가장 잘 드러내주는 개념이다. 'popolo'는 그리스 도시국가의 'demos'나 고대 로마의 'populus'처럼, '도시 전체의 시민'과 그중 다수를 차지하는 '일반 평민'이라는 이중의 의미를 가지고 있었다.

길드에 기반한 중산계급인 포폴로가 피렌체의 지배 세력으로 등장하게 된 것은 13세기 중반 봉건토지귀족(magnati)과의 대결에서 승리함으로써 가능했다. 이때 피렌체가 생긴 이후 최초로 상공시민의 길드 연합체가 중심이 된 정부('il primo popolo')가 수립되었다(1250-60년). 또한 1293년 '정의의 법령'(Ordinamenti della giustizia)[8]을 계기로 봉

8) '정의의 법령'은 피렌체 역사상 가장 중요한 문서로서 다음의 두 가지 중요한 내용을 담고 있다. 첫째, 길드 사이에 공식적인 연합을 구성하고 이들의 손에 피렌체의 행정을 맡긴다. 둘째, 반귀족법(anti-magnate legislation)을 명문화해서 도시의 140개 귀족가문이 비귀족(non-magnates)에 대해 죄를 범했을 경우 더 가혹한 처벌을 담보한다(Najemy 2008, 82-3). 나제미에 따르면 '정의의 법령'은 귀족들 사이의 갈등 자체를 방지하기 위한 것이 아니라 비엘리트 시민에 대한 엘리트 파당의 영향력을 약화시키기 위한 것이었다. 귀족들 사이에 분쟁이 일어나면 귀족들과 후원자-피후원자의 관계에 있는 비귀족들이 거기에 말려들 수밖에 없으며, 희생을 당하는 쪽도 대개 비귀족들이었다. 즉 귀족들과 비귀족들 사이의 관계를 단절시켜서 귀족들 사이의 다툼이 도시 전체에 확산되는 것을 방지하려는 의도를 가지고 있었다(Ibid., 85).

건귀족은 특권을 상실하고 정부의 고위관직으로부터 배제되었다(IF II. 13; 박영철 1996, 578). 마키아벨리의 기술에 의하면 이들이 다시 관직을 얻기 위해서는 포폴로의 신분으로서만 가능했고 또 포폴로처럼 생각하고 행동해야만 했다(IF III. 1). 고대 로마에서는 부유한 평민이 귀족에 편입되기 위해 노력했지만, 피렌체에서는 오히려 귀족이 생존을 위해서 포폴로를 따라했다는 것은 변화된 시대상을 잘 보여준다.

『피렌체사』에서 묘사되는 민은 『군주론』이나 『로마사논고』에서보다 더 주도적인 정치적 역할을 하는 것으로 묘사된다. 특히 『군주론』에서는 민이 통치자의 관점에서 건국을 하거나 세워진 국가를 유지하는데 필요한 지지세력, 인적기반으로서 주로 거론되지만, 『피렌체사』에서는 귀족과의 싸움에서 이기고 공화국을 주도한 "상업으로 길러진" 민, 즉 포폴로의 역할이 부각된다(IF I. 39). 피렌체를 군주처럼 지배한 메디치 가문도 바로 포폴로 출신이었다.

귀족과 민(포폴로)의 투쟁에서 민이 승리했다는 것은 아테네나 로마와 같은 고대의 사례들과 다른 피렌체의 특징이었다. 그러나 피렌체의 포폴로는 귀족의 위신을 세워주고 공존을 도모했던 고대 로마의 민(plebs)과 달리 귀족들과 영예를 공유하기를 거부했다. 또한 거기에서 그치지 않고 평민들(plebe)과 갈등을 일으켰으며(IF II. 42, III. 1), 평민들과의 관계에서도 그들의 권리를 인정하지 않고 권력과 이익을 독점하려고 했다. 즉, 피렌체의 포폴로는 파벌의 특성을 강하게 띠고 있었던 것이다.[9]

피렌체에서 포폴로와 평민의 새로운 분열의 원인은 지배 성향에 있어서 민 내부의 분화와 관련이 있다. 마키아벨리는 기본적으로 귀족

9) 같은 중간계급이라 하더라도 이러한 현상이 나타난 이유는 포폴로만의 역사적 특성, 즉 자본주의의 발전과 밀접한 관련이 있다. 다시 말하면, 마키아벨리의 『피렌체사』는 중세 말, 근대 초에 새롭게 등장하는 부르주아 계급의 속성을 잘 보여주고 있다.

과 민이라는 계급의 차이에 따라서 지배에 대한 욕구가 다른 것으로 구분하지만, 사실 민 가운데도 지배욕이 충만한 사람들이 존재했다. 다시 말하면, 객관적으로 계급은 민에 속하지만 자신들의 위치에 만족하지 못하는 군주의 지배성향을 가진 중간층이 존재했고, 이들이 귀족과의 대결에서 승리한 후 자신들보다 약한 민(plebe 또는 popolo minuto)과의 대립을 주도했던 것이다. 고대 로마의 경우 지배성향이 있는 민은 귀족과 평민 사이를 중재하다가 귀족에 편입되어서 '신귀족(conscripti)'이 되었고, 결과적으로 귀족과 평민의 대립이 지속될 수 있었다. 반면에 피렌체의 경우 중간층(popolo)은 귀족과 평민을 중재하는데 그치지 않고 귀족을 배제하고 평민을 제압함으로써 권력을 독점하려고 했으며, 이것은 역설적으로 도시가 지속적으로 분열과 갈등에 빠지는 원인이 되었다.

인민형성의 정치

마키아벨리의 진정한 문제의식은 분파와 당파가 발생하는 근대 정치사회의 현실 속에서 어떻게 시민들 사이의 일치를 달성하고 정치를 가능하게 만들지에 있었다. 마키아벨리는 분열을 이용하려는 통치자는 허약하며, "무력과 개인적 능력으로 국가를 유지할 수 없을 때, 통치자는 그러한 책략에 호소"한다고 말한다(D III. 27). 단합과 일치의 강조가 통치자에 의해서 불만 세력을 탄압하기 위한 구실로 사용될 수 있음에도 불구하고 중요한 정치적 과제가 되는 이유 중 하나는, 분열은 공동체의 성립 자체를 어렵게 만들기 때문이다.

『피렌체사』에서 마키아벨리는 도시의 단합이 시민들과 도시의 자유, 그리고 강성함의 원동력임을 계속해서 강조한다(IF III. 35). 그는 도시가 분열되었을 때 루카(Lucca)의 카스트루초(Castruccio Castracani)나 아네테 공작에게 도시의 자유를 상실했지만, 단합했을 때는 밀라노의 주교나 교황도 어찌할 수 없을 정도로 강했다고 말한다(IF III. 11). 그리고 피렌체가 "잦은 새로운 분열"(le spesse e nuove divisione)이 없었더라면 강대함에 이르렀을 것(IF II. 6)이며, "도시의 단결이 계속 유지되고 오래 묵은 당파 싸움(umori)이 재점화되지 않았다면 … 더 큰 일을 할 수 있었을 것이다"(IF III. 29)라고 강조하기도 한다. 다시 말하면, 『피렌체사』에서 반복적으로 강조되는 것은 일치와 단결(III. 29, 35, IV. 11)이며, 이것은 도시의 자유를 지키고 큰일을 이루기 위한 전제조건인 것이다.

마키아벨리가 고민한 시민들의 단합과 일치의 달성은, 달리 말하면, 피렌체 정치체제의 인적 기초가 되는 인민(people)을 형성한다는 의미다. 주권을 지닌 정치 공동체의 구성원으로서 '국민'(nation)이 근대국가 안에서의 초월적이고 법적인 측면을 강조하고, '다중'·'군중'·'대중' 등이 정치 공동체가 형성되기 이전이나 이후의 민의 원초성이나 일시성을 강조하는 데 반해서, '인민'은 '다중'·'군중'·'대중'보다는 초월적이고 일치를 지향하지만, '국민'보다는 그 내부에서의 역동성이 강조된다(Ackerman 1998, 187). 공동체의 단합과 발전을 저해하는 파벌을 극복하고 국가(도시)의 구성원으로서 인민을 형성하는 것은 정치의 핵심과제다. 서양 정치사상사의 중심 주제 중 하나가 바로 '인민형성' (people-building)의 필요성과 그 조건에 관한 것이라고 말할 수 있다. 아리스토텔레스 이후 정치사상사가들은 진정한 국가를 건설하기 위해서는 사람들의 단순한 집합인 다중(multitudo)을 공통의 목적의식을 가진 인민(populus)으로 전환하는 것이 핵심적인 정치적 과제라고 보았다(신철희 2009, 181-9).

라틴어에서 시작된 '인민'이라는 단어의 발전 과정도 '인민형성'을 둘러싼 갈등과 역동성을 잘 보여준다. 즉, '인민'에는 정치 공동체 구성원 사이의 일치와 단합이라는 목표와 세력들 간의 갈등과 투쟁이라는 현실이 동시에 담겨 있는 것이다. 모밀리아노(Arnold Momigliano)에 따르면, '보병'(infantry)을 의미했던 'populus'는 군대와 밀접한 관련이 있었다.[10] 대부분의 고대 도시국가들과 마찬가지로 로마에서도 팔랑크스(phalanx)나 군단(legion)에서의 군역은 일정한 재산을 가진 계급에 한정되었기 때문에 초기에는 기본적으로 민(plebs)은 군단('포풀루스')에서 제외되었다(Momigliano 1986, 183-4). 따라서 세르비우스의 군대개혁[11] 이후 200여 년간의 '신분투쟁'(The Conflicts of Orders)의 역사는 바로 '군대'(포풀루스)에서 제외되었던 민이 '포풀루스'로 편입되는 과정이었으며, 동시에 그들이 공동체에 대한 자신들의 기여만큼 정치적 권리를 획득해 가는 투쟁이기도 했다.[12] '인민' 개념의 기원은 '인민'이 단일성과 초월성을 상징하면서, 동시에 그 안에 민 사이의 갈등과 타

---

10) 라틴어로 된 가장 오래된 문헌 중 하나인 Carmen Saliare에 'populus'를 'pilumnus', 즉 보병의 무기인 '창'(pilum)을 들고 있는 것으로 묘사하고 있고, 동사 'populor'는 군대용어로서 '초토화시키다'(to lay waste)라는 의미를 가지고 있었다. 독재관(dictator)의 별칭은 '보병의 사령관'(magister populi)이었고, 그의 부관(deputy)은 '기병의 사령관'(magister equitum)이라고 불렸다(Momigliano 1986, 184).

11) 세르비우스(Servius Tullius) 왕이 6세기 중반에 '중무장 보병 혁명'(hoplite revolution)을 일으켜서 시민을 재산에 따라 6개의 계급으로, 이것을 다시 100명 단위(centuria)로 나누었다. 지킬 것이 많은 사람이 더 무거운 부담을 지도록 하기 위함이었다. 마지막 여섯 번째 계급은 나중에 노병(oarsmen)으로 복무하기도 했지만 원칙적으로 군역에서 제외되었다. 'centuria'는 공공생활에서는 민회 중의 하나인 백인대회(comitia centuriata)를 구성했다. 그리고 말을 살 여유가 있는 기사계급(equestrians)은 기병으로 활약했다(Rodgers 2003, 32; Havell 2003, 44).

12) 라틴어 'populus'의 그리스 기원이라고 할 수 있는 'demos'나 '포풀루스'(populus)에서 파생되어 나온 단어들인 이탈리아어 'popolo', 영어 'people'은 어느 정도 경멸의 의미를 담고 있다. 그리고 귀족 계급은 자신들이 '데모스'나 '포폴로', '피플' 등으로 불리는 것을 원하지 않았다. 그러나 귀족들을 포함한 모든 로마인들은 '포풀루스'를 조금도 경멸적인 호칭으로 여기지 않았다. 오히려 자신들이 '로마 인민'(populus Romanus)임을 자랑스럽게 여겼다. 실제로는 비록 소수의 원로원 귀족들이 권력을 독점하고 있었지만, 이념상으로는 로마 인민 전체가 로마를 다스린다는 믿음을 가지고 있었다.

협, 그리고 정치의 역동성이 내재되어 있다는 사실을 잘 보여준다. 그러나 이론은 현실에 항상 뒤처지는 것이어서, 정치사상사에서 '인민' 내부의 갈등과 역동성에 본격적으로 주목하기 시작한 것은 마키아벨리에 이르러서라고 볼 수 있다. 마키아벨리 이전의 전통적인 '인민형성' 논의는 '인민'의 공통성과 단합에 초점을 맞추고 있었던 것이다.

마키아벨리가 '인민형성'이라는 표현을 구체적으로 사용하지는 않았지만, 다중(moltitudine; universale; vulgo)[13]의 인민(popolo; populo)으로의 전환에 대한 생각을 그의 정치이론에서도 찾아볼 수 있다(Fontana 1993). 마키아벨리는 '다중'을 '인민'과 거의 같은 의미로 사용하기도 하지만, '인민'이 되기 이전의 민이나 '인민'이라고 불릴 수 없는 상태에 있는 민을 지칭하는 데 사용하는 경우도 많다. 후자의 경우 다중은 정치체제를 구성하는 중요한 인적 재료지만 그 자체로는 방향성과 주체성이 부족한 민의 존재 양식인 것이다(D I. 55). 마키아벨리는 지도자가 없이 무력하거나 법의 규제를 벗어났을 때의 민의 양태인 다중이 지도자를 갖게 되고 법의 규제 안에서 도시의 통치에 참여할 때 인민이 되는 것으로 묘사한다(D I. 44, 54, 58). 홉스는 자연상태의 다중이 정치공동체를 형성한 이후에는 정치로부터 배제되는 것으로 가정하지만(Hobbes 1998, 137), 자연상태를 가정하지 않는 마키아벨리는 다중은 도시(국가) 안에 늘 존재하면서 정치와 역사의 조건에 따라 인민이 되거나, 또 역으로 인민이 다중이 되기도 하는 것으로 본다. 마키아벨리의 '인민형성'에 대한 시각은 전통적 논의나 홉스 등의 사회계약론자들의 주장과는 달리 인민 내부의 갈등을 인정함으로써 보다 역

13) 파벌은 다중(multitude)과는 성격이 다르다. '인민형성'과 관련됐을 경우, 다중이 구심점이 없는 개인들의 집합체로서의 민이나 법의 테두리를 벗어난 군중, 폭도로서의 민을 지칭한다면, 파벌은 형성된 인민 안에 존재하는 사적 이익, 특수 이익을 중심으로 뭉친 소집단을 의미한다. 또한 민을 가르는 중요한 기준인 계급과도 다르다.

동적으로 정치를 볼 수 있는 길을 열어주었다는 특징을 가지고 있다.

『피렌체사』에서 가장 중요한 사건 중 하나로 다뤄지고 있는 치옴피의 난(Tumulto dei Ciompi)도 다양한 세력의 공존이 인민형성의 핵심임을 잘 보여준다. 피렌체는 도시가 길드 조직에 따라 구성되었기 때문에 길드의 영향력이 막강했으며, 길드 연합체에서 결정한 것이 곧 도시 전체의 의사로 여겨질 정도로 길드와 도시 전체의 관계는 밀접했다.[14] 그러나 소포폴로(popolo minuto)와 최하층민(infima plebe)이 종사하는 많은 직업들이 자체의 길드를 구성할 수 있는 권리를 인정받지 못하고 직업의 특성에 따라 기존의 길드에 소속되어서 규제를 받아야 했다. 그렇기 때문에 그들은 열악한 작업 환경에 내몰리거나 임금을 제대로 받지 못하는 경우도 많았다. 이런 상황에서 양모 길드에 소속된 노동자들이 주축이 되어 1378년에 일으킨 것이 치옴피의 난이다.

마키아벨리는 『피렌체사』에서 치옴피의 난을 일으킨 하층민들이 이후에 보인 과격함에 대해서 비판적인 시각을 드러내고 있지만, 사실 난을 일으킨 하층민들의 요구가 처음부터 그렇게 과도한 것이 아니었다. 그들은 자신들도 길드를 구성해서 정당한 노동의 대가와 진정한 피렌체 시민으로서의 대우를 인정받는 것을 원했던 것이다. 그러나 길드 연합체를 장악하고 있었던 포폴로는 이러한 하층민들의 요구를 거부하고 권리와 이익을 독점하려고 했으며, 그래서 우모리가 충족되지 못한 하층민들이 치옴피의 난을 일으키게 되었다. 치옴피의 난은 마키아벨리가 『피렌체사』 서문에서 언급한 분열의 종류 중에서 포폴로와 평민이 대결한 대표적인 사건이었는데, 이 사건 이후에 피렌체는 급격하게 쇠퇴의 길을 걷게 된다.

14) 처음에 12개의 길드로 시작했으나, 곧 대길드 7개와 소길드 14개, 총 21개의 길드가 존재했다(IF III. 12).

포폴로는 다른 계층 및 세력들과 공존하지 못하고 권력과 부를 독점하려고 함으로써 오히려 자신들의 지지 기반을 약화시키는 우를 범했다. 포폴로의 비관용 정책, 다시 말하면, '인민형성'의 실패는 귀족의 미덕을 도시에서 소멸시켜 버렸고, 소외된 평민으로 하여금 메디치 가문을 돕도록 만들었다. 포폴로의 평민 배제 정책이 오히려 메디치 가문에 의한 독재의 길을 넓혀주었던 것이다(Najemy 1979, 64-7). 마키아벨리는 다양한 세력의 욕구(umori)의 만족과 상호 공존이 도시의 건강함과 강성함의 기초가 된다고 생각한다. 이것이 불가능할 때 도시가 부패하고 파벌이 발생하게 되는 것이다. 마키아벨리가 대평의회(Consiglio Maggiore)의 재개원을 주장한 것은 바로 피렌체의 대다수 시민들이 정치에 참여할 때만 파벌의 발생을 막고 진정한 의미의 인민형성을 할 수 있기 때문이다.

메디치 가문

마키아벨리가 막상 『피렌체사』를 쓰기 시작했을 때 결코 쉽지 않은 난관에 부딪치게 된다. 『피렌체사』 저술은 절호의 기회였지만, 거기에는 매우 곤란한 요소도 개입되어 있었기 때문이다. 마키아벨리로 하여금 『피렌체사』를 쓰게 했을 뿐 아니라 그의 공직 복귀 여부의 결정권을 쥐고 있는 메디치 가문의 인물들을 어떻게 묘사하고 평가해야 하는가의 문제였다. 그는 역사가로서의 양심과 공직 복귀라는 절실한 인생의 목표 사이에서 갈등했을 것이다. 마키아벨리는 자신이 맡은 작업이 잘못했다가는 큰 낭패를 볼 수도 있는 매우 민감한 성격의 일인 것을 너무나 잘 알고 있었다. 『피렌체사』의 헌정사를 보면, 교황 클레멘스 7세가 마키아벨리에게 '아첨하지 말고 솔직하게 쓰라'고 지시했던 것 같다. 그러나 마키아벨리가 교황의 말을 있는 그대로 받아들이기는 쉽지 않았을 것이다. 그래서 그는 헌정사에 "아첨"(adulazione) 또는 "아첨꾼"(adulatore)이라는 단어를 여러 번 사용해서 교황 자신이 한 말을 상기시키고, 그럼으로써 혹시 메디치 가문 사람들에 대한 비판이 야기할 지 모르는 위험을 사전에 차단하려고 한다.

메디치 가문을 노골적으로 비판할 수도 없고, 그렇다고 메디치 가문의 책임을 거론하지 않고 넘어갈 수도 없는, 이런 진퇴양난의 상황에서 고심 끝에 마키아벨리가 찾아낸 해결책은 책에 등장하는 인물들의 입을 통해서 말하는 것이었다. 이 당시 마키아벨리의 심정을 『피렌체사』를 쓰는 과정에 도움을 많이 주었던 절친한 친구인 도나토 잔노티(Donato Giannotti)에게 보낸 편지에서 찾아볼 수 있다.

> 도나토, 난 결코 코지모가 권력을 장악한 그때부터 로렌초 사후까지의 역사를 내가 모든 짐에서 벗어난 상태에서처럼 쓸 수는 없어. 물론 그들의 행위 자체는 무엇이든 배제하지 않고 그대로 쓸 것이네. 다만 사건의 전반적인 원인들을 논하지 않으려 할 뿐이야. 그래서 나는 코지모가 정권을 잡았을 때 일어난 일들을 기술하되, 그가 어떤 방법과 수단을 사용하여 그 높은 곳에 다다르게 되었는지는 말하지 않으려 하네. 이에 대해 알고 싶은 사람은 내가 그의 적을 통해 하는 말을 눈여겨 보아야만 할 걸세. 난 내가 직접 말하기보다는 그의 적의 입을 빌려 말하게 할 것이기 때문이지(Ridolfi 2000, 319－20).

하지만 주의력이 조금만 있는 사람이라면 『피렌체사』에 등장하는 인물들이 하는 말이 곧 마키아벨리 자신의 생각임을 알 수 있었다. 마키아벨리는 메디치 가문에게 자신의 생각을 완전히 숨기지 않았던 것이다.

피렌체의 전성기와 쇠퇴기의 중심에 있었던 메디치 가문에 대한 마키아벨리의 평가는 긍정과 부정 사이에서 나름대로 균형을 유지하려고 애쓴 것처럼 보인다. 마키아벨리는 코지모와 로렌초의 조상인 살베스트로(Salvestro), 베리(Veri), 조반니(Giovanni)는 정치적으로 온건했고 공적 테두리 안에서 지도력을 발휘했던 훌륭한 시민이었다고 매우 긍정적으로 평가한다(IF III. 18, 21, 25, IV 14, 16; Jurdjevic 2014, 152). 그러나 『피렌체사』에서 가장 비중 있게 거론되는 인물들인 코지모와 로렌초에 대해서는 부정적인 평가 쪽으로 기울었다. 국부(pater patriae)로 추앙받는 코지모와 피렌체의 전성기를 이끌었던 '위대한' 로렌초(Lorenzo il Magnifico)를 평가하면서 마키아벨리는 피렌체의 부패와 쇠퇴에 이들의 책임이 매우 크다고 지적한다.[15)]

코지모(Cosimo de' Medici, 1389–1464)는 메디치 가문을 피렌체의 실질적인 지배자로 만든 장본인이다. 더군다나 마키아벨리는 코지모가 망명에서 돌아와서 피렌체의 권력을 장악하는 1434년을 『피렌체사』 서술의 중요한 기준점으로 삼고 있다. 코지모는 여러 가지 면에서 뛰어난 인물이었다. 그는 피렌체와 다른 모든 도시가 기억하고 있는, "비무장한 사람"(uomo disarmato)으로서는 "가장 명망이 있는 시민"이었고, "권위"(autorità)와 "부"(ricchezze)에서뿐만 아니라 "관대함"(liberalità)과 "사려깊음"(prudenzia)에서도 당대의 모든 사람을 능가했다(IF VII. 5).

하지만 마키아벨리는 코지모를 칭송하기만 하는 것이 아니라 그의 문제점과 잘못도 동시에 지적하고 있다. 마키아벨리가 보기에는, 위에서 언급한 코지모가 가지고 있는 미덕과 능력 중에서 그를 조국의 "군주"로 만들어 준 것은 무엇보다 부에 기반한 그의 "관대하고 당당

15) 마키아벨리의 『피렌체사』 서술에는 메디치 가문의 눈에 들어 공직에 복귀하고자 하는 현실적인 소망보다 더 큰 목표가 있었다. 그것은 바로 자신의 조국인 피렌체의 정치현실을 개혁하는 데 실제적인 도움이 되는 교훈을 제공하는 것이었다(Cabrini 2010, 132). 이런 목표 앞에서 그렇게 염원하던 공직 복귀는 사실 부차적인 목적이거나 그것을 달성하기 위한 수단에 불과했던 것이다.

한"(liberale e magnifico) 성격이었다. 그런데 마키아벨리는 재산을 활용해서 사적인 방법으로 영향력을 확대하는 것은 공공의 이익에 해가 된다고 생각한다. 마키아벨리가 생각하는 인간이 가지고 있는 가장 강력한 욕망은 바로 "부와 영광"(ricchezze e glorie)이다. 그런데 인간이 영광(명예)을 얻기 위해 선택하는 방식에는 앞에서 이야기한 대로 "공적인 방식"(vie publiche)과 "사적인 방식"(modi privati)이 있는데, 시민이 사적인 방식으로 명예를 추구할 때 도시에 해로운 파벌이 발생한다고 보는 것이다(IF VII. 1).

코지모는 자신의 명예를 얻기 위해서 사적인 방법을 사용하는데 거리낌이 없는 사람이었다(IF IV. 27). 물론 코지모는 공적인 방식을 사용하기도 했다. 그는 군사 업무에는 문외한인 "비무장한 사람"이었지만 정치와 외교 문제에 있어서는 당대의 어느 누구보다도 뛰어난 능력을 보였다. 하지만 오직 공적인 방식으로만 영광을 추구했던 장군인 네리 카포니(Neri Capponi)와는 대조적이었다. 결과적으로 네리는 지지자(amici)는 많지만 열성 당원(partigiani)은 적은 반면, 코지모는 지지자와 열성 당원이 모두 많았다(IF VII. 2). 재산과 사적인 방법으로 모은 파벌의 힘을 가지고 코지모는 피렌체를 군주와 다름없이 통치할 수 있었던 것이다.

따라서 앞서 마키아벨리가 코지모를 칭송하기 위해 거론했던 미덕들도 사실은 사적인 방식으로 명예를 얻고 자신의 파벌을 확보하는데 주로 사용되었던 것이다. "내부의 분열은 피렌체에서 항상 그의 권력 상승을 가져왔고"(IF VII. 5)라는 마키아벨리의 표현은 코지모 개인의 영광과 피렌체의 공익 사이에 불일치가 있었다는 것을 상징적으로 보여준다. 그래서 그의 적들은 －메디치 가문의 인물들에 대한 진정한 평가는 "적의 입을 빌려 할 것"이라는 마키아벨리의 언급을 떠올려보라－ 코지모를 "저승보다 이승을, 조국보다 자신을 더 사랑하는 사람"이라고 비난했던 것이다(IF VII. 6).

『피렌체사』 8권은 코지모의 손자 로렌초가 피렌체의 권력을 장악하는 과정을 보여준다. 그가 어떻게 파치 가문(i Pazzi)의 암삼 음모로부터 살아남아서 피렌체를 "통치"(IF VIII. 10)하게 되고, 그가 죽자 어떻게 피렌체가 다시 어려움에 빠지게 되었는지를 서술하고 있다. 그리고 로렌초가 어떤 사람이었는지를 묘사한 후 『피렌체사』 전체가 끝이 난다.

로렌초가 피렌체의 실권을 장악하게 된 원동력은 자신의 조부인 코지모와 다르지 않았다. 로렌초는 파치 가문의 공격으로 자신의 동생인 줄리아노(Giuliano)가 죽은 다음 피렌체의 유력자들 앞에서 행한 연설에서, 메디치 가문은 "모든 사람을 능가하는 자비, 관대함, 혜택을 베풀어서 명예가 높아졌다고 고백하고 있다(IF VIII. 10). 로렌초는 파벌을 발생시키는 사적인 수단을 활용해서 자신의 명예를 추구했던 것이다. 그리고 "우리 가문이 이 공화국을 통치"(reggere la mia casa questa republica)하고 있다는 로렌초의 표현은 그가 자신과 자신의 가문이 피렌체에서 차지하고 있는 위상을 어떻게 인식하고 있었는지를 잘 보여준다(IF VIII. 10).

로렌초를 비롯한 메디치 가문이 그들의 재산과 사적 수단으로 피렌체 시민들을 부패시킨 결과는 파치 가문의 암살 사건에서 잘 드러난다. 줄리아노는 살해했지만 로렌초를 죽이지 못해서 어려움에 빠지자, 주동자였던 프란체스코 데 파치(Francesco de' Pazzi)와 베르나르도 반디니(Bernardo Bandini)가 파치 가문의 지도자이자 미온적인 가담자인 야코포(Jacopo de' Pazzi)에게 도움을 청한다. 그래서 야코포가 말을 타고 광장에 나가서 "인민과 자유"(popolo e libertà)에 호소했지만 시민들 중 어느 누구도 호응하지 않았다. 왜냐하면 시민들은 메디치 가문의 "재산과 관대함"으로 귀가 멀었고, 자유는 피렌체에 알려지지 않았기 때문이었다(IF VIII. 8). 1478년 파치 가문의 음모는 외양적으로는 귀족(Ottimati)을 통치에 참여시켜서 공화정의 겉모습만 유지하면서 실제로는 군주처럼 행동했던 로렌초에 대한 귀족의 반감으로 일어난 사건이었지만, 오히려 메디치 가문의 권력만 더 강화시키고 말았다(Najemy 2008, 347–8).

마키아벨리의 역사서술 정신

마키아벨리의 정치사상에서 역사는 어떤 의미를 가지고 있을까? 그는 왜 정치에 대한 자신의 주장의 근거로 고대와 당대의 역사적 사례를 자주 제시하고, 또 적지 않은 역사서를 쓰기까지 했을까? 역사 또는 역사연구에 대한 마키아벨리의 입장은 그의 저술의 곳곳에서 찾아볼 수 있지만, 대표작 중의 하나인 『로마사논고』 1권의 서문에서 다음과 같이 말한다.

> 고대의 왕국이나 공화국에서 일어난 가장 귀중한 활동들이 역사책에 잘 기록되어 있는데도 불구하고 왕, 장군, 시민, 입법가들 등 자신의 조국을 위해 노력한 사람들의 활동은 말로만 찬양할 뿐, 본으로 삼지 않는다는 사실에 주목하게 된다. 나는 이러한 세태에 대해 놀라움을 느끼는 동시에 한탄하지 않을 수 없다. … 그럼에도 불구하고 국가의 수립, 정부의 유지, 왕국의 통치, 군대의 조직, 전쟁의 수행, 시민들 간의 법률 집행, 제국의 확장 등에 관해서는 어떤 군주나 공화국도 이제 더 이상 고대의 선례를 참고하지 않는다(D I. pro).

마키아벨리는 현재의 정치와 정부 운영에 있어서 과거의 사례들, 즉 역사에 관심을 돌리지 않는 세태에 안타까움을 금치 못하고 있다. 그런데 당대의 피렌체나 이탈리아 사람들이 결코 역사를 모르거나 읽지 않는 것은 아니었다. 오히려 르네상스의 영향으로 고대 역사와 문화에 대한 사람들의 관심과 독서 열풍은 그 어느 때보다 높았다고 볼 수 있다. 그렇다면 마키아벨리가 왜 위와 같은 한탄을 했던 것일까? 마키아벨리는 다음과 같이 덧붙인다.

> 이러한 현상은 현재의 종교가 이 세상에 초래한 무기력함 또는 많은 기독교 지역이나 도시에서 교만한 게으름이 초래한 해악에서도 비롯되지만, 그에 못지않게 역사책을 제대로 이해하지 못한 결과, 우리가 그 책을 읽더라도 거기에 담긴 참된 의미나 묘미를 제대로 터득하지 못한 데서도 비롯된다고 믿는다. 이로 인해 다수의 독자들은 단지 그 책들이 담고 있는 다양한 사건에 귀를 기울이는 데에만 즐거움을 느끼고, 그것들을 본받으려는 생각은 추호도 하지 않는다. 그들은 하늘, 태양, 원소 및 인간들이 그 운동, 배치 및 능력에서 과거와 달리 커다란 변화를 겪기라도 한 것처럼 과거를 본받는 것은 어려운 일일 뿐만 아니라 불가능한 일이라고 단정한다(D I. pro).

마키아벨리는 이러한 현상이 역사를 단순하게 재미를 얻는 수단으로만 여기는 역사에 대한 사람들의 잘못된 인식에서 비롯되었다고 본다. 마키아벨리는 사람들이 역사적 사실은 많이 알고, 또 과거의 위대한 역사에 경탄을 하지만 그러한 화려하고 영광된 역사가 오늘날 이곳에서 재현될 수 있고, 또 경우에 따라서는 현재가 과거보다 우월할 수 있다(D II. pro)는 생각을 차마 하지 못하는 것이 불만스러웠던 것이다. 마키아벨리가 보는 역사에 대한 사람들의 잘못된 태도의 핵심은 현재에 대한 비관적 인식과 역사의 재현 가능성에 대한 신념 부족이었던 것이다. 역사 (또는 역사연구)에 대한 마키아벨리의 이상은 매우 높았다.

따라서 마키아벨리 역사 서술의 목적은 엄격한 사실 규명이 아니었다. 마키아벨리는 현대 역사가들이나, 또는 친구이자 유명한 역사가였던 귀차르디니(Francesco Guicciardini)와는 다르게 꼼꼼하게 사실을 검증하는 것보다는 정치적 교훈을 찾아내는 것에 더 큰 관심을 가지고 있었다(곽차섭 1983; Gilbert 1977, 137-9; 1984, 246). 그래서 리돌피(Ridolfi 2000, 316)는 마키아벨리가 역사 서술을 통해서 "역사를 관통하는 인간 행위의 규칙성을 찾아내려고 했다는 점에서 역사학보다는 일종의 역사정치학을 추구했다"고 말한다. 그러나 마키아벨리의 이러한 역사관은 딜레마에 직면할 수밖에 없다. 역사로부터 도움이 되는 교훈을 얻기 위해서는 먼저 사실과 사건들의 인과관계를 분명하게 밝혀야 될 것 같은데, 마키아벨리의 태도가 극단화될 경우 자신의 목적을 위해서 역사적 사실을 왜곡할 가능성도 충분히 있기 때문이다.

이 문제와 관련해서 비롤리(Maurizio Viroli)의 다음과 같은 언급은 마키아벨리의 현실주의가 단순하게 사실(facts)의 규명에 머무는 것이 아니라는 점을 알 수 있게 해 준다.

> 정치적 현실이라는 것은 사실들의 합보다 큰 것이며, 오직 해석적 작업을 통해서만 약간이나마 접근할 수 있는, 불확실하고 애매한 징후와 말과 제스처로 이루어진 세계이다. 그는 정치현실을 파악하는 것이 얼마나 어려운 일인지를 잘 알고 있었고, 동시에 진정한 현실주의자, 진정한 정치 지도자라면 새롭고 더 좋은 세상과 생활 방식을 상상할 수 있어야 하고, 그 실현을 위해 단단한 각오와 지혜를 갖고 노력할 수 있어야 한다고 믿었다(Viroli 2014, 52).

우리가 역사적 사실이라고 알고 있는 것이 실제는 사실이 아닐 수도 있다. 실체적 진실이 무엇인지 완벽하게 파악할 수 있는 사람은 없다. 비롤리의 말대로 우리는 역사적 사실을 해석할 뿐이며, 마키아벨리는 해석자의 역할을 충실히 하고 있다고 볼 수 있는 것이다.

역사로부터 현재의 삶에 도움이 되는 실제적인 교훈을 얻을 수 있다는 마키아벨리의 주장은 크게 두 가지 가정, 즉 인간의 열망(desiderii)이나 성향(umori)은 쉽게 변하지 않고(그것은 기본적으로 악하다) 인간의 역사는 종말을 향해서 일직선으로 가는 것이 아니라 오랜 시간을 두고 순환한다는 것이다(Gilbert 1977, 136). 인간 성향의 지속성은 정치 현실 속에서 인간의 행위를 이해하고 예측하는 것을 도와주고, 순환론적 역사관은 현실의 개선 가능성에 대한 희망을 제공한다.

마키아벨리는 홉스(Thomas Hobbes)처럼 완결성을 갖춘 체계적인 사상가는 아니지만, 그의 저작 곳곳에서 "일반적으로"(generalmente)라는 표현과 함께 인간 본성과 행동양식에 대한 나름의 시각을 제시했다. 그러나 인간에 대한 그의 입장은 대체적으로 부정적이다. 『군주론』에서 마키아벨리는 군주가 민에게 "두려움"을 야기하는 것과 "사랑"을 받는 것 중에서, 물론 양자를 다 갖추는 것이 좋겠지만, 만약 하나를 선택해야 하는 상황이라면 어느 쪽을 선택하는 것이 군주 자신의 안위에 유익한지 논하면서 인간 본성에 대해 다음과 같이 말한다.

> 인간은 일반적으로(generalmente) 감사할 줄 모르고, 변덕스러우며, 가장하고, 위험을 피하려 들며, 이익을 탐한다고 말할 수 있기 때문이다. 당신이 그들에게 이익을 줄 경우, 내가 위에서 말 한대로, 그것의 필요가 아직 없을 동안에는 피, 재산, 목숨, 자식까지 주려고 할 정도로 당신의 편을 든다. 하지만 정작 그럴 필요가 가까워지면 반역한다(P 17).

마키아벨리가 보기에 인간은 "아버지의 죽음"보다 "재산의 손해"를 더 오랫동안 기억하는 탐욕스러운 존재인 것이다. 이렇게 이기적인 것을 기본적인 특성으로 하는 인간의 성향은 또한 잘 변하지 않는다. 마키아벨리는 모든 "도시"와 "인민"뿐 아니라 "가문"들은 저마다의 오래된 습성과 성향을 지니고 있다고 주장한다(D I. 39, III. 43, 46). 그렇기 때문에 과거를 면밀하게 고찰하면 미래를 쉽게 예측할 수 있다. 이와 관련해서 마키아벨리는 『로마사 논고』에서 다음과 같이 말한다.

> 과거의 사건들을 부지런히 검토하는 자는 쉽게 모든 나라에서 일어나는 미래의 사건들을 예견하게 된다. 그리하여 그는 고대인들이 사용한 치유책을 미래의 일들에 적용할 수 있고, 만약 그런 것을 발견할 수 없으면 사건의 유사성에 착안하여 새로운 치유책을 고안해 낼 수도 있다. 그러나 이러한 통찰이 식자들에 의해 무시되거나 이해되지 않기 때문에, 아니면 이해된 경우에도 통치자들에게는 알려지지 않기 때문에 어느 시대건 동일한 분쟁이 반복해서 일어나게 마련이다(D I. 39).

역사의 순환에 대한 마키아벨리의 생각은 그리스 역사가인 폴리비우스(Polybius)의 순환사관의 영향을 많이 받았다. 폴리비우스는 르네상스 시기에 피렌체에서 널리 읽혔던 『역사』에서 정치체제에는 좋은 정체인 군주정, 귀족정, 민주정과 각각에 상응하는 나쁜 정체인 참주정, 과두정, 폭민정이 존재한다고 가정한다. 그리고 그는 자연상태에서 힘세고 용감한 자를 우두머리로 삼는 군주정[16)]이 처음 등장한 이후 차례대로 참주정, 귀족정, 과두정, 민주정, 폭민정이 이어지고, 다시 군주정으로 돌아가서 위와 동일한 순환을 한다고 주장한다(Polybius 2010, 372-8). 마키아벨리는 『군주론』에서는 정치체제를 군주정과 공화정으로 구분했지만, 『로마사 논고』에서는 폴리비우스의 분류법을 따랐던 것이다(D I. 2).

그러나 마키아벨리의 역사관은 어차피 시간이 흐르면 쇠퇴기가 지

16) 폴리비우스는 정확하게는 민의 동의에 의해서 선출되는 일인정(monarchy)과 세습되는 왕정(kingship)을 구분하고, 일인정이 먼저 나타난 다음에 이것이 왕정으로 변한다고 본다.

나가고 다시 부흥과 번영의 시기가 도래할 테니 그냥 앉아서 기다리면 된다는 수동적인 숙명론은 아니었다. 역사의 순환에 대한 믿음은 자신의 시대가 그 어느 때보다 더 비참한 쇠퇴기라고 보았던 마키아벨리에게 희망의 단초가 될 수 있었다. 그는 폴리비우스의 정체순환론을 따르면서도 여러 정체의 장점들을 섞은 혼합정(governo misto)을 통해서 각 정치체제의 단점을 극복하고 정치체제 순환의 고리로부터 벗어날 수 있다고 보는 것이다.

피렌체 정체개혁은 어떻게 가능한가?

마키아벨리의 역사 서술은 역사를 단순히 흥밋거리로만 보지 않고 그 속에서 현실에 적용 가능한 교훈을 추구한다. 그는 메디치 교황이 자신의 책을 통해서 피렌체를 다시 부흥시킬 방안을 찾기를 바란다. 그렇다면 피렌체가 다시 일어서기 위한 묘책은 무엇인가? 이와 관련지어서 『피렌체사』를 읽을 때 길잡이가 될 수 있는 것이 그가 『피렌체사』와 비슷한 시기(1520년)에 쓴 짤막한 글인 "피렌체 정체개혁론"(Discursus florentinarum rerum post mortem iunioris Laurentii Medices)[17]이다. 『피렌체사』와 비슷하게 줄리오 추기경이 교황 레오 10세에게 보여주려고 주문한 것인데, 『피렌체사』보다 더 구체적이고 분명하게 글의 주제에 대한 지침을 받았다. 그것은 바로 교황을 대신해서 피렌체를 통치하던 로렌초 데 메디치(Lorenzo de' Medici, 1492-1519)[18]가 병으로 죽은 이후 피렌체 정체를 어떻게 개혁할지 마키아벨리에게 대안을 제시해 보라고 지시한 것이다(Ridolfi 2000, 296).

---

17) 『피렌체사』를 "피렌체 정체개혁론"과의 관계 속에서 독해하려는 시도는 주르드빅(Jurdvic 2014) 참조. 그는 통상적인 이해와 달리, 두 작품 속에서 드러나는 마키아벨리의 피렌체 정치에 대한 전망은 긍정적이라고 주장한다.

18) '위대한' 로렌초의 아들인 피에로(Piero)의 장남이자 교황 레오 10세의 조카이다. 마키아벨리가 그에게 『군주론』을 헌정했다.

“피렌체 정체개혁론”에서 마키아벨리는 어떻게 하면 피렌체를 좋은 공화정으로 만들 수 있을지를 고민한다. 그의 제안의 핵심은 정부에 가능하면 다양한 세력이 참여할 수 있도록 문호를 넓히는 것이었다. 그는 이를 위한 구체적인 대안으로 사보나롤라 시대인 1495년에 존재했던 대평의회(Consiglio Maggiore)를 다시 열 것을 제안한다. 마키아벨리가 보기에 “다수의 시민들을 만족시키지 않고서는 안정된 정부를 세우는 것은 불가능”해 보였기 때문이다”(Machiavelli 1989, 110).

물론 마키아벨리가 “개방성”을 무조건 옹호하는 것은 아니다. 그는 정치에 있어서 권위(autorità)와 질서(ordini)의 중요성을 잘 알고 있었다. “잘 조직된”(bene ordinata) 공화정이 아닐 경우, 오히려 그 “개방성”이 붕괴를 더 빨리 촉진시킨다고 말한다. 그럴 바에야 차라리 “진정한 군주정”(vera principato)이 나은 것이다(Machiavelli 1989, 106, 110－1). 마키아벨리의 주요 저작들인 『군주론』, 『로마사논고』, 『피렌체사』는 결국 같은 방향을 바라보고 있다. 피렌체를 어떻게 하면 법과 제도가 잘 갖춰지고, 시민들이 상호 공존하는 좋은 도시로 만들 수 있는지에 초점이 맞춰져 있는 것이다.

어떤 인물이나 세력도 상대방을 철저하게 배제하고 권력을 독점하려고 하면 오히려 또 다른 분열과 파벌을 양산하게 되고, 도시에는 분란이 끊이지 않게 된다. 일시적으로 권력을 잡은 쪽도 평화와 안정을 제대로 누리지 못하고 늘 불안에 떨 수밖에 없다. 상대방을 제거해서 권력을 독점하는 것이 아니라, 다양한 세력의 서로 다른 성향이 적절하게 균형을 이루고 상호 공존하는 것이 건강한 정치 공동체의 특징이다(김경희 2010, 2012). 정치에서 권력의 영원한 독점은 바람직하지도, 가능하지도 않다. 이것이 마키아벨리가 『피렌체사』를 통해서 말하고 싶어하는 핵심 주장이다.

옮긴이의 말

이번 마키아벨리 『피렌체사』 번역은 정치학계와 역사학계에서 오랫동안 그 필요성에는 공감하지만, 방대한 분량과 원어의 난해함으로 인해 쉽게 나서지 못했던 작업을 시도했다는 데 큰 의미가 있다고 할 수 있다. 또한 마키아벨리에 대한 대중의 관심이 늘고 있는 상황에서 그동안 비교적 덜 알려진 마키아벨리의 또 다른 주요 저작을 소개한다는 것에 역자로서 큰 보람을 느낀다.

우선, 번역 텍스트로 삼은 원서와 번역할 때 참고한 다른 언어의 책은 다음과 같다.

원서: Machiavelli, Niccolo. 2010. *Opere Storiche*. A cura di Alessandro Montevecchi e Carlo Varotti, Coordinamento di Gian Mario Anselmi(2 tomi). Roma: Salerno Editrice.

영역본: Machiavelli, Niccolo. 1988. *Florentine Histories*. Laura Banfield and Harvey Mansfield, trans. Princeton: Princeton Unversity Press; Machiavelli, Niccolo. 1989. *Machiavelli: The Chief Works and Others*, Vol. 1. Allan Gilbert, trans. Durham and London: Duke University Press.

독어본: Machiavelli, Niccolo 1993. *Geschichte von Florenz*. Mit e. Nachw. von Kurt Kluxen. Aus d. Ital. übertr. von Alfred von Reumont. Zürich: Manesse Verlag.

번역작업은 1~4권(번역본 1권)은 신철희가, 5~8권(번역본 2권)은 김경희가 담당했다. 각자 초벌 작업을 한 후 상대방의 원고를 교차 검토해서 용어와 문장을 통일하고, 번역책임자인 신철희가 최종적으로 글을 가다듬었다. 번역을 위한 원서를 고르는 데도 신중을 기했다. 전문 연구자와 일반독자 모두에게 마키아벨리의 대작을 좀 더 친절하게 안내하기 위해 최근 연구성과를 반영한 각주를 풍부하게 싣고 있는 이탈리아 국가공인 판(Edizione Nazionale)인 Salerno(2010) 출판사의 책을 선택했다. 역자들이 내세울 수 있는 이번 번역의 가장 큰 장점 중 하나가 바로 번역에 포함시킨 2천 8백 개에 가까운 각주라고 할 수 있다. 원서에는 더 자세하고 많은 각주가 있지만, 지면의 한계를 고려해서 단순히 어휘론이나 서지학적 정보를 담은 각주는 제외했고, 내용이 너무 긴 것은 필요한 부분만 옮겼다. 또한 가능하면 쉬운 표현을 쓰되 학문적으로 중요한 핵심 용어는 원어를 병기하고 번역의 통일성을 유지하려고 노력했다.

번역 과정에 많은 분들의 도움을 받았다. 먼저, 문장을 가다듬고 적절한 대안을 제시해 준 이화여대 박사과정의 구윤정 선생에게 감사를 전하고 싶다. 또한 고전번역의 가치를 인정하고 기회를 제공해 준 한국연구재단과 미진한 원고를 좋은 책으로 만들어 준 박영사에도 감사의 마음을 전한다. 원고를 꼼꼼하게 검토하고 편집을 해 주신 박영사의 양수정 대리에게도 감사를 드린다.

2024년 2월
역자를 대표해서 신철희

참고문헌

곽차섭. 1983. “마키아벨리의 역사사상.” 『서양사론』 24집: 1–49.

김경희. 2010. “국가와 공공성–마키아벨리의 stato론.” 『정치사상연구』 16집 1호: 76–97.

김경희. 2012. “국가와 공공선/공동선–절대선과 개별선 사이의 마키아벨리.” 『정치사상연구』 18집 1호: 33–52.

김경희. 2023. “마키아벨리와 절반의 승리: 『피렌체사』를 중심으로.” 『한국정치학회보』 57집 2호: 135–154.

박영철. 1996. “마키아벨리의 시민갈등론.” 『동국사학』 30집: 567–594.

신철희. 2009. “스피노자 정치사상에서 ‘다중’(multitudo): ‘인민’(populus)과의 관계를 중심으로.” 『오토피아(Oughtopia)』 24권 2호: 177–204.

신철희. 2012. “마키아벨리 『피렌체사(Istorie Fiorentine)』 읽기: 파벌과 인민형성.” 『정치사상연구』 18집 2호: 61–86.

신철희. 2015. “마키아벨리의 역사사상: 『피렌체사』와 메디치 가문.” 『한국정치학회보』 49집 1호: 5–22.

Ackerman, Bruce. 1998. *We the People 2: Transformations*. Cambridge: The Belknap Press of Harvard University Press.

Cabrini, Anna Maria. 2010. “Machiavelli's Florentine Histories.” In John Najemy, ed. *The Cambridge Companion to Machiavelli*. Cambridge: Cambridge University Press.

Fontana, Benedetto. 1993. *Hegemony & Power: On the Relation between Gramsci and Machiavelli*. Minneapolis: University of Minnesota Press.

Gilbert, Felix. 1977. *History: Choice and Commitment*. Cambridge: The Belknap Press of Harvard University Press.

Havell, H. L. 2003. *Ancient Rome: The Republic*. London: Gaddes & Grosset.

Hobbes, Thomas. 1998. *On the Citizen*. Richard Tuck and Michael Silverthorne, ed. and trans. Cambridge: Cambridge University Press.

Hume, David. 2006. "Of Parties in General." *Essays Moral, Political and Literary*. New York: Cosimo Classics.

Jurdjevic, Mark. 2014. *A Great and Wretched City: Promise and Failure in Machiavelli's Florentine Political Thought*. Cambridge: Harvard University Press.

Machiavelli, Niccolo. 1989. *Machiavelli: The Chief Works and Others*, Vol. 1. Allan Gilbert, trans. Durham and London: Duke University Press.

Machiavelli, Niccolo. 2000. *Opere di Niccolo Machiavelli*, Vol. 3. A Cura di Franco Gaeta. Torino: Unione Tipografico-Editrice.

Machiavelli, Niccolo 저 · 강정인 · 안선재 역. 2003. 『로마사 논고』. 파주: 한길사.

Machiavelli, Niccolo 저 · 강정인 · 김경희 역. 2008. 『군주론』. 서울: 까치.

Machiavelli, Niccolo 저 · 신철희 역. 2013. 『군주론』. 서울: 책마루.

Momigliano, Arnold. 1986. "The Rise of the Plebs in the Archaic Age of Rome." In *Social Struggles in Archaic Rome*, Kurt Raaflaub, ed. Berkeley: University of California Press.

Najemy, John. 1979. "Guild Republicanism in Trecento Florence: The Successes and Ultimate Failure of Corporate Politics." *The American Historical Review* 84(1): 53-71.

Najemy, John. 2008. *A History of Florence 1200–1575*. Chichester, UK: Blackwell Publishing.

Polybius. 2010. *The Histories*. Robin Waterfield, trans. Oxford: Oxford University Press.

Ridolfi, Roberto 저·곽차섭 역. 2000. 『마키아벨리 평전』. 서울: 아카넷.

Rodgers, Nigel. 2003. *The History and Conquest of Ancient Rome*. London: Herman House.

Viroli, Maurizio 저·김동규 역. 2014. 『How to Read 마키아벨리』. 서울: 웅진지식하우스.

Zmora, Hillay. 2007. "A World without a Saving Grace: Glory and Immorality in Machiavelli." *History of Political Thought* 28(3): 449–468.

찾아보기

[ㅎ]

역자 약력

김경희

이화여자대학교 정치외교학과 교수이다. 서울대학교 정치학과를 졸업하고, 독일 베를린 훔볼트 대학교에서 마키아벨리 연구로 박사학위를 받았다. 주요 연구 분야는 서양정치사상, 공화주의, 국가론 등이다.
저서로는 『공화주의』(2009), 『공존의 정치』(2013), 『근대국가 개념의 탄생』(2018)이 있고, 역서로는 『공화주의』(공역, 2006), 『군주론』(공역, 2015), 『로마사 논고』(공역, 2019)가 있다.

신철희

경기연구원 선임연구위원이다. 서울대학교 정치학과에서 "마키아벨리와 스피노자의 민(民) 개념 비교연구"로 박사학위를 받았다. 주요 연구 분야는 마키아벨리, 스피노자, 민(民)의 정치사, 지방자치 등이다.
저서로는 『마키아벨리씨, 국가는 누구인가요?』(공저, 2014), 『공화주의의 이론과 실제』(공저, 2019), 『마키아벨리, 리더십을 말하다』(근간)가 있고, 역서로는 『군주론』(2013) 등이 있다.

한국연구재단 학술명저번역총서 서양편 803
피렌체사 2

초판발행 2024년 2월 28일

지은이 Niccolò Machiavelli
옮긴이 김경희·신철희
펴낸이 안종만·안상준

편 집 양수정
기획/마케팅 노 현
표지디자인 이수빈
제 작 고철민·조영환

펴낸곳 (주) 박영사
서울특별시 금천구 가산디지털2로 53, 210호(가산동, 한라시그마밸리)
등록 1959. 3. 11. 제300-1959-1호(倫)
전 화 02)733-6771
f a x 02)736-4818
e-mail pys@pybook.co.kr
homepage www.pybook.co.kr
ISBN 979-11-303-1016-9 94080
979-11-303-1007-7 94080 (세트)

정 가 24,000원

이 책은 2019년 대한민국 교육부와 한국연구재단의 지원을 받아 수행된 연구임(NRF-2019S1A5A7068802)